高速铁路基础研究与技术创新丛书

编　委　会

“十四五”时期国家重点出版物出版专项规划项目

高速铁路基础研究与技术创新丛书

动车组系列

高速列车制动防滑控制基础理论与试验技术

本丛书编委会 总主编
田 春 朱文良 马天和 吴萌岭 编 著
周劲松 主 审

中国铁道出版社有限公司

2024年·北 京

内 容 简 介

本书为“高速铁路基础研究与技术创新丛书”之分册。本书基于轮轨黏着理论与滑行机理，系统性分析高速列车防滑控制的理论基础，深入探究制动防滑控制过程的作用、特点、防滑控制策略的理论模型和优化方法，论述防滑控制系统仿真建模方法、台架试验和线路试验技术，提出防滑控制性能评价方法，并对高速列车制动防滑控制基础理论研究和试验技术的未来发展方向进行了展望。

本书可供从事高速铁路列车制动领域科研、教学、工程技术人员参考，也可作为车辆工程、载运工具运用工程等专业的研究生教材和参考书。

图书在版编目(CIP)数据

高速列车制动防滑控制基础理论与试验技术 / 田春等编著. -- 北京 : 中国铁道出版社有限公司, 2024. 12.
(高速铁路基础研究与技术创新丛书). -- ISBN 978-7-113-31585-6

Ⅰ. U292.91;U260.35

中国国家版本馆 CIP 数据核字第 20245KE840 号

书　　名：**高速列车制动防滑控制基础理论与试验技术**
作　　者：田　春　朱文良　马天和　吴萌岭

策　　划：黄　璐
责任编辑：白小玉　王熙文　王明容　**编辑部电话**：(010)51873674　**电子邮箱**：jiliang@tdpress.com
封面设计：高博越　**封面摄影**：王明柱　**丛书标识设计**：崔丽芳
责任校对：苗　丹
责任印制：高春晓

出版发行：中国铁道出版社有限公司(100054，北京市西城区右安门西街 8 号)
网　　址：https://www.tdpress.com
印　　刷：北京联兴盛业印刷股份有限公司
版　　次：2024 年 12 月第 1 版　2024 年 12 月第 1 次印刷
开　　本：787 mm×1 092 mm 1/16　**印张**：17.5　**字数**：357 千
书　　号：ISBN 978-7-113-31585-6
定　　价：118.00 元

高速铁路基础研究与技术创新丛书

编　辑　组

序

我国高速铁路起步晚、发展快、后劲足，经过几代人的不懈努力，通过原始创新、集成创新、引进消化吸收再创新，成功地走出了一条符合中国国情路情、具有中国特色的自主创新之路。我国已系统掌握各种复杂地质和气候条件下高速铁路建造成套技术；在工务工程、列车运行控制、牵引供电、动车组等高速铁路核心技术方面实现自主化；形成了复杂路网条件下处理跨线运行的运营管理成套技术，构建了人防、物防、技防三位一体的主动安全保障机制。我国已成为全球高速铁路运营里程最长、在建规模最大、运营速度最快、技术体系最全、运营和管理经验最丰富的国家。我国高速铁路技术已走在世界前列，成为推动世界高速铁路发展的重要力量。

为贯彻落实中共中央、国务院《交通强国建设纲要》，推进国铁集团《新时代交通强国铁路先行规划纲要》的落地，系统总结、梳理我国高速铁路各领域前沿理论和技术，向我国乃至世界高速铁路科研工作者和工程技术人员提供一套前沿性的参考书，中国国家铁路集团有限公司铁道出版社公司特组织编著出版“高速铁路基础研究与技术创新丛书”。

丛书以习近平新时代中国特色社会主义思想为指导，以国家自然科学基金课题、国家基金委-国铁集团高铁联合基金课题、国家“973”课题、国家重点研发计划课题等科研成果为支撑，从高速铁路前沿研究、补短板技术、核心技术、技术发展趋势等方向组织选题，涵盖动车组、供电、通信与信号、列控与检测、工程勘察与设计、智能建造、运营与管理、现代信息技术、安全和维护等领域，规模为100册，是全面系统论述我国高速铁路基础研究与技术创新成就的大型系列原创性科技著作。

丛书力求突出制高点、原创性、权威性、全覆盖特色。丛书各册内容以作者团队长期从事高速铁路科学研究的成果为依托，多数成果居于国内领先水平甚至世界先进水平，多种成果荣获国家科学技术奖一等奖、二等奖，国家技术发明奖一等奖、二等奖，茅以升科学技术奖，詹天佑铁道科学技术奖，铁道科技进步奖等奖项，丛书内容体现了我国当今最新、最前沿以及展现未来发展趋势的高速铁路相关研究成果和应用技术。丛书包括动车组、供电、工程施工与组织等十个系列，基本实现高速铁路各领域全覆盖。

丛书由编委会总负责。编委会阵容强大，认真负责。编委会各成员都是长期从事我国高速铁路科研、技术、生产和管理的一流专家学者，是所从事领域的翘楚，其中包括高速铁路及其相关领域的四位院士。编委会多次开会商讨丛书的体系、内容特色、作者条件及质量保障机制；分工负责，精心审订和修改各册编写提纲；多次遴选选题，先从150多个选题意向中遴选出100个选题，后又剔除了内容特色不太鲜明的8个选题，还对10多个选题提出了较大的改进意见，补充了8个关键技术和弥补技术空白的选题；最后邀请专人对各册内容进行审定，从而保证了各册内容的正确性和先进性。

2021年年底，国家新闻出版署经过严格评审，“高速铁路基础研究与技术创新丛书”(100册)成功入选“‘十四五’时期国家重点出版物出版专项规划——重大出版工程”。这是对本丛书项目的认可，也是对编委会、作者和编辑等人员前期工作的认可，更是一种鞭策。我们相信，本丛书的出版，将助力于《交通强国建设纲要》的贯彻落实，推动我国乃至世界高速铁路事业的发展，也将为铁路领域的科研工作者、工程技术人员、管理人员，以及高校相关专业师生提供一套高水平、原创性、权威性、全覆盖的大型高铁科技精品著作。

中国工程院院士

“高速铁路基础研究与技术创新丛书”编委会主任 

2022年2月

前　言

本书为“高速铁路基础研究与技术创新丛书”之分册，按丛书要求，力图体现高速列车制动防滑控制系统的发展历史、技术现状以及近年来的最新成果。

制动防滑控制技术是高速列车关键技术之一，是列车运行安全的重要保障。同济大学列车制动技术研究团队多年来致力于轨道车辆制动系统理论研究和技术创新，取得了我国第一列国产化动力分散型动车组“先锋号”制动系统的成功研制等开创性研究成果，承担了国家基金委—国铁集团高铁联合基金项目“高速动车组制动防滑控制策略研究”等重大科研项目，在理论研究、实践运用和技术创新领域积累了丰富经验和突出成果。

本书基于轮轨黏着理论与滑行机理，系统性分析高速列车制动防滑控制的基础理论，包括制动防滑控制过程的作用、特点以及现有防滑控制策略的理论基础和优化方法，进一步论述防滑控制系统仿真建模方法、台架试验和线路试验技术，提出防滑控制性能评价方法，并对高速列车制动防滑控制基础理论研究和试验技术的未来发展方向进行展望。

本书首次全面、系统地论述高速列车制动防滑控制系统的基础理论与试验技术，是对制动防滑控制理论的深化和高速列车制动技术体系的拓展，为读者提供一个充分理解和掌握高速列车制动防滑控制技术的窗口。

本书可供从事高速列车科研、教学和工程技术人员参考，也可作为车辆工程、载运工具运用工程等专业的研究生教材或参考书。

本书由同济大学田春，上海工程技术大学朱文良，同济大学马天和、吴萌岭共同编著；由同济大学周劲松教授主审。常州大学陈超，同济大学翟耕慰、于昊，上海工程技术大学陈沛文、薛文胜、张毅、王函彬等人也参与了部分章节的资料收集、图表制作和整理，在此表示衷心感谢。

由于编著者水平有限，书中难免有不妥、疏漏之处，欢迎广大读者对本书批评指正，以便作进一步修改和完善。

编著者

2024 年 1 月

目　　录

第1章　绪　　论

高速列车作为现代铁路交通的重要组成部分，以其速度快、运力大、能耗低、环境污染少等优点成为各国高速铁路发展的首选。然而，随着列车运行速度的不断提升，列车制动及防滑控制技术面临着更为严峻的挑战。高速列车在高速运行过程中，制动系统需要在保证安全的前提下实现快速、平稳的减速或停车，与此同时，防滑控制系统则要确保列车在各种轨道条件下稳定运行，尤其是恶劣天气或复杂地形中，保持良好的牵引力和稳定性，防止车轮打滑至关重要。

1.1　高速列车制动系统概况

1.1.1　列车制动

列车制动是人为利用制动力使列车减速、停车、阻止其运动或加速的统称。

制动过程是能量转换过程，其中车辆的制动是将列车运行过程中巨大的动能转化为其他形式的能量，从而使列车减速或停车。对列车实施制动，无论采用何种方式，都必须具有将列车运行的动能转换为电能或热能并将其消耗掉的能力。因此，列车制动过程中，动能转移的方式包含两层含义：一是“转”，即将列车的动能转化为其他形式的能量；二是“移”，即将转化出的其他形式的能量消耗掉。以闸瓦制动为例，“转”就是将列车动能通过闸瓦与车轮踏面的摩擦转化为热能，“移”就是将由动能转化成的热能耗散于大气中。

改变运动物体的运动状态，必须对其施加外力。对于列车来说，人为地使其减速或阻止其加速的外力是由列车制动装置产生的，这种外力与列车运行方向相反，由轨道作用于车轮轮周，故可称这种外力为制动力。

为了能对列车施加制动作用，需要在列车上安装一套完整的制动系统（装置）。制动装置是指能产生制动作用的整套机构，通常包括制动机、基础制动装置、停放制动装置。其中，制动机是制动装置中受司机直接控制的部分，通常包括从制动软管连接器至最终产生制动力的制动缸的一整套机构；基础制动装置是整个制动装置中用于传递、放大制动力的一整套机构；停放制动装置是使列车在停车状态下（无动力）依然能保持制动力、避免列车溜逸的制动装置。

制动装置是通过操纵司机制动控制器(简称司控器)发出的制动指令,指挥制动控制部分向基础制动的制动缸送风,使制动缸获得必需的空气压力,即经基础制动装置的放大变换,最终形成列车制动力。

解除制动作用的过程称为缓解,包括分步操纵的部分解除(称阶段缓解)和一次操纵的彻底解除(称一次缓解)。

评判列车制动性能的指标有制动距离、平均减速度、制动时间等指标。制动距离是最为直观的主要技术指标,它是从制动指令发出时开始到列车完全停住时截止的这一段时间内列车所驶过的距离。为了保证列车的安全,每个国家对于列车的制动距离有不同的标准。我国规定高速列车制动初速度为 200 km/h 时,紧急制动距离限值为 2 000 m;制动初速度为 250 km/h 时,紧急制动距离限值为 3 200 m;制动初速度为 300 km/h 时,紧急制动距离限值为 3 800 m;制动初速度为 350 km/h 时,紧急制动距离限值为 6 500 m。

1.1.2 制 动 力

制动力是由制动装置引起的与列车运行方向相反的外力,是纵向力,比列车运行阻力(自然产生的)大得多。列车制动减速过程中,制动力起主要作用,与牵引力一样,同样受黏着限制(非黏着制动除外)。

制动力可以由多种方式产生,以最传统的空气制动为例,将闸瓦压紧在车轮踏面上(图 1-1)或将闸片压紧在制动盘上(图 1-2),可以获得所需要的制动力。

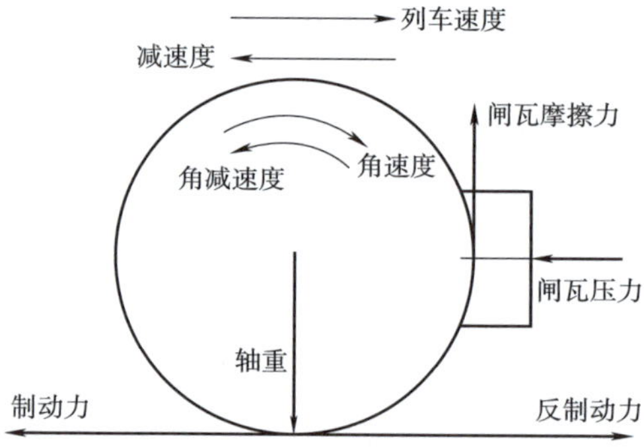

图 1-1 制动力产生示意(踏面制动)

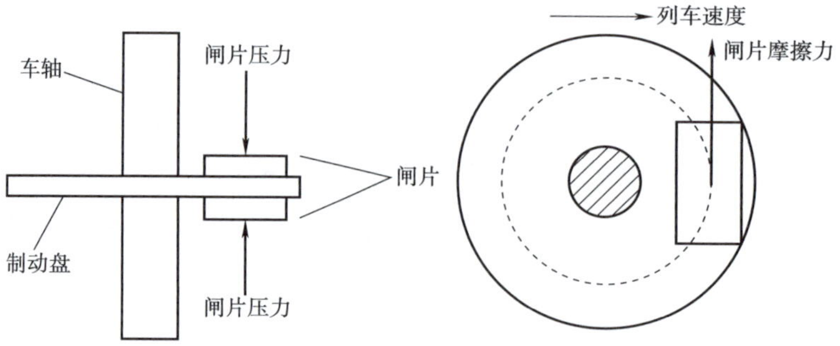

图 1-2 制动力产生示意(盘形制动)

1.1.3 制动方式

制动方式可以按制动时列车动能转移方式、制动力获取方式和制动动力源的不同进行分类。

1. 按动能转移方式分类

(1)摩擦制动

列车常用的摩擦制动方式主要有闸瓦制动(图 1-1)和盘形制动(图 1-2),在部分高速列车中,还采用磁轨制动来辅助紧急制动。磁轨制动属于轨道电磁制动方式中的一种,也属于摩擦制动。

(2)动力制动

采用电力牵引的列车在制动时,牵引电动机转变为发电机,将列车动能转化为电能,即为动力制动。按照对电能的不同处理方式又可将动力制动分成电阻制动和再生制动两种形式。电阻制动是把由列车动能转化出来的电能直接消耗在随车安装的制动电阻上,将电能转变为热能,然后再通过通风设备把热能耗散掉;再生制动是把电能通过牵引传动的变流器逆向变换,再返回电网。

2. 按制动力获取方式分类

如图 1-3 所示,按列车制动力的获取方式可将制动方式分为黏着制动与非黏着制动,这是按照制动力获取是否依赖轮轨之间的黏着关系而划分的。

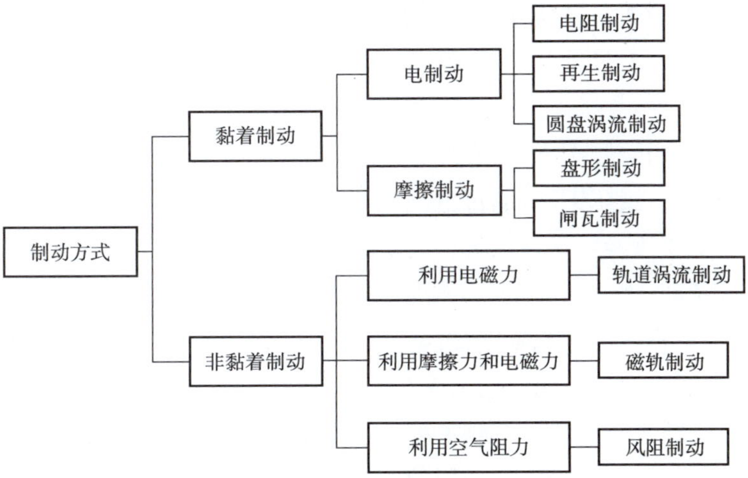

图 1-3　按制动力获取方式分类

在传统的制动方式中,闸瓦制动、盘形制动(包括油压卡钳盘式、涡流盘式)、电阻制动和再生制动均属于黏着制动,因为其制动力的产生都离不开轮轨间的黏着关系,即轮轨接触区域必须有黏着作用,并且制动力的大小受黏着限制。

相比而言，轨道电磁制动（磁轨制动、轨道涡流制动）则属于非黏着制动，因为其制动力的产生与轮轨间的黏着作用没有直接关系，只取决于制动体与钢轨之间因接触摩擦（如磁轨制动）所产生的制动力，或因电涡流作用（轨道涡流制动）而产生的电磁力。

目前，还有一种处于研究阶段的高速列车制动方式，是在列车高速运行时通过车体展开的迎风扰流板而产生空气作用力，称为风阻制动，从制动力的形成角度来看属于非黏着制动。

（1）电阻制动

电阻制动曾在动车组上大量应用。它是在制动时将原来驱动轮对的自励牵引电动机变为他励发电机，由轮对带动发电，并将电流通往专门设置的电阻器，采用强迫通风使热能耗散于大气，从而产生制动作用。

（2）再生制动

与电阻制动相似，再生制动也是将牵引电动机变为发电机。不同的是它将电能反馈回电网，使本来由电能变成的列车动能再生为电能，而不是变成热能耗散掉。

（3）盘形制动

盘形制动是在车轴或车轮辐板侧面安装制动盘，制动时使用制动夹钳将两个闸片紧压制动盘侧面，通过摩擦产生制动力，将列车动能转变成热能耗散于大气。

（4）闸瓦制动

闸瓦制动，又称踏面制动，是使用最广泛的一种制动方式，属于黏着制动。闸瓦制动是用铸铁或合成材料制成的瓦状制动块紧压滚动着的车轮踏面，这种制动块通常称作闸瓦，通过闸瓦与车轮踏面的机械摩擦将列车的动能转变为热能耗散于大气，并产生制动力。闸瓦制动的制动力大小可以通过闸瓦与车轮间的压力进行调节。

（5）磁轨制动

磁轨制动是在转向架侧架下面同侧的两个车轮之间各安装一个电磁铁，制动时将电磁铁放下并利用电磁吸力紧压钢轨，通过电磁铁上的磨耗板与钢轨之间的滑动摩擦产生制动力，把列车动能转变为热能耗散于大气。

（6）轨道涡流制动

轨道涡流制动又称线性涡流制动或涡流式轨道电磁制动，它与磁轨制动很相似，也是把电磁铁悬挂在转向架侧架下面同侧的两个车轮之间。

制动时，把电磁铁置于离轨面几毫米处而不与钢轨接触，利用电磁铁和钢轨的相对运动使钢轨感应出涡流，产生电磁吸力作为制动力，并把列车的动能转变为热能耗散于大气。这种制动方式不通过轮轨间黏着作用，进而没有磨耗问题。但是，因消耗电能太多，约为磁轨制动的 10 倍，且电磁铁发热极大，所以一般仅作为高速列车紧急制动时的一种辅助制动方式。

(7)圆盘涡流制动

圆盘涡流制动采用圆盘形感应金属盘和环状分布的电磁铁及安装机构，是在牵引电动机轴上安装金属盘。当列车运动时，圆盘形感应金属盘随着车轴高速旋转；当涡流制动器电源接通，励磁电磁铁产生的磁通在电磁铁与感应金属盘的气隙中建立移动磁场，使感应金属盘内产生感应电动势与涡流。涡流产生的磁场使气隙中的合成磁场发生畸变，气隙中的磁力线发生倾斜，在旋转的切线方向产生制动力矩。从能量的角度来看，列车的动能通过电磁铁与感应金属盘之间的电磁耦合转移为感应金属盘的热能，通过辐射、对流和传导耗散于大气，从而产生制动作用。

与盘形制动(摩擦式圆盘制动)相比，圆盘涡流制动的圆盘虽然没有装在轮对上，但同样要通过轮轨黏着作用才能产生制动力，也要受黏着限制。而且，与轨道涡流制动相似，圆盘涡流制动消耗的电能也较多。

(8)风阻制动

风阻制动是制动时在列车车体外表面伸展出具有一定面积的翼板，进而增加列车的总体迎风面积，增加列车的运行阻力，从而形成一定制动力的制动方式。

3. 按制动动力源分类

目前，高速列车所采用的制动方式中，制动的动力源主要有压缩空气和电。以压缩空气为动力源的制动方式称为空气制动方式，如闸瓦制动、盘形制动等。以电为动力源的制动方式称为电气制动方式，如动力制动、轨道电磁制动等。

1.1.4 高速列车及制动系统特点

1. 高速列车的基本特点

高速列车一般是由带动力的动车与不带动力的拖车组成的动车组列车，具有以下特点：

(1)成组使用、编组固定；可单列运行，也可两列连挂运行。

(2)动车组中各车之间采用密接式车钩，整体运用维修，大修前不解体。

(3)两端均可操纵，不需转向，任何一端均可控制动车。

(4)通过网络或电缆实现同步牵引、同步调速、同步制动等重联功能。

2. 高速列车制动系统特点

由于高速列车具有构成和运用上的特点，高速列车制动系统与传统机车车辆制动系统相比也就有所不同。具有以下特点：

(1)对于动力分散式动车组，其制动装置是指动车制动装置、拖车制动装置的组合，它们共同形成完整的制动系统，强调系统的概念。系统包括两个部分：制动控制系统和制动执行系统。制动控制系统由制动信号发生与传输装置和制动控制装置组成。制动执行系统通常称为基础制动装置，常见的有闸瓦制动装置与盘形制动装置。

(2)在制动控制方面，采用电气制动与空气制动的复合制动，需要一个制动控制系统来调整各自的制动力；空气制动部分采用电空制动机。

(3)为提高舒适性，动车组各车减速度作用一致。

(4)为提高经济性，动车组因动力分散而具有多节动车，可以充分发挥再生制动效果。

(5)由于运行速度较高，动车组的黏着系数小，制动距离要求短，因此动车组设置高性能电子防滑器进行防滑控制，充分利用黏着。

1.1.5 组成与总体要求

1. 高速列车制动系统组成

根据电气制动与空气制动复合制动的特点，高速列车制动系统由电气制动与空气制动两种方式复合而成。制动系统组成如图 1-4 所示。

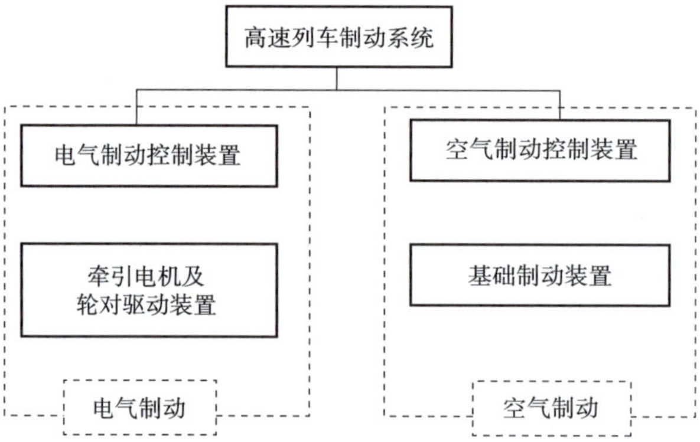

图 1-4 高速列车制动系统组成示意

电气制动，简称电制动，在高速列车上大多以再生制动方式存在。由于再生制动功能是通过牵引传动系统由牵引变流器控制牵引电机来实现的，且其基本构成在各个车型上一致，但其性能、控制、实际有效与否又与很多因素有关，故从传统列车制动的概念及其当今制动技术的发展来看，空气制动方式一直是包括动车组在内的铁路车辆最根本的制动方式。因此，从制动系统自身的角度看，空气制动部分以其指令方式、指令传输载体、空气制动力控制方式以及基础制动装置的不同而具有较大差异，形成不同风格的制动系统；目前我国生产的动车组所采用的制动系统就是一种由电气指令微机控制的直通式电空制动系统。

高速列车的空气制动系统由于采用电气指令微机控制，也称为电空制动(即电控空气制动)系统，其组成可以分成四大部分：制动指令及传输装置、制动控制装置、基础制动装置、制动供风系统。其中，制动指令的传输是借用列车网络实现的，因此制动指令及传输装置不是制动系统独有的，而是与牵引等各设备的信息与控制指令的传输共享。同时，部分制动指令也通过 DC 110 V 列车线进行信号传输。基础制动装置是制动系统的一部分，安装于转向架，是转向架的组成部分。电空制动系统组成如图 1-5 所示。

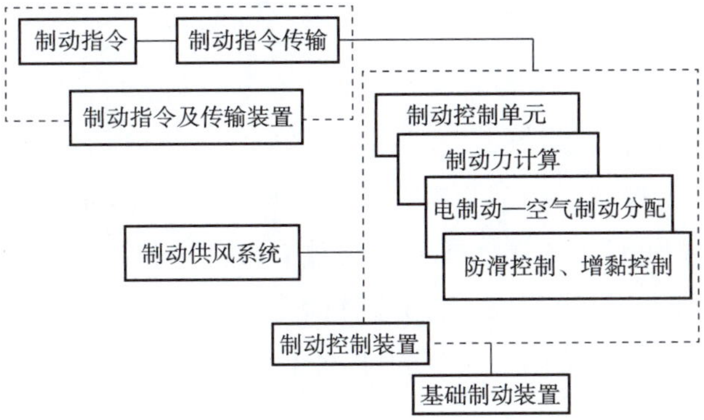

图 1-5 电空制动系统组成示意

2. 高速列车制动系统总体要求

制动是高速列车运行中的主要工况之一，制动系统的有效性直接影响列车安全及其他相关的重要环节。因此，制动系统必须满足以下基本要求：

(1)安全性要求。具有足够的制动能力，满足《铁路技术管理规程(高速铁路部分)》(以下简称《技规》)规定的制动距离要求，保证动车组在规定的制动距离内停车，并且应考虑在黏着不足(如湿轨)情况下因滑行引起的制动距离延长等问题。

(2)操纵灵活，制动减速快，制动作用灵敏可靠；动车组前后车辆制动、缓解作用一致。

(3)具有动力制动能力。在正常制动过程中，应尽量充分发挥动力制动能力，以降低运行成本。

(4)具有动力制动与摩擦制动的复合制动能力。

(5)制动系统应保证动车组在长大下坡道上运行时，其制动力不会衰减。

(6)高速列车各车辆的制动力应尽可能一致，制动系统应根据乘客量的变化，具有载荷调整能力，以减少制动时候的纵向冲动。

(7)具有紧急制动性能，遇紧急情况时，能使动车组在规定距离内安全停车。紧急制动除了可由司机操纵外，必要时还可由行车人员利用紧急制动按钮进行操纵。

(8)动车组在运行中发生诸如列车分离、制动系统故障等危及行车安全的事故时，应具有自动启动紧急制动的能力。

(9)轻量化要求。动车组的轻量化是一个重要指标，除了车体、转向架这些大部件，各种车载设备也应考虑轻量化设计。制动系统的供风设备、制动控制装置等分布在整个编组列车上，也要满足轻量化要求。

(10)维修保养要求。制动系统的工作状态直接关系到列车运行安全，除了要满足可靠性要求，还要易于维护保养、方便维修。

1.2　高速列车防滑控制系统概况

防滑控制系统是制动控制系统的一部分，独立工作。每根车轴上都设有一个对应的排气阀，由防滑控制系统所控制。当某一轮对上车轮的制动力过大而使车轮滑行时，受防滑控制系统所控制的与该车轮对应的排气阀迅速连通单元制动缸与大气的通路，使单元制动缸迅速排气，从而解除该轮的滑行现象。防滑控制系统通过车轮测速装置始终监视着同一车辆上四个轮对的转速，并控制着四个对应的排气阀。

1.2.1　发展历史

轨道车辆的制动系统最初是没有防滑控制系统的，所以也没有防滑控制的概念。但是当列车上的空气制动系统施加制动力后，有时会在车轮踏面上形成一些小平面，导致车轮不能平稳地旋转，从而产生噪声和振动，严重影响列车的行车安全。经过仔细观察，发现踏面上的这些小平面其实是由于制动过程中轮对被抱死滑行，后在钢轨上擦伤导致的。为了解决这个问题，英国一名机械工程师在 1908 年设计了一个装置并将其安装在列车上，意外发现该装置不但能避免轮对擦伤，同时也缩短了制动距离。1948 年，美国西屋公司开发了专用于铁路的防滑装置产品。与此同时，汽车和飞机的制动过程同样需要防滑控制，三者的防滑装置相互借鉴、交叉发展。

最早出现的防滑控制装置是机械式的(第一阶段)，其防滑判据只有一种，即车轮的减速度。该装置利用车轮的转动带动回转体(惯性体)转动，当某轮对的减速度骤然降低时，利用回转体与车轮的转速差动作，打开阀门或接通电路，控制制动缸排气使得轮对制动缓解，其结构原理如图 1-6 所示。然而，机械式防滑器的缺点也十分明显：首先，灵敏度很差，只有当轮对的角减速度较大时才能检测出是滑行；其次，当其检测到滑行时，必须将制动缸内气体排空，即压力为零，这将导致制动力损失过大而使得制动距离增加很多。德国克诺尔公司的 M 型防滑器以及后来又开发出应用在加拿大货车上的 MWX 型防滑系统都是机械式防滑器。

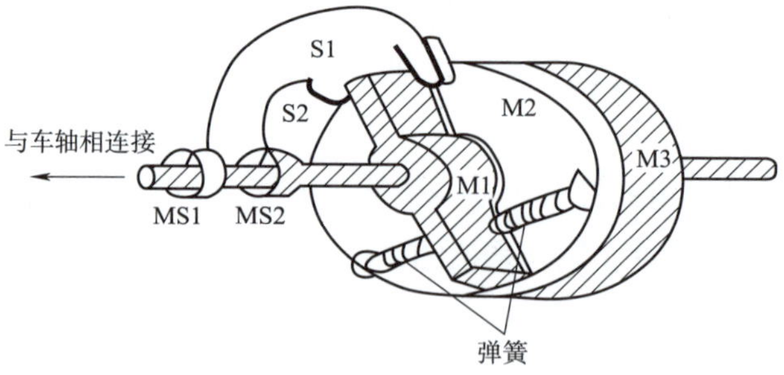

M1、M2、M3—回转体；S1—右回转侧开关；S2—左回转侧开关；MS1、MS2—集电环。

图 1-6　机械式防滑器的结构原理

防滑控制装置的第二阶段是电子防滑器，其主要采用速度差、减速度作为滑行判据；日本 SRD 系列电子防滑器采用了滑移率作为防滑判据；法国阿尔斯通公司开发了一种利用速度差微分作为防滑判据的电子防滑器。日本新干线早期采用的模拟式电子防滑器的结构原理如图 1-7 所示，相较于机械式防滑装置，电子防滑器的灵敏度更高，而且动作更迅速。然而，电子防滑器也有缺点，由于电子防滑装置使用的是模拟信号，因此存在着温升、信号漂移等问题，这些会给装置的判断带来误差，导致对较小的滑行难以检测。捷克大果公司的 DAKO-PE1 型防滑器，法国阿尔斯通公司早期出售给比利时等国的列车上使用的防滑器，瑞士奥立康公司的 GSE200 型防滑器，日本新干线动车组早期采用的 SRD31、SRD32、SRD62 和 SRD63 型防滑器，德国克诺尔公司的 GR5/D 型防滑器等都属于电子防滑器。

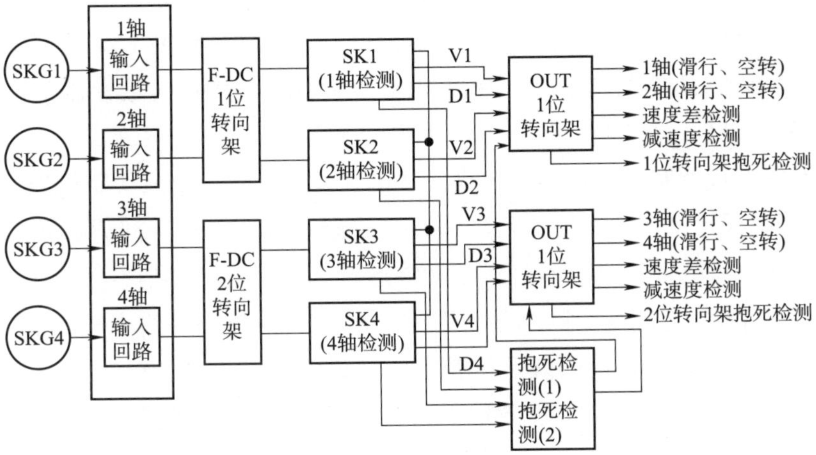

图 1-7 模拟式电子防滑器的结构原理

现在各国高速列车上广泛使用的是第三阶段的防滑控制装置，即微机控制式防滑器，同样可以采用多种检测滑行的判据。图 1-8 为微机控制式防滑器的基本结构原理，采用微处理器进行更多数据的分析处理，可对制动、即将滑行、缓解和再黏着的过程进行动态监测与控制，计算速度快，检测灵敏度更高，即使微小而缓慢地滑行也能及早检测出来并采取措施加以控制。同时微机控制式防滑器还具有以下特点：第一，能够计算出基准轴速度（即虚拟的第五轴速）作为参考车速，而前两个阶段的装置是无法计算出这个虚拟量的，有了参考车速就可以检测到四根轴同时滑行的情况；第二，具有轮径补偿的功能，可以方便地计算出各车轮所需的补偿值；第三，能使维修更加简单，由于是微机控制，因此能够储存发生滑行时的情况，这样能给检修提供可参考的数据。德国克诺尔公司的 MGS 型防滑器，瑞典 SABWABCO 公司生产的 SWKAS20C 型防滑装置，瑞士奥立康公司的 OMG202 型防滑装置，日本纳博特斯克公司的滑行再黏着装置，法国法维莱公司的 AEF 型防滑装置等均为微机控制式防滑器。

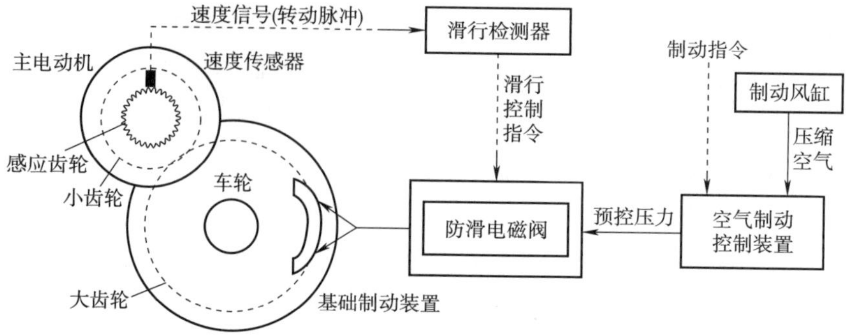

图 1-8 微机控制式防滑器的基本结构原理

微机控制式防滑器从控制模式上来说，大致也经历了三代：

第一代以速度差、减速度和滑移率三个参数作为防滑判据参数，三者中任意一个超过了设定阈值，便对制动缸进行完全排气。其主要不足有：排气量过大，致使制动力不能迅速恢复，不能重复利用黏着；排气滞后，不能有效控制滑行。

第二代在第一代的基础上进行了改良。法国和日本进行了第二代微机控制式防滑器的开发，这种防滑器采用速度差、减速度、滑移率或减速度微分等多个判据参数的联合控制模式进行防滑控制，检测到滑行后，不是对制动缸进行完全排气，而是进行阶段式充、排气，力求使得滑移率维持在一定范围内以充分利用黏着。比如，法国将滑移率控制在 10%～25%；日本认为滑移率控制在 10%以内就可以基本维持最大黏着不变。第二代防滑器的优点是防滑控制后的制动距离延长小，能有效地提高黏着利用；不足之处是加速了轮轨磨耗，反复进行较大的滑移率控制易导致总风压下降过大而引起紧急制动。

第三代是在解决第二代防滑器磨耗过大的问题上改进而来的，也采用了速度差、减速度和滑移率的联合控制模式，在蠕滑力饱和点附近 0.5%的微小蠕滑区内进行再黏着控制。这种控制模式的优点是黏着利用率高、制动距离短，但其将蠕滑率控制得较小容易引起误判，且对防滑控制装置的运算速度和检测精度要求极高。

我国制动防滑控制技术的研究相对国外较晚，技术上还有一定的差距。1966 年，我国研制出了第一批机械—电子式防滑器，并进行了试验台和装车试验，经过改进设计，于 1967 年开始在盘形制动的客车车辆上使用。1974 年，我国又研发了 SFKZ 型机械式防滑器，后又改进为机械—空气式防滑器，于 1979 年开始在客车上装车使用。1985 年，我国研制成功 SFH1 型电子防滑器并得到应用。随后，我国开始对微机控制的防滑装置进行研究，于 1992 年成功研制 TFX1 型防滑器，现在已经在普速铁路旅客列车上大面积使用。TFX 系列防滑器的滑行判据为速度差、减速度和滑移率，把滑移率作为一个辅助判据与速度差判据同时使用，该系列防滑器性能已经达到了一定水平，填补了我国制动技术的一项空白。2009 年，我国又研发出一种基于数字信号处理的高速列车电子防滑器，相比于传统的基于单片机的电子防滑器，该防滑器提高了速度和减速度的运算精度，满足了防滑控制的实时性和准确性要求；而后基于现有防滑控制技术，又研制了 SFH-3、SFH-5C 型防滑器，主要适用于速度小于 200 km/h 的机车、客车和货车上。

1.2.2　组成与工作原理

轨道交通制动系统按其制动力的最终实现方式分为黏着制动和非黏着制动，目前世界各国的轨道交通仍以黏着制动为主，高速列车也不例外。由于多种自然因素的影响，轮轨间的黏着情况十分复杂，黏着制动的制动力大小取决于轮轨间的黏着条件。在列车运行时，随着车辆速度的提高，轮轨间的黏着系数降低，列车在制动过程中不可避免地会出现车轮滑行的问题，其后果为车轮被“抱死”，进而导致转动速度急剧减小。轮轨之间的滑动会延长制动距离并使踏面擦伤，这不仅降低了乘车的舒适性，甚至可能危及行车安全，也会给转向架等部件带来附加的冲击力缩短其使用寿命。因此，在列车制动时，应尽可能防止车轮滑行现象的发生，对高速列车尤为重要。由于轮轨黏着的复杂性和多变性，理想化的防滑保护控制需要以大量的基础研究和试验数据积累为基础，配合高精度的传感器、高速的控制器等技术才能实现，因此车轮防滑保护（wheel slide protection，WSP）技术始终是列车制动控制系统的核心和难点。

目前，我国高速列车中的 CRH1 型、CRH3 型、CRH5 型、CRH380B 型、CRH380C 型、CRH380D 型动车组制动控制系统和防滑装置采用了德国克诺尔公司的技术，CRH2A 型、CRH2B 型、CRH2C 型和 CRH380A 型动车组的制动控制系统和防滑装置采用了日本纳博特斯克公司的技术。微机控制式防滑装置的防滑判据主要采用了速度差、减速度和滑移率的联合检测判据，主要以逻辑门限值控制算法进行防滑控制。以 CRH2 型动车组为例，防滑控制装置主要由防滑控制单元、速度传感器和防滑阀组成。其中防滑控制单元是防滑控制装置的核心部分，常集成在电子制动控制单元中；速度传感器为安装在轴端的非接触式速度脉冲信号发生器，可以根据感应齿盘的齿数和轮径计算出轮对的实时转速；防滑阀包括保压阀和排气阀，图 1-9 为单节车空气制动防滑控制装置示意。

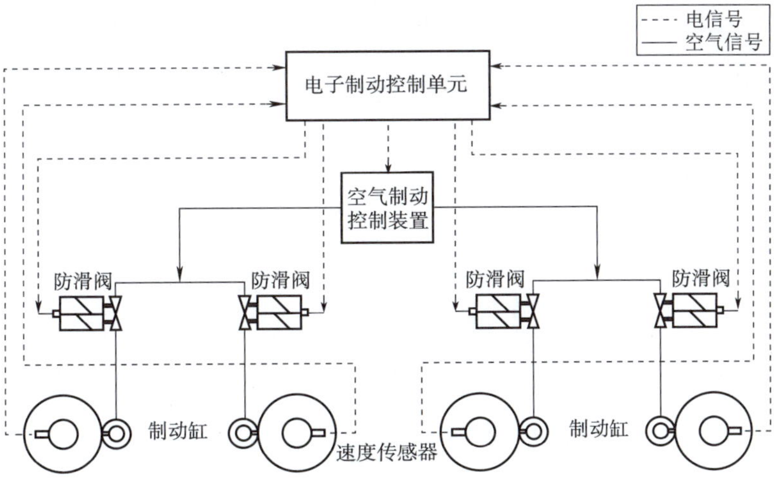

图 1-9　单节车空气制动防滑控制装置示意

当防滑控制单元根据防滑判据检测到空气制动使得轮对发生滑行时，控制防滑阀的排气阀和保压阀来调节滑行轴的制动缸压力来控制制动力，避免轮对抱死。同时为了最大限度地利用黏着，防滑控制装置采用了阶段排风的方式，即每一个排风过程由排风、保压、再排风、再保压不断交替进行，直至达到保压判据点为止。

第2章 黏着理论与滑行机理

根据刚体平面运动学的分析，当车轮沿钢轨自由滚动时，车轮和钢轨的接触点在接触瞬间没有相对运动。这时，轮轨间的纵向水平作用力就是静摩擦力，其最大值即“最大静摩擦力”是一个与运动状态无关的常量，等于车轮对钢轨的垂向正压力与静摩擦系数的乘积。但轨道车辆运行时，车轮不是在钢轨上简单地纯滚动，由于车轮和钢轨受到载荷的作用而发生变形，这种特殊的轮轨关系，通常用“黏着”和“蠕滑”来描述。

2.1 轮轨黏着与蠕滑理论

在滚动接触研究中首次涉及蠕滑概念的是英国人卡特(Carter)，他应用弹性理论求解二维弹性体滚动接触问题，给出接触斑中黏着区和滑动区的划分，指出车轮在钢轨上运动时不是作纯滚动，而是包含了微小的滑动；剑桥大学的约翰逊(Johnson)是第一个将自旋概念引入滚动接触研究的学者，约翰逊的研究重点在于轮轨滚动接触理论，特别是关于三维弹性体滚动接触问题的研究，他的工作为理解和解决轮轨接触中的复杂问题提供了重要的理论基础。轮轨蠕滑理论研究方面做出最大贡献的是荷兰德尔夫特理工大学的卡尔克(Kalker)，提出了 Kalker 线性理论。本节主要分析轮轨接触面内的黏着及蠕滑现象，并介绍轮轨蠕滑率的求解公式。

2.1.1 黏 着

所谓黏着，指的是轨道车辆存在向下的正压力，使车轮与钢轨之间保持相对静止的现象。轮轨间的黏着系数是表示轨道车辆车轮与钢轨间黏着状态的指标，它表示了车辆的牵引力或制动力传递给钢轨的可能程度，具体地说是车轮圆周方向的切向力与车轮垂直载荷之比(称为切向力系数)的最大值，即当滑动率增加到切向力系数最大时的值被称为黏着系数。

图 2-1 为某列车以一定的速度 v 在平直线路上运行时，轮对与钢轨之间的受力情况(图中忽略其内部摩擦阻力)。为了清楚地表示该图中的各种关系，我们把实际上互相接触的车轮与钢轨稍稍向上、向下平移。

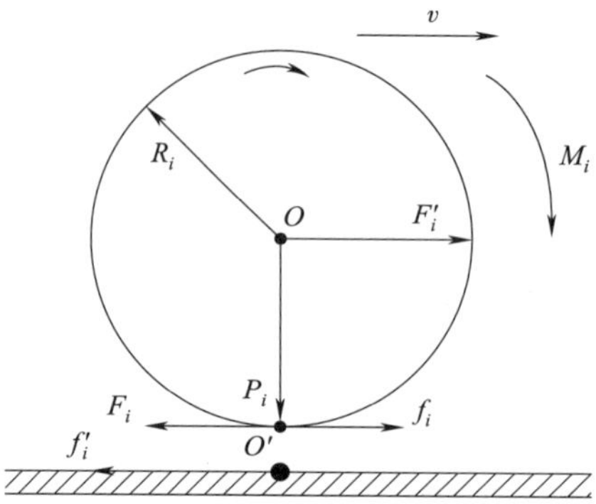

图 2-1 直线上运行的轮对与钢轨之间的受力分析

图 2-1 中，P_i 为某个动车轮对作用在钢轨上的正压力，又称为轮对的轴重。牵引电机作用在轮对上的驱动旋转力矩M_i，可以用一对力形成的力偶F_i和F'_i来代替，并分别作用在轮轨接触处的 O'点和轮轴中心的 O 点，其大小为

$$F_i=F'_i=\frac{M_i}{R_i} \tag{2-1}$$

式中 R_i——轮对半径，mm。

在正压力P_i的作用下，车轮踏面与钢轨的接触部分紧紧压在一起。切向力F_i使车轮上的O'点具有向左运动的趋势，并通过 O'点作用在钢轨上。f'_i表示车轮作用在钢轨上的力，其值为 $f'_i=F_i$。由于轮轨接触处存在着摩擦，车轮上 O'点向左运动的趋势将引起向右的静摩擦力f_i，即钢轨对车轮的反作用力，且$f_i=f'_i$，将f_i称为轮周牵引力。因此，车轮上的 O'点受到两个相反方向的力F_i和f_i作用，且$F_i=f_i$，O'点保持相对静止，轮轨之间没有任何相对滑动。在力F'_i的作用下，动轮对绕 O 点做纯滚动运动。

调节牵引电动机转矩，改变切向力 F_i 的值以得到不同的轮周牵引力的前提条件是不破坏黏着。也就是说，动车所能实现的最大牵引力受黏着的限制，即动车在任何时候、任何速度下真正能够实现的牵引力不能超过轮轨间的黏着力。

由黏着条件决定的最大黏着力，也就是动轮不空转所能实现的最大牵引力，称为黏着牵引力，用F_μ表示，其大小为

$$F_\mu=\mu\left(\sum m_{\mathrm{M}}\cdot g\right) \tag{2-2}$$

式中 μ——黏着系数；

$\sum m_{\mathrm{M}}$——全部动轮的黏着质量，t；

g——重力加速度(取 9.81 $\mathrm{m/s^2}$，余同)。

如果各动轴驱动旋转力矩归算到轮缘的作用力之和超出式(2-2)的限制时，黏着条件相对最差的动轮就会产生空转，动车的牵引力立即下降。

综上所述，动车牵引力最大值在任何时候都不得超过动轮与钢轨间黏着力的最大值总和，从这个角度也可以去理解黏着现象。

目前，除了黏着系数和可用黏着系数外，还有假定黏着系数，要求黏着系数，计算黏着系数，利用黏着系数，黏着利用系数，制动、牵引黏着系数等相关术语名称。

(1)假定黏着系数：假定轮轨间垂向载荷在运行过程中是固定不变的，即黏着力的变化是由黏着系数的变化引起的，黏着力与运动状态的关系就简化成了黏着系数与运动状态的关系。此时，黏着系数就成为假定值，它和假定不变的轮轨间垂向载荷的乘积就等于黏着力。

(2)要求黏着系数：它是指轮轨间的切向力除以轮轨间垂向载荷得到的比值，此时的切向力不一定是最大切向力。若使车轮不滑行，要求黏着系数必须小于或等于实际黏着系数。

(3)计算黏着系数：它是根据线路上实测的轮轨黏着系数，再综合其他影响因素修正后得到的，也就是黏着系数公式所计算出的黏着系数。

(4)利用黏着系数：根据不同应用条件的客观要求进行人为选取，如防滑器的摩擦磨损特性，是否装有闸瓦、闸片，车轮踏面状态，轴重转移状况，气候情况，运行区段线路情况，制动距离要求，列车最高运行速度等。不同季节、不同地点、不同车型的利用黏着系数有所不同。在实际使用中，一般是先根据公式算得黏着系数，再对其进行一定量的增减，作为设计依据。

(5)黏着利用系数：它是把利用黏着系数与根据公式所得的黏着系数进行比较，将其比值作为黏着利用系数，即代表黏着利用程度。

(6)制动、牵引黏着系数：轮对的运用工况是影响轮轨黏着系数的一个有效因素，因此制动黏着系数和牵引黏着系数大小是不同的，分别对应于轮轨系统的制动工况和牵引工况。

2.1.2　微观滑动时的黏着—蠕滑

1. 蠕滑的定义

列车车轮在钢轨上滚动时，轮轨接触区内轮轨将产生微量的弹性形变，形成微量的弹性滑动，称之为“蠕滑”。蠕滑是微观滑动时的黏着，是介于纯滚动和纯滑动之间的中间形式。根据轮轨间的相互滑移方向，蠕滑又分为纵向蠕滑、横向蠕滑和自旋蠕滑，而本节主要分析纵向蠕滑。

蠕滑理论是研究轮轨在滚动接触时切向作用力与回旋力随蠕滑而变化的规律，进而考虑切向力的大小及其带来的影响。在列车行驶的过程中，轮轨之间存在滚动摩擦和微小滑动摩擦，即所谓的黏着。黏着既是轮轨间存在的一种状态，也是一种物理现象。由于轮轨都是弹性刚体，当列车在钢轨上运行时，轮轨接触面会发生微小的弹性形变，这种现象会使车轮与钢轨之间发生微小的滑动，即黏着—蠕滑。高速列车以速度 v 行驶的过程中，车轮与钢轨接触面之间相互作用，会在接触面上产生微小的椭圆形，随着滑动区与黏着区面积的变化，轮轨黏着力 F 逐渐增大(从左到右依次记为F_1、F_2、F_3)，如图 2-2 所示。

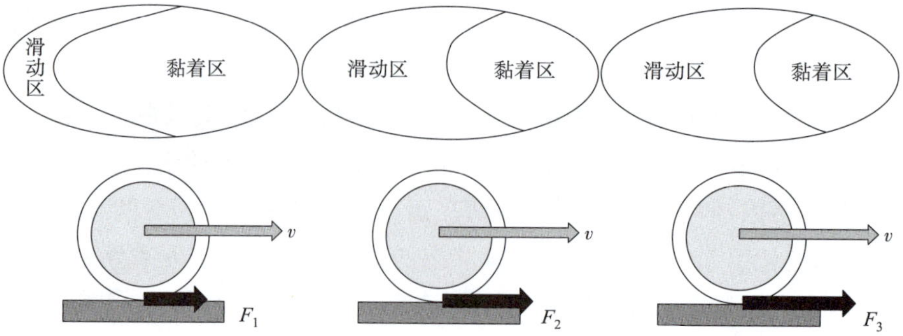

图 2-2 直线上运行的轮对与钢轨之间的受力分析

从图 2-3 可以看出,列车在行驶过程中,若施加于车轮的牵引力矩适合此时的运行状态,此时车轮的转动角速度为 ω,椭圆形接触部分可以分成黏着区域和滑动区域。当列车处于黏着区域时,轮轨间没有相对滑动,此时相对速度为零,且作用于车轮上的转矩由此转化、传递为牵引力。当列车处于滑动区域时,轮轨之间会产生相对滑动,即相对速度不为零,出现了蠕滑现象。如果转矩继续增大,椭圆的滑动区域会变大,黏着区域会减小,在该状态下,轮轨间相对速度增大,黏着力也增大,从而牵引力增大。当转矩仍增加到某一特定值时,整个椭圆将变成滑动区域,相对滑动速度达到一定的值,黏着力处于饱和状态。在此基础上,再增加转矩时,轮轨之间的摩擦状态达到最大摩擦,轮轨间将会由微观的相对滑动转化成宏观的相对滑动,会危及行车安全。黏着控制主要是确保列车在运行的过程中处于椭圆接触面"具有黏着状态和微观滑动"来保证通过轮轨黏着使牵引转矩有效地传递,以达到列车安全运行的目标。

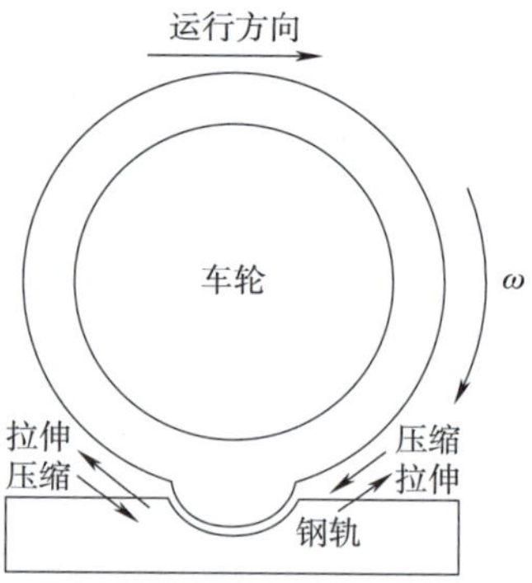

图 2-3 黏着—蠕滑现象示意

20 世纪 70 年代初,国际铁路联盟考虑到较大蠕滑情况下的车轮在钢轨上的运动特点,对蠕滑率作了更为确切的定义,使蠕滑率的物理概念更为清晰。

以轮轨接触椭圆的中心为原点,建立 $O123$ 坐标系统(图 2-4)。$O1$ 轴为车轮前进方向,它与 Ox 轴相重合;$O2$ 轴在轮轨接触平面内,大致与车轴轴线方向平行(与车轴方向有一摇头角 δ),且在 yz 平面内,与 Oy 轴间的夹角即为接触角 δ;$O3$ 轴为接触椭圆的法向。实际上,只要将 $Oxyz$ 坐标系统

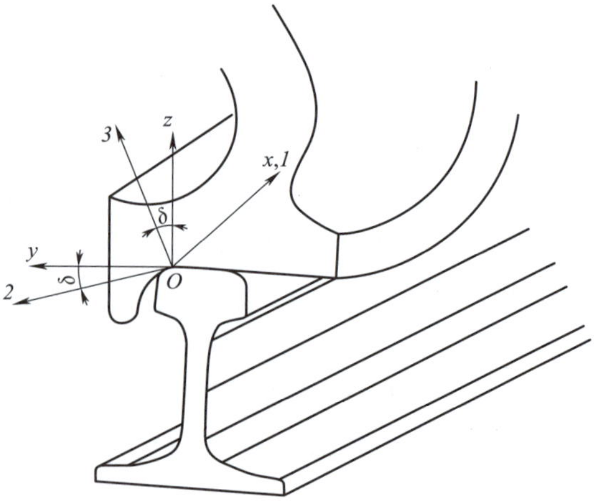

图 2-4 轮轨接触椭圆上的两个坐标系统

Ox 轴转动一接触角 δ，即成为 $O123$ 坐标系统。

如图 2-4 所示，设在车轮上的接触椭圆沿 $O1$ 轴、$O2$ 轴的运行速度和绕 $O3$ 轴的刚体转动速度分别为 v_{ω_1}、v_{ω_2} 和 Ω_{ω_3}，钢轨上接触椭圆的刚体速度分别为 v_{r_1}、v_{r_2} 和 Ω_{r_3}。于是，纵向蠕滑率 s_x、横向蠕滑率 s_y 和自旋蠕滑率 ω_3 可定义为

$$\begin{cases} s_x=\dfrac{v_{r_1}-v_{\omega_1}}{(v_{r_1}+v_{\omega_1})/2} \\ s_y=\dfrac{v_{r_2}-v_{\omega_2}}{(v_{r_1}+v_{\omega_1})/2} \\ \omega_3=\dfrac{\Omega_{\omega_3}-\Omega_{r_3}}{(v_{r_1}+v_{\omega_1})/2} \end{cases} \tag{2-3}$$

式(2-3)中 $(v_{r_1}+v_{\omega_1})/2$ 表示轮对沿钢轨运行的平均速度。在实际应用中，考虑钢轨振动条件下，各蠕滑率可按式(2-4)定义：

$$\begin{aligned} \text{纵向蠕滑率} &= -\frac{(\text{车轮纵向速度}-\text{钢轨纵向速度})_{\text{接触点处}}}{\text{名义前进速度}} \\ \text{横向蠕滑率} &= -\frac{(\text{车轮横向速度}-\text{钢轨横向速度})_{\text{接触点处}}}{\text{名义前进速度}} \\ \text{自旋蠕滑率} &= -\frac{(\text{车轮角速度}-\text{钢轨角速度})_{\text{接触点处}}}{\text{名义前进速度}} \end{aligned} \tag{2-4}$$

式(2-3)、式(2-4)定义不同的蠕滑率，其物理概念略有差异，但最后得到的数学表达式是一致的。纵向蠕滑率 s_x、横向蠕滑率 s_y 无量纲，自旋蠕滑率 ω_3 的量纲是 rad/m。

2. 蠕滑力与蠕滑率

如图 2-5 所示，接触面上存在着纵向蠕滑率 s_x、横向蠕滑率 s_y、自旋蠕滑率 ω_3，同时也存在着黏着区域和滑动区域，这些滑动使接触面产生了纵向蠕滑力 T_x、横向蠕滑力 T_y。当两弹性体有相对运动或相对运动趋势时，在接触斑平面内的应变由切向力 $T(T_x, T_y)$ 来体现，该切向力 T 就称为蠕滑力。除蠕滑力 T 外，轮轨间也产生了一个绕 z 轴的自旋蠕滑力矩 M_z，但是与由左右车轮的纵向蠕滑力的差所产生的旋转力矩相比非常小，通常可以忽略不计。纵向方向的最大蠕滑力也称黏着力。

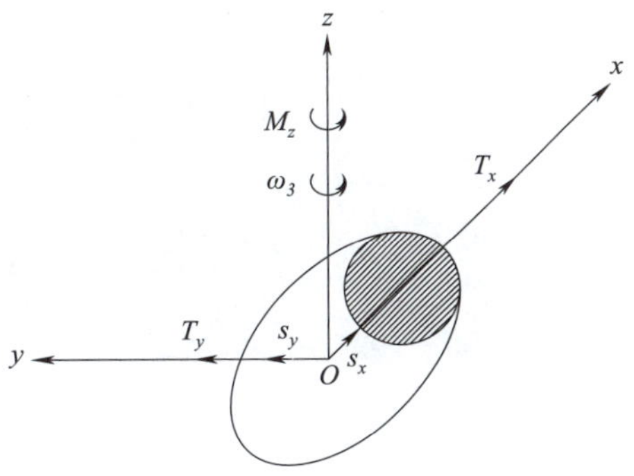

图 2-5　接触面上蠕滑率与蠕滑力

为了计算在轮轨接触斑上的纵向蠕滑力 T_x、横向蠕滑力 T_y 以及自旋蠕滑力矩 M_z，必须知道接触斑的形状、大小以及接触斑上力的分布规律，以便建立蠕滑力(力矩)与蠕滑率之间关系。为此，许多学者进行了大量的弹性体滚动接触理论研究和实验研究。不同的理论提出了各种类型的关系式或计算方法，例如，二维的、三维的或是线性的、非线性的。这些关系

式中，有些是精确的，有些是简化的，也有以实验为基础的关系表达式。

蠕滑率的大小决定着蠕滑力的数值，当有不同方向、不同数量的蠕滑率存在时，其蠕滑力也是不同的，即有

$$
\begin{aligned}
T_x &= f_1(s_x, s_y, \omega_3) \\
T_y &= f_2(s_x, s_y, \omega_3) \\
M_z &= f_3(s_x, s_y, \omega_3)
\end{aligned}
\tag{2-5}
$$

蠕滑率的数值在不同速度、不同轮轨接触参数时也是不同的。因此，蠕滑力与蠕滑率之间关系是相当复杂的。

2.1.3 黏着系数的影响因素

轮轨黏着是一种复杂的非线性的过程，轮轨接触行为的复杂性和强非线性耦合作用导致轮轨界面黏着特性的复杂多变，使黏着系数具有随机性，变化范围很大，且容易受到外界条件的影响。而黏着系数与很多因素有关，如轮轨表面状态、速度、轴重、线路情况以及走行装置。

1. 轮轨表面状态

(1)轨面状况

轨面状况是对列车黏着性能影响最大的因素。列车作为一个开放系统，其轮轨部分裸露在外界环境中，使得它无法完全隔离外部因素。因此，自然界的雨、雪、露、冰、树叶和砂土，以及人造的油、脂等物质(图 2-6)均可进入轮轨之中。当轨面被油、水、霜、雪等物质污染时，轨面状态变差导致轮轨之间的接触面减小，使得牵引力的利用率达不到要求，进而影响列车的牵引性能。

(a)水　(b)油

(c)冰雪　(d)树叶

图 2-6　轮轨表面常见介质

钢轨表面的污染颗粒是由于生锈产生了铁的氧化物。经常使用的钢轨相较于偏远地区使用率低的钢轨更为干净。在生锈较为严重的钢轨上，测得下雨时的轮轨黏着系数最小值为 0.03，且极易发生车轮滑行。潮湿的钢轨总是产生较低的黏着系数。在潮湿的钢轨上，日本新干线试验车测得 100 km/h 速度下的最低黏着系数为 0.05，170 km/h 速度下的最低黏着值为 0.03。根据铁路工作人员的经验，下小雨或者轮轨表面出现轻微冷凝时，轮轨黏着系数会较低。英国铁路公司的试验车测得下雨时轮轨黏着系数约为 0.21，最低平均黏着系数为 0.12，大约占测量数的 0.5%。考虑到平均值(0.12)和标准偏差(0.025)，通过试验研究发现，水介质工况下，水与轮轨的锈粒或者固定磨粒形成的膏状润滑脂使轮轨黏着系数降低至 0.05；空气中的微量 SO_2 会加速轮轨表面污染；在更高的速度下，由于流体水膜厚度的增加，黏着系数低至 0.03；轮轨表面有少量油(模拟油污染)时，轮轨黏着系数下降得更低，在 0.1 以下。

最严重的污染来自秋天潮湿的树叶。轨面会被树叶浆完全覆盖，从而使轮轨黏着系数降低。长时间的下雨会使树叶软化，通过车轮滚动，将树叶浆从轨面上清洗掉。目前，已知轮轨黏着影响因素中，潮湿的静止树叶会产生最低的黏着系数，约为 0.03。

轨面是客观存在不可改变的，但是可以通过清洁轨面或者撒砂的方式改善黏着系数。轮轨表面状态对轮轨黏着系数的影响见表 2-1。图 2-7 为不同轨面状况下的黏着特性曲线，可以看到在对轨面施加了撒砂措施之后，黏着系数普遍增加了 10%～40%。

表 2-1　轮轨表面状态对轮轨黏着系数的影响

轨面状况	轮轨黏着系数(未撒砂)	轮轨黏着系数(撒砂)
干燥	0.25～0.30	0.35～0.40
潮湿	0.18～0.20	0.22～0.25
有雪	0.15～0.18	0.22
有雨	0.15	0.20
油污	0.10	0.10

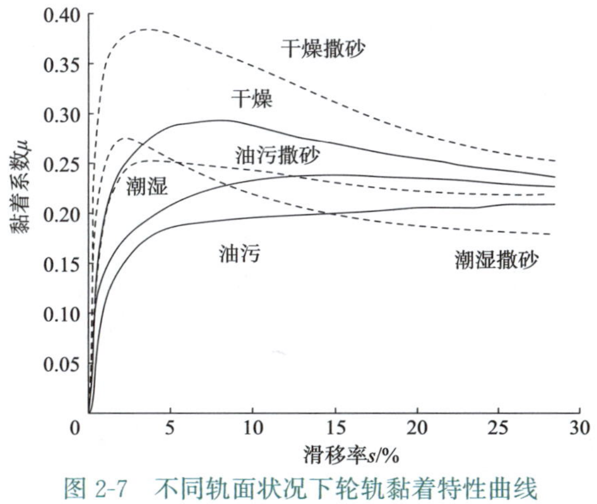

图 2-7　不同轨面状况下轮轨黏着特性曲线

(2)温度、湿度

自然环境会对铁路轮轨系统造成一定的影响，铁轨经过长时间的暴露，其性能可能会出现一定程度的下降。车轮材料和钢轨材料的弹性取决于材料本身的特性，而这些材料特性随着温度的变化而变化。车轮与钢轨的接触会产生大量的机械能，其中大部分通过塑性变形转换为热能。由于剩余原子的激发，晶格中的结合力出现减小，从而影响材料的特性。温度升高后，轮轨黏着系数会随之降低。

在存在水介质的工况下，如果水温下降，水的黏性就会增高，从而导致水膜的厚度增大，轮轨黏着系数减小。而在水温高的时候，即使在较高的运行速度下，也能确保较高的轮轨黏着系数。

我国北方大部分铁路在行驶过程中会受到极端低温气候的影响，如全长 1 956 km 的青藏铁路所在地区年平均气温为－5.2 ℃，最低可达－47 ℃，迫使轮轨在极寒环境条件下服役。低温会导致钢材的韧性、强度、屈服极限等材料特性劣化，影响轮轨接触区可传递最大切向力的大小，进而影响轮轨黏着系数的大小。

图 2-8 为西南交通大学摩擦学研究所利用低温环境轮轨滚动磨损试验机对低温下轮轨的黏着特性进行了试验研究，探究了低温对轮轨材料磨损与损伤性能的影响。试验分别在常温、－20 ℃和－60 ℃环境下进行。由图 2-8 可知，低温环境下黏着系数较常温下有较明显的升高，且温度越低黏着系数越高。同时，测量发现低温环境伴随有湿度降低的现象，常温环境下湿度在 65%左右，而低温时湿度降至约 40%。随湿度的降低，轮轨间氧化反应大大减弱，可能也是导致黏着系数上升的一个重要因素。高湿度引起较低的轮轨黏着，且相对湿度超过 85%时黏着急剧下降(这里的湿度是相对于钢轨)。通风好的隧道，黏着系数值较高。

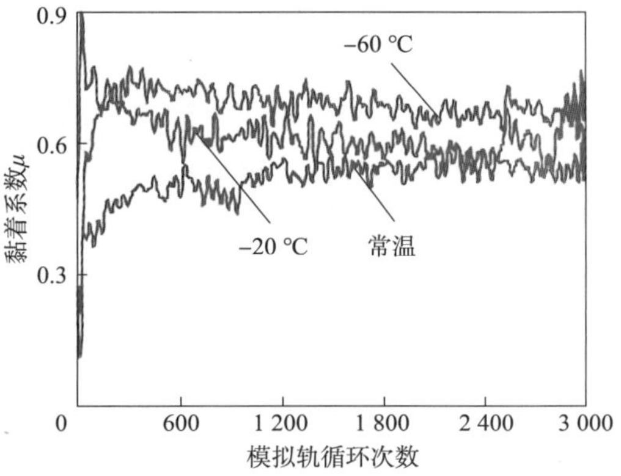

图 2-8　不同温度下轮轨黏着系数变化曲线
(转速 n=300 r/min，轴重 Q=16 t，滑移率 s=2.38%)

(3)材料特性

车轮和钢轨的金相组织对黏着水平影响有限，采用特殊合金(如镍合金)制造的车轮可以改善黏着特性，但这种材料成本很高，从整个系统的经济学角度考虑并不经济。相关研究指出，在车轮载荷及轮径一定时，轮轨黏着随着钢轨和轮毂的强度增高而增大。

(4)粗糙度

干态工况下，粗糙度对轮轨黏着系数的影响较小。润滑情况下，粗糙度大时，黏着系数越大；粗糙度小时，黏着系数相应较小。

2. 速度

黏着系数也会受到列车运行速度和蠕滑速度的影响。轮轨间的接触状态会因为列车的速度而改变,对黏着状态有一定的影响。其中,120 km/h 以上的列车运行速度对黏着系数产生主要影响,黏着系数会随着车速的增加而降低。经过欧洲铁路联盟委员会的实验表明,当列车的运行速度从 0 上升到 140 km/h 时,黏着系数只有原来的 90%。美国铁路部门也对运行速度影响黏着系数这个问题做了实验,假设轨面良好的情况下,黏着系数在 0～150 km/h 列车运行速度下可以用式(2-6)近似表示。

$$\mu=\frac{7.5}{v+144}+0.101 \tag{2-6}$$

为了进一步深入了解黏着特性,相关工作者对其做了理论研究和实验验证,适用于列车的黏着系数(潮湿轨面 μ_s、干燥轨面 μ_g)与速度 v 的关系有

中国列车黏着系数:

$$\mu_s=0.0405+\frac{13.6}{120+v} \tag{2-7}$$

$$\mu_g=0.0624+\frac{45.6}{260+v} \tag{2-8}$$

日本新干线黏着系数:

$$\mu_s=\frac{13.6}{85+v} \tag{2-9}$$

$$\mu_g=\frac{27.2}{85+v} \tag{2-10}$$

3. 轴重

轴重对轮轨黏着水平具有一定的影响,尤其在重载工况下车轮与钢轨之间动能的传递过程将会更为复杂。以往在对轴重的研究中,大多数研究人员认为轴重的增加会使轮轨黏着系数呈略微下降的趋势。然而,大山忠夫在其早期研究中得到了不同的结论,他认为轴重对黏着系数的影响受轮轨表面粗糙度的影响较大,当轮轨表面粗糙度很小时黏着系数会随着垂向压力的增加而增大。在目前的理论研究中,水、油等介质工况下轴重对黏着系数的影响基本可以利用弹性流体润滑理论,即通过分析轴重对接触区内润滑膜厚的影响来分析其对黏着系数的影响,以往的试验结果也都验证了这类分析的合理性;但在干燥工况下,还缺少足够的理论来详细阐明轴重对轮轨黏着影响的机理,而以往干燥工况下轴重对轮轨黏着系数影响的研究大多是在小比例试验机上获得的结果。受试样尺寸的限制,小比例模拟试验的接触应力分布往往与现场轮轨间的接触应力分布存在较大差异,而研究轴重这一影响因素时首先考虑的便是轮轨接触区的应力分布,因此仅凭借小比例模拟试验所得到的结果,还不能得出确切的结论。

4. 线路情况

由于机车在曲线上运行时，车轮的运行方向和曲线轨道的切线方向会形成一定的角度，也就是冲角。这种情况下，车轮相对于钢轨产生横向蠕滑，但轮轨间所能传递的总蠕滑力受到轮轨黏着的限制，造成曲线降黏，其减少量不大。随着曲线轨道曲率的增加，达到最大黏着系数时的蠕滑率也随之增大。

由图 2-9 可知，蠕滑率增大，纵向黏着系数随之增大；冲角增大，纵向黏着系数随之减小。冲角为 0.2°、0.3°、0.4°时，轮轨纵向黏着系数比直线工况（冲角为 0°）时分别下降约 11%、20%、28%。

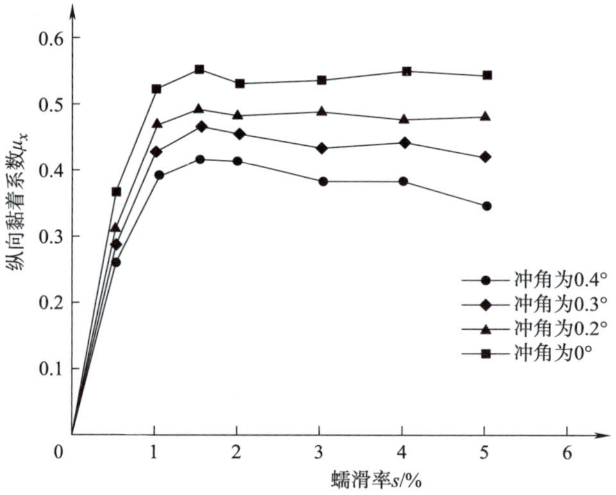

图 2-9　不同冲角下轮轨纵向黏着—蠕滑曲线（v=60 km/h，Q=21 t）

列车运行在弯曲轨道上也会影响黏着系数。当列车在过弯道时，轮对所受到的力矩与弯道切线形成夹角，会产生一个阻碍纵向黏着力的横向黏着力。横向黏着力随着弯道曲率的减小而增大。相关研究团队对不同半径的弯道进行了试验研究，研究表明当弯道夹角每增加 0.4°，黏着系数会减小约 60%。黏着系数与弯道半径的关系可以由式(2-11)表示。

$$\mu_y=\mu(0.67+0.000\,55R) \tag{2-11}$$

式中　μ_y——横向黏着系数；

　　　R——弯道半径，m。

对比平直道和上坡道工况，虽然机车的轴重一致，但是在上坡道工况下黏着质量小于平直道工况下的黏着质量，因此其黏着系数小于平直道工况下的数值。另外，由于机车的受力情况发生改变，机车轴重分布不均匀，轴重发生转移，伴随列车运行过程中的振动及蛇行作用加剧，会使轮轨黏着系数下降。特别是内燃机车由于燃油的晃动，轴重转移严重不均匀，黏着系数下降尤其显著。

由于坡道的存在，客观上造成黏着质量的降低，导致黏着系数有所下降。道岔上钢轨接头处由于冲击作用,使钢轨接头处引起车轮减载,导致黏着系数降低。对于道床平整、保养好且具有均匀特性的线路,对轮轨黏着是有利的。

5. 走行装置

走形装置是指车辆中支撑车体并担负车辆走行任务的部分,其在走行过程中会产生多种作用力,其中静态作用力、动态作用力和走行装置中的连接元件、几何布置、车轮直径都是影响黏着系数的因素。

(1)静态作用力

静态作用力是指物体在静止状态下受到的作用力,轴重对黏着系数的影响幅度较小,约为 0.5%。轴重增大,黏着降低。根据黏着系数的定义,提高轴重意味着提高轮轨接触面的正压力,虽然黏着系数有小幅下降,但是总的黏着力增大了。提高轴重过度,会使轮轨的接触压力增大,加速轮轨接触表面的疲劳破坏。另外,增加轴重还会使黏着最大值处的蠕滑率减小。

(2)动态作用力

动态作用力是指作用在物体上并导致物体运动状态发生变化的力,轮轨接触振动是轮轨滚动接触中必然产生的物理现象。在轮轨接触振动中,由于接触变形以及接触载荷之间是非线性关系,接触刚度是非线性的,当接触体向下移动时,接触刚度就会提高;当接触体向上提升时,接触刚度则会降低。因此轮轨接触振动具有非对称性和非线性的特点。这种非对称性和非线性的振动,会导致接触幅间隙增大,使实际的接触面积变小,黏着力下降。

(3)连接元件

车钩连接器的高度变化决定了轴重的转移量,车钩高度越低,黏着系数越大。牵引拉杆的高度变化也直接影响轴重的转移量,牵引拉杆高度越低,黏着系数越大。

(4)几何布置

当机车发挥牵引力时,会使轴重发生转移。如果机车的结构参数和几何布置的选择不够合理,会使轴重转移增大,将影响牵引力的产生,降低了黏着利用率。

(5)车轮直径

大轮径的黏着系数比小轮径的黏着系数大。轮径大,则轮轨接触面积大,因而在相同的滑动率下,能传递较大的切向力。克莱托克的研究结果认为,当轮载荷为 100 kN、车轮半径为 400 mm 时,按 Kalker 公式计算求得黏着系数 μ 为 0.30;而当车轮半径为 600 mm 时,黏着系数 μ 为 0.34。这表明轮径增大 50%,黏着系数相对增加 13.5%。

金雪岩等利用 JD-1 轮轨模拟试验机开展了不同轮径的模拟试验,模拟内燃机车(轮径 1 050 mm,轴重 23 t)和电力机车(轮径 1 250 mm,轴重 23 t)锥形踏面车轮运行于 60 kg/m 直线钢轨上。干态牵引工况下,轮轨黏着系数随蠕滑率的变化曲线如图 2-10 所示,电力机车比内燃机车的黏着—蠕滑曲线有所上升,其极限黏着系数比内燃机车增加约 4%。这说明在轴重相同的情况下,增大机车轮径有利于提高列车的牵引力;大轮径黏着系数比小轮径黏着系数大，因为大轮径车轮的轮轨接触面积大，在相同蠕滑率下，能传递较大切向力。

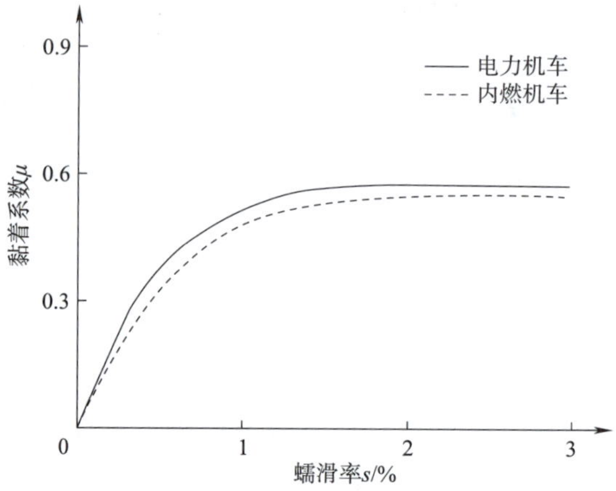

图 2-10　不同轮径下轮轨黏着—蠕滑曲线

综上所述，黏着特性容易受到多种因素影响，轮轨表面状况对黏着系数的影响尤为显著。所以要想改善并且提高牵引力的利用率，除了需要提高列车的黏着性能，还需要在进行黏着控制的时候考虑环境因素，这才能更好地利用轮轨间的黏着力，使列车的平稳性与安全性得到改善。

2.1.4　改善黏着的方法

欧洲铁路安全标准委员会在轮轨低黏着测量标准中规定，列车正常运行中，制动过程所需要的黏着系数应大于 0.14，牵引过程所需要的黏着系数应在 0.1～0.3 范围内。此外，在机车防滑系统检测标准中，定义 0.1 以上的黏着系数为正常黏着水平，0.05～0.1 的黏着系数为低黏着水平，小于 0.05 的黏着系数为恶劣黏着水平。

列车运行中的牵引力和制动力几乎全部来自机车轮对与钢轨之间产生的黏着力。因此，轮轨间的黏着水平直接决定了列车运行的最高速度、制动距离、牵引效率等。以往的研究表明，现场中干态工况下轮轨间的实际黏着水平约为 0.3，可以满足机车运行的黏着需求，而当轨面出现水、油、树叶等第三介质时，轮轨黏着系数便会跌至一个极低的水平，极易引发各类低黏着事故。

改善黏着的方法主要有两大类：一类是修正轮轨表面接触条件，改善轮轨表面不清洁状态；另一类是改善轨道车辆的悬挂系统，减轻轮对减载带来的不良影响。通常采用以下措施改善黏着：

1. 向轨面撒砂或喷射氧化铝颗粒等硬质颗粒增黏

目前，世界各国普遍采用改善黏着的做法是向轮轨接触界面撒砂，其效果比较明显。日本为解决列车在 300 km/h 以上运行速度下的黏着问题，研发出一种通过喷射氧化铝颗粒来提高黏着力的方法。在车轮经过时，这些硬质颗粒被碾压嵌入轮轨接触表面，从而形成大量的微凸体。微凸体破坏了接触区域内的水膜，增加了固体接触部分，轮轨间便可传递更大的黏着力，如图 2-11 所示。即使硬质颗粒最终会脱落，但轮轨接触表面的粗糙度变大了，仍有利于保持良好的黏着状态。

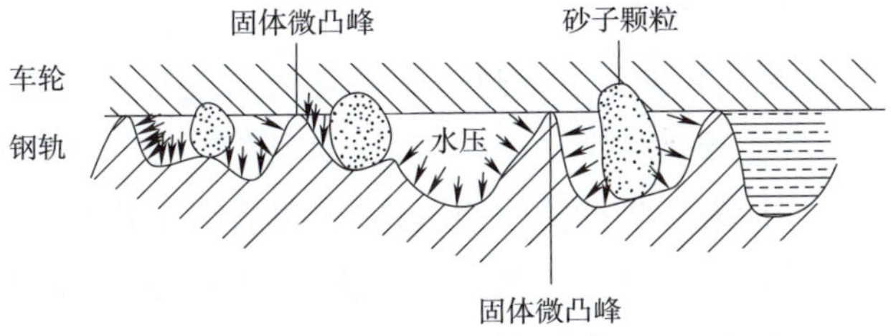

图 2-11　水介质工况下撒砂增黏时的轮轨接触模型

以第三介质（水介质）工况下撒砂为例，采用硬质颗粒来增黏时，硬质颗粒破碎后的粒径仍大于接触区内的水膜厚度，并嵌入轮轨表面，在接触区内发挥承载载荷的作用。当两接触表面产生相对运动时，嵌入的硬质颗粒将会发生犁沟作用，如图 2-12 所示，D 为硬质颗粒直径，d 为水膜厚度，v 为列车行进速度，其过程中产生的犁沟力成为轮轨切向力的主要来源。

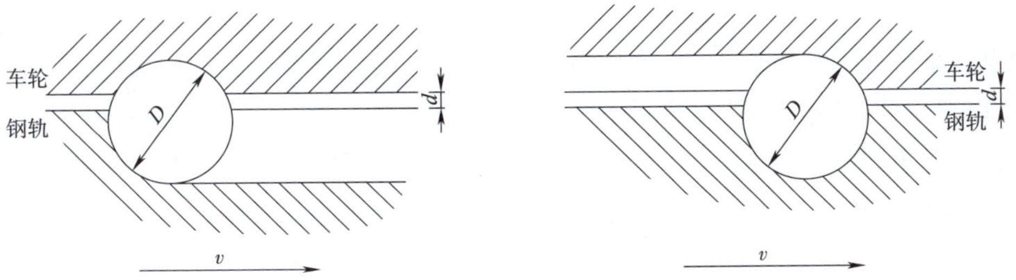

图 2-12　颗粒在接触副间的犁沟模型

在轨面上适当抛撒硬质颗粒可以增大黏着系数，但硬质颗粒的黏度、成分、硬度和湿度都必须符合一定的要求。否则，撒砂还有一定的副作用：高速行车时硬质颗粒易被吹走，不能成功地撒在轨面上，效果较差；有霜、雪、树叶或油污很厚时，抛撒硬质颗粒效果很差，甚至无效；加剧钢轨和机车车辆某些部件的磨损；过度抛撒硬质颗粒还可能影响电气设备对道岔辙轨、岔心和信号装置的控制；符合要求的硬质颗粒费用较多。所以，抛撒硬质颗粒的方法一般仅限于黏着不良的地方，而且主要用于改善机车车辆的牵引黏着而非制动黏着。

2. 安装研磨子踏面清扫装置

随着盘形制动的发展，车轮踏面缺少了闸瓦的清扫作用，出现在轮轨表面的第三介质直接影响列车牵引和制动性能的发挥，因此必须采用踏面清扫装置来减轻外部环境对轮轨黏着的影响。

研磨子由铸铁和有机合成材料组成，是类似闸瓦的磨耗件，安装在动车组的转向架上。在列车行进和制动过程中，研磨子受压紧贴在车轮踏面上，可以清除车轮表面的雨水、油污、锈迹、尘埃及杂质等。此外，研磨子与踏面摩擦产生的摩擦颗粒进入轮轨接触区后又可以发挥硬质颗粒增黏的效果，以保证轮轨间有良好的黏着性能。

3. 磁轨制动等辅助制动手段

磁轨制动的基本结构是在转向架上通过一个特殊装置连接电磁铁。在列车制动时，电磁铁和钢轨吸引在一起，产生很大的滑动摩擦力，辅助列车在规定制动距离内完成制动。同时，制动时电磁铁对钢轨表面有机械清除作用，可以改善后续车轮通过时的黏着状态。

在磁轨制动基础上，推出了一种由永久磁铁来获得制动力的新型磁轨制动，即永磁轨道制动。其制动原理与磁轨制动相同，但不需要提供辅助电源或蓄电池组。同样可以在制动时对钢轨表面起清扫作用，有利于改善黏着性能。

4. 安装防滑系统等黏着控制系统

按照蠕滑理论中的黏着—蠕滑特性曲线的变化规律，轮轨间的黏着系数总是在开始阶段随着蠕滑率的增大而线性增大，当达到峰值点之后，开始随着蠕滑率的增加而缓慢下降。因此，通过调整轮对的蠕滑率使轮轨黏着系数始终保持在峰值点附近，而达到最优的黏着利用状态。

如果列车只凭借自然属性运行，是不可能达到黏着极限的，即使在短时间内获得很高的牵引力，也很难维持下去。黏着控制系统的出现，促使电力机车的牵引与制动性能得到大幅提高。防滑器不仅是一种有效防止车轮滑行的装置，若是控制得当，适当的车轮滑行还可以清扫表面，保持车轮踏面的表面粗糙度，起到改善和提高黏着水平的作用。

5. 采用化学方法或等离子处理等轨面清洁措施

第三介质工况下提高轮轨间的黏着系数，最直接的办法便是彻底清除进入轮轨接触区内的第三介质，使轮轨表面重新变成清洁表面。此外，可通过向轨面喷洒一种喷剂（如硅酸钠）的方法进行清洁，其原理是破坏污染轨面的油分子。专用的喷洒设备置于轨道附近，当机车车辆通过时，由于车轮的滚动，会使设备自动喷出喷剂。喷剂在轨面上的喷洒范围可达400 mm，足以保证前方轨面的油污在车轮通过前被清除。

2.2 制动工况下的轮轨黏滑特性

随着高速铁路的快速发展，尤其是速度与轴重的提高，使轮轨黏着问题的研究变得更加复杂。良好的轮轨黏着能有效地改善轮轨系统的工作性能，延长轮轨使用寿命，降低铁路设备的维护维修费用，对铁路行业具有重大的经济意义。从安全的角度讲，紧急制动时必须使列车在最短的距离内停车，此时需要采取最大限度地利用黏着力的制动控制和滑行控制。本节将围绕制动工况下的轮轨黏滑特性，结合轮轨受力分析进行阐述。

2.2.1　制动工况下的轮轨受力分析

如图 2-13 所示为车辆以速度 v_t 在平直轨道上运行时，制动装置向某轮对施加作用力后的受力情况（以闸瓦制动为例，盘形制动与此类似）。为了更清楚地表示各种力学关系，本图将实际上互相接触的轮对与钢轨稍稍分开画出。

图中 Q 为轮对作用在钢轨上的正压力，又称为轮对的轴重。在正压力 Q 的作用下，车轮和钢轨的接触部分紧紧压在一起。K 为闸瓦作用在车轮踏面上的正压力，φ_K 为闸瓦摩擦系数，由此产生相应的摩擦力 $F_b=K\varphi_K$。摩擦力 F_b 为内力，产生的摩擦力矩与车轮转动方向相反，仅使车轮转速下降，而不能使车速下降。作用在轮对上的摩擦力矩可以用一对力 B_1、B_2 形成的力偶代替，B_1、B_2 分别作用在轮对中心的 O 点和轮轨接触处的 O' 点。此时车轮会产生对钢轨的切向作用力 F'_μ，并且轮轨接触点 O' 具有向右运动的趋势。由于车轮受到正压力 Q 的作用，使得轮轨接触的地方存在摩擦，并且在接触点 O' 产生一个 F'_μ 的反作用力，即钢轨作用于车轮的切向力 F_μ，该力方向与 O' 的运动趋势相反，阻止 O' 点向右运动。在该切向力的作用下，轮轨接触点 O' 保持相对静止。这种由于正压力而保持车轮与钢轨接触处相对静止的现象称为“黏着”，黏着状态下的切向力 F_μ 又称为黏着力。由此可见，黏着力 F_μ 为钢轨施加于轮对的外力，作用方向与列车运行方向相反，也是制动工况下列车减速或停车的最终作用力。

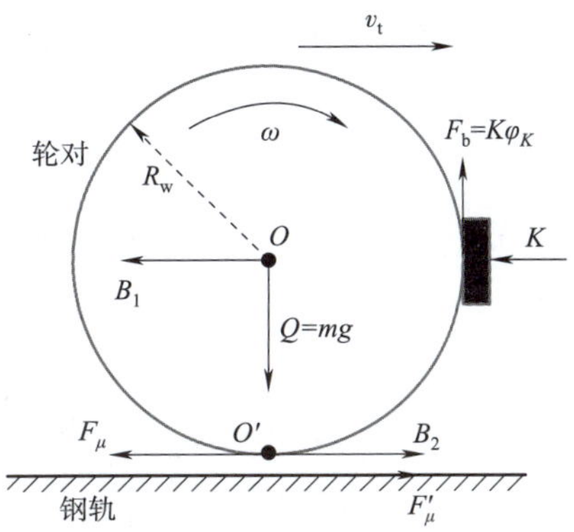

图 2-13　制动工况下的轮轨受力分析

为了便于说明，将基础制动装置通过闸瓦（或闸片）施加在踏面（或制动盘）产生的摩擦力 F_b 称为制动力，但严格意义上使列车减速的制动力应为黏着力 F_μ，这里按照习惯命名。本文出现的制动力即指 F_b，后不再说明。由公式(2-12)可得轮轨间的黏着力即

$$F_\mu=\mu Q=\mu mg \tag{2-12}$$

式(2-12)表明，在轴重一定的情况下，轮轨间的黏着力大小由黏着系数决定，而车轮在制动过程中必然会产生蠕滑现象。伴随着蠕滑产生静摩擦力，轮轨之间才能传递黏着力 F_μ。根据 Hertz 接触理论，假定轮轨接触斑为椭圆形状，可将其分为黏着区和滑动区，如图 2-14 所示。这两个区域的大小随黏着力的变化而变化，当制动力 F_b 增大时，轮轨间的黏着力必然随之增大，因此滑动区面积增大，而黏着区面积减小；当黏着力超过某一极限值时，黏着区面积为零，只剩下滑动区，轮轨间黏着被破坏。若作用在车轮踏面上的压紧力而产生的制动力 F_b 依然存在，轮轨接触面间将出现较大的相对滑动，此时不进行有效控制，轮对会

出现宏观滑行并很快被抱死。

接触斑上没有轮轨之间的滑动，不能够传递力。也就是说，列车制动过程中依靠轮轨之间的变形差，由轮对传递给钢轨使得轮轨间产生制动力。显然，施加的制动力越大，轮轨间产生的变形差就越大。只要黏着系数足够大，变形差就能产生足够的黏着力而与制动力相平衡。然而，轮轨间传递产生制动力的上限是库伦极限摩擦力，因此轮轨间的黏着状态越低，传递力的能力也就越低。由此可见，黏着力的大小可以通过制动装置增加或减小制动力 F_b 来调节，但黏着力 F_μ 不能超过黏着条件所允许的最大值，要受到最大黏着系数 μ_{max} 的限制，即有

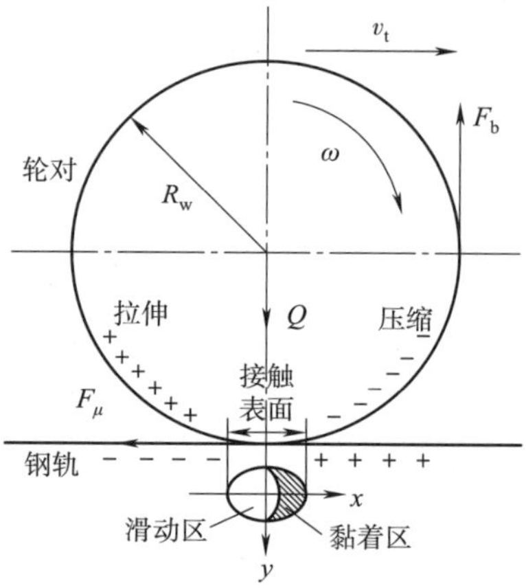

图 2-14 轮轨接触处的滑动区和黏着区

$$F_\mu=\mu Q\leqslant\mu_{max}Q \tag{2-13}$$

轮轨间滑动大小的程度可用蠕滑率表示，国际铁路联盟考虑到蠕滑工况下的车辆在钢轨上的运动特点，对蠕滑率作了确切的定义，但该定义要求能够精确地测定轮对和钢轨的绝对速度，不适合实际工程应用。列车在平直轨道下进行制动时，由于轮对纵向上受到的制动力较大，即为较大的纵向蠕滑率，而轮轨间产生的横向蠕滑率和自旋蠕滑率较小，常用蠕滑率来表示制动工况下的纵向蠕滑率 s_x，横向蠕滑率 s_y 可设为一常数或为 0。高速列车的蠕滑率 s 通常按式(2-15)计算，首先定义速度差 Δv 为

$$\Delta v=v_t-v_w=v_t-\omega R_w \tag{2-14}$$

式中 v_t——车速，m/s；

v_w——轮对转动时的圆周速度，即为绕轴旋转的轮对线速度，m/s；

ω——轮对转动的角速度，rad/s；

R_w——轮对半径，mm。

因此，可对蠕滑率进行如下定义：

$$s=\frac{\Delta v}{v_t}=\frac{v_t-\omega R_w}{v_t} \tag{2-15}$$

式(2-15)虽然只是蠕滑率的一种近似表示方法，但便于获得检测信号，更适合实际工程应用。同时由式(2-15)可知，实际工程应用中要想获得精确的滑移率，必须获得精确的轴速和车速。当前高速列车是通过安装在轴端的转速传感器来实时获取每根轴的转速脉冲信号，通过数据处理和轮径补偿得到轴速，并进行适当的倍频处理，使得轴速信号的测试精度保持在±0.5 km/h 范围内。得到列车各轴的转速后，可根据一定的算法获得列车的参考车速。

2.2.2　制动工况下的轮轨黏滑分析

研究表明，轮轨间的黏着和蠕滑是同时存在的，并且两者之间存在一定的变化规律，常用黏着—滑移率特性曲线（以下简称黏滑特性曲线）来表示。通常在车辆动力学的理论研究中，主要对轨道车辆的平稳性、舒适性、脱轨安全性、运动稳定性和曲线通过性能等进行分析，此时轮轨黏着模型考虑的重点多是小蠕滑工况，并且需要考虑纵向、横向和自旋蠕滑等。对于制动工况来说，特别是列车满载下实施较大级位的制动工况来说，轮轨间产生的横向蠕滑和自旋蠕滑都较小，主要为较大的纵向蠕滑，特别是在制动防滑控制的过程中，相关文献认为防滑控制一般可将纵向滑移率控制在$s_x \leqslant 35\%$，在此范围内均为滑移率的稳态运行区。轮轨间的接触状态不良时，制动力很容易超过可用的最大黏着，因此需要着重考虑纵向大滑移工况下的黏滑特性。

1. 轮轨间的黏着—滑移率特性曲线具有一个峰值点

为了有效利用轮轨间的可用黏着并对制动工况下的滑行进行控制，研究人员们进行了大量的轮轨黏着试验和理论分析，得到了公认的黏滑特性曲线，如图 2-15 所示。

由图 2-15 可知，在微滑区，轮轨黏着系数随滑移率近似线性增大，然后随着滑移率非线性增大，轮轨黏着系数达到极限值 μ_{max}（对应的滑移率称为最优滑移率 s_{opt}）；若继续增大滑移率，则进入滑动区，随着滑移率的增大，黏着系数却迅速减小，即轮轨间出现较大滑移率时，黏着系数具有负斜率特性。此时轮轨间的黏着状态将遭到破坏，轮轨接触点会发生宏观的滑行。黏着系数达到最大值后随着滑移率增大而减小的非线性特性已经成为国内外研究者的共识，在进行制动防滑控制时是一个必须考虑的问题。

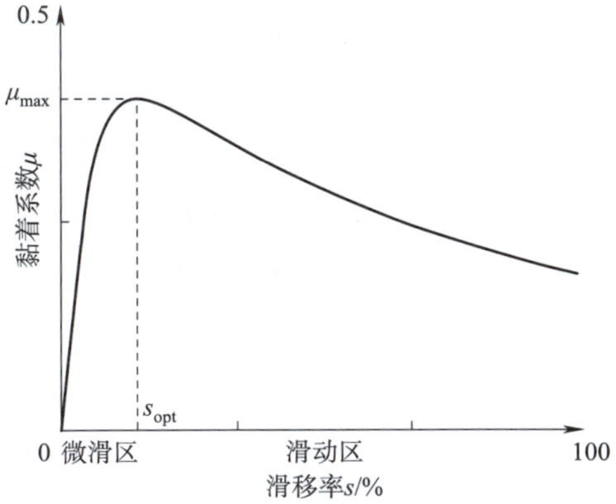

图 2-15　黏着—滑移率特性曲线

我国在 1988 年—1991 年间，利用特制的制动黏着试验车先后在济南铁路局、上海铁路局和哈尔滨铁路局进行了制动黏着系数测试试验。根据试验结果，同样拟合得到了干湿轨工况下的制动黏着系数曲线。

根据大量黏着试验的研究结果来看，真实的轮轨黏滑特性非常复杂，并且受到轮对踏面和钢轨接触表面之间各种状态、列车速度、车辆载重等影响。基本的黏滑曲线实际上是一组受到各种因素影响的数据点形成的宽带图，很难通过简单的数学表达式来定义，如图 2-16 所示，黏着系数具有较大的离散性，但从整体上来看又具有一定的规律性。因此一般是通过对试验数据的后处理，拟合出各种工况下黏着系数随滑移率或随速度变化的公式或曲线，然后进行黏滑特性的分析讨论。

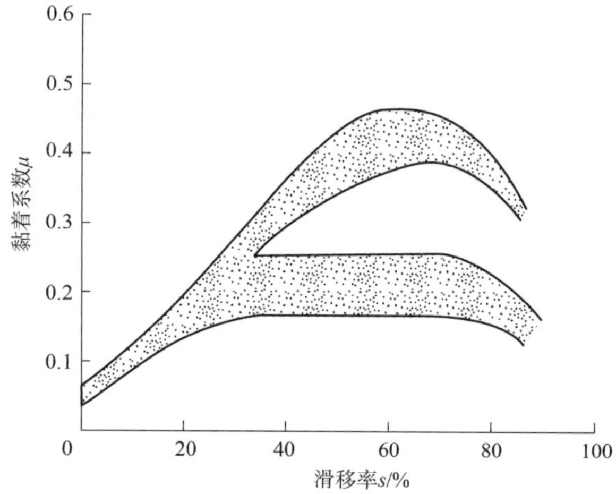

图 2-16　黏滑曲线带

2. 轮轨间的黏着—滑移率特性曲线具有两个峰值点

为了研究不良黏着条件下的制动过程，1991 年法国国家铁路公司在国际铁路联盟试验研究所进行试验。该试验使用法国国家铁路公司的专用制动试验车，在该试验车的一个轮对上，装设了测量黏着和滑动过程的装置。试验的主要目的是确定 80～240 km/h 速度范围内的最佳滑动量和有效黏着系数(涂湿溶液中的浓度为 0～8%)。

试验方法是让轮对过渡到具有相对速度为 50%～80%的滑动状态，这大大超过了最佳滑动量，因而可以研究通过黏滑曲线峰值的过程。研究人员完成了 650 次过渡到滑动状态的试验，且已将这些试验结果输入计算机。这些试验结果通过计算能够揭示与滑动量有直接或间接联系的一些参数的影响，如图 2-17 所示。

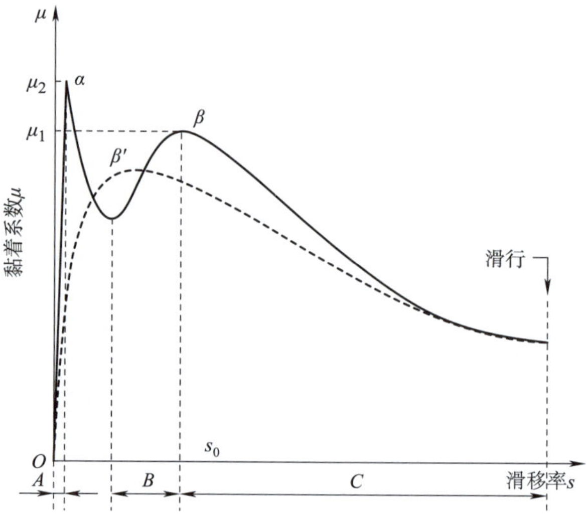

图 2-17　典型的黏滑曲线

因为需要考虑的滑动量数值是变化的，而且有时是相当高的，峰值 β 的确定应从广义上判定。图 2-17 上的 A 为稳定的假滑动区(蠕滑)；B 为稳定滑动区；C 为不稳定区，α、β、β' 分别为峰值、峰值和拐点。

谷本平作等人为了获得车轮驱动时空转和制动时滑行的影响因素，对主要影响因素即轮轨表面粗糙度和车轮、轨道及水的温度利用双圆盘滚动接触试验进行了研究。

利用双圆盘滚动接触试验台和喷水设备进行试验。试验台由 2 个盘形装置(车轮圆盘和轨道圆盘)，驱动车轮圆盘的交流电动机，连接到轨道圆盘轴的涡流制动机，加载垂向力的液压系统，测量车轮圆盘转速、接触力和扭矩的测试系统组成。车轮圆盘材质为 JIS SSW-Q1R，轨道圆盘则是通过切割 JIS 60 kg 标准轨道并成形而制成的。喷水设备嵌入试验台以便将水喷入轮轨圆盘的接触区。利用压缩空气从水箱中喷出给定温度的水。喷嘴为圆柱体形状，孔径为 1.2 mm，从喷嘴到 2 个圆盘接触点之间为距离为 170 mm。发生再黏着现象的试验结果如图 2-18 所示。

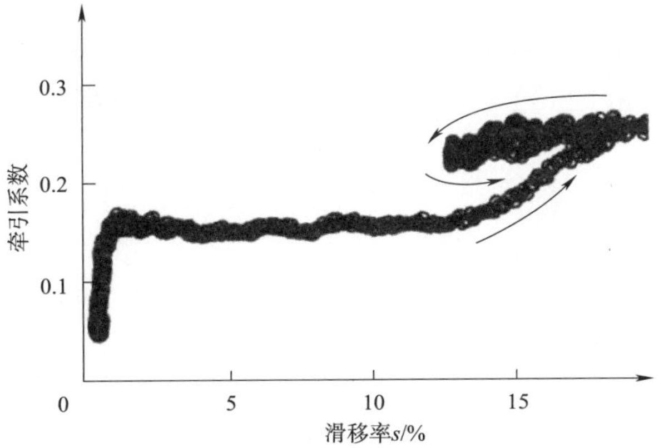

图 2-18　发生再黏着现象的试验结果

该试验发生再黏着现象的原因可能是摩擦面温度随滑行速度的增大而升高。当温度升高时，流体膜和边界膜随流体黏度的降低而变小或断裂，造成接触区的金属发生黏着，塑性增大。然而，具体的机理还需要进一步研究，与实际轮轨相比，由于短时少量的重复接触致使圆盘接触面温度容易升高，这种再黏着可能是试验台独有的特殊现象。

为研究 300～400 km/h 速度范围内高速列车在湿轨条件下的制动黏着行为特点。针对这一问题，常崇义等人利用全尺寸高速轮轨关系试验台，研究高速轮轨水介质条件下制动大蠕滑黏着特性，提出基于高速轮轨关系试验台的轮轨水介质条件下制动大蠕滑黏着特性试验方法。该实验台技术先进，测试与试验功能完善，最高试验速度可达 500 km/h；可对轮轨产品进行模拟综合试验，优化设计，提高产品可靠性；可显著提高我国高速轮轨关系的试验及理论研究水平，为高速轮轨关系的研究提供试验手段。通过试验，得到了 100 km/h、

200 km/h、300 km/h 和 400 km/h 时轮轨制动大蠕滑黏着特性曲线，如图 2-19～图 2-22 所示。

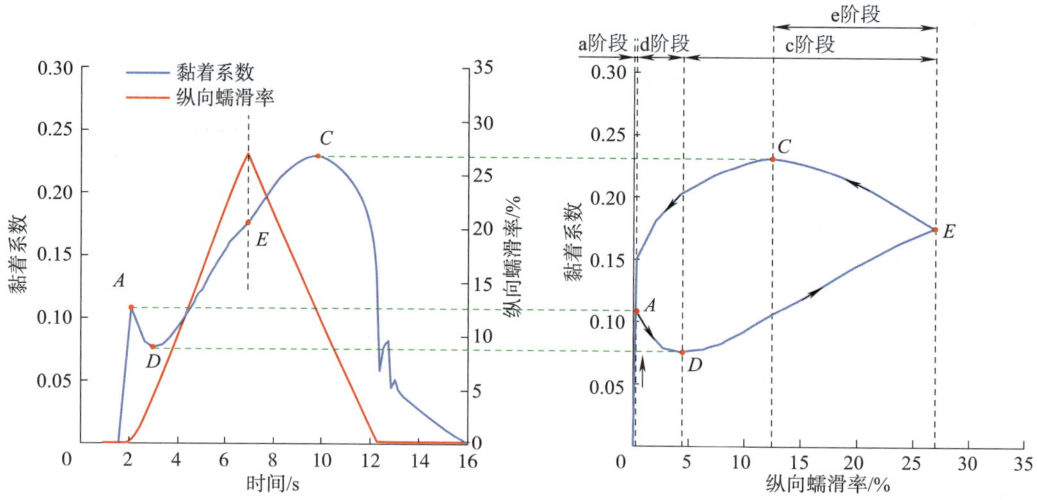

(a)纵向蠕滑率和黏着系数时程曲线　(b)黏着特性曲线

图 2-19　100 km/h 时轮轨制动大蠕滑黏着特性曲线

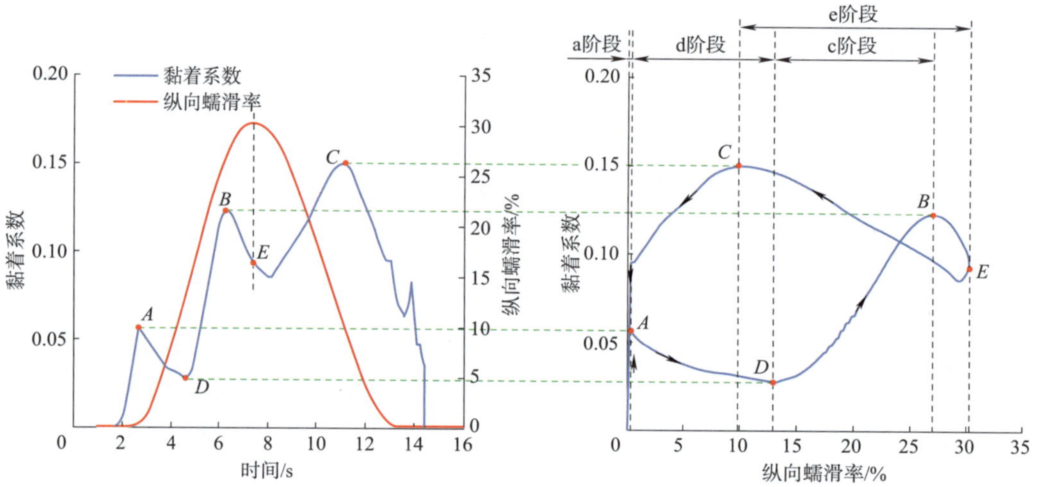

(a)纵向蠕滑率和黏着系数时程曲线　(b)黏着特性曲线

图 2-20　200 km/h 速度时轮轨制动大蠕滑黏着特性曲线

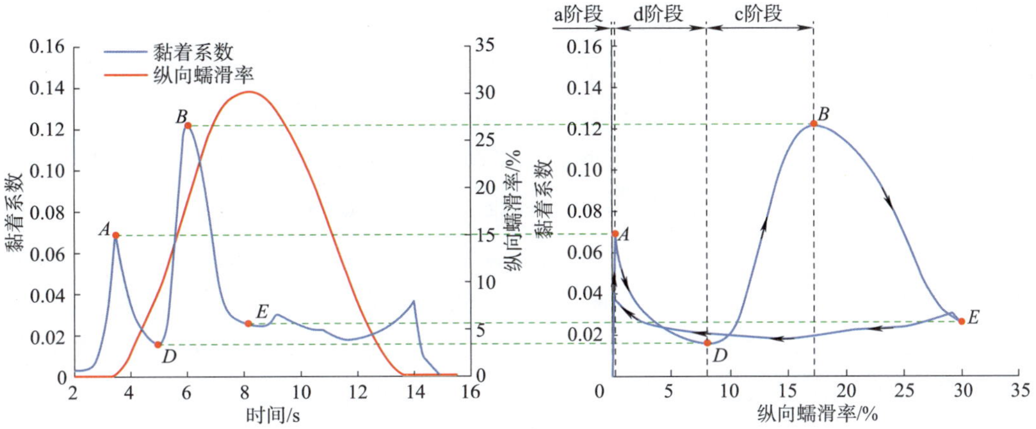

(a)纵向蠕滑率和黏着系数时程曲线　　(b)黏着特性曲线

图 2-21　300 km/h 速度时轮轨制动大蠕滑黏着特性曲线

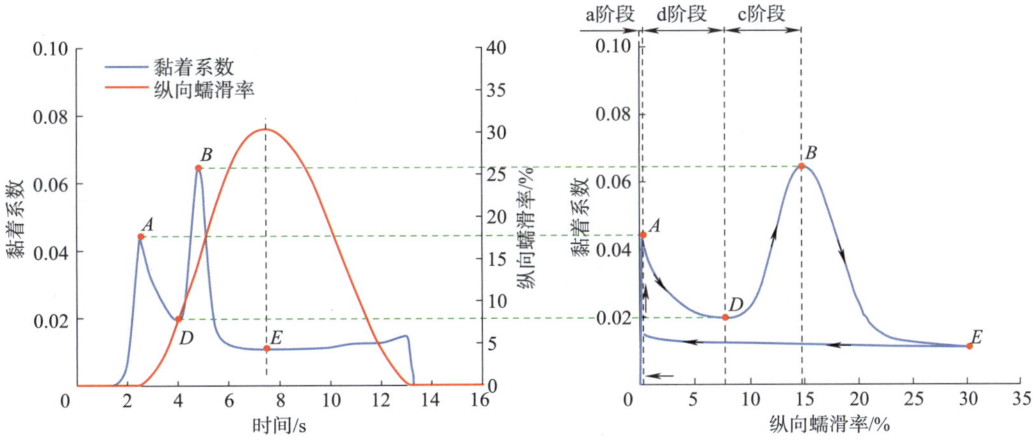

(a)纵向蠕滑率和黏着系数时程曲线　　(b)黏着特性曲线

图 2-22　400 km/h 速度时轮轨制动大蠕滑黏着特性曲线

结果发现：试验速度为 100 km/h 时，在纵向蠕滑率从 0.5%增至 5%～8%的过程中，黏着力系数出现了减小的现象，此阶段不利于黏着的利用，当纵向蠕滑率增至一定数值后（一般为 5%～8%），若继续增加，则出现黏着力系数再上升的现象；试验速度为 200 km/h 时，当纵向蠕滑率增至 27%时出现黏着力系数上升的第 2 个峰，在纵向蠕滑率从 30%开始减小的过程中，黏着力系数出现“卸载峰”；试验速度在 300～400 km/h 的范围内时，纵向蠕滑率增至 15%左右时出现黏着力系数上升的第 2 个峰，此时黏着力系数约为第 1 个峰的 2 倍；加载和卸载过程中的黏着力系数再上升阶段都属于稳定阶段，有利于提高轮轨黏着的利用。

3. 不同车速的轮轨黏着—滑移率特性曲线峰值点对应的最优滑移率不同

世界高速铁路发达国家使用专用的制动试验车，对轮对进行制动到具有滑移率较大的滑动状态（如法国国家铁路公司进行在线黏着试验时，控制轮对制动到 50%～80%的滑动状态），测试不同车速下黏滑特性曲线通过峰值点的过程，由此得到干湿轨状态下黏着系数随车速变化的关系曲线，如图 2-23 所示，图中随车速变化的黏着系数即为黏滑特性曲线的峰值点μ_{max}。法国国家铁路公司的试验结果同时表明，即使轨面状态不变，制动过程中随着车速的降低，黏滑特性曲线的峰值点μ_{max}在逐渐增大，且其对应的最优滑移率s_{opt}也在逐渐增大。由此可知，轮轨之间的黏着系数峰值点随车速和滑移率的变化而不同，即黏着系数应为车速和滑移率的函数，其随车速和滑移率的三维变化关系如图 2-24 所示。图 2-24 中黏着系数在 yOz 面的投影(图 2-24 曲线①)即为黏着系数随滑移率变化曲线，随着滑移率的增加，存在一个黏着系数的峰值点，且峰值点的大小随着速度的变化而变化。该峰值点的连线(图 2-24 曲线②)在 xOz 面的投影(图 2-24 曲线③)即为黏着系数随车速的变化关系曲线，在 xOy 面的投影(图 2-24 曲线④)为最优滑移率随车速变化关系曲线。

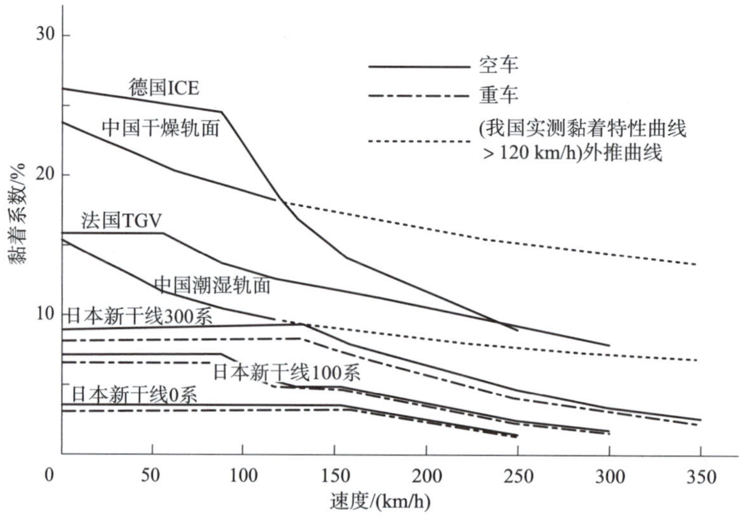

图 2-23　各国实测得到的黏着系数随车速变化关系曲线

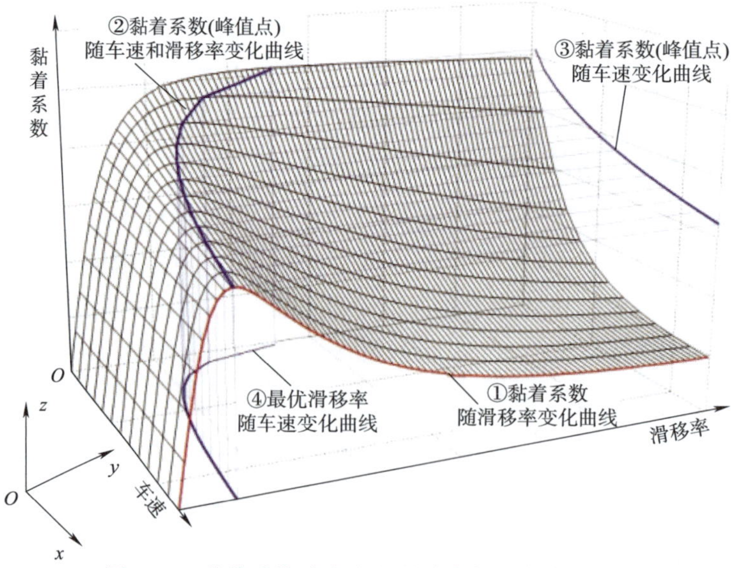

图 2-24　黏着系数随车速和滑移率的三维变化关系

当然,除了滑移率和车速之外,影响黏滑特性的因素还有轴重和轮径等。对于制动工况下的防滑控制理论研究来说,制动过程中可认为轴重和轮径基本保持不变,重点需要考虑轮轨表面状态、列车速度和滑移率对黏着系数的影响。

2.2.3　黏着系数、速度和滑移率的关系

经过对黏着机理的分析,发现黏着系数与滑移率也存在着复杂的非线性关系,其表达式见式(2-16)。

$$\mu(s)=a(1-e^{-bs})-\frac{s}{c} \tag{2-16}$$

式(2-16)中 a、b、c 取值不同,共同反映出轨面不同。虽然轨面上的系数不同,但黏滑特性曲线的大致走向趋势是一致的。不同轨面的黏滑特性曲线都有对应的峰值点(最优滑移率s_{opt}),即黏着系数最大对应的滑移率值为s_{opt},黏滑特性曲线以峰值点为分界点,在峰值点的左侧为列车行驶中的稳定区域,而在峰值点的右侧为列车行驶过程中的非稳定区域。在稳定区域里,滑移率及黏着系数随列车车轮的速度增加而增大,直到列车黏着状态达到峰值点,这表明列车牵引转矩有效地转化为列车的牵引力,也称为列车的安全区;如果再增大行驶速度,列车的黏着将会进入非稳定区,滑移率变大,而黏着系数将减小,轮轨相对滑动越明显,车轮出现空转现象,严重情况下危及列车安全运行,称为非安全区。

为了更好地说明黏着系数与滑移率的关系,对干燥轨面和潮湿轨面的黏着特性进行仿真,令 $a=0.275$、$b=15$、$c=10$ 表示干燥轨面;令 $a=0.165$、$b=15$、$c=10$ 表示潮湿轨面。从图 2-25 中可以看出:

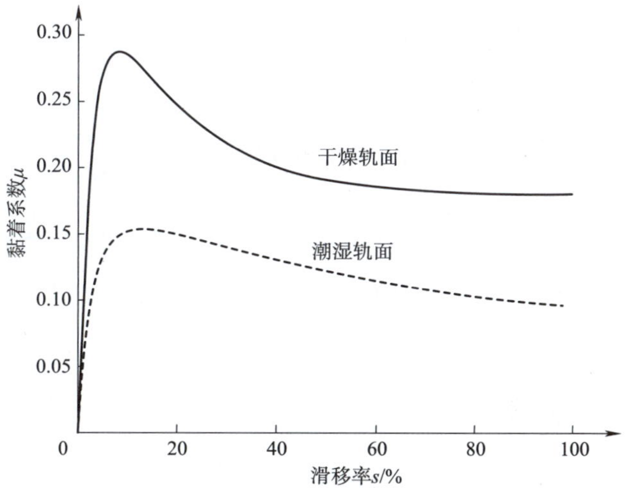

图 2-25　黏着系数随滑移率变化曲线

(1)干燥和潮湿情况下,黏着系数随滑移率的变化规律都为先上升后下降;

(2)相同滑移率下,干燥轨面的黏着系数大于潮湿轨面的黏着系数;

(3)列车在干燥轨面的黏滑特性曲线最大值点:$s_{opt}=0.09$,$\mu_{max}=0.2865$。列车在潮湿轨面的黏滑特性曲线最大值点:$s_{opt}=0.15$,$\mu_{max}=0.1535$。

由此可知,黏着系数是与列车速度 v、滑移率 s 均相关的非线性函数。由于高速列车在运行过程中环境比较复杂,因此环境的变化影响轮轨的黏着状态。为了更好地描述黏滑特性,将列车的黏着系数表达式进行修正,修正后的黏着系数表达式 $\mu(s,v)$ 为

$$\mu(s,v)=\frac{\mu(v)}{\mu(0)}\mu(s) \tag{2-17}$$

式中 $\mu(0)$——列车在速度趋于零时的黏着系数。

修正后的黏滑特性三维曲线如图 2-26 所示。

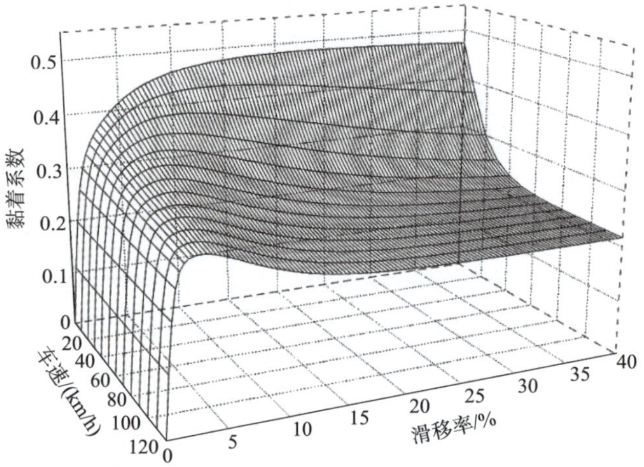

图 2-26 修正后黏滑特性三维曲线示意

从图 2-26 中可以看出:

(1)滑移率为 0 时,随着速度的增加,黏着系数值为 0;

(2)滑移率一定时,随着速度的增加,黏着系数逐渐下降;

(3)速度一定时,黏着系数随着滑移率的增加先上升到一定值,然后下降。表明高速列车的黏着系数相对于中低速列车的黏着系数的非线性程度更为复杂。

2.3 制动工况下的滑行机理

轮轨黏着是关系高速铁路行车安全和正常运营的关键问题,是轨道交通车辆运行的基础。在铁路运输的研究中,铁路车辆的最高运行速度受黏着极限的限制,车辆的启动、加速、减速和停车等运行性能受黏滑特性的支配。列车车轮能够沿着钢轨顺畅地滚动、加速或减

速，都是由于在轮轨接触面上传递着运行方向的切向力（也称作黏着力）。在列车运行过程中，牵引力和制动力的实现都依赖于轮轨黏着，当牵引时的驱动力或制动时的制动力超过黏着力时，车轮进入空转或滑行状态的临界状态。这时，轮轨间所能传递的最大切向力被称为最大黏着力，也就是所谓的“黏着极限”。本节将分析制动工况下的滑行机理，并对制动工况下滑行危害进行介绍。

2.3.1　列车制动过程分析

高速列车在实施制动时，当列车的制动力大于轮轨之间的最大黏着力时，车轮与钢轨之间将会产生一定的相对滑动。如果不进行有效的防滑控制，车轮最终将会被抱死，与钢轨之间发生完全滑动。在这个运行的过程中，可将轮轨之间的关系分成滚动、部分滑动和完全滑动三个阶段。

1. 滚动阶段

该过程中，列车的最大黏着力大于其制动力。制动力的大小随着闸片与制动盘之间的摩擦力的增大而不断地增大，可以认为该阶段轮轨之间完全不存在滑动。同时，假如忽略车轮转动惯量的干扰，轮轨之间的制动力可表示为

$$F_{\mathrm{b}}=K\varphi_K\frac{r}{R} \tag{2-18}$$

式中　K——每块闸片的压力，N；

φ_K——闸片摩擦系数；

F_{b}——由轨面反作用于车轮踏面的制动力，N；

R——车轮滚动圆半径，mm；

r——每块闸片所处的制动盘平均摩擦半径，mm。

2. 部分滑动阶段

该过程中，列车的最大黏着力远小于其制动力。车轮与钢轨开始产生滑行的状态，但还没有出现被抱死的情况。对于列车司机来说，此时是进行防滑控制的最好时段，也是防滑器工作的关键阶段。该时段下轮轨之间的制动力可表示为

$$F_{\mathrm{b}}=\mu mg \tag{2-19}$$

作为不确定的参数，其大小会受到很多因素的影响，比如轮轨之间的温度、运行时的湿度等。

3. 完全滑动阶段

该过程中，车轮被完全抱死，轮轨之间的作用力表现为滑动摩擦力，可表示为

$$F_{\mathrm{b}}=f_{\mathrm{h}}mg \tag{2-20}$$

滑动摩擦系数 f_{h} 与列车被抱死时行驶的速度有关，通常为常数 0.25。

列车产生制动效果的必要条件是制动装置产生的制动力 F_b 小于或等于最大可用黏着力 $F_{\mu max}$，一般在正常情况下都能够满足上述关系。然而轮轨间的黏着状态是复杂多变的，特别是对于低黏着的轨面状态，或者是大制动力和轴重较大的工况，由于轮轨间产生黏着力的能力已经饱和，一旦制动力超过轮轨间的最大黏着力，轮对将会出现滑行。从宏观上来说，黏着力与静摩擦力相似，受最大黏着的限制。当期望的制动力超过最大可用黏着力时，轮轨间黏着状态被破坏，轮轨间变为滑动摩擦，使得黏着力急剧下降。而黏着力下降所剩下的部分能量只能由车轮来消耗，导致轮对减速度增大，轮速急剧减小。但此时由于轮轨间的可用黏着力很小，车速并没有下降很多，车轮就会在钢轨上发生较为明显的滑行现象。从微观的角度来说，滑行的发生与蠕滑是密切相关的。

根据前文关于蠕滑的叙述，轮轨接触面分为滚动区和滑动区。这两个区域的大小随着轮轨间黏着力的变化而变化。当利用黏着超过最大可用黏着后，滑动区会覆盖整个接触区域，这样就会使车轮发生明显的打滑现象。因此，滑行是在不满足力的传递条件时，制动能量在车轮中自我消化的产物，本质上属于滑移的广义定义，满足条件的轮轨切向变形差或速度差（相对滑动）称为滑移，不满足条件的称为滑行，反映了微观到宏观的演变。显然，制动力和黏着力之间平衡的破坏或者黏着区在接触斑中的消失即为黏着破坏，黏着破坏后需要重建平衡或重建黏着区。但黏着区的消失是滑动区的扩大造成的，而滑动区的扩大是由滑移率的增大引起的，表明了防滑控制从控制滑移率入手才能更好地实现黏着利用。综上所述，制动过程在轮对发生滑行的原因无外乎有两种，一种是制动力过大引起的，通常是施加了较大的制动力期望产生较大的黏着力，当制动力超过最大可用黏着力时就会发生滑行；另一种即是制动力未发生变化，但是当轨面状态发生了较大的改变，例如轨面有油迹、水迹时，此时黏着系数便会减小，使得轮轨之间不能提供与制动力相平衡的黏着力也会发生轮对滑行。

2.3.2 车辆行驶过程中黏着力分析

在求解轮轨之间的黏着力时，常用的是轮轨之间恒定的黏着系数与垂直于钢轨载荷的乘积来表示其黏着力，其公式为

$$F_\mu = \mu_d Q \tag{2-21}$$

式中 F_μ——轮轨之间的黏着力，N；

μ_d——恒定黏着系数；

Q——垂直于钢轨的正压力，N。

当列车处于滑动区域时，这就需要采用 Oldrich Polach 黏着力计算模型，该方法假设轮轨接触区域形状为椭圆，任意一点处切向应力的最大值为

$$\tau_{max} = f\sigma \tag{2-22}$$

式中　f——摩擦系数；

σ——法向压力，N。

假设在整个接触区内的摩擦系数为定值，轮轨接触区内的黏着区域和滑动区域的分布范围如图 2-27 所示，a、b 分别为轮轨接触圆斑的长半轴和短半轴，假设在整个接触区内。从接触区边缘的 A 点(前导点)到 C 点(跟随点)，中间经过黏着区和滑动区临界点 B。轮轨之间的相对滑动速度是线性增大的黏着区域，车轮与钢轨紧密地接触在一起，此时切向力也是线性增大的，当切向力达到饱和状态时，轮轨之间将产生相对滑动，随着黏着区域内的值增大到最大切向力时，轮轨间将产生相对滑动。该接触区称之为滑动区，此时切向力的作用是阻止滑动产生。

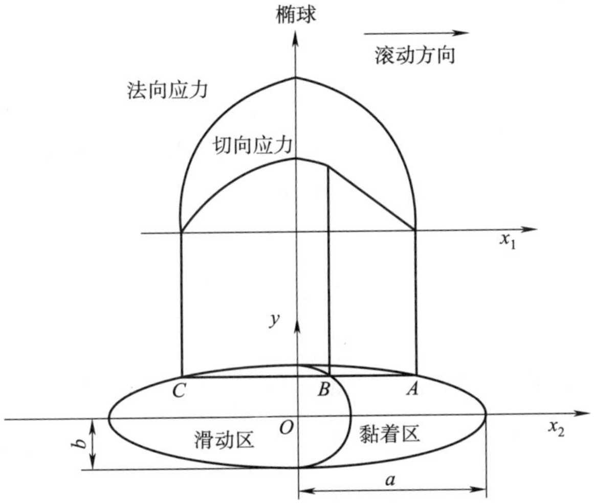

图 2-27　轮轨接触区法向及切向接触应力分布假设

轮轨之间的切向力可以表示为

$$F_{\mu}=\iint \tau \mathrm{d}x\mathrm{d}y \tag{2-23}$$

式中　τ——接触区上的切向应力，N。

在不考虑自旋蠕滑时，采用了将椭球面上的切向应力转化到半球面上切向应力的方法，如图 2-28 所示，给出了切向应力 y' 的转移计算公式：

$$\begin{aligned} y'&=(ay)/b \\ \tau'&=(a\tau)/\tau_0 \end{aligned} \tag{2-24}$$

式中　τ'——转化后半球接触区上的切向力，N；

τ_0——接触区内的最大接触应力，Pa。

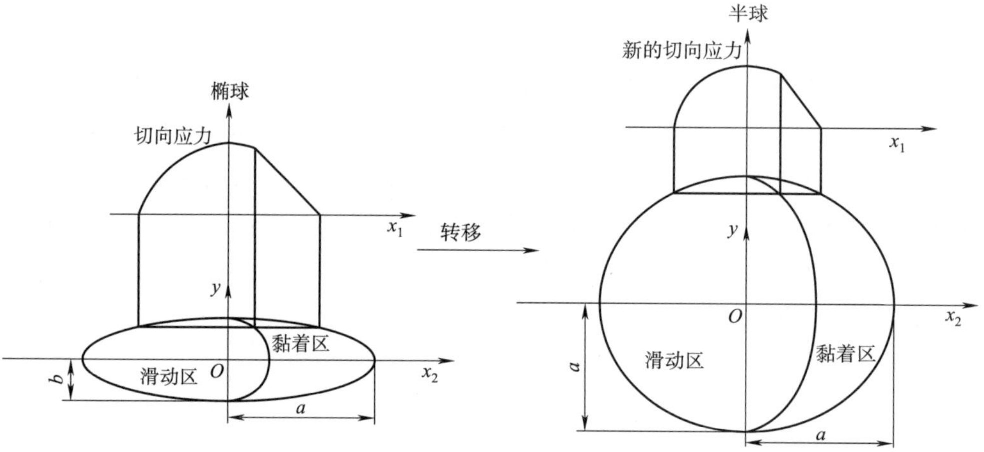

图 2-28　椭圆上的切向应力转化到半球上切向应力的方法

假设切向应力不但与滑动量 l 成比例，而且与切向应力点离接触区前导点的距离成比例，其值为 C。C 值表示两接触体的接触弹性，即切向接触刚度。黏着区的切向应力梯度 ε 表示为

$$\varepsilon=(2C\pi a^2bs)/(3Qf) \tag{2-25}$$

式中　Q——列车的轴重，N。

将式(2-24)、式(2-25)带入到式(2-23)中，可以得到切向力 F_μ 的表达式为

$$F_\mu=\tau_0\frac{b}{a^2}\iint\tau'\mathrm{d}x\mathrm{d}y'=-\tau_0\frac{b}{a^2}\frac{4}{3}a^3\left(\frac{\varepsilon}{1+\varepsilon^2}+\arctan\varepsilon\right) \tag{2-26}$$

根据 Hertz 理论，有

$$\tau_0=\sigma_0 f=\frac{3}{2}\frac{Qf}{\pi ab} \tag{2-27}$$

式中　σ_0——接触斑内的最大法向应力，Pa。

将式(2-27)带入到式(2-26)，计算得到切向力 F_μ 为

$$F_\mu=\tau_0\frac{b}{a^2}\iint\tau'\mathrm{d}x\mathrm{d}y'=-\frac{2Qf}{\pi}\left(\frac{\varepsilon}{1+\varepsilon^2}+\arctan\varepsilon\right) \tag{2-28}$$

式(2-25)摩擦系数 f 是变化的，随着轮轨之间相对滑动速度增大而减小，其表达式为

$$f=f_m[(1-A)e^{-b\omega_d}+B] \tag{2-29}$$

式中　A,B——摩擦系数调节参数；

f——摩擦系数；

f_m——最大摩擦系数；

ω_d——相对滑动角速度，rad/s。

表 2-2　轨面条件参数

参数因子	干　燥	湿　润	低 湿 润	非常湿润
f_m	0.55	0.30	0.10	0.03
A	0.4	0.4	0.4	0.4
B	0.6	0.2	0.2	0.1

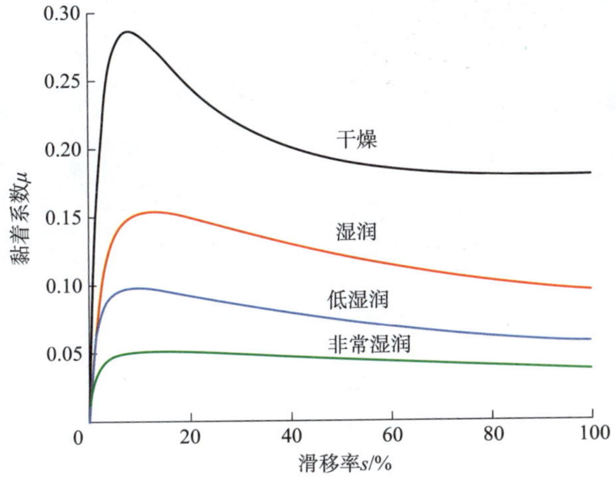

图 2-29　黏着系数随滑移率变化曲线

各个参数的取值见表 2-2，在该参数之下的黏着系数随滑移率变化曲线如图 2-29 所示。从图中可以看出：

(1)随着滑移率上升，4 种状态下的轮轨间黏着系数先增加后下降；

(2)相同滑移率下的黏着系数由干燥到湿润到低湿润到非常湿润依次下降；

(3)湿度越大，到达黏着系数峰值的滑移率越小，即黏着系数峰值对应的滑移率由非常湿润到干燥依次增大。

列车的黏着系数和最大摩擦因子都与轨面的干燥程度有关。黏着系数在达到最大值之前，列车处于稳定的运行状态，超过最大值时，将影响制动而造成轮轨间损伤。因此，应将控制系统产生的黏着系数保持在最大值附近。

2.3.3　制动工况下轮对滑行危害

制动工况下轮对滑行发生的本质是轮轨之间的黏着力小于制动时所需的摩擦力。天气、车辆设备状态、信号系统、线路条件及司机驾驶水平等因素都与轮对滑行的发生频率有关。其中，雨雪天气或其他原因造成钢轨湿滑时，车轮与钢轨之间黏着力会变小。

机车处于牵引工况时，若机车的牵引力大于轮轨黏着力，将造成车轮的持续空转，使车轮踏面和钢轨表面形成擦伤。机车处于制动工况时，单个轴速低于列车的参考速度一定值，列车会发生滑行。列车发生轻微的空转滑行，可以自行调整制动保证正常运行，但是严重的滑行会对列车产生较大影响。当机车的制动力大于轮轨黏着力时,将造成车轮的打滑,使钢轨和车轮表面形成擦伤,如图 2-30 所示。

图 2-30　车轮空转和车轮滑行引起的轮轨损伤

当列车发生空转滑行时,若不能有效进行保护则会对车辆和钢轨造成较大的危害,如车轮与钢轨擦伤会成为列车运行过程中的随机激扰,对车辆的稳定性和平稳性造成严重影响。擦伤还有可能导致车轮和钢轨表面出现热裂纹、疲劳裂纹等一系列问题,严重时可能成为断轨的诱发因素。同时,车轮和钢轨的擦伤也会增加机车车辆和轨道的维护成本,并会影响列车的停车精度,可能造成对标不准,严重时可能引发列车紧急制动。空转滑行严重时,需手动驾驶避免产生紧急制动或其他次生故障,如列车无法比照时刻表运行而晚点等,会对运营服务造成较大影响。

列车在运营初期很少发生严重滑行故障,但随着相关部件的老化,轮轨间的黏着条件变差,该故障逐渐增多。

2.4　制动工况下的轮轨黏着模型

轮轨间的黏着力是制动工况下理论仿真研究中重要的输入量,特别是黏着系数随车速和滑移率变化的非线性特性对制动防滑的性能影响较大,因而应该确定合理的轮轨黏着模型,所表现的黏滑特性使得防滑控制的理论分析更接近实际。

当前,国内外提出的轮轨黏着模型中适用于大滑移工况下的有 Kalker 线性理论(又称为 FASTSIM 算法)、CONTACT 算法和 Polach 非线性轮轨黏着理论。Polach 非线性轮轨黏着理论考虑了轮轨间出现较大滑移率时黏着系数的负斜率特性,公式简洁,参数较少,能够较为准确地计算轮轨处于稳定和滑行状态下的黏着力,且其计算速度远快于 Kalker 线性理论,因此在制动防滑控制的仿真分析中得到了广泛的应用。

2.4.1 Kalker 线性蠕滑率/力模型

1967 年，Kalker 用级数方法讨论了具有圆接触区的三维稳态滚动接触问题，研究中考虑了纵向蠕滑率、横向蠕滑率和自旋蠕滑率对蠕滑力的影响，其对接触斑上的切向力定义为蠕滑力。一般轮轨蠕滑力与蠕滑率的变化规律如图 2-31 所示。蠕滑率较小时，蠕滑力与蠕滑率呈线性关系；蠕滑率变大后，蠕滑力与蠕滑率呈非线性关系，图 2-31 所示的宏观滑动出现后，切向力小于极限摩擦力且与滑动摩擦力相等。Kalker 线性蠕滑率/力模型假设两接触体的材料满足准同一性，即轮轨在碾压变形的过程中，忽略接触斑切向力对接触处法向变形的影响及接触斑法向力对切向变形的影响。假设接触点对之间无相对滑动，即接触区全部为黏着区，蠕滑力随蠕滑率接近线性变化。

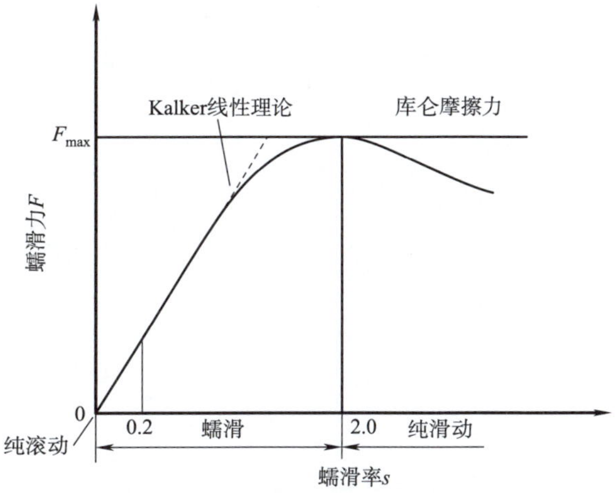

图 2-31　蠕滑力与蠕滑率的关系

在全黏着区域，纵向蠕滑力与横向蠕滑力无关，而横向蠕滑力与纵向蠕滑力也无关，由此可给出蠕滑力与蠕滑率的线性关系，见式(2-30)。

$$\begin{aligned} T_1 &= -f_{11}s_1 \\ T_2 &= -f_{22}s_2 - f_{23}\omega_3 \\ M_3 &= -f_{32}s_2 - f_{33}\omega_3 \end{aligned} \tag{2-30}$$

式中　T_1——纵向蠕滑力，N；

T_2——横向蠕滑力，N；

M_3——自旋蠕滑力矩，N·m；

f_{11}——纵向蠕滑系数，$f_{11}=GabC_{11}$；

f_{22}——横向蠕滑系数，$f_{22}=GabC_{22}$；

f_{32}，f_{23}——自旋、横向蠕滑系数，$f_{32}=f_{23}=G(ab)^{\frac{3}{2}}C_{23}$；

f_{33}——自旋蠕滑系数，$f_{33}=G(ab)^2C_{33}$；

其中　a，b——轮轨接触圆斑的长半轴和短半轴，mm，

G——轮轨材料的剪切弹性模量，

C_{ij}——无量纲 Kalker 线性理论系数。

无量纲 Kalker 线性理论系数是与金属材料的泊松比 ν 和接触斑椭圆长短半轴 a、b 有关的系数，绕开弹性力学理论的全椭圆积分的烦琐公式，简化为便于工程应用的系数形式。

泊松比 $\nu=0.3$ 时的 Kalker 线性理论系数列于表 2-3 中。

表 2-3　Kalker 线性理论系数

a/b	C_{11}	C_{22}	C_{23}	C_{33}	b/a	C_{11}	C_{22}	C_{23}	C_{33}
0.1	1.35	0.98	0.195	3.34	0.9	1.70	1.49	0.628	0.425
0.2	1.37	1.01	0.242	1.74	0.8	1.75	1.56	0.689	0.396
0.3	1.40	1.06	0.288	1.18	0.7	1.81	1.65	0.768	0.366
0.4	1.44	1.11	0.328	0.925	0.6	1.90	1.76	0.875	0.336
0.5	1.47	1.18	0.368	0.766	0.5	2.03	1.93	1.04	0.304
0.6	1.50	1.22	0.410	0.661	0.4	2.21	2.15	1.27	0.275
0.7	1.54	1.28	0.451	0.588	0.3	2.51	2.54	1.71	0.246
0.8	1.57	1.32	0.493	0.533	0.2	3.08	3.26	2.64	0.215
0.9	1.60	1.39	0.535	0.492	0.1	4.60	5.15	5.81	0.183
1.0	1.65	1.43	0.579	0.458	—	—	—	—	—

必须注意的是，由于不考虑接触点对之间的相对滑动，Kalker 线性蠕滑率/力模型仅适用于求解小蠕滑和小自旋的情形，即当蠕滑率在 0.05%～0.2%之间变化时，接触斑内大部分为黏着区，蠕滑力较小，蠕滑率和蠕滑力之间呈线性关系。随着切向力的增大，蠕滑率相应增大，当蠕滑率达到 3%～5%、切向力接近极限摩擦力时，黏着区消失，滑动区扩大并接近全部接触斑面积，继续使用该模型就会产生较大的误差。如果切向力再继续增大，则会导致车轮在牵引工况下空转或者在制动工况下滑行。

2.4.2　Johnson-Vermeulen 无自旋三维滚动接触模型

Kalker 线性蠕滑理论适用于小蠕滑情况，当车轮通过小半径曲线或受到较大的纵向力作用时，蠕滑率会接近饱和区段。分析发现，随着蠕滑率的增大，接触斑内的滑动区域逐步扩大，直至整个接触斑为滑动区，图 2-32 所示为单一方向蠕滑率变化时的接触区分布示意。

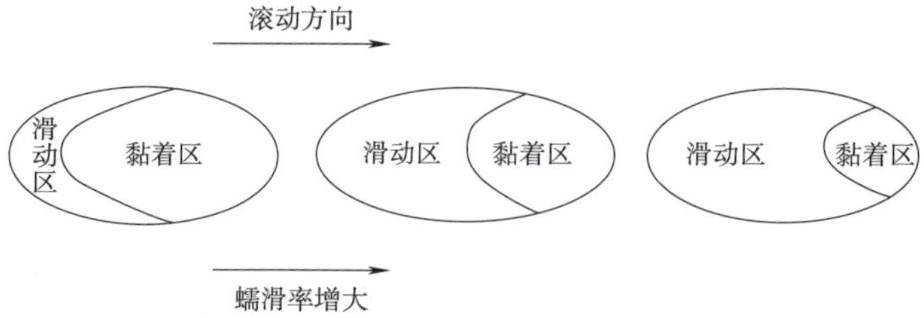

图 2-32　接触斑内的滑动区与黏着区分布随蠕滑率的变化关系

1964 年，Vermeulen 和 Johnson 将弹性球滚动接触问题的研究推广到椭圆斑的接触情形，形成了不考虑自旋的非线性蠕滑率/力模型。具体做法是求解 Kalker 线性理论的计算结果T_1和T_2的合力T'_R。

$$T'_R=\sqrt{T_1{}^2+T_2{}^2} \tag{2-31}$$

设轮轨黏着系数为 μ，正压力为 Q，求得缩减后的蠕滑力为

$$T_R=\begin{cases}\mu Q\left[\left(\dfrac{T'_R}{\mu Q}\right)-\dfrac{1}{3}\left(\dfrac{T'_R}{\mu Q}\right)^2+\dfrac{1}{27}\left(\dfrac{T'_R}{\mu Q}\right)^3\right], & T'_R\leqslant 3\mu Q\\ \mu Q, & T'_R>3\mu Q\end{cases} \tag{2-32}$$

定义缩减因子 η

$$\eta=T_R/T'_R \tag{2-33}$$

修正纵向蠕滑力、横向蠕滑力及自旋蠕滑力矩为

$$\begin{cases}T'_1=\eta T_1\\ T'_2=\eta T_2\\ M'_3=\eta M_3\end{cases} \tag{2-34}$$

Johnson-Vermeulen 无自旋三维滚动接触模型没有考虑物体的自旋效应，该模型对接触区中黏着区的划分也有不完善之处，因此其应用范围具有一定的局限性。

2.4.3　CONTACT 轮轨接触模型

精确理论以 Duvant-Lions 变分原理为基础，将摩擦滚动接触的问题表达为一个变分不等式，求解由接触斑上作用力和位移乘积形式的最小余能原理。

其中，CONTACT 算法主要基于变分原理和最小余能原理，Kalker 给出了更偏向于工程实际的三维弹性体非赫兹滚动接触模型：

$$\min_{(P_{Ii})} C=\frac{1}{2}P_{Ii}A_{Ii}p_{Jj}+h_J p_{J3}+(S_{J\tau}-u'_{J\tau})p_{J\tau} \tag{2-35}$$

$$\text{Sub } p_{J3}\geqslant 0,\ |p_{J\tau}|\leqslant F_J,\ \forall(x,y)\in C \tag{2-36}$$

式中　C——接触系统的余能；

I,J——接触区 C 的单元编号；

i,j——接触区 C 局部坐标(x,y,z)的三个方向，i、$j=1,2,3$；

P_{Ii}——接触斑上 I 单元处面力的分量，N；

A_{Ii}——弹性半空间影响系数；

h_J——J 单元处两滚动接触物体变形前的法向距离，mm；

$s_{J\tau}$——J 单元处两滚动接触物体相对滑动量，mm；

$u'_{J\tau}$——前一时刻 J 单元处弹性位移差，mm；

F_J——J 单元上 Coulomb 极限摩擦力，$F_J=fp_{J3}$（或 $f_s p_{J3}$），N；

f,f_s——分别代表静、动摩擦系数。

接下来在此基础上进行数学规划方法并进行求解，其中用到 Newton-Raphson 迭代的

方法建立和求解线性方程组，并赋给适当初值，每迭代一次，需要验证方程中约束条件，重新确定集合元素，即接触区中黏着区和滑动区的范围，直到解收敛到给定精度为止。

CONTACT 程序把接触区域划分成单元和带半空间假设的边界单元来分析接触问题，通过上述公式求得单个单元的横向蠕滑力、纵向蠕滑力，再进行单元求和得到接触区域总的蠕滑力。

需要注意的是，FASTSIM 算法计算过程是以稳态下的滑动方程进行计算：

$$S_{Ri}(x,y)\Delta x=\omega_{Ri}(x,y)\Delta x+u_i(x,y)-u_i(x-\Delta x,y) \tag{2-37}$$

其中，滑差 u_i 是与时间 t 无关的函数，不考虑时间 t 的变化对于弹性位移差的影响。而 CONTACT 算法的理论推导公式应用了滑动方程式，见式(2-38)。

$$S_\tau=W_\tau+u_\tau-u'_\tau \tag{2-38}$$

式中 S_τ——接触区中相接触点对的总相对滑动量，mm；

W_τ——接触斑相接触点对之间刚性滑动量，mm；

τ——沿不同方向的分量，$\tau=1,2$；

u_τ,u'_τ——接触点对在当前时刻 t 和前一时刻 t' 的切向弹性位移差，mm。

式(2-38)中考虑了时间 t 的变化对于弹性位移差的影响。这也是区分两种算法能否计算轮轨在不同滚动状态下的重要方面。此外，Kalker 的完全理论与 CONTACT 算法经常作为比较基准，其优点是非 Hertz 稳态和非稳态滚动接触；对接触斑力分布、黏滑区划分、接触点对之间的相对滑动量、摩擦功的计算等都给出精确解。其缺点是计算速度慢，目前不能用于车辆动力学仿真，求解共形滚动接触问题时会产生一定误差。

2.4.4 Kalker 简化算法(FASTSIM 算法)

1973 年，Kalker 提出了轮轨滚动接触的简化理论，与之配套的算法为 FASTSIM 算法。Kalker 简化理论也基于 Hertz 假设，可以解决符合半空间体接触斑为椭圆形状的所有三维非线性滚动接触问题。在该算法中，椭圆接触表面被分成相互独立的纵向平行长方形带，所有长方形带被分成相同数量的单元，从滚动方向接触斑的前沿向后沿进行链式求解。在应力计算的过程中，Kalker 简化理论用 Winkler 弹性基础代替精确理论中的弹性半空间，即假设接触区中任一点的弹性位移仅和作用在该点的力的方向有关，且沿某方向的位移仅与同方向的力有关，并且每个单元在法向载荷下的饱和力是独立计算的。

简化理论的条状单元如图 2-33 所示，由于椭圆形状的约束，每个单元的长度 a_i/MX 并不相等，每个单元的蠕滑率及蠕滑力取单元中心点处的值。

条状单元上沿 x 方向的不饱和应力分布为

$$p_x(x,y_i)=\frac{v_x}{L_1}(x-a_i)-y_i\frac{\varphi}{L_3}(x-a_i) \tag{2-39}$$

其中，第一项表示平均纵向刚性滑动；第二项表示自旋对条状单元上(x,y)点处的局部

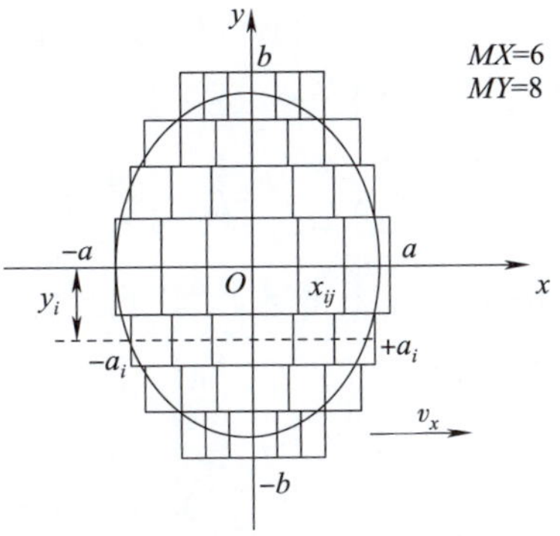

图 2-33　简化理论的条状单元

刚性滑动的影响；$+a_i$表示条状单元的前沿。同理可得条状单元上沿 y 方向的不饱和应力分布为

$$p_y(x,y)=\frac{v_y}{L_2}(x-a_i)+\frac{\varphi}{2L_3}(x^2-a_i^2) \tag{2-40}$$

式中　L_1,L_2,L_3——沿 x、y、z 方向的柔度系数。

$$L_1=\frac{8a}{3C_{11}G},L_2=\frac{8a}{3C_{22}G},L_3=\frac{\pi a\sqrt{a/b}}{4C_{23}G}$$

将应力在接触斑内进行积分，即可求得接触力的值，未达饱和时的蠕滑力为

$$F_x=-\iint p_x(x)\mathrm{d}x\mathrm{d}y=\frac{-8a^2bv_x}{3L_1} \tag{2-41}$$

$$F_y=-\iint p_y(x)\mathrm{d}x\mathrm{d}y=\frac{-8a^2bv_y}{3L_2}-\frac{\pi a^3b\varphi}{4L_3} \tag{2-42}$$

假定条状单元之间的应力是相互独立的，但是每个条状单元里的应力不独立。图 2-34 为条状单元内的应力示意，图 2-34(b)为无纵向应力的纯自旋情况。

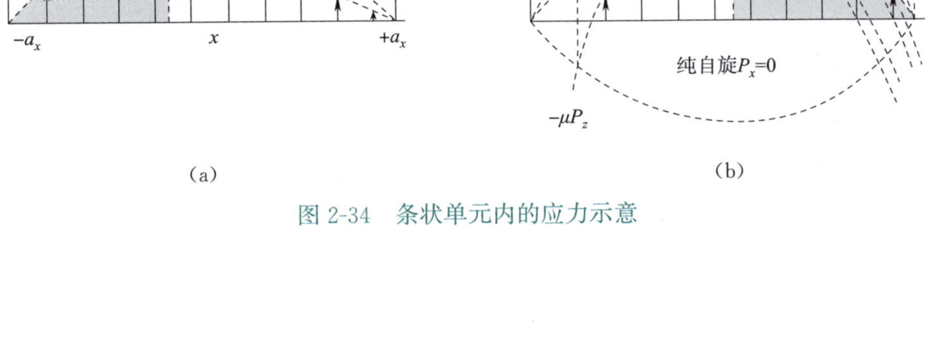

图 2-34　条状单元内的应力示意

求解过程从接触区前沿$+a_x$(变形和应力均为0)开始,向后沿依次确定每个条带的变形和应力。在黏着区从入口边缘开始产生一个逐渐增大的切向应力,应力增量为

$$\Delta p_y(x,y)=\frac{v_y}{L_2}\Delta x-\frac{\varphi}{L_3}\Delta x \tag{2-43}$$

该应力增量对于横向蠕滑增量是一个常数,对于自旋蠕滑是变量。

当切向应力大于μp_z(p_z为z方向上的压力)时,摩擦力达到饱和,这时需开始新的步骤重新计算应力值。

FASTSIM算法的计算结果与CONTACT算法的计算结果有较高的一致性,一般误差不高于5%,纯自旋情况出现误差约10%,且其计算速度比CONTACT算法快很多,因此简化理论的精度是有保证的,其适用于大自旋蠕滑,有正确的黏滑区划分和切向力分布,但缺点是轮缘贴靠、共形接触时分析误差较大。为了获得类似于FASTSIM算法的计算结果及更快的计算速度,Kalker提出了基于FASTSIM算法结果的插值方法,且NU-CARS和VAMPIRE等车辆动力学软件均采用FASTSIM算法插值数表进行轮轨接触力的求解。

2.4.5 Polach非线性轮轨黏着理论

为了计算驱动工况蠕滑力,1999年Polach提出了一种较好折中计算速度和精度的方法,能够快速计算出轮轨蠕滑力并可以考虑轮轨大滑动率时黏着切向系数的负斜率特性。该方法作了简化处理,同时考虑了自旋的影响,且由于计算花费时间少,所以可以用来替代FASTSIM算法理论节约计算时间,替代合函数方法提高计算精度。

Polach非线性轮轨黏着理论基于Hetrz假设,假定轮轨接触斑为椭圆形,可将其分为黏着区和滑动区;轮轨接触斑内的黏着区和滑动区的分布范围如图2-27所示。

假定在整个接触区内,从接触区边缘的A点(前导点)到C点(跟随点),轮轨之间的相对滑动速度(即速度差)是线性增大的。在黏着区内,切向应力随着距离前导点A点的距离的增大而线性增大;在滑动区内,切向应力起到阻止滑动产生的作用。利用将分布力从椭球面上转化到半球面上的方法,Polach得到了黏着力F_μ,可由式(2-44)描述。

$$\begin{cases}F_\mu=\dfrac{2Qf}{\pi}\left(\dfrac{\varepsilon}{1+\varepsilon^2}+\arctan\varepsilon\right)\\ \varepsilon=\dfrac{1}{4}\,\dfrac{G\pi abC_{jj}}{Qf}s\\ C_{jj}=\sqrt{\left(\dfrac{s_x}{s}C_{11}\right)^2+\left(\dfrac{s_y}{s}C_{22}\right)^2}\end{cases} \tag{2-44}$$

式中 Q——轴重,N;

f——摩擦系数;

ε——切向应力梯度;

G——轮轨接触剪切弹性模量,取值为84 GPa;

a,b——椭圆接触斑的长半轴和短半轴，mm；

s——总蠕滑率大小，$s=\sqrt{s_x^2+s_y^2}$；

其中 s_x,s_y——纵向、横向蠕滑率，只考虑纵向蠕滑时，可将 s_y 设为 0，此时 s 即为滑移率；

C_{11},C_{22}——纵向、横向的 Kalker 线性理论系数。

摩擦系数 f 表示轨面状态的库伦摩擦力大小，大量的摩擦试验和摩擦学理论表明，摩擦系数 f 随着轮轨间相对滑动速度的增大而减小。Polach 黏着模型采用随滑动速度变化的函数型摩擦系数进行黏着系数的计算，见式(2-45)。

$$f=f_0[(1-A)e^{-B\Delta v}+A] \tag{2-45}$$

式中 f_0——最大静摩擦系数；

A,B——摩擦系数调节参数。

Δv 为轮轨间相对滑动速度，即轮轨速度差，制动过程中的速度差可用车速和滑移率来表示。又由图 2-7 可知，不同的轨面状态下，黏滑特性曲线在峰值点左右两边的上升斜率也存在很大的不同，为了合理的模拟上述现象，同时又使得黏着模型能够满足快速仿真计算的时间要求，Polach 引入衰减系数 k_A 和 k_S，分别表征微滑区和滑动区的斜率变化，于是式(2-44)可转化为式(2-46)的形式。

$$\begin{cases} F_\mu=\dfrac{2Qf}{\pi}\left(\dfrac{k_A\varepsilon}{1+(k_A\varepsilon)^2}+\arctan k_S\varepsilon\right) \\ k_S\leqslant k_A\leqslant 1 \end{cases} \tag{2-46}$$

由式(2-46)可得轮轨间的黏着系数 μ 为

$$\mu=\frac{F_\mu}{Q}=\frac{2f}{\pi}\left(\frac{k_A\varepsilon}{1+(k_A\varepsilon)^2}+\arctan k_S\varepsilon\right)=H(f,s,v_t) \tag{2-47}$$

式(2-47)表明，Polach 非线性轮轨黏着理论将黏着系数表示为轨面摩擦系数 f、滑移率 s 和车速 v_t 的黏着模型函数 $H(f,s,v_t)$，综合反映了影响轮轨黏着的主要因素。式(2-44)所表示的 Polach 轮轨黏着模型虽然涉及的参数众多，但其中轴重 Q 可根据实际工况进行设置，接触剪切弹性模量 G 为常数；Kalker 线性理论系数 C_{11}、C_{22} 可通过查表 2-3 获得，接触斑的长半轴 a 和短半轴 b 可基于赫兹接触理论计算得到；车速 v_t 和滑移率 s 为动态输入。因此只需要确定衰减系数 k_A 和 k_S，最大静摩擦系数 f_0 以及摩擦系数调节参数 A 和 B 五个参数，即可模拟多种轨面状态下的轮轨黏滑特性。

通过改变系数 k_A、k_s、f_0、A 和 B，可以得到不同形状的轮轨黏滑特性曲线。Polach 根据实测数据对黏着模型的有效性进行了验证，并给出了可用于模拟干湿轨面状态的推荐参数，见表 2-4。

表 2-4　Polach 推荐的黏着模型参数

模型参数	干　燥	湿　润	低 湿 润	非常湿润
k_A	1.0	0.6	0.3	0.2
k_S	0.4	0.2	0.2	0.1
f_0	0.45	0.2	0.12	0.06
A	0.4	0.4	0.4	0.4
B	0.6	0.2	0.2	0.1

虽然 Polach 蠕滑理论涉及系数众多，会对动力学仿真结果有很大的影响，这给常规动力学仿真分析带来了困难，但在某些特殊情况下能取得更好的结果。

2.4.6　经验公式

Ohyama 以及之后的 Ayasse-Chollet-Pascal（即 CHOPAYA）提出一个经典的指数饱和定律

$$\frac{F}{\mu N}=1-e^{-s} \tag{2-48}$$

此外，诸如“双曲正切函数”和“双曲正切反函数”的饱和表达式也被提出，所有这些经验公式都是探索式的，它们虽然与实测数据相符，但是不符合实际物理模型。图 2-35 给出了 Carter 理论、Kalker 线性理论、Kalker 简化理论、V-J 理论及各种经验公式（ARCTG、TH(s)和 Coulomb）的蠕滑力与蠕滑率关系。图中忽略了自旋蠕滑的作用，按照饱和机理的不同。图中可分为三个典型区段，其中线性区域对应轮轨接触表面处于完全黏着的情况，中间区域对应接触表面处于部分饱和的情况，并且滑动区域总是处于椭圆接触斑后沿。形象地讲，在无自旋存在的情况下，黏着—蠕滑边界看起来就像 1/4 圆随着蠕滑率增长，从接触区后沿向前沿逐渐传播的过程。而当考虑自旋蠕滑的时候，作用机理将更加复杂，因此经验公式仅在某些情况下适用。为了更精确地求解剪切应力，使用基本的物理模型是必需的。

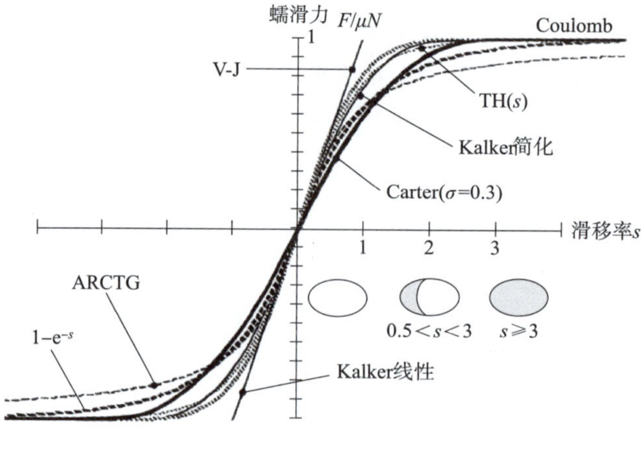

图 2-35　蠕滑力与滑移率的关系

第3章 高速列车防滑控制基础理论

我国高速列车均采用微机控制的电空复合制动模式，常用制动时电制动(再生制动)优先，尽最大能力充分发挥电制动作用。在电制动不足或电制动失效的情况下，由空气制动力补充。动车组空气制动系统有两种形式，一种是电气指令微机控制直通式电空制动，作为正常工作时的空气制动系统；另一种是当正常的空气制动系统发生故障时作为备用的自动空气制动系统(部分车型未配置)。同时随着列车速度的不断提高，轮轨间的黏着系数降低，车轮滑行概率增加。因此列车在运行过程中产生滑行时，为保证动车组能够安全可靠地行车，动车组防滑系统必须采用具有较高有效性、安全性和可靠性的防滑控制策略，以达到恢复轮轨的黏着状态、防止车轮滑行的目的。

3.1 高速列车制动过程分析

列车制动过程中，制动力过大或轮轨黏着条件过于恶劣都可能导致滑行产生，严重时会导致轮轨擦伤，危及列车运行安全。防滑控制系统基于轴速反馈，进行轮对滑行状态的检测和对应防滑阀的状态控制。

3.1.1 高速列车制动过程控制原理

高速列车制动过程控制主要包括制动指令接收与处理、电空复合制动过程控制和纯空气制动过程控制。

1. 制动指令

高速列车直通式电空制动系统由电子制动控制单元来控制。电子制动控制单元接收并解读来自牵引/制动控制手柄或信号系统的制动指令，然后进行电空制动方式的配合并控制空气制动控制单元产生制动缸压力。备用制动系统由分配阀来控制，分配阀根据司机制动阀操纵的列车管减压量来控制副风缸对制动缸充风。

2. 电空复合制动

高速列车在常用制动和紧急制动 EB 时采用电空复合制动模式。高速列车使用的电制动以再生制动为主。制动时，控制系统将三相异步电动机转换为发电机工作，将列车运动的动能转变为电能，反馈回电网。当动车轴使用电制动时，拖车轴使用空气制动。超出使用电制动力能力范围时，动车轴和拖车轴按照电空配合原则分配需要补充的空气制动力。

在空气制动控制单元内，电空转换阀将来自电子制动控制单元的电信号转换为相应的预控制空气压力。常用制动时，紧急电磁阀失电关闭，从电空转换阀输出的压缩空气经空重阀进入中继阀，经过中继阀流量放大后，输出的压缩空气充入制动缸。空重阀可根据载重情况，限制中继阀预控压力的设定值，在制动缸压力控制电路出现故障时保护转向架设备。常用制动时，制动力随载重的调整由电子制动控制单元发送至电空转换阀的制动指令信号控制。

3. 纯空气制动

高速列车的纯空气制动一般指紧急制动 UB。紧急制动时，制动控制模块中的紧急制动电磁阀失电，制动供风压力进入到下游称重限压阀，由其根据空气弹簧压力情况获得最大紧急制动预控力，并进入中继阀进行流量放大。

制动/防滑控制一般原理如图 3-1 所示，当列车制动指令发出后，制动控制部分按照制动指令进行制动控制，同时防滑控制部分根据车辆状态参数进行滑行检测，一旦检测到滑行状态，则切换为防滑控制。在高速列车制动系统中，制动控制与防滑控制分别由电空转换阀（EP 阀）与防滑阀实现，二者的控制相对独立，防滑时由位于下游的防滑阀决定制动缸最终压力（图 3-2）。

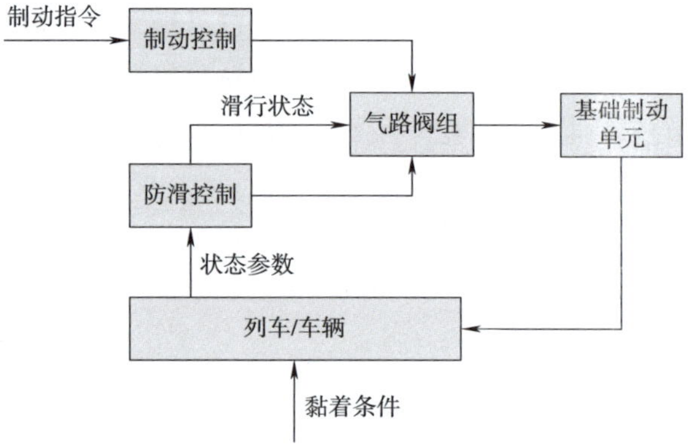

图 3-1　制动/防滑控制一般原理

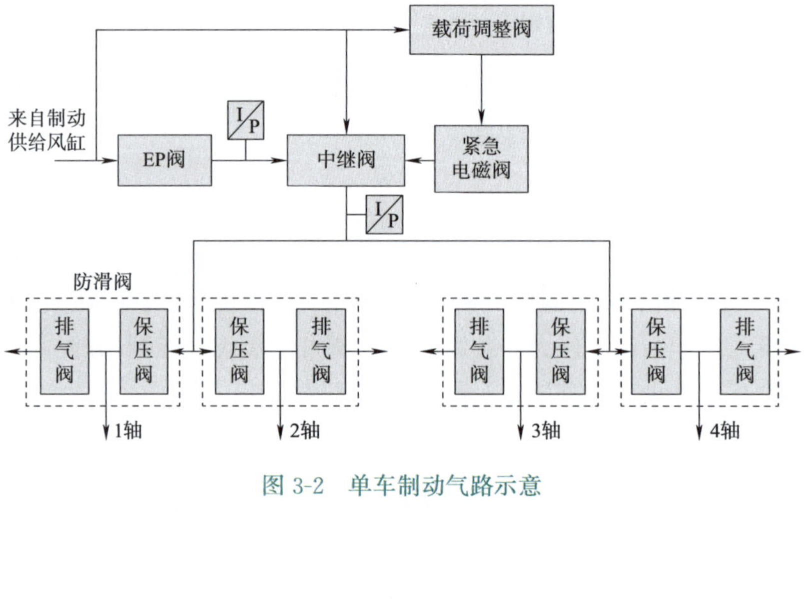

图 3-2　单车制动气路示意

3.1.2　制动源力与利用黏着力的作用过程

高速列车采用钢轮—钢轨走行方式，黏着制动是其最重要的制动方式之一。如图 3-3 所示，施行制动时，基础制动装置通过闸瓦对车轮踏面施加法向压力 K，设闸瓦摩擦系数为 φ_K，则闸瓦对滚动的车轮施加一个阻止其滚动的摩擦力 $F_b = K\varphi_K$。该摩擦力作用半径一般假定为车轮滚动圆半径 r_w，则对车轮施加了一个大小为 $F_b r_w$，方向与车轮滚动方向相反的摩擦力矩。由于车轮在轴重 Mg 作用下压紧钢轨，该摩擦力矩 $F_b r_w$ 使得车轮在轮轨接触处对钢轨施加作用力 F_a'，钢轨则对车轮产生一个反作用力 F_a。F_a' 则是由于闸瓦对车轮的摩擦力 F_b 得以形成。一般将图 3-3 中 F_a 所表示的力定义为制动力，其为由制动装置引起的与列车运行方向相反的外力。在制动控制时，摩擦力 F_b 是主动施加的，钢轨对车轮反作用力 F_a 为被动产生的，所以可将 F_b 定义为制动源力。制动力 F_a 是由于轮轨黏着作用而产生的，可将其定义为利用黏着力。从车辆运动的角度看，利用黏着力 F_a 与车辆运动方向相反，是使车辆减速的力；而从车轮运动的角度看，利用黏着力 F_a 与车轮转动方向相同，是使车轮加速转动的力。

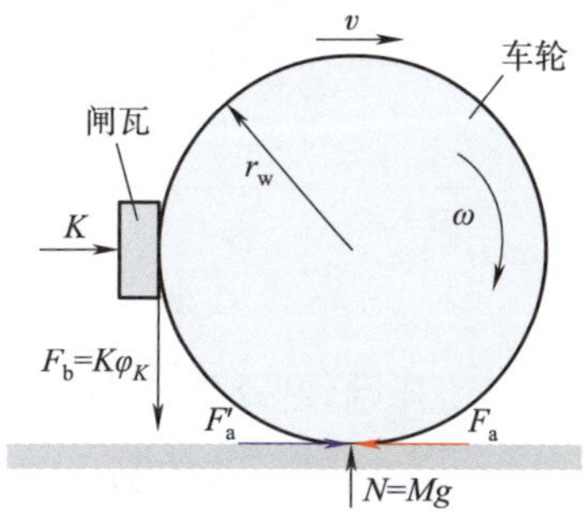

图 3-3　制动力的形成示意

制动时，随着制动源力的施加，轮轨间利用黏着力逐渐建立。当黏着条件较好时，制动源力完全作用之后，利用黏着力也充分建立，二者之间达到一种稳定状态，轮对和车辆也将以稳定的减速度逐渐减速。当黏着条件不理想时，随着制动源力的施加，利用黏着力将达到轮轨间所能提供的极限黏着力，直至极限黏着力将无法平衡制动源力，造成轮对的减速度显著大于车辆的减速度，进而导致轮对滑行。若轮对的滑行没有被抑制，则轮对将最终达到抱死状态。

3.2　高速列车防滑控制基本逻辑

随着计算机技术的发展，目前微机控制的防滑系统已成为主流，形成一个包括防滑控制器、防滑阀、速度传感器等组成的闭环控制结构，如图 3-4 所示。一个非接触型速度传感器装于车轴，其采集的与车轮速度成比例的脉冲信号传输到电子控制单元。电子控制单元对本车速度脉冲信号进行处理，计算各轴速度（$v_1 \sim v_4$）、各轴减速度（$\beta_1 \sim \beta_4$）和各轴速度差（$\Delta v_1 \sim \Delta v_4$）。如诊断出车轮发生滑行，将发出防滑控制指令，通过操纵防滑电磁阀来控制制动缸的压力，以充分利用有效黏着，防止车轮滑行并保证最短的制动距离。

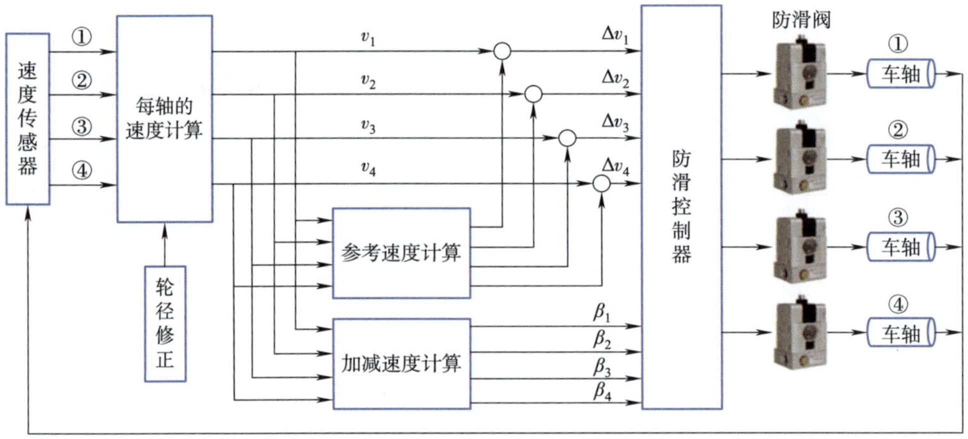

图 3-4　典型防滑控制系统结构

制动开始，制动缸压力上升，车辆和轮对开始减速。在黏着条件较差的情况下，由于轮轨界面无法提供足够的黏着力，轮对减速度明显超过车辆减速度并迅速增大，进而造成轮对速度和车辆速度之间产生较大差值。当前，轨道车辆防滑控制基本都采用周期性的运动状态检测＋防滑阀开关控制的模式。

3.2.1　主动防滑与被动防滑

对于黏着制动方式，在制动时不可避免地要面对车轮滑行的问题。车轮滑行带来的危害，不只是增加制动距离，更严重的是对车轮踏面的破坏将可能导致行车事故，而且随着列车速度的提高，轮轨间的黏着系数降低，车轮滑行的概率也大大增加。因此，保证列车高速运行安全，必须解决车轮滑行问题。如图 3-5 所示，防止车轮滑行的办法可分为两类：一类是采取措施消除滑行产生的条件，降低滑行概率，称为主动防滑；另一类是在出现滑行时，及早发现并采取相应措施防止滑行的继续，称为被动防滑。

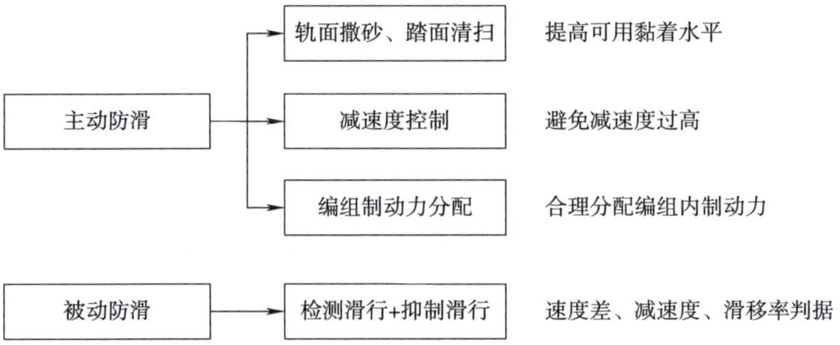

图 3-5　主动防滑与被动防滑

1. 主动防滑

根据轮轨受力分析可知，产生滑行的原因可能有两个：一个是制动力过大，另一个是黏着降低。一般而言，在设计制动系统时已经考虑了设计黏着系数的限制，因此在制动时突然增大制动力的可能性较小；相反，可能出现的情况是在电空配合的控制上存在不协调，导致制动力超过预期，所以只要合理设计电空配合控制，制动力过大的可能性就可以排除。然而，出现滑行的原因大多是由于黏着的降低，采取主动防滑的主要措施就是为了合理利用或尽可能地改善黏着。

(1)采用减速度控制技术

黏着系数受列车运行速度、气候环境、轮轨表面状态的影响较大，其中列车速度的影响是可以预料的，并由设计黏着系数给出。当前，我国高速列车已基本采用速度黏着控制模式，该模式是一种理论减速度控制，最早来自日系高速列车，如图 3-6 所示，其设计减速度保持在黏着基准值之下。

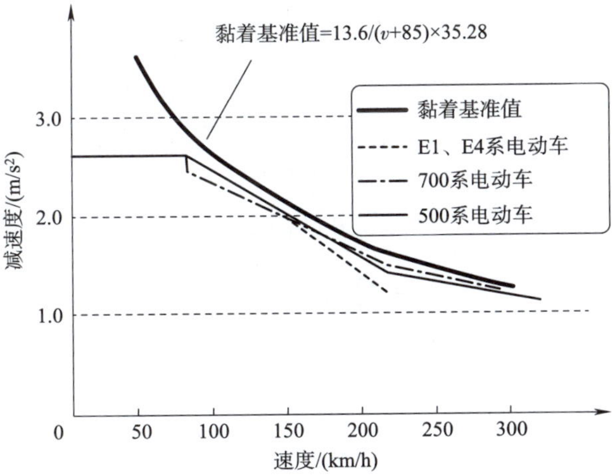

图 3-6　速度黏着控制的减速度模式曲线

由于设计减速度在计算时采用理想的摩擦系数，以平直道制动工况作为计算条件，未能考虑摩擦系数、坡道坡度等参数变化的影响，可能造成实际减速度与设计的目标减速度偏离较大。这一控制模式实际上是一种理论减速度控制。如图 3-7 所示为国内某型动车组制动减速度曲线，随着速度的下降，由于实际摩擦系数的上升，实际减速度相对目标值的偏差逐渐增大，最大偏差超过 50%。

这是因为采用速度黏着控制仅仅是在制动缸压力层面进行了闭环控制[图 3-8(a)]，只控制了中继阀的输出端，实际减速度的控制精度难以保证。如图 3-8(b)所示的减速度控制模式对制动过程中基础制动参数和线路运行参数等不确定性扰动加以考虑，可通过闭环控制提高列车制动实际减速度的控制精度。减速度控制效果如图 3-9 所示。

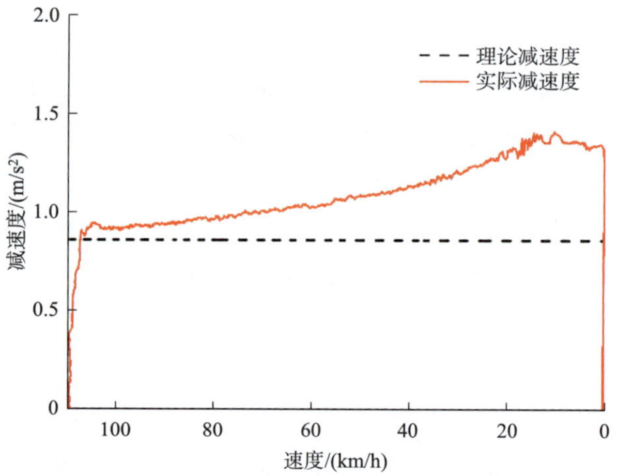

图 3-7　某型动车组制动减速度

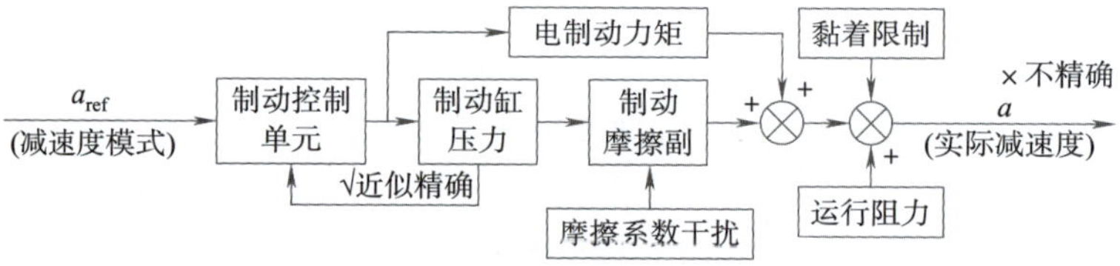

(a)传统制动控制模式

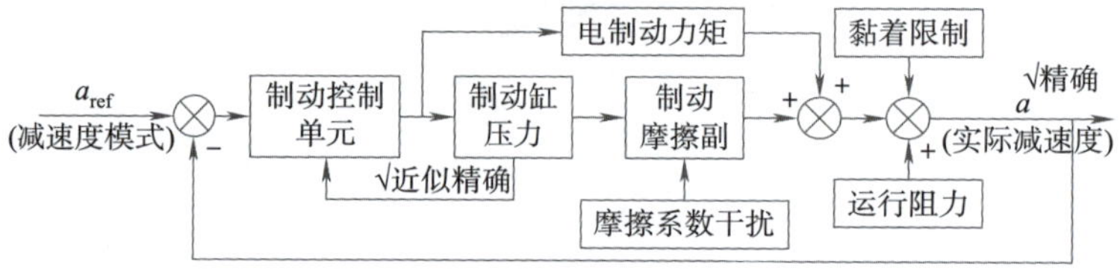

(b)减速度控制模式

图 3-8　减速度闭环控制

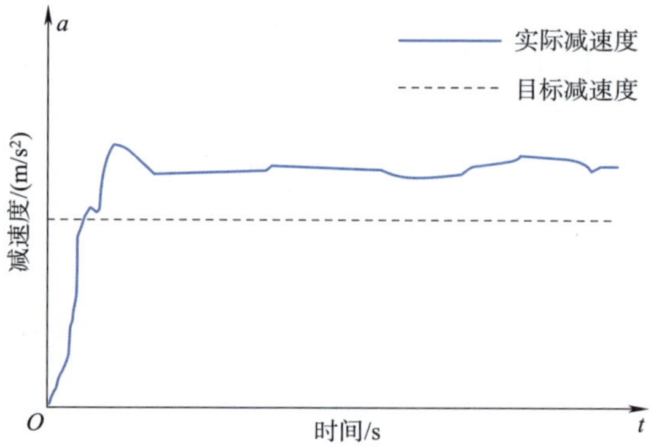

(a)非减速度模式控制效果

图　3-9

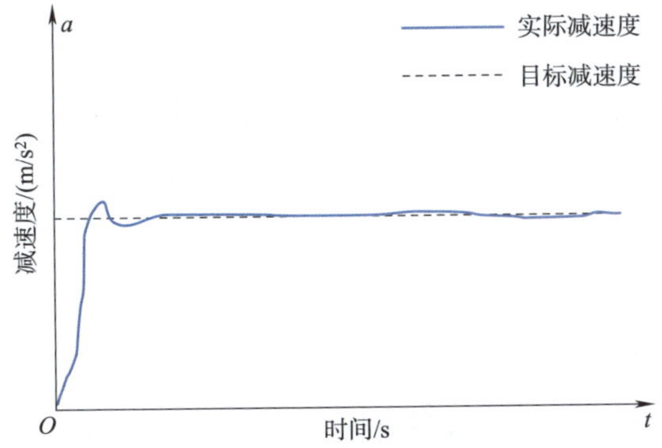

(b)减速度模式控制效果

图 3-9　减速度控制效果示意

(2)利用踏面清扫技术改善黏着

踏面清扫是改善黏着的有效方法。制动时,踏面清扫瓦贴靠车轮踏面,将踏面上的污油物清扫干净,恢复轮轨间应有的黏着状态;同时,由于清扫瓦是用特殊的增黏材料制成的,在清扫踏面时会使微量的增黏材料附着在车轮踏面上,进而增加轮轨间的黏着系数,可有效地改善黏着状态。

如 CRH2 型动车组转向架在每个车轮的斜上方设置了踏面清扫装置。踏面清扫装置安装在轮盘制动装置上,但并不承担任何制动功能,主要包括气缸和闸瓦(研磨块),如图 3-10(a)所示。踏面清扫装置为空气直动式,清扫装置的动作受控于踏面清扫控制系统的指令。踏面清扫的动作在车轮发生空转(牵引工况)、滑行(制动工况)和速度在 30 km/h 以上三种条件下施行。气缸内为活塞和间隙自动调整装置,活塞杆头部与闸瓦连接,闸瓦为树脂合成材料。闸瓦可以方便地更换,打开闸瓦托座上的锁闭装置,即能将闸瓦由内向外取出。踏面清扫装置的控制示意如图 3-11 所示。

(a)

(b)

图 3-10　踏面清扫装置

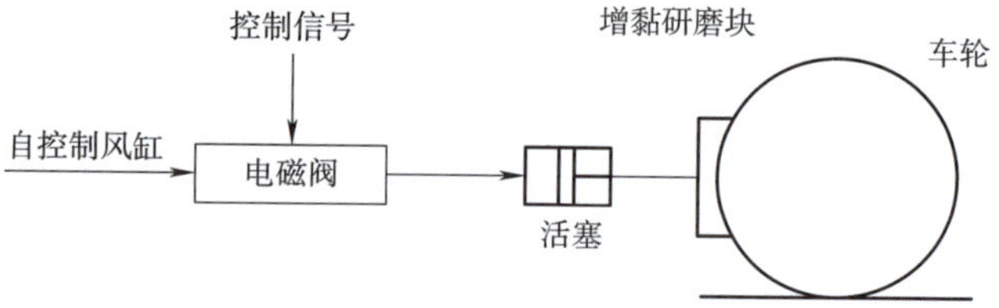

图 3-11 踏面清扫装置的控制示意

(3)编组制动力合理分配

根据国外的研究,发现列车滑行大多出现在列车前部,尤其是首车。通过进一步的研究表明,由于首车容易受到轨面上水、油等因素影响,高速区段的黏着系数明显低于后部车辆。因此,在大级别制动控制时,要考虑将首车的制动能力按列车平均值降低一个比例;同时,首车降低的制动能力由后部车辆补足,即对编组内制动力进行更合理的分配(图 3-12)。

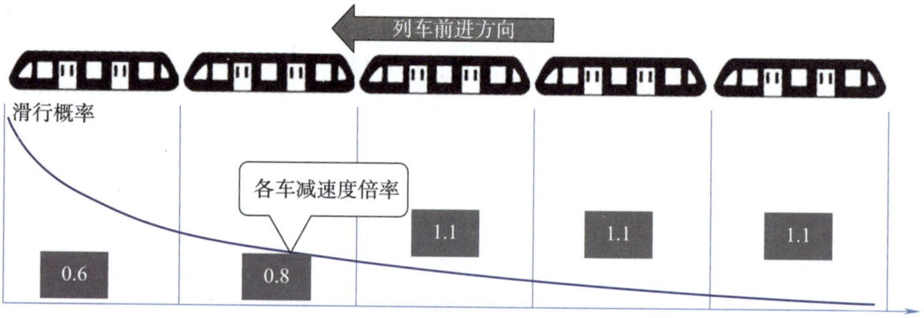

图 3-12 编组制动力合理分配原理示意

(4)撒砂增黏

研究表明,轮轨表面粗糙度可以破坏轮轨之间的水膜或油膜,从而改善黏着。如图 3-13 所示,列车上往往备有砂箱及撒砂管灯组成的撒砂装置,且试验发现陶瓷粒子的增黏效果远好于普通砂粒,试用于撒砂增黏。撒砂方法简单、增黏效果较好,但缺点是高速列车要装载砂箱及其控制部件,对减重需求提出挑战。同时,专用砂使用成本也较高,需作进一步研究。

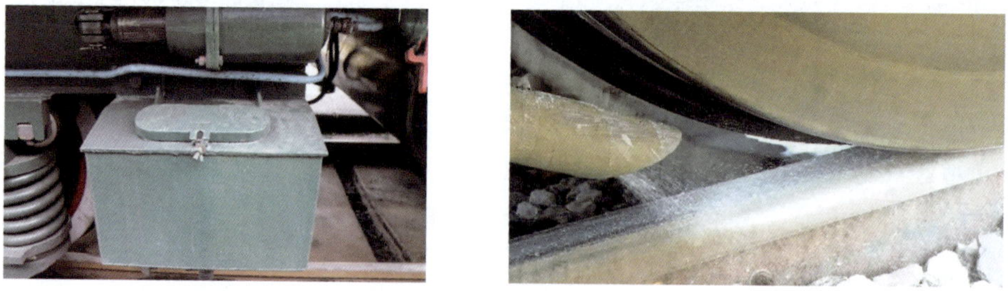

图 3-13 撒砂装置

动车组在恶劣环境条件下运行时，撒砂系统可有效改善轮轨接触面的工作环境，改善黏着系数，提高动车组的运行品质。

以 CRH3 型动车组为例，当司机按下“撒砂”按钮时，撒砂开始。中央控制单元接收由按钮产生的“撒砂”信号后，检测列车行驶方向并分配相应的信号，通过车辆总线“MVB”、列车总线“WTB”并利用信号分配器传递给具备相应电磁阀的本车气动控制装置。在列车高速运行时（$v \geqslant 160$ km/h），通过施加较高的压力（630 kPa）实施高速撒砂；在列车低速运行时（$v < 160$ km/h），通过施加较低的压力（500 kPa）实施较低的撒砂速度。撒砂速度由制动控制单元（brake control unit，BCU）根据列车速度激活相应的电磁阀控制。

2. 被动防滑

被动防滑的主要方法就是利用防滑器来改善轮轨运行状态。防滑器由速度传感器、滑行检测器及防滑电磁阀组成，其基本原理如图 3-14 所示。

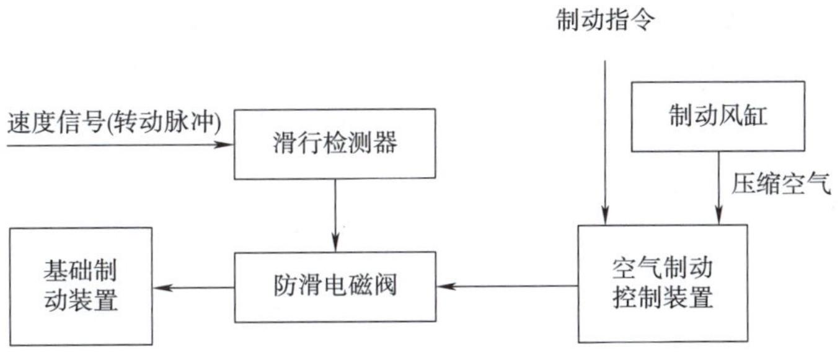

图 3-14　防滑器原理

在制动过程中，滑行检测器根据速度传感器传输的各个轴的转动脉冲信号进行计算、分析和判断。如果判断滑行的大小（车轮的速度差或减速度）超过了规定值，立即指示防滑电磁阀动作，降低车轮上的制动力至车轮恢复转动（再黏着）后再停止防滑电磁阀的动作。在防滑器动作期间，列车的制动力会有损失，图 3-15 为防滑控制时的制动力损失示意。

在滑行中，即使制动力降低，但因为已经利用了黏着力的极限，所以列车的制动力并没有损失。理想的情况是能在车轮的再黏着点使制动力矩上升，而在实际控制过程中，采用根据制动力和黏着力的关系来确定再黏着点的控制方式，以及制动力控制存在滞后性，所以让理想制动力上升是很困难的。但是，为了防止制动距离的延长，应尽可能采用减少制动力损失（图 3-15 中剖面线部分）的防滑控制方法

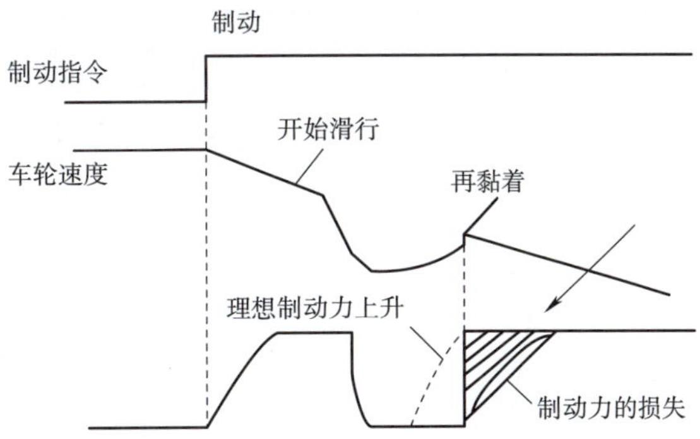

图 3-15　滑行控制时的制动力损失

(图中制动力即为作用在车轮上的制动力)。

防滑阀在原理上可以简化为 2 个二位二通电磁阀,即保压阀和排气阀。其状态组合有 4 种(表 3-1),但最后一种状态会造成压缩空气直接排大气,因此为禁止状态。

表 3-1 防滑阀工作状态

防滑阀工作状态	充气(制动)	保压	排气	禁止状态
保压阀状态	失电	得电	得电	失电
排气阀状态	失电	失电	得电	得电

根据防滑阀在防滑控制全过程中的工作状态,制动缸压力变化过程有如图 3-16 所示的 5 种,即快速排气、充气,保压以及脉冲式排气、充气。

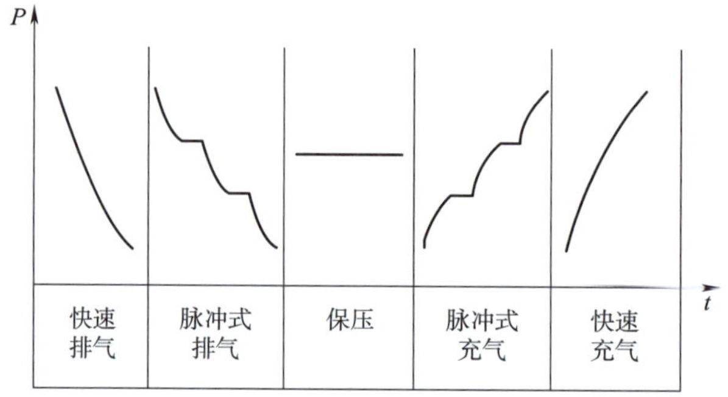

图 3-16 制动缸压力变化过程

3.2.2 防滑控制策略

防滑控制是在制动力即将超过黏着力时(此时防滑器判断为“滑行”),降低制动力,使车轮继续处于滚动(或滚滑)状态,避免车轮滑行。防滑系统通过车辆速度传感器检测出此时的速度差和减速度,然后把检测到的信号传输到防滑控制器,通过微处理器的比较判断,发出防滑控制信号,从而迅速降低滑行车轮的制动缸压力,使滑行车轮所受的制动力快速降低。当滑行消失后,控制单元重新恢复车轮制动力实施制动。在判断出滑行后,并不是简单地降低制动力,而应通过对制动缸压力反复进行减压、保压和升压,最大限度地利用轮轨间黏着,所以防滑系统对制动力的控制既要防止滑行,又要不致使制动力损失过大,以充分利用黏着。

1. 参考速度计算

理想的参考速度应为车辆速度,但在车辆运行中要取得车辆速度是比较困难的,所以通常都是用一个尽可能接近车辆速度的模拟速度作为参考速度。参考速度按照下列步骤取得:

①比较一辆车中 4 根轴的速度,取其最大值作为参考速度。若想进一步得到不同情况

下更准确的参考速度，还应进行下列计算。

②如果4根轴速度下降较快，当降速最快轴的减速度超过 a_h（a_h 为假设的车辆最大减速度），将根据达到此减速度 a_h 时的速度 v_{a_h}，用当量直线段计算假想速度作为列车速度，直到出现其他任一轴速超过该假想速度为止。当量直线段的列车速度计算式见式(3-1)。

$$v_t = v_{a_h} - a_h t \tag{3-1}$$

③如果黏着条件极差，4根轴的速度下降时间较长，造成当量直线拖得太长，参考速度偏离车辆速度愈来愈远，此时需降低旋转速度最高的轮对上的制动缸压力，将参考速度重新调整至接近车辆速度。

2. 防滑判据

(1)速度差判据

速度差判据如图3-17所示，黏着蠕滑理论的试验研究表明，轮对速度与列车速度之间存在一定速度差，当速度差保持在一定范围时，轮轨间可获得最佳黏着。防滑控制系统按照利用轮轨滑移、控制滑移而不发生严重滑行的原则，设计了一整套速度差防滑控制参数和控制逻辑。设列车速度为 v_t，设计速度差参数为 Δv_1、Δv_2、Δv_3、Δv_4，速度差判据控制原理如下：

①当滑行轴速度 v_{wi} 与列车速度 v_t 之间的速度差 $>\Delta v_1$ 时，防滑阀动作，制动缸停止充气并进入保压状态。

②当速度差 $>\Delta v_2$ 时，说明速度差进一步扩大，此时防滑阀进入脉冲式排气状态。

③如果黏着条件较差，速度差仍未得到控制。当速度差 $>\Delta v_3$ 时，防滑阀进入快速排气状态，迅速降低制动缸压力，但对持续排气的时间有一定限制，以保证列车制动距离。

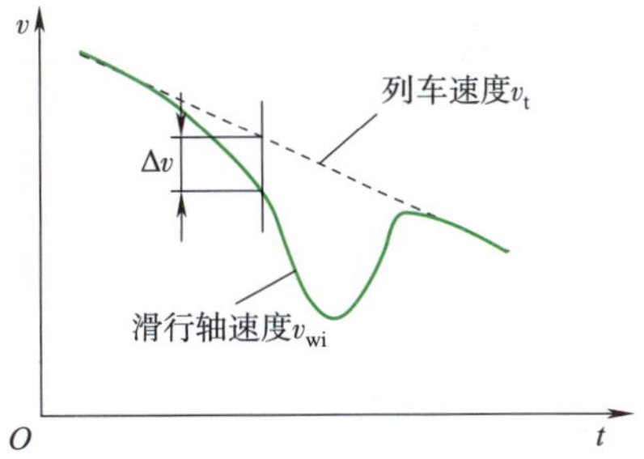

图3-17　速度差判据示意

④通过防滑阀排气，轮对逐渐恢复转动。当速度差 $>\Delta v_4$ 时，防滑阀先进行脉冲式充气，如果速度差没有增大，则再快速充气，以快速恢复制动力。

(2)减速度判据

减速度判据如图3-18所示，减速度参数设计为 β_1、β_2、β_3、β_4、β_5、β_6，减速度判据控制原理如下：

①当轮对减速度达到第1个减速度阈值 β_1 时，使制动缸停止充气而保压。

②如果轮轨间黏着状态较差，当轮对减速度继续增大达到第2个减速度阈值 β_2 时，制动缸进行脉冲式排气。

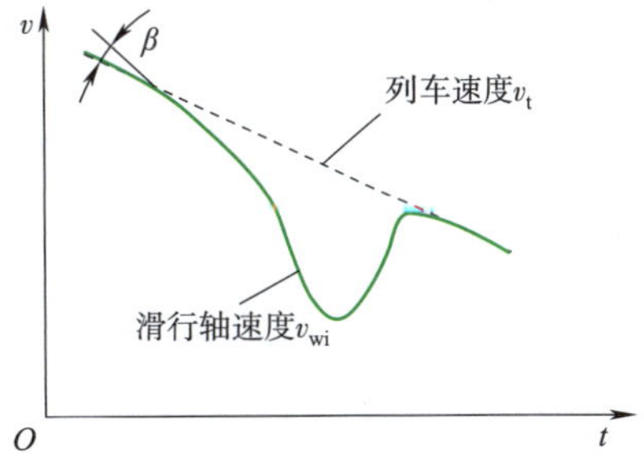

图3-18　减速度判据示意

③如果遇到黏着条件极差的情况，轮对减速度很大，当达到第 3 个减速度阈值 β_3 时，快速排气。

④由于防滑阀排气，制动力减少，该轮对减速度逐渐减小。当达到第 4 个减速度阈值 β_4 时，轮对开始恢复正常转动，制动缸保压。

⑤轮对速度逐渐恢复，当达到第 5 个减速度阈值 β_5 时，制动缸进行脉冲式充气，以恢复该轮对制动力。

⑥如果轮轨间黏着条件较好，加速度很大，当达到第 6 个减速度阈值 β_6 时，快速充气。

此外，当遇到特定的轮轨黏着条件，4 条轮对减速度大于 β_1 但又达不到 β_2 和 Δv_2 的判据，即 4 条轮对同时以相近的减速度微量滑动。这种状态持续太久，可能会使 4 条轮对的车轮发生擦伤。为避免发生这种情况，防滑控制系统对防滑阀的持续保压时间进行了限制。

(3)减速度微分判据

使用减速度判据进行防滑控制时也有不足，即防滑阀在动作上会有延迟，从而导致制动缸压力变化滞后。如图 3-19 所示，假设有两条减速度变化快慢不同的曲线，当采用减速度判据进行防滑控制时，减速度达到设定值 β_1 时，系统判定相应轮对产生滑行。当系统发出防滑控制指令后，经过一定的延迟时间 Δt，防滑阀开始动作，制动缸压力开始下降。此时，两条曲线的减速度值并不相同，分别为 β_2 和 β_2'。这样对于减速度变化快的轮对，其防滑效果不好，而减速度变化慢的轮对的黏着利用不充分。为了改善这一问题，有的防滑控制系统加入了减速度微分进行辅助判断，比如法国 TGV 列车上的防滑控制系统引入了减速度微分判据控制。

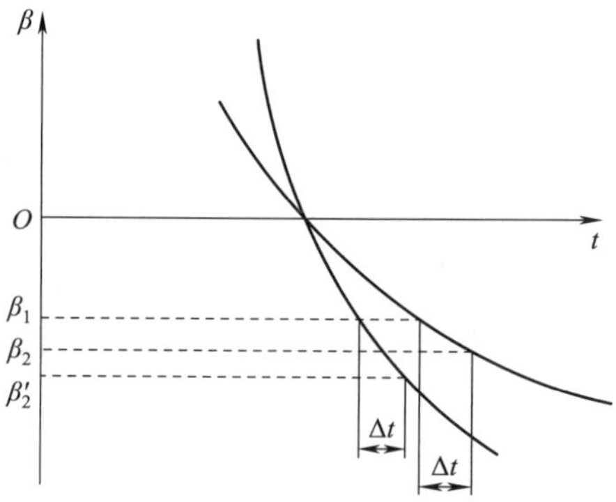

图 3-19　减速度判据示意

如图 3-20 所示，使用减速度微分进行判定时，当 $\beta+\dfrac{d\beta}{dt}\Delta t$ 达到设定值时，系统判定相应轴产生滑行。此时，无论两根曲线减速度变化是快是慢，经过一定的延迟时间 Δt 后，防滑阀开始动作，制动缸压力开始下降。此时，两根曲线的减速度值 β_2 都是相同的。因此，使用减速度微分判据控制后，可以有效解决上面的问题，在保证防滑效果的同时还能够充分地利用黏着。但是，这种判据方式对制动控制单元的要求较高，需要制动控制单元有很快的计算速度。

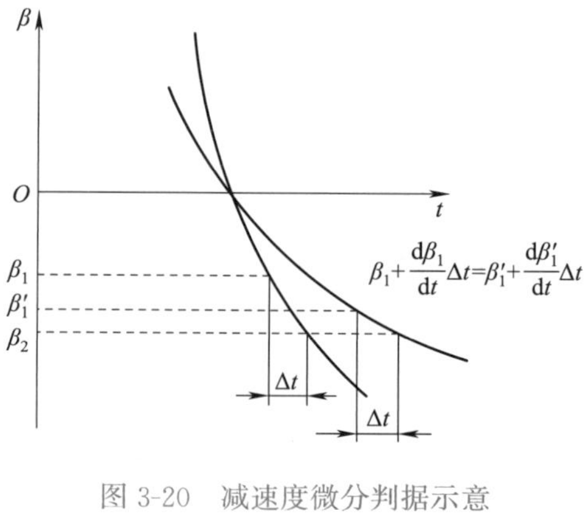

图 3-20　减速度微分判据示意

(4)滑移率判据

速度差与参考速度的比值即为滑移率，滑移率判据的作用原理实际上与速度差判据类似，但由于高速列车运行速度范围较大，在不同运行速度下的速度差判据取值应当随列车速度而改变，如图 3-21 所示。由前文论述可知，黏着系数与滑移率直接相关，因此滑移率判据也逐渐投入使用。

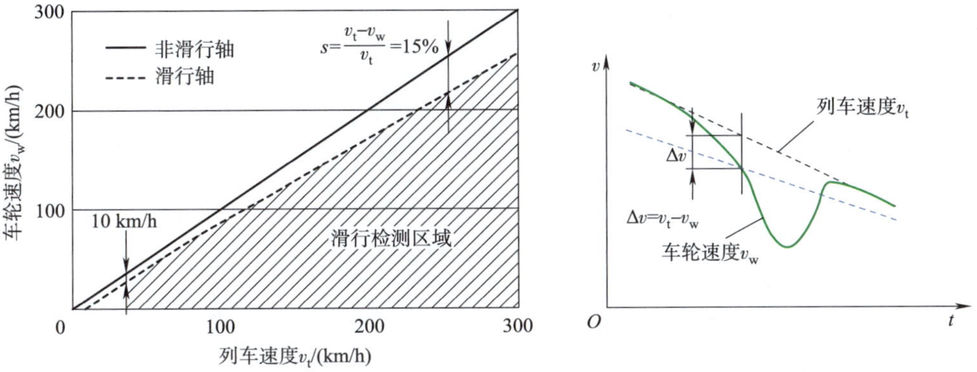

图 3-21　滑移率判据示意

(5)复合判据

减速度判据和速度差判据可组合为一个参数化的复合式判据控制策略，即复合判据矩阵。根据减速度参数和速度差参数的不同，采用不同的防滑阀控制状态，如图 3-22 所示。其中，1 代表检测到滑行趋势，但滑行程度较小，防滑阀进入保压状态，停止充气；2 代表随着滑行程度的增大，防滑阀进入脉冲式排气状态；3 代表检测到滑行趋势得到控制，防滑阀进入保压状态；4 代表检测到滑行状态有解除的趋势，防滑阀进入脉冲式充气状态；5 代表滑行状态即将解除，防滑阀进入快速充气状态；6 代表再次检测到滑行趋势，与 1 类似，防滑阀再次进入保压状态，如此重复，直至滑行不再发生。

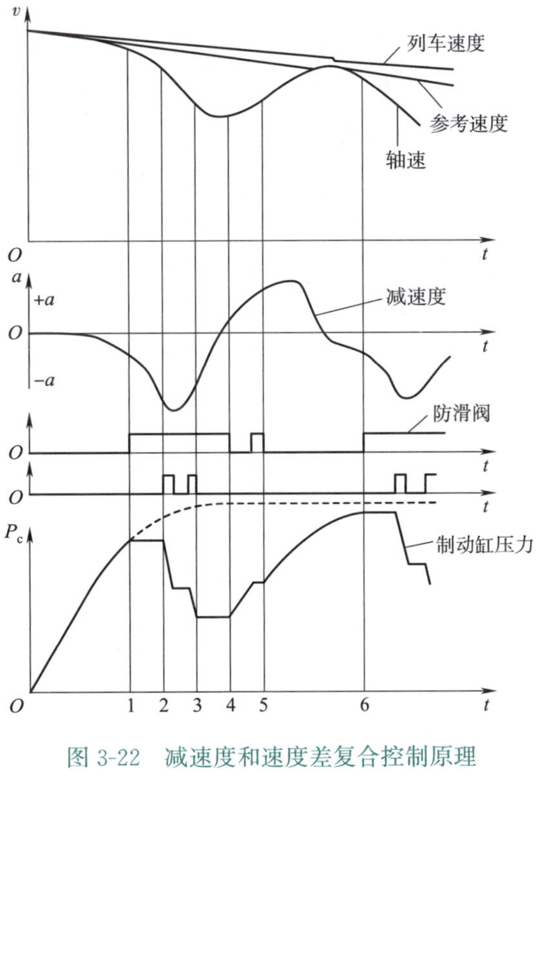

图 3-22　减速度和速度差复合控制原理

3.2.3 防滑控制理论模型与稳定性

取速度差 Δv 为状态变量 x_1，制动源力 F_b 为状态变量 x_2，防滑控制过程的状态方程见式(3-2)。

$$\begin{cases}\dot{x}_1=-f(x_1)g\left(1+\dfrac{r_w^2}{I_w}M\right)+\dfrac{r_w^2}{I_w}x_2\\ \dot{x}_2=-\dfrac{1}{T_0}x_2+\dfrac{1}{T_0}\Gamma(x_1,\dot{x}_1)\end{cases}\tag{3-2}$$

式中 x_1——速度差，m/s；

x_2——制动源力，N；

g——重力加速度，m/s^2；

r_w——车轮滚动圆半径，mm；

I_w——轮对转动惯量，kg·m^2；

M——轴重，kg；

$f(x_1)$——黏着系数函数；

T_0——时间常数，s；

$\Gamma(x_1,\dot{x}_1)$——基于速度差和减速度的控制律。

实际的防滑控制系统中应用最广泛的判据是速度差、滑移率和减速度。其中，滑移率判据和速度差判据衡量的都是某一轮对的速度与参考速度的偏离程度。这一偏离程度在高速和低速时分别用速度差和滑移率来表征，但在防滑控制各阶段切换时，速度差与滑移率判据的作用原理是相同的，因此选取速度差和减速度进行进一步的理论分析。

采用一种简化的控制律，以速度差为判据，滑行后降低制动源力，滑行结束后增大(恢复)制动源力，式(3-2)可简化为

$$\begin{cases}\dot{x}_1=-f(x_1)g\left(1+\dfrac{r_w^2}{I_w}M\right)+\dfrac{r_w^2}{I_w}x_2\\ \dot{x}_2=-\theta(x_1-\Delta v_0)\end{cases}\tag{3-3}$$

式中 θ——制动源力变化率；

Δv_0——滑行判定的目标速度差。

直接写出平衡点处的雅克比矩阵

$$\boldsymbol{J}=\begin{pmatrix}-g\left(1+\dfrac{r_w^2}{I_w}M\right)\dfrac{\partial f}{\partial x_1}(\Delta v_0) & \dfrac{r_w^2}{I_w}\\ -\theta & 0\end{pmatrix}\tag{3-4}$$

特征值为

$$\lambda_{1,2}=\frac{1}{2}\left(-b_\lambda\pm\sqrt{b_\lambda^2-4\theta\frac{r_w^2}{I_w}}\right)\tag{3-5}$$

分析如下：

(1)当$\dfrac{\partial f}{\partial x_1}(\Delta v_0)\neq 0$且$\theta\leqslant\theta_0$时，系统有 2 个实特征值，由于$\theta>0$，则$\sqrt{b_\lambda^2-4\theta\dfrac{r_{\mathrm{w}}^2}{I_{\mathrm{w}}}}<|b_\lambda|$，特征值的符号由$-b_\lambda$的符号决定。

当给定速度差Δv_0位于黏滑曲线左半区域时，$\dfrac{\partial f}{\partial x_1}(\Delta v_0)>0$，则$\lambda_{1,2}<0$，有 2 个负实根；

当给定速度差Δv_0位于黏滑曲线右半区域时，$\dfrac{\partial f}{\partial x_1}(\Delta v_0)<0$，则$\lambda_{1,2}>0$，有 2 个正实根；

(2)当$\dfrac{\partial f}{\partial x_1}(\Delta v_0)\neq 0$且$\theta>\theta_0$时，系统特征值是一对共轭复根。

当给定速度差Δv_0位于黏滑曲线左半区域时，$\dfrac{\partial f}{\partial x_1}(\Delta v_0)>0$，则特征值有负实部；

当给定速度差Δv_0位于黏滑曲线右半区域时，$\dfrac{\partial f}{\partial x_1}(\Delta v_0)<0$，则特征值有正实部；

(3)当$\dfrac{\partial f}{\partial x_1}(\Delta v_0)=0$时，$\lambda_{1,2}=\pm r_{\mathrm{w}}\sqrt{\dfrac{\theta}{I_{\mathrm{w}}}}i$，特征值落在虚轴上。

因此，基于一次近似可知，当防滑控制给定速度差Δv_0位于黏滑曲线左半区域时，系统在平衡点附近是渐进稳定的，而当给定速度差Δv_0位于黏滑曲线右半区域时，系统在平衡点附近是不稳定的。但基于线性化方程系数矩阵特征值的判断方式，只能反映原非线性系统在平衡点附近的局部稳定性，应结合相平面图进一步分析系统的稳定性。

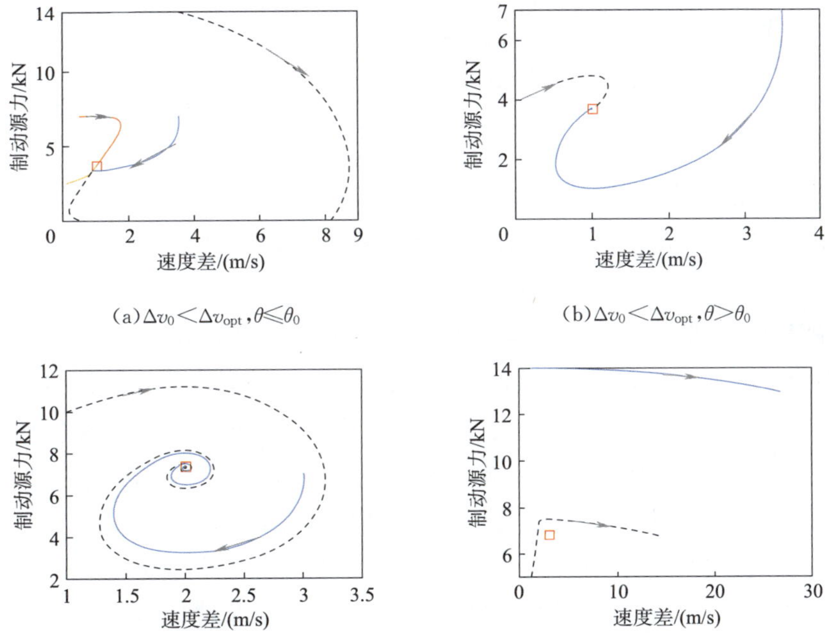

(a)$\Delta v_0<\Delta v_{\mathrm{opt}}, \theta\leqslant\theta_0$　(b)$\Delta v_0<\Delta v_{\mathrm{opt}}, \theta>\theta_0$

(c)$\Delta v_0=\Delta v_{\mathrm{opt}}$　(d)$\Delta v_0>\Delta v_{\mathrm{opt}}, \theta\leqslant\theta_0$

图　3-23

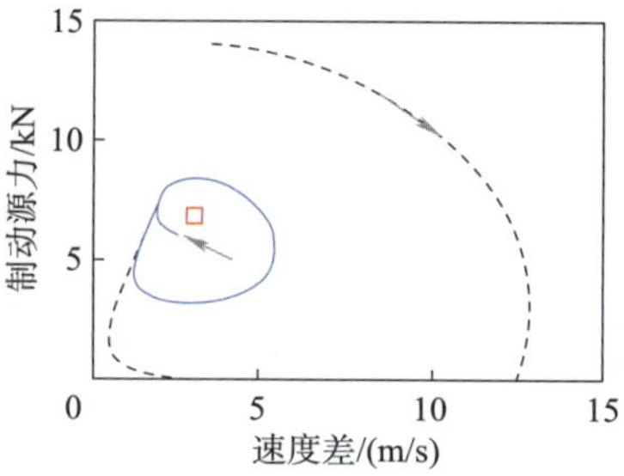

(e) $\Delta v_0 > \Delta v_{opt}, \theta > \theta_0$

图 3-23 不同情形下的防滑控制过程仿真相平面图

由图 3-23 可知，当防滑控制给定速度差 $\Delta v_0 \leqslant \Delta v_{opt}$ 时，式(3-1)所描述的控制模式可以实现渐进稳定[图 3-23(a)～图 3-23(c)]；而当防滑控制给定速度差 $\Delta v_0 > \Delta v_{opt}$ 时，系统可能会不稳定[图 3-23(d)]，此时可以增大系数 θ 使系统形成稳定的极限环[图 3-23(e)]。

3.3 高速列车防滑控制优化理论

随着先进控制理论的发展以及对高速列车制动防滑控制系统理解的不断深入，基本的防滑判据式、防滑控制方法不断完善，并逐渐实现了基于黏着状态识别的新型控制方法以及基于黏着改善特性的控制模式。

3.3.1 基于传统防滑控制模式的优化策略

UIC 541-05：2016、EN 15595：2018 等列车制动防滑领域的标准给出了半实物仿真试验台用于防滑控制系统验证与性能优化的建议。通过半实物仿真试验方式，研究诸如减速度防滑判据阈值、速度差判据阈值、滑移率判据阈值等防滑控制策略参数对动车组制动防滑控制性能的影响规律，探索防滑阀排气时间、制动缸容积对防滑控制性能的作用效果，可对防滑控制策略进行优化。

试验台硬件环境基于 NI 实时仿真系统及相关配套硬件环境，包括 NI-RealTime 实时仿真系统、上位机电脑及配套设备、EBCU、信号调理板、数据采集板等。试验软件环境基于列车防滑控制器虚拟运行环境和人机交互界面，防滑控制器虚拟运行环境包括用于模拟列车车体及动力学性能的一动一拖(1M1T)车辆动力学模型，用于模拟列车电制动力的电制动力模型和用于模拟轮轨接触条件的轮轨黏着力模型等；人机交互界面主要用于完成车辆参数、试验工况等设置及对仿真模型运行状态和各主要参数值的监测及数据保存。

给定某一工况(车辆载重、制动初速度、制动级位等参数值固定)，在试验台上首先开展干轨条件下的制动试验，获取不滑行时的制动距离、制动过程耗风量等信息；其次调整轮轨黏着模型参数使虚拟轨道表现为一确定的低黏着状态(相同制动级位下，车轴将持续滑行)。

通过修改上述研究参数，开展低黏着工况下的列车制动滑行试验，每组试验均开展三次，观察制动距离、耗风量等信息，与干轨工况下数据进行分析计算，得到制动距离延长比、相对耗风量等反映防滑性能的指标。

基于试验台开展某型高速列车制动防滑试验，其干轨试验结果见表 3-2，平均制动距离为 1 620.22 m，平均耗风量为 62.25 NL，平均减速度为 0.950 m/s^2。车速和制动距离变化曲线如图 3-24、图 3-25 所示。在此基础上开展低黏着工况试验，并对结果进行分析。

表 3-2　干轨工况下试验结果

序　　号	制动距离/m	耗风量/NL	平均减速度/(m/s^2)
1	1 618.08	64.95	0.951
2	1 623.67	60.09	0.948
3	1 618.92	61.71	0.951
平均值	1 620.22	62.25	0.950

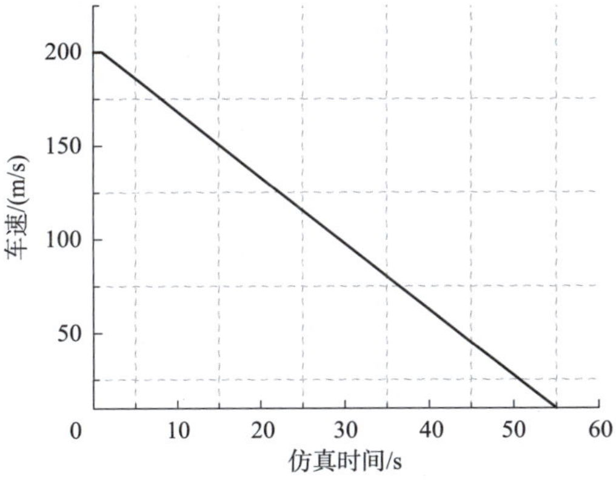

图 3-24　干轨工况下车速曲线

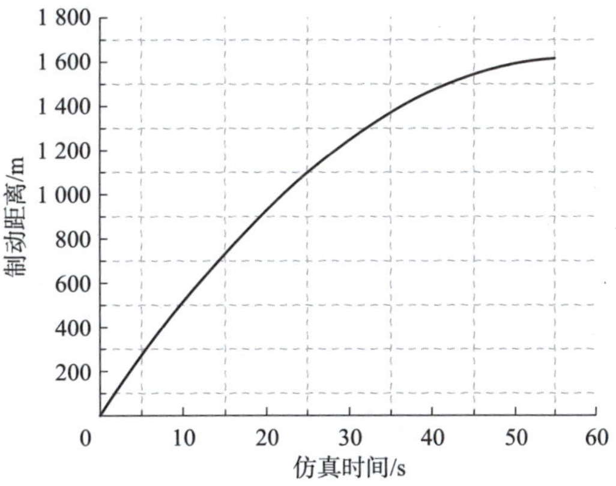

图 3-25　干轨工况下制动距离曲线

1. 速度差判据试验

(1)试验项点

速度差判据是利用车轴轴速与基准轴速度差的大小，即 Δv 来判断该轴是否出现滑行。以判据阈值设为 1 m/s 为例，若车辆运行过程中，防滑控制器检测到某根车轴的速度差大于 1 m/s，则判断该轴发生滑行，否则为不滑。速度差判据试验项点见表 3-3，每项试验进行 3 次。

表 3-3　速度差判据试验项点

项　　点	1	2	3	4	5
速度差判据阈值/(m/s)	0.5	1	2	3	4

(2)试验结果

试验结束之后对数据进行处理，将试验结果与计算结果列入表 3-4，并将反映防滑性能的制动距离延长比和相对耗风量在不同速度差判据阈值下的试验结果绘制成图 3-26。

表 3-4　不同速度差判据试验结果

速度差判据阈值/(m/s)	序号	制动距离/m	耗风量/NL	平均减速度/(m/s^2)	制动距离延长比/%	相对耗风量
0.5	1	1 715.23	281.70	0.897	5.864	4.525
	2	1 711.39	286.82	0.899	5.627	4.608
	3	1 717.18	281.33	0.896	5.984	4.519
平均值					5.825	4.551
1	1	1 701.83	268.10	0.905	5.037	4.307
	2	1 705.56	270.06	0.903	5.267	4.338
	3	1 704.66	264.97	0.903	5.212	4.257
平均值					5.172	4.301
2	1	1 688.75	174.07	0.912	4.230	2.796
	2	1 688.09	173.86	0.912	4.189	2.793
	3	1 688.35	174.30	0.912	4.205	2.800
平均值					4.208	2.796
3	1	1 693.71	156.59	0.909	4.536	2.516
	2	1 690.69	153.83	0.910	4.349	2.471
	3	1 687.63	156.38	0.912	4.161	2.512
平均值					4.349	2.500
4	1	1 696.81	151.36	0.907	4.727	2.431
	2	1 696.04	153.43	0.908	4.680	2.465
	3	1 694.58	151.01	0.908	4.590	2.426
平均值					4.665	2.441

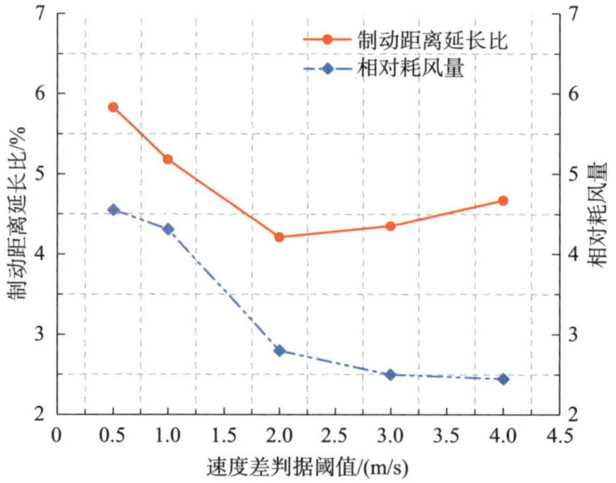

图 3-26　不同速度差判据阈值试验结果

从图 3-26 和表 3-4 中可以看到，当速度差判据阈值分别取 0.5 m/s、1 m/s、2 m/s、3 m/s、4 m/s 时，制动距离延长比先减小后增大，在速度差判据阈值为 2 m/s 时最低；制动距离相对干轨仅延长了 4.208%，距离最短；相对耗风量则呈现出与阈值大小成反比的关系，当速度差判据阈值从 1 m/s 增大至 2 m/s 时，耗风量下降明显，且随着速度差判据阈值继续增大出现耗风量下降趋势变缓，阈值设为 4 m/s 时耗风量最少，为干轨工况下耗风量的 2.441 倍。

（3）试验结果分析

制动距离的长短与轮轨黏着利用程度有关，滑行轴（即拖车 1 轴）在不同速度差判据阈值下的实际利用黏着曲线如图 3-27(a)～图 3-27(e)所示。当速度差判据阈值 $\Delta v=2$ m/s 时，实际利用黏着曲线最接近此黏着模型的最大可用黏着曲线，且整个过程中摆动的幅度最小，因此平均实际利用黏着最高，制动距离最短；当速度差判据阈值 $\Delta v<2$ m/s 时，实际利用黏着曲线虽然摆动幅度更小，但其远离了最大黏着曲线，没有充分利用黏着，而其他阈值下的实际利用黏着曲线摆动幅度大，平均利用黏着同样不够。

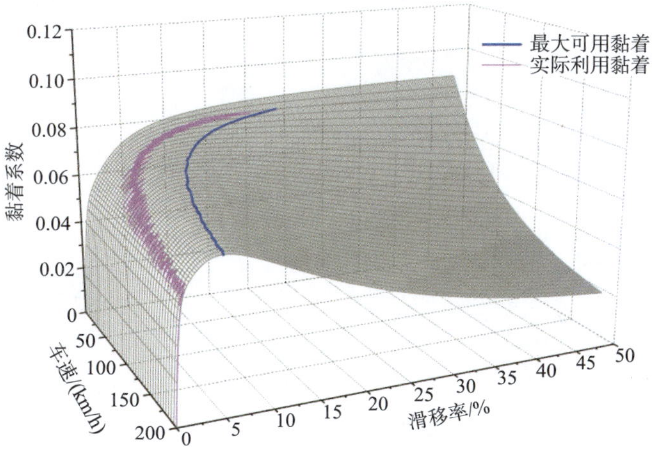

(a)速度差判据阈值 $\Delta v=0.5$ m/s

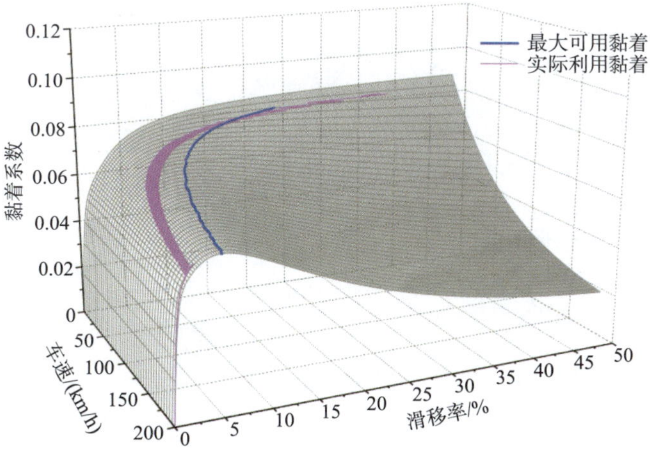

(b)速度差判据阈值 $\Delta v=1$ m/s

图　3-27

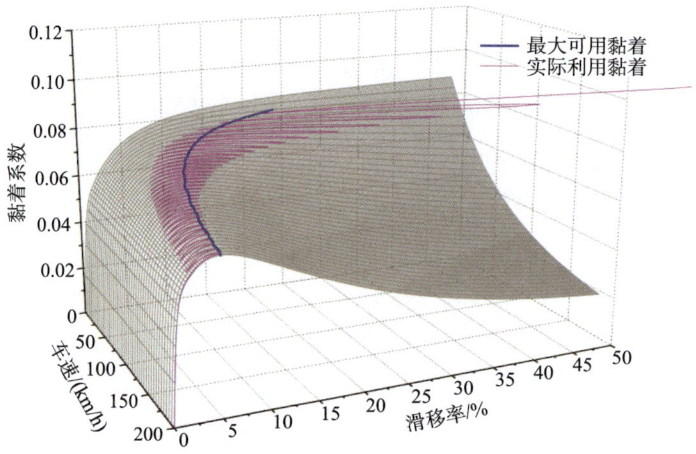

(c)速度差判据阈值 Δv=2 m/s

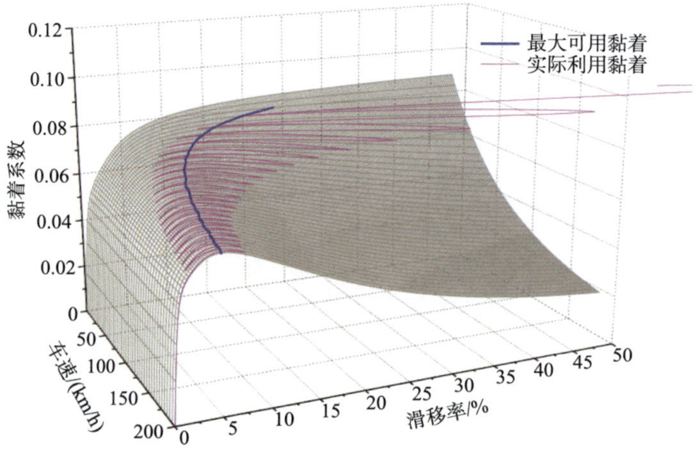

(d)速度差判据阈值 Δv=3 m/s

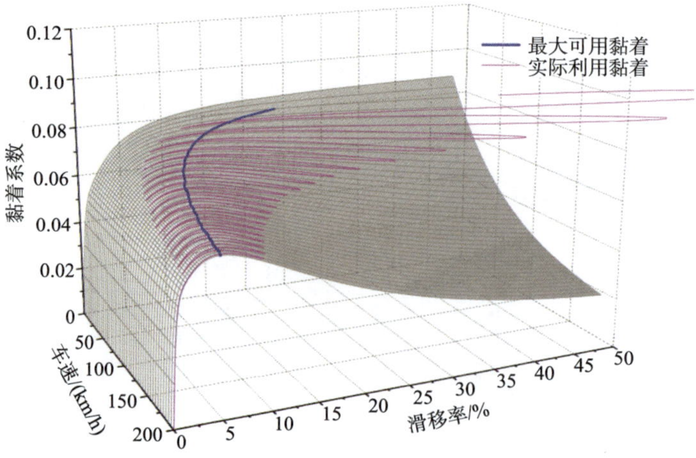

(e)速度差判据阈值 Δv=4 m/s

图 3-27　基于速度差判据阈值的实际利用黏着曲线

统计不同速度差判据试验的保压阀和排气阀(即防滑阀中HV阀和RV阀)动作次数，当速度差判据阈值为0.5 m/s、1 m/s、2 m/s、3 m/s、4 m/s时，HV阀动作次数依次为156、117、36、23、21；RV阀动作次数依次为259、208、71、57、62。由此可知，速度差判据阈值越小，防滑控制频率与防滑阀充、排气次数越高，造成耗风量相应增加。

(4)试验结论

速度差判据阈值愈低，滑行检测愈加灵敏，因此防滑控制器能更早检测到滑行并在轮轨关系进一步恶化之前，迅速地控制防滑阀充、排气，从而使速度差、滑移率控制在一个很小的范围内，这使得实际利用黏着曲线摆动幅度较小，但也带来了防滑阀充、排气次数的提高，消耗较多压缩空气。

列车在制动过程中，其车速会逐渐减小，设定一个固定的速度差判据值往往无法同时兼顾高速与低速下的防滑性能，如图3-27(b)和图3-27(c)所示。在高速段，$\Delta v=2$ m/s的实际利用黏着更接近最大可用黏着曲线；在低速段，$\Delta v=1$ m/s的防滑效果更优异。为分析最优速度差判据随车速变化的规律，汇总各速度差判据在不同速度区间的制动距离，见表3-5。

表3-5　各速度差判据在不同速度区间的制动距离(m)

速度差判据阈值/(m/s)	速度区间				
	160～200 km/h	**120～160 km/h**	**80～120 km/h**	**40～80 km/h**	**3～40 km/h**
0.5	652.327 4	467.467 4	332.051 6	198.259 1	61.285 87
1	648.820 8	464.868	330.503 7	196.740 1	60.892 59
2	643.895 4	460.966 3	327.414 4	195.128 5	61.355 49
3	646.331 6	462.691 9	327.912 5	195.762 3	61.035 82
4	646.632 9	462.679 9	329.083 4	196.488 6	61.156 39

上述结果表明，当车速大于40 km/h，速度差判据阈值设为2 m/s；车速小于或等于40 km/h时，速度差判据阈值设为1 m/s，即：$\Delta v=2$ m/s($v>40$ km/h)和$\Delta v=1$ m/s($v\leqslant 40$ km/h)，能够获得更短的制动距离。将优化后的判据写入防滑器内并在台架上进行试验，试验结果如下：

表3-6　速度差优化判据结果

速度差判据阈值/(m/s)	序号	制动距离/m	耗风量/NL	平均减速度/(m/s²)	制动距离延长比/%	相对耗风量
2($v>40$ km/h)；1($v\leqslant 40$ km/h)	1	1 684.72	184.82	0.914	3.981	2.969
	2	1 685.70	189.08	0.913	4.041	3.037
	3	1 684.56	184.75	0.914	3.971	2.968
平均值					3.998	2.991

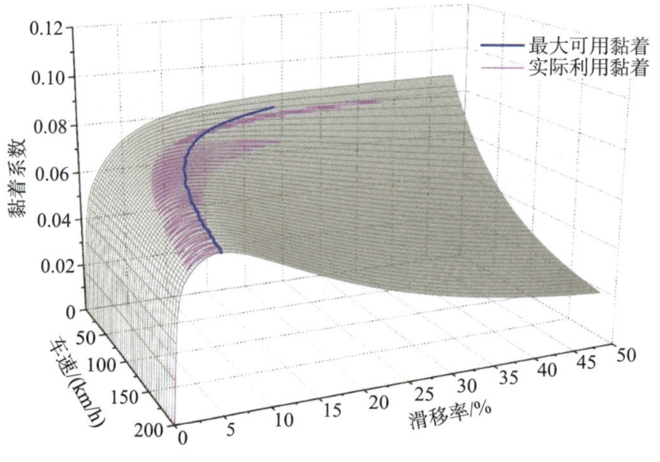

图 3-28 速度差优化后的黏着利用示意

可以看到，优化后的速度差判据的制动距离为 1 684.99 m，相比最小值减少了 3.4 m，提高了对轮轨黏着的利用，并且耗风量并无较大增加。

2. 减速度判据试验

(1)试验项点

减速度判据是根据轮对本身转动速度下降的快慢，即用减速度的大小 β 来判断是否滑行。以减速度判据阈值 3 m/s² 为例，若车辆运行过程中，防滑控制器检测到某根车轴的减速度大于 3 m/s²，则判断该轴发生滑行，否则为不滑。考虑到列车紧急制动目标减速度为 0.99 m/s²，选取减速度判据的时候应大于该值，以免引起误判。减速度判据试验项点见表 3-7，每项试验进行 3 次。

表 3-7 减速度判据试验项点

项　点	1	2	3	4	5
减速度判据阈值/(m/s²)	2	2.5	3	3.5	4

(2)试验结果

试验结束之后对数据进行处理，将试验结果与计算结果列入表 3-8，并将反映防滑性能的制动距离延长比和相对耗风量在不同减速度判据阈值下的试验结果绘制成图 3-29。

表 3-8 不同减速度判据试验结果

减速度判据阈值/(m/s²)	序号	制动距离/m	耗风量/NL	平均减速度/(m/s²)	制动距离延长比/%	相对耗风量
2	1	1 713.13	274.79	0.899	5.734	4.414
	2	1 716.19	270.59	0.897	5.923	4.347
	3	1 714.99	276.48	0.898	5.849	4.441
平均值					5.836	4.401

续上表

减速度判据阈值/(m/s²)	序号	制动距离/m	耗风量/NL	平均减速度/(m/s²)	制动距离延长比/%	相对耗风量
2.5	1	1 708.80	262.91	0.901	5.467	4.223
	2	1 707.30	262.28	0.902	5.375	4.213
	3	1 708.85	268.21	0.901	5.470	4.309
平均值					5.437	4.248
3	1	1 700.33	261.91	0.905	4.944	4.207
	2	1 701.81	254.28	0.905	5.036	4.085
	3	1 698.55	260.71	0.906	4.835	4.188
平均值					4.938	4.160
3.5	1	1 703.51	243.25	0.904	5.141	3.908
	2	1 706.09	241.75	0.902	5.300	3.884
	3	1 699.45	237.26	0.906	4.890	3.811
平均值					5.110	3.868
4	1	1 704.18	222.62	0.903	5.182	3.576
	2	1 698.24	228.78	0.906	4.815	3.675
	3	1 700.75	223.49	0.905	4.970	3.590
平均值					4.989	3.614

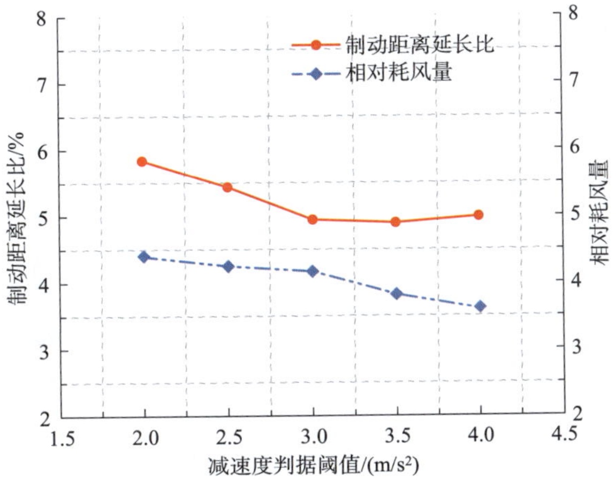

图 3-29　不同减速度判据阈值试验结果

上述试验结果表明，制动距离延长比的谷值点对应的减速度判据阈值为 3 m/s² 时，其平均值为 4.938%，其他阈值下的平均减速度较低，制动距离均有所延长。当阈值小于 3 m/s² 时，制动距离延长比下降明显，而超过 3 m/s² 后，该值略有变化但幅度很小；相对耗风量与减速度阈值大小同样成反比关系，随阈值增大而降低。

(3)试验结果分析

绘制滑行轴在不同减速度判据阈值下的实际利用黏着曲线,如图 3-30(a)～图 3-30(e)所示。从图中可以发现,减速度判据阈值小于 3 m/s^{2}时,在低速段的滑移率被控制在一个较小的范围,导致实际利用黏着严重偏离最大可用黏着曲线,平均减速度低,制动距离较长;而当阈值大于 3 m/s^{2}后,不同阈值下的实际利用黏着曲线十分接近,因此制动距离也相差不大。

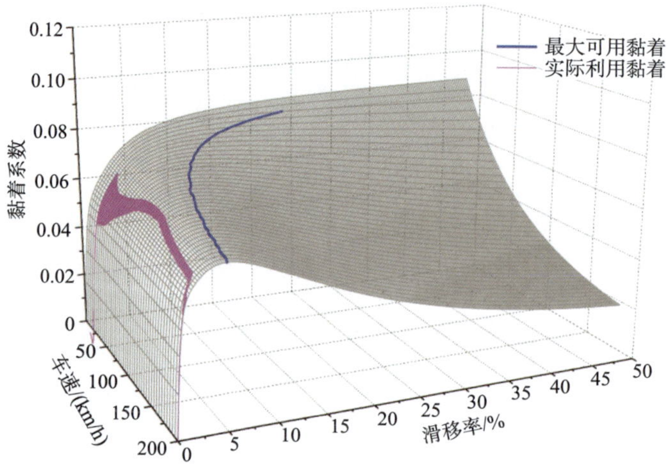

(a)减速度判据阈值 β=2 m/s^2

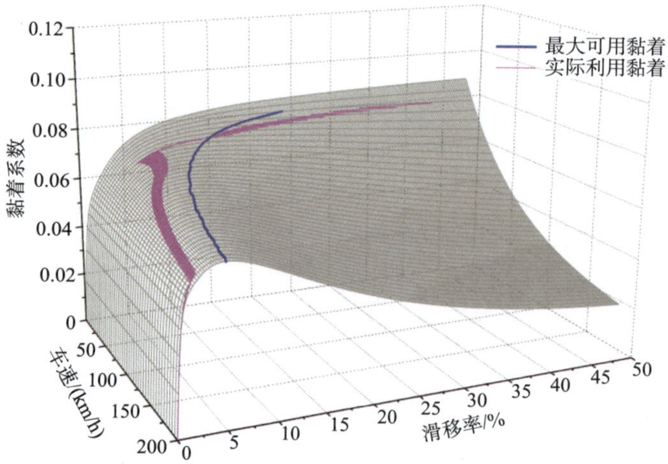

(b)减速度判据阈值 β=2.5 m/s^2

图 3-30

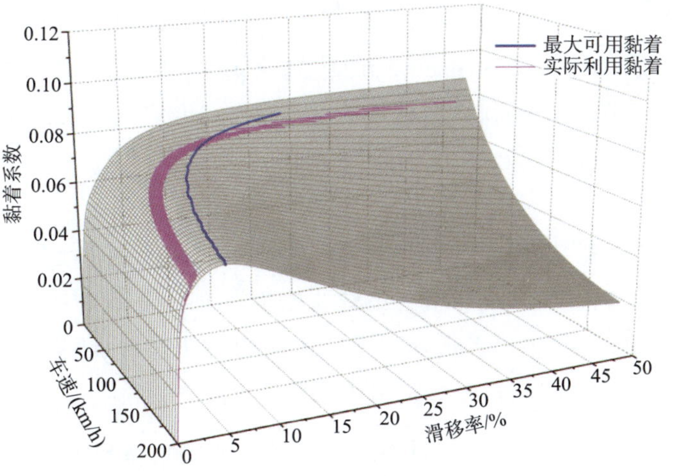

(c)减速度判据阈值 $\beta=3\ m/s^2$

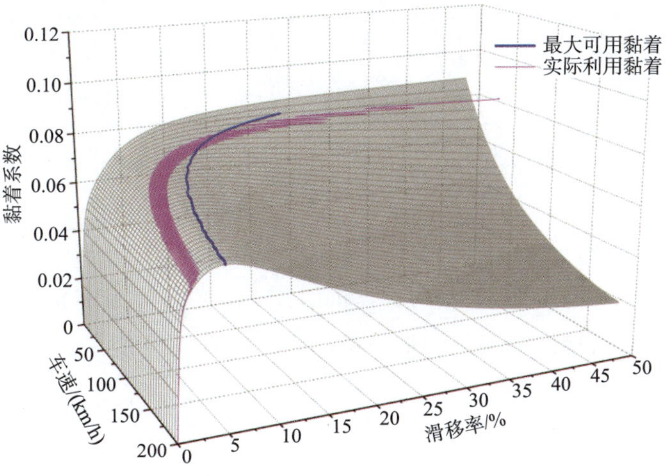

(d)减速度判据阈值 $\beta=3.5\ m/s^2$

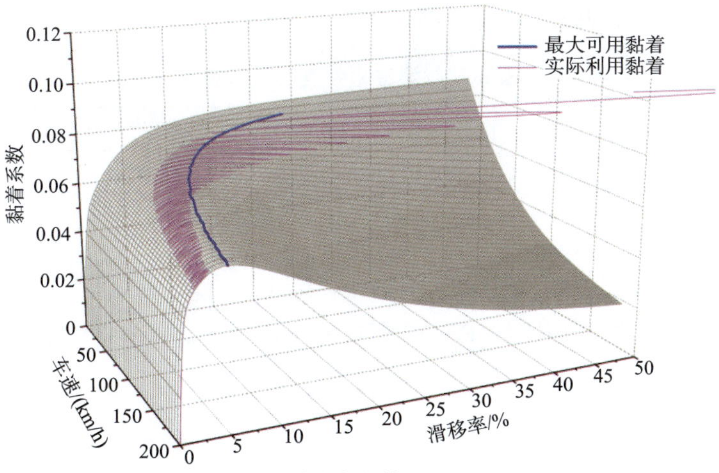

(e)减速度判据阈值 $\beta=4\ m/s^2$

图 3-30　基于减速度判据阈值的实际利用黏着曲线

统计不同减速度判据试验的保压阀和排气阀(即防滑阀中 HV 阀和 RV 阀)动作次数，当减速度判据阈值为 2 m/s^2、2.5 m/s^2、3 m/s^2、3.5 m/s^2、4 m/s^2 时，HV 阀动作次数依次为 117、115、99、86、71；RV 阀动作次数依次为 237、210、192、170、142。由此可知，减速度判据阈值越小，防滑阀充、排气次数越多，耗风量越大。

(4)试验结论

减速度判据与速度差判据比较类似，其值大小影响防滑控制系统的灵敏性，决定制动防滑过程中滑移率的摆动幅度，从而影响防滑过程中实际利用黏着曲线的分布范围。从上述试验结果来看，判据阈值过小无法充分利用低速段的轮轨黏着，还会加大对压缩空气的消耗。汇总各减速度判据在不同速度区间的制动距离见表 3-9。

表 3-9 各减速度判据在不同速度区间的制动距离(m)

减速度判据阈值/(m/s^2)	速度区间				
	160～200 km/h	120～160 km/h	80～120 km/h	40～80 km/h	3～40 km/h
2	652.377 6	467.777	332.517 7	200.047 7	63.490 01
2.5	650.211 3	467.678 3	331.943 9	197.722 4	61.249 47
3	646.196 7	466.120 1	331.147 4	197.068 6	61.337 78
3.5	649.628 1	465.176 4	330.838 5	196.912 9	60.985 96
4	647.334 8	464.991 3	330.377 5	197.142 6	60.938 69

综合看来，减速度判据阈值设为 4 m/s^2 时，不论是在高速段还是低速段的制动距离均表现良好，并且防滑阀的动作频率也较低，耗风量较少，防滑性能最优。

3. 滑移率判据试验

(1)试验项点

滑移率判据是通过车轮与轨道接触点的滑移率 λ 的大小，对轮对滑行情况进行检测判断。滑移率判据试验项点见表 3-10，每项试验进行 3 次。

表 3-10 滑移率判据试验项点

项　点	1	2	3	4	5
滑移率判据阈值/%	3	5	7	10	12

(2)试验结果

试验结束之后对数据进行处理，将试验结果与计算结果列入表 3-11，并将反映防滑性能的制动距离延长比和相对耗风量在不同滑移率判据阈值下的试验结果绘制成图 3-31。

表 3-11　不同滑移率判据试验结果

滑移率判据阈值/%	序号	制动距离/m	耗风量/NL	平均减速度/(m/s²)	制动距离延长比/%	相对耗风量
3	1	1 709.67	236.41	0.900	5.521	3.798
	2	1 706.68	232.02	0.902	5.336	3.727
	3	1 707.56	239.65	0.901	5.391	3.850
平均值					5.416	3.792
5	1	1 702.18	203.74	0.904	5.059	3.273
	2	1 696.19	204.60	0.908	4.689	3.287
	3	1 698.71	204.24	0.906	4.844	3.281
平均值					4.864	3.280
7	1	1 689.06	193.74	0.911	4.249	3.112
	2	1 684.43	195.00	0.914	3.963	3.133
	3	1 691.07	193.75	0.910	4.373	3.112
平均值					4.195	3.119
10	1	1 694.01	180.72	0.909	4.554	2.903
	2	1 694.74	183.53	0.908	4.599	2.948
	3	1 694.89	180.70	0.908	4.609	2.903
平均值					4.587	2.918
12	1	1 699.88	177.56	0.906	4.917	2.852
	2	1 701.05	174.33	0.905	4.989	2.800
	3	1 700.67	170.82	0.905	4.965	2.744
平均值					4.957	2.799

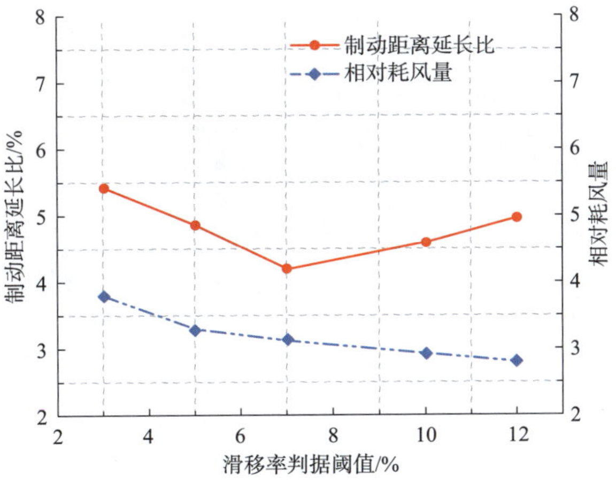

图 3-31　不同滑移率判据阈值试验结果

由图 3-31 可知，制动距离延长比与相对耗风量为负相关，而制动距离延长比会随滑移率判据阈值的变大先增加后减小，转折点处的滑移率判据阈值为 7%，此时制动距离延长比为 4.195%，相对耗风量为 3.119。

(3)试验结果分析

绘制滑行轴在不同滑移率判据阈值下的实际利用黏着曲线，如图 3-32(a)～图 3-32(e)所示。从图中可以发现，滑移率设置为 7%以下时，实际利用黏着曲线位于最大可用黏着曲线的左侧，滑移率围绕判据阈值左右摆动，无法越过黏着峰值点，黏着利用不佳，制动距离延长。逐渐增大滑移率判据阈值，高速段的实际利用黏着能够覆盖最大可用黏着曲线，但摆动幅度也会逐渐增大。

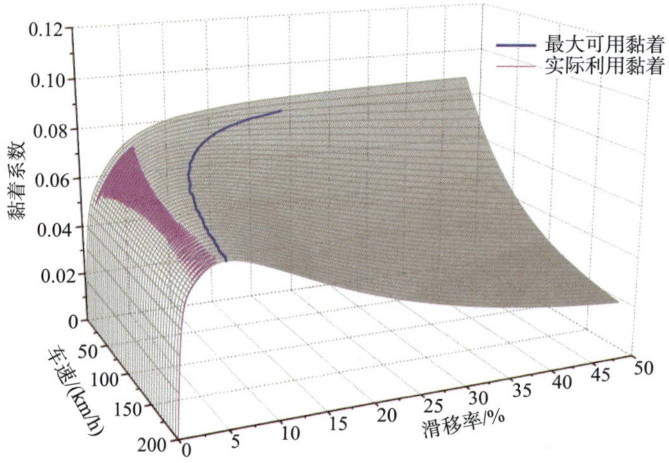

(a)滑移率判据阈值 $\lambda=3\%$

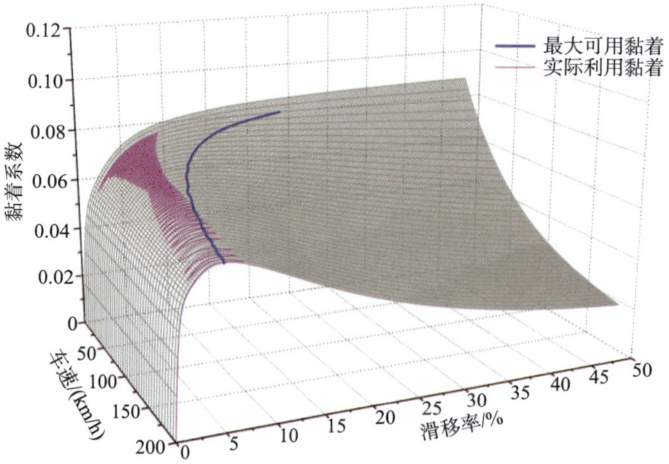

(b)滑移率判据阈值 $\lambda=5\%$

图 3-32

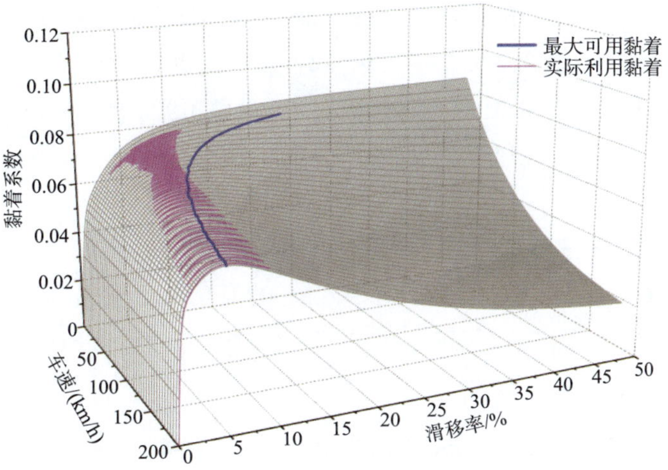

(c)滑移率判据阈值 $\lambda=7\%$

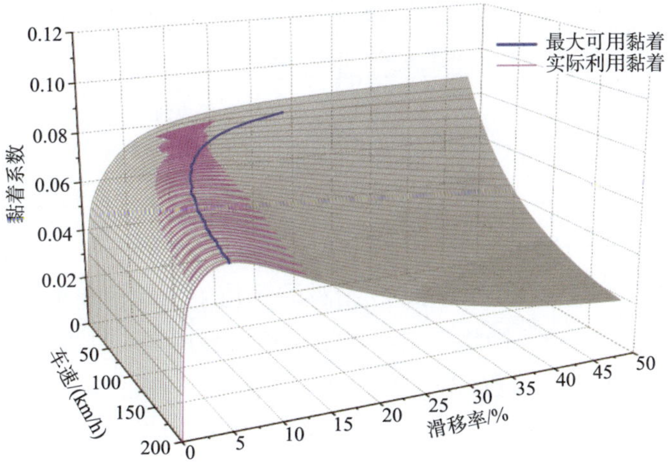

(d)滑移率判据阈值 $\lambda=10\%$

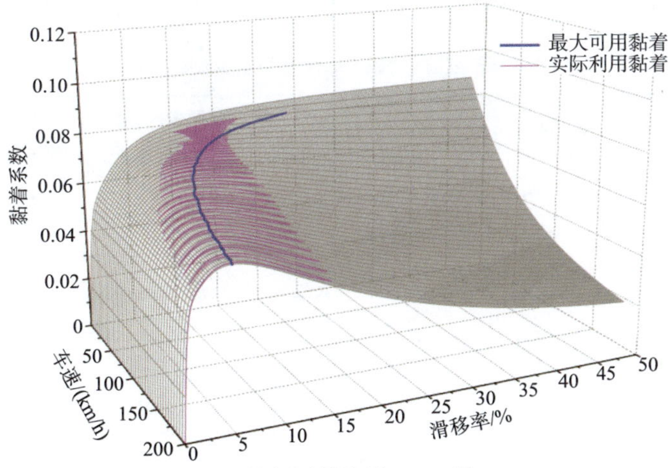

(e)滑移率判据阈值 $\lambda=12\%$

图 3-32　基于滑移率判据的实际利用黏着曲线

统计不同滑移率判据试验的保压阀和排气阀(即防滑阀中 HV 阀和 RV 阀)动作次数,当滑移率判据阈值为 3%、5%、7%、10%、12%时,HV 阀动作次数依次为 201、113、95、82、85;RV 阀动作次数依次为 273、194、151、130、128。由此可知,滑移率判据阈值越小,防滑过程制动缸充、排气次数越低,耗风量越少。

(4)试验结论

滑移率判据能够全程控制车轴滑移率在其阈值附近摆动,实际制动过程中车速降低时黏着峰值对应的滑移率会发生变化,因此采用固定的滑移率无法做到在各速度段均取得较好的防滑性能,需要研究滑移率判据随速度变化的规律。汇总各滑移率判据在不同速度区间的制动距离见表 3-12。

表 3-12 各滑移率判据在不同速度区间的制动距离(m)

滑移率判据阈值/%	速度区间				
	160~200 km/h	120~160 km/h	80~120 km/h	40~80 km/h	3~40 km/h
3	646.188 7	466.710 6	332.851 2	199.604 4	62.274 14
5	645.529 4	463.014 5	330.259 0	198.081 1	61.817 11
7	642.281 9	461.213 5	327.610 7	196.648 2	61.365 11
10	647.506 9	462.622 3	327.549 5	196.022 4	61.105 28
12	650.952 2	464.119 3	328.773 7	195.859 3	60.979 33

由表可见,120~200 km/h 区间内,7%滑移率阈值下制动距离最短;80~120 km/h 和 3~80 km/h 区间下 10%、12%滑移率阈值下制动距离最短。对结果进行插值计算,得到最优滑移率判据随速度的线性关系如下:

$$\begin{aligned} &\lambda=-0.037\,5v_t+14.5 \quad v_t>120\ \text{km/h} \\ &\lambda=-0.025v_t+13 \quad v_t\leqslant 120\ \text{km/h} \end{aligned} \tag{3-6}$$

将该优化后的判据写入防滑器内并在台架上进行试验,试验结果见表 3-13。

表 3-13 滑移率优化判据结果

滑移率判据阈值/%	序号	制动距离/m	耗风量/NL	平均减速度/(m/s²)	制动距离延长比/%	相对耗风量
λ	1	1 686.56	173.78	0.913	4.095	2.792
	2	1 685.93	176.43	0.913	4.056	2.834
	3	1 685.57	178.13	0.913	4.033	2.862
平均值					4.061	2.829

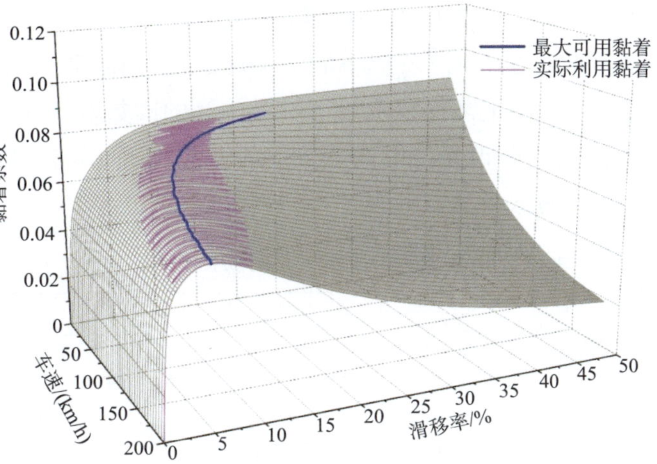

图 3-33　滑移率优化后的黏着利用示意

将滑移率判据设置为随车速变化的线性曲线后，制动距离为 1 686.52 m，相比 7%的固定滑移率阈值缩短了 2.2 m，且耗风量也有所减少，防滑性能得到提升。

4. 阶段排气时间试验

(1)试验项点

防滑控制主要是通过降低制动力来匹配轮轨之间所能提供的黏着力，对于高速列车的气制动来说，发生滑行时首先通过防滑判据判断轮对的滑行状态，然后发出防滑阀控制指令，通过排出滑行轴的制动缸压力来降低制动力。若直接对制动缸进行充、排气，排气过多则会对制动力有一定程度地损失，因此防滑控制通常使用的是滑行再黏着的控制策略，即通过阶段排气的方式降低制动力。滑行再黏着控制策略要求对制动缸排气时，应按照排气—检测是否达到保压条件(是，保压；否，再排气)的方式进行。表 3-14 与表 3-15 为阶段排气过程中保压阀和排气阀的控制时间。表 3-14 中 m 为时间倍数，取值见表 3-15。

表 3-14　防滑阀的控制时间

检测方式	防滑阀排气时间 t_1/ms	防滑阀保压时间 t_2/ms
β 方式	$60\times m$	150
Δv 方式	$60\times m$	150

表 3-15　制动缸排气次数 n 和时间倍数 m 的关系

排气次数 n		时间倍数 m				
		1	2	3	4	5 及以上
检测方式	β 方式	1	1	3	5	100
	Δv 方式	1	1	3	5	100

通过表 3-14、表 3-15 可知，现有防滑器控制单次排气的时间基数为 60 ms，即检测到滑行后，立刻控制防滑阀对制动缸进行第一次排气 60 ms；排气后检测若不满足保压条件，随

后继续控制防滑阀进行第二次排气 60 ms；同样地，第三次排气时间为 180 ms；第四次排气时间为 300 ms，第四次排气之后检测若仍不满足保压条件，则制动缸压力全排空。排气时间的长短会影响制动缸压力的下降值以及滑行阶段排气的次数，但其对防滑控制性能的具体影响还不确定，以下将通过修改排气时间基数值的方法来研究阶段排气时间长度对防滑控制的影响规律。排气时间试验项点见表 3-16，每项试验进行 3 次。

表 3-16　阶段排气时间试验项点

项　　点	1	2	3	4	5
阶段排气时间/ms	40	60	80	100	120

（2）试验结果

试验结束之后对数据进行处理，将试验结果与计算结果列入表 3-17，并将反映防滑性能的制动距离延长比和相对耗风量在不同阶段排气时间下的试验结果绘制成图 3-34。

表 3-17　不同阶段排气时间试验结果

阶段排气时间/ms	序号	制动距离/m	耗风量/NL	平均减速度/(m/s^2)	制动距离延长比/%	相对耗风量
40	1	1 702.45	228.06	0.904	5.075	3.664
	2	1 704.65	224.45	0.903	5.211	3.606
	3	1 701.45	222.46	0.905	5.014	3.574
平均值					5.100	3.614
60	1	1 706.05	242.26	0.902	5.297	3.892
	2	1 704.80	243.68	0.903	5.220	3.915
	3	1 704.66	236.93	0.903	5.212	3.806
平均值					5.243	3.871
80	1	1 704.62	263.10	0.903	5.209	4.227
	2	1 702.34	265.54	0.904	5.068	4.266
	3	1 705.39	265.37	0.903	5.257	4.263
平均值					5.178	4.252
100	1	1 709.12	284.74	0.901	5.487	4.574
	2	1 709.10	284.76	0.901	5.486	4.574
	3	1 710.78	281.60	0.900	5.589	4.524
平均值					5.521	4.557
120	1	1 709.39	288.40	0.901	5.504	4.633
	2	1 713.99	280.15	0.898	5.787	4.500
	3	1 710.43	288.15	0.900	5.568	4.629
平均值					5.620	4.587

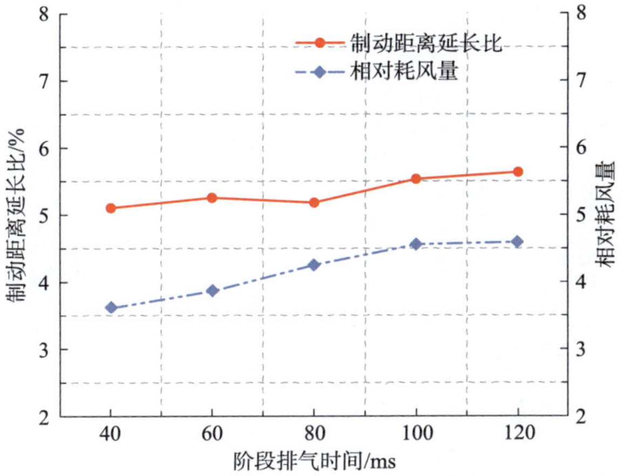

图 3-34　不同阶段排气时间试验结果

上述试验值中，阶段排气时间取 40 ms 时的制动距离延长比和相对耗风量最低，分别为 5.100%和 3.614。继续增大阶段排气时间，制动距离延长比会缓慢升高，而相对耗风量上升较为明显。总体而言，阶段排气时间长短对防滑性能影响效果较小。

(3)试验结果分析

绘制滑行轴不同阶段排气时间下的实际利用黏着曲线，如图 3-35(a)～图 3-35(e)所示。由于滑行检测判据等值固定不变，各阶段排气时间下的实际利用黏着曲线相差不大，其对于实际利用黏着曲线的影响主要体现在滑移率的摆动幅度上。阶段排气时间越小，单个滑行控制周期时间越长，摆动幅度越大。在此判据下，摆动幅度越大反而能够接近黏着峰值点，因此阶段排气时间较小时的制动距离较短。

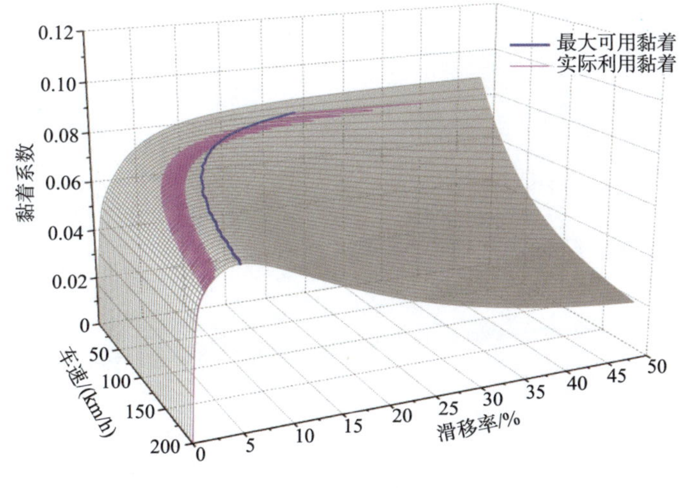

(a)阶段排气时间为 40 ms

图　3-35

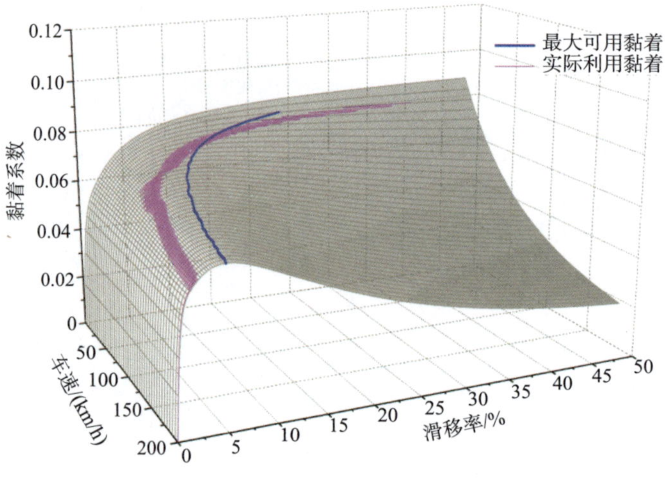

(b)阶段排气时间为 60 ms

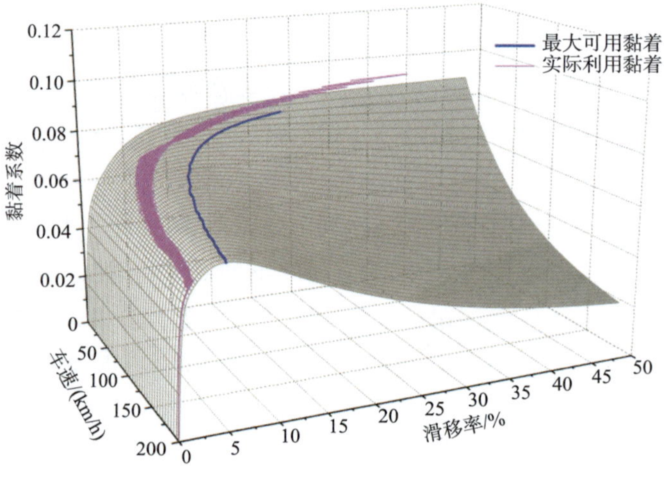

(c)阶段排气时间为 80 ms

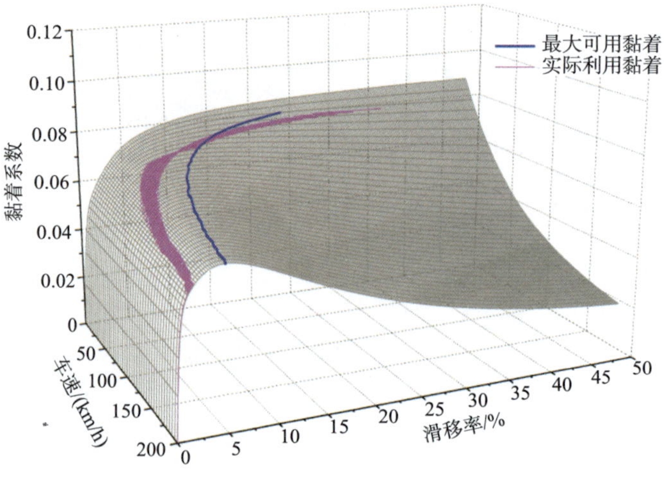

(d)阶段排气时间为 100 ms

图 3-35

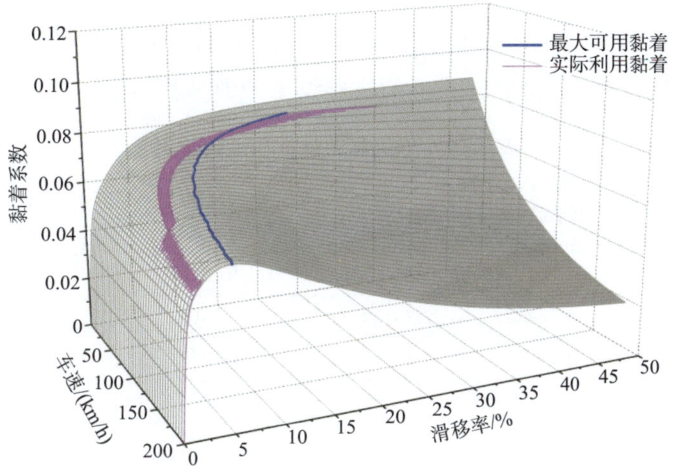

(e)阶段排气时间为 120 ms

图 3-35　基于阶段排气时间的实际利用黏着曲线

统计不同阶段排气时间试验的保压阀和排气阀(即防滑阀中 HV 阀和 RV 阀)动作次数,当阶段排气时间为 40 ms、60 ms、80 ms、100 ms、120 ms 时,HV 阀动作次数依次为 72、87、104、119、131;RV 阀动作次数依次为 214、231、205、209、171。可以看到,阶段排气时间较小时在单个滑行控制周期内往往需要排气 3 次,导致保压时间较长,一个周期往往需要 420 ms 左右,总的滑行周期数量较少,制动缸压力重新充气次数减少;而阶段排气时间较大时在单个滑行控制周期内只需排气 1～2 次,一个周期仅需 320 ms 左右,反而使得总的滑行周期数量多,增加了充气次数,相比较 HV 阀动作次数提高,增加了压缩空气的消耗。

(4)试验结论

在合理范围内,制动距离和耗风量会随阶段排气时间的增大而小幅度提高。在本项试验中,阶段排气时间取 40 ms 时制动距离延长比相对耗风量最小,防滑性能最优。

5. 制动缸容积试验

(1)试验项点

防滑控制过程其实就是对制动缸进行充、排气从而调整制动缸压力的过程,制动缸压力变化除与其自身控制策略有关以外(如防滑阀阶段排气时长),还受到气制动系统结构参数的制约。制动缸容积,防滑阀充、排气口径,防滑阀到制动缸的管径和长度等均会对制动缸压力的升降快慢产生一定影响,以下将探究不同制动缸容积大小对防滑控制性能的影响,试验项点见表 3-18。

表 3-18　制动缸容积试验项点

项　　点	1	2	3
制动缸容积/L	3	5	7

(2)试验结果

试验结束之后对数据进行处理,试验结果见表 3-19,并将反映防滑性能的制动距离延长比和相对耗风量在不同制动缸容积下的试验结果绘制成图 3-36。

表 3-19 不同制动缸容积试验结果

制动缸容积/L	项点	制动距离/m	耗风量/NL	平均减速度/(m/s^2)	制动距离延长比/%	相对耗风量
3	1	1 704.07	244.52	0.903	5.175	3.928
	2	1 702.43	251.25	0.904	5.074	4.036
	3	1 702.95	245.52	0.904	5.106	3.944
平均值					5.118	3.969
5	1	1 696.88	202.29	0.907	4.731	3.250
	2	1 696.19	208.45	0.908	4.689	3.349
	3	1 698.08	211.80	0.907	4.806	3.402
平均值					4.742	3.334
7	1	1 693.99	172.90	0.909	4.553	2.778
	2	1 691.55	171.85	0.910	4.402	2.761
	3	1 693.93	170.39	0.909	4.549	2.737
平均值					4.502	2.758

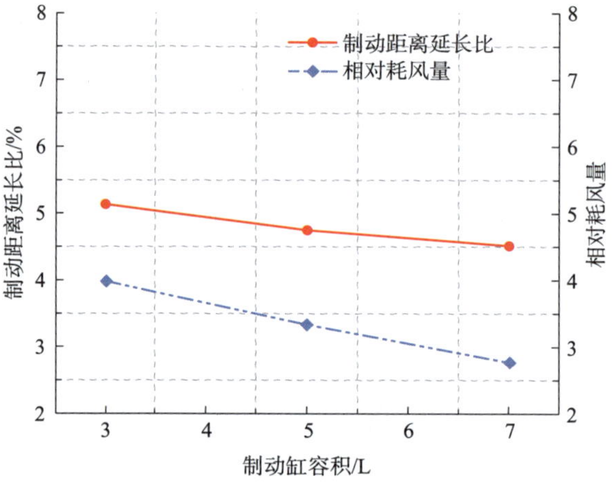

图 3-36 不同制动缸容积试验结果

与阶段排气时间相反,制动距离延长比与相对耗风量、制动缸容积呈负相关,制动缸容积为 7 L 时,制动距离延长比和相对耗风量最小,分别为 4.502%和 2.758。

(3)试验结果分析

绘制不同制动缸容积下的实际利用黏着曲线,如图 3-37(a)～图 3-37(c)所示。在固定的阶段排气时间下,制动缸容积增大,实际利用黏着曲线摆动频率会降低。

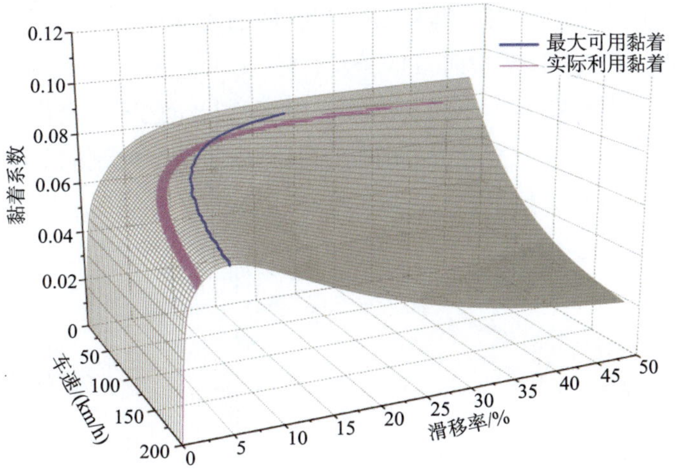

(a)制动缸容积为 3 L

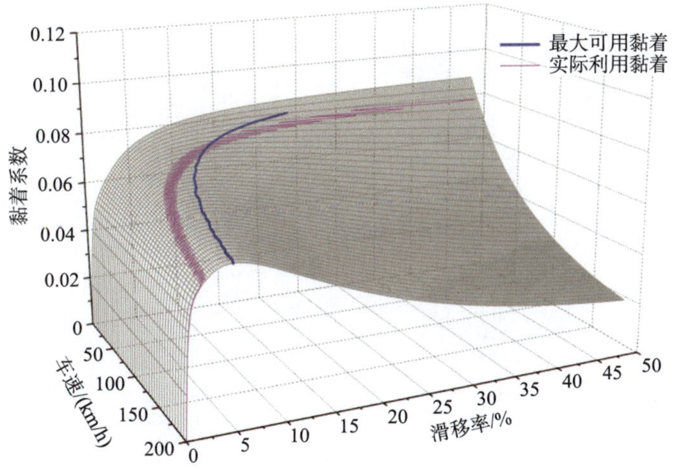

(b)制动缸容积为 5 L

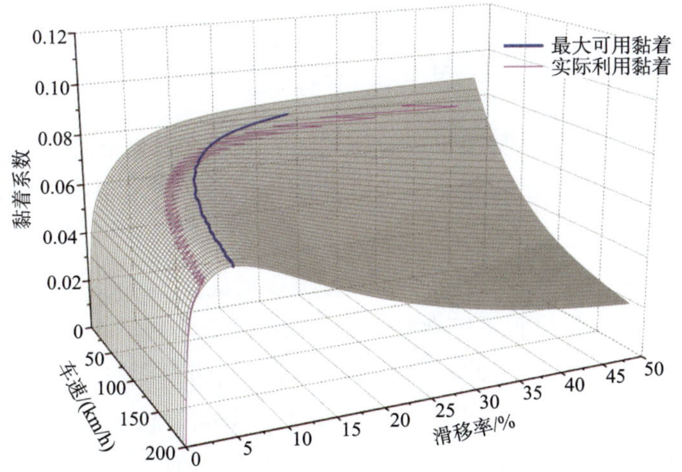

(c)制动缸容积为 7 L

图 3-37　基于制动缸容积的实际利用黏着曲线

统计不同制动缸容积试验的保压阀和排气阀(即防滑阀中 HV 阀和 RV 阀)动作次数，当制动缸容积分别为 3 L、5 L、7 L 时，HV 阀动作次数依次为 102、67、38；RV 阀动作次数依次为 200、134、75。从图 3-38 中不同制动缸容积下的制动缸压力变化可以看到，制动缸容积增大会使每个滑行控制周期的保压时间延长，因此单个滑行控制周期时间较长，总滑行数量减少，压缩空气消耗量相应减少。

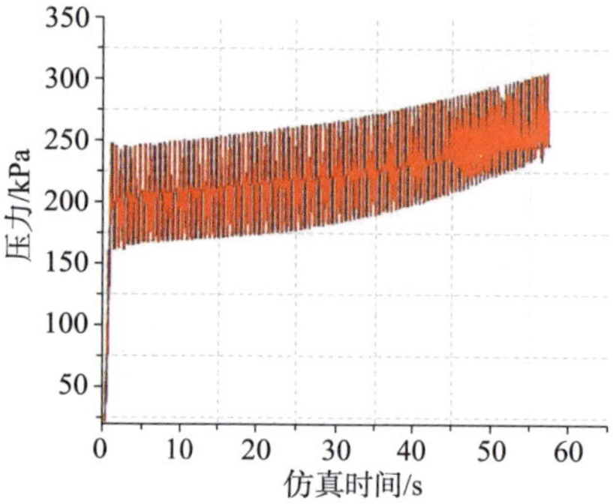

(a)制动缸容积为 3 L

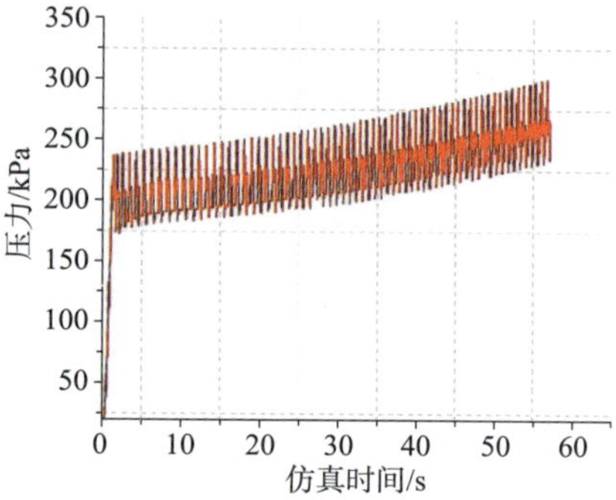

(b)制动缸容积为 5 L

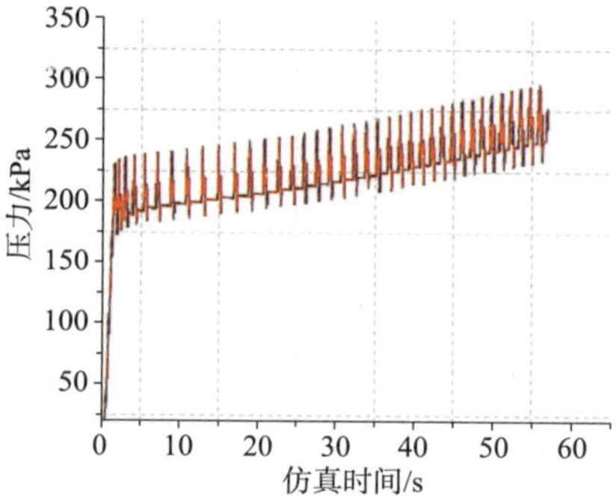

(c)制动缸容积为 7 L

图 3-38　拖车 1 轴制动缸不同容积下的制动缸压力变化

(4)试验结论

在固定的阶段排气时间下，制动距离和耗风量会随制动缸容积的增大而小幅度降低，在本项试验中，制动缸容积取 7 L 时制动距离延长比与相对耗风量最小，防滑性能最优。

3.3.2　基于黏着状态识别的新型控制方法

若防滑控制策略和参数设置不够合理，当列车运行于大制动级位低黏着甚至极低黏着时，易出现多车频繁滑行现象。在此过程中，虽然可通过防滑阀频繁排风来抑制滑行，避免轮对踏面擦伤，但频繁的排风导致列车总风消耗过快，影响紧急制动的安全性并且延长制动距离。因此，防滑控制需在不过度排气的前提下，防止轮对抱死擦伤并尽可能利用黏着。

一种基于黏着状态识别的新型控制原理如图 3-39 所示，当接收到制动指令后，电子制动控制单元根据制动指令的要求进行制动力控制，气制动控制单元建立压力，经基础制动装置摩擦副转换为摩擦力矩使列车减速。黏着力观测器根据轴速（车轮角速度 ω）和制动缸压力 P_{bc} 对轮对间利用黏着力进行实时观测。当黏着条件恶化时，轮轨间可用黏着力降低，黏着力矩不足以平衡摩擦力矩，导致轴速迅速下降。当滑移率超过某一限值后，由制动力控制切换为防滑控制，根据利用黏着力观测值和轮对滑移率 s、车辆减速度 $\dot{v}$ 得到滑行状态下的目标制动力，然后调整制动缸压力，从而避免传统控制方法对于制动缸压力的周期式调整，防止制动缸压缩空气过度充、排气。

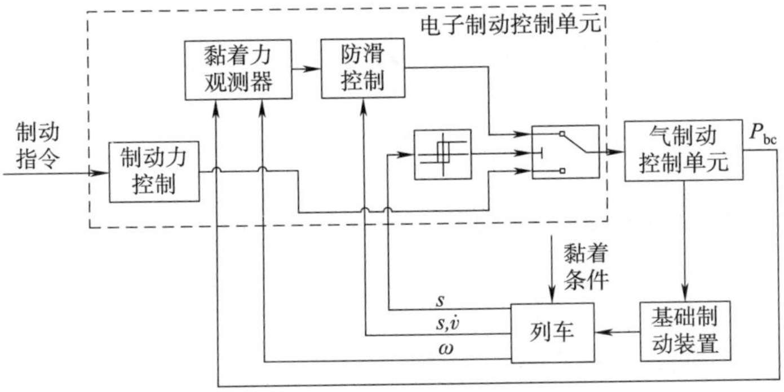

图 3-39　自适应黏着控制流程示意

轮轨间利用黏着力 F_{adh} 无法直接测量，可采用扰动观测器方法对其进行实时观测。根据轮对旋转运动的受力关系可得

$$F_{adh}(t)=\frac{J_w}{R_w}\dot{\omega}(t)+F_b(t) \tag{3-7}$$

式中　J_w——轮对转动惯量，kg · m²；

R_w——车轮半径，mm；

ω——车轮角速度，rad/s；

F_b——制动力，N；

F_{adh}——利用黏着力，N。

对式(3-7)进行拉普拉斯变换得

$$F_{adh}(p)=\frac{J_w}{R_w}p\omega(p)+F_b(p)-\frac{J_w}{R_w}\omega(0) \tag{3-8}$$

式中　p——拉普拉斯算子。

对式(3-8)右边进行一阶低通滤波（截止频率 λ）得

$$\hat{F}_{adh}(p)=\frac{\lambda}{p+\lambda}\left(\frac{J_w}{R_w}p\omega(p)+F_b(p)-\frac{J_w}{R_w}\omega(0)\right) \tag{3-9}$$

公式变形得

$$\hat{F}_{\mathrm{adh}}=\frac{\lambda \dfrac{J_{\mathrm{w}}}{R_{\mathrm{w}}}p\omega+\lambda F_{\mathrm{b}}-\lambda \dfrac{J_{\mathrm{w}}}{R_{\mathrm{w}}}\omega(0)}{p+\lambda}=\lambda \frac{J_{\mathrm{w}}}{R_{\mathrm{w}}}\omega+\frac{\lambda F_{\mathrm{b}}-\lambda^2 \dfrac{J_{\mathrm{w}}}{R_{\mathrm{w}}}\omega-\lambda \dfrac{J_{\mathrm{w}}}{R_{\mathrm{w}}}\omega(0)}{p+\lambda} \tag{3-10}$$

令 ω_1 为

$$\omega_1(p)=\frac{\lambda F_{\mathrm{b}}(p)-\lambda^2 \dfrac{J_{\mathrm{w}}}{R_{\mathrm{w}}}\omega(p)-\lambda \dfrac{J_{\mathrm{w}}}{R_{\mathrm{w}}}\omega(0)}{p+\lambda} \tag{3-11}$$

对式(3-11)取拉普拉斯逆变换得

$$\begin{aligned}\dot{\omega}_1(t)&=-\lambda \tilde{\omega}(t)+\lambda F_{\mathrm{b}}(t)-\lambda^2 \frac{J_{\mathrm{w}}}{R_{\mathrm{w}}}\omega(t)\\ \tilde{\omega}(0)&=-\lambda \frac{J_{\mathrm{w}}}{R_{\mathrm{w}}}\omega(0)\end{aligned} \tag{3-12}$$

求解式(3-12)的微分方程可得 $\tilde{\omega}$,则利用黏着力的观测值为

$$\hat{F}_{\mathrm{adh}}=\lambda \frac{J_{\mathrm{w}}}{R_{\mathrm{w}}}\omega+\omega \tag{3-13}$$

对一阶低通滤波器截止频率 λ 取不同值时进行仿真,如图 3-40 所示,随着 λ 的增大,黏着力观测值的收敛速度加快,并且当 λ 取值增大到一定程度后,收敛速度趋于饱和。

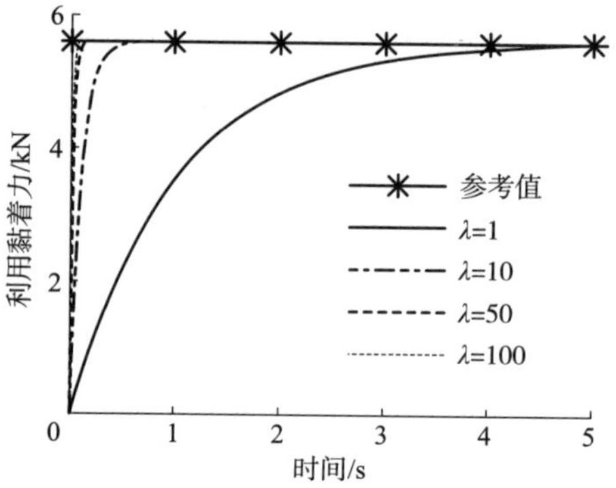

图 3-40　截止频率 λ 不同取值时的利用黏着力观测值

滑行时的制动力控制目标为

$$F_{\mathrm{b}}\leqslant F_{\mathrm{adh}}-\frac{J_{\mathrm{w}}(1-s)}{R_{\mathrm{w}}^2}\dot{v} \tag{3-14}$$

式(3-14)右边减式即为在不使轮对滑行加剧前提下可对其施加的最大制动力,其中 J_{w} 和 R_{w} 为已知车辆设计参数;$\dot{v}$一般通过对非滑行轴的转速测量来换算得到,同时近年来新型制动控制装置中的集成减速度传感器可直接采集车辆减速度;利用黏着力可由黏着力观测器方法得到。

为验证基于黏着力观测器的防滑控制方法在黏着条件恶化时的控制效果,分别对持续

低黏着工况和黏着条件 2 次突变工况进行仿真。仿真黏着条件如图 3-41 所示，根据 Polach 黏着模型，持续低黏着工况的轮轨间最大摩擦系数 f_m 取 0.05，黏着 2 次突变工况的轮轨间最大摩擦系数 f_m 取值为

$$f_m=\begin{cases}0.30, v>80\\0.05, 30\leqslant v\leqslant 80\\0.30, v<30\end{cases} \tag{3-15}$$

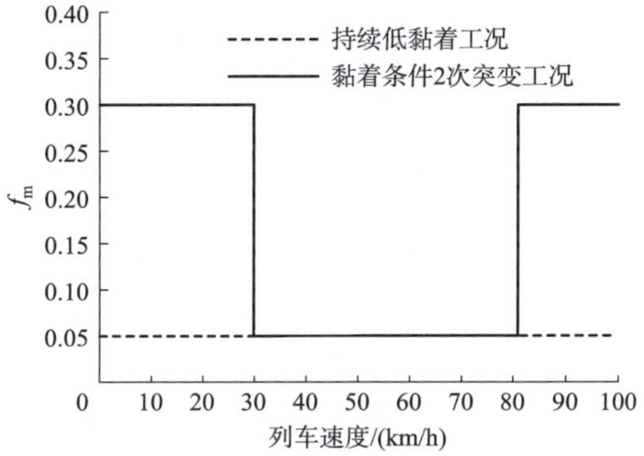

图 3-41　仿真黏着条件

1. 持续低黏着工况(工况 1)

持续低黏着工况的仿真结果如图 3-42～图 3-46 所示。图 3-42 展示了黏着力观测器对利用黏着力的观测结果，其中参考值由 Polach 模型得到，观测值由黏着力观测器得到。可以看出黏着力观测值较为准确，稳态误差近似为 0，在发生滑行导致利用黏着力下降的瞬间和随列车速度降低利用黏着力上升的过程中都能保持跟随。

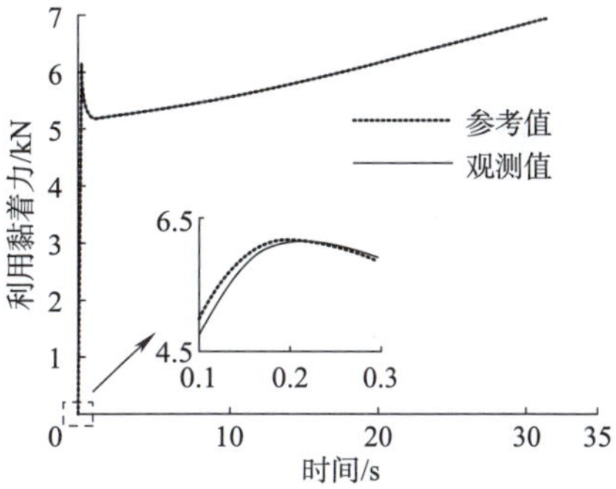

图 3-42　利用黏着力观测结果(工况 1)

图 3-43 表示防滑过程的列车制动减速度情况。其中，目标值为只有在黏着条件较好且未发生滑行时才能达到的制动指令值；理论最大值为在仿真中根据 Polach 模型离线分析得到的理想值，当黏着条件恶化时，理论上能达到的最大减速度将小于目标值；实际值为仿真得到的列车减速度，可以看出减速度实际值很接近理论最大值，黏着利用较为充分。

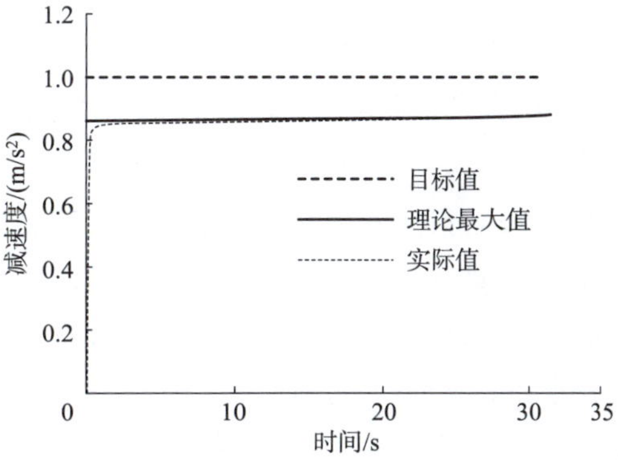

图 3-43　制动减速度时间历程曲线(工况 1)

制动过程中车速和轴速的变化如图 3-44

所示，轮对滑行程度得到控制，全程无抱死现象发生。如图 3-45 所示，轮对滑移率在初始滑行时刻增大，达到最大值之后一直保持下降。防滑过程中制动缸压力的变化如图 3-46 所示，可以看出在制动开始后制动缸压力上升，当发生滑行后在防滑控制的作用下迅速调整了制动缸压力的目标值，使之下降到当前黏着条件允许的程度。之后随着列车速度的降低，黏着系数缓慢上升，故制动缸压力也缓慢上升。

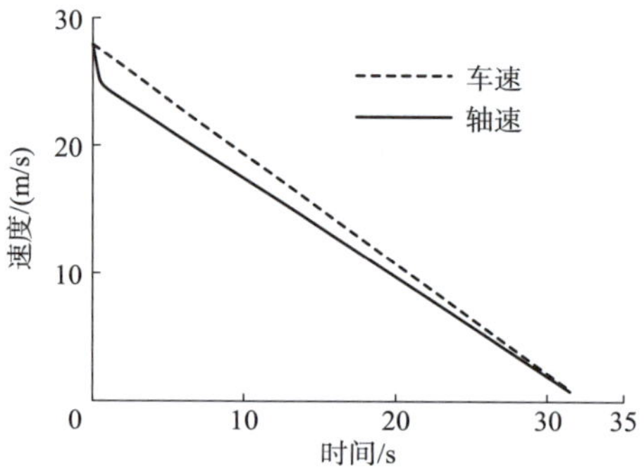

图 3-44　车速和轴速时间历程曲线(工况 1)

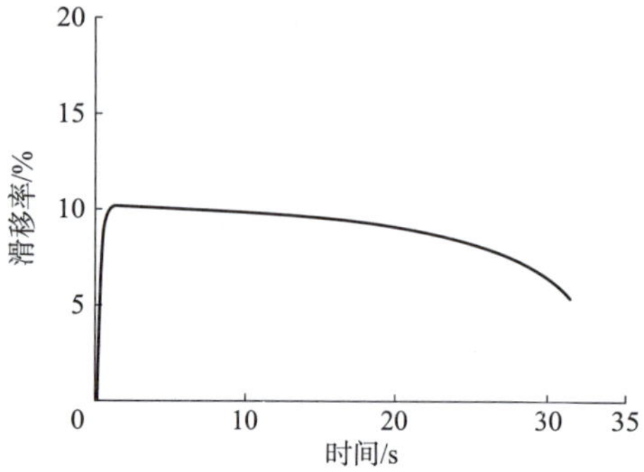

图 3-45　滑移率时间历程曲线(工况 1)

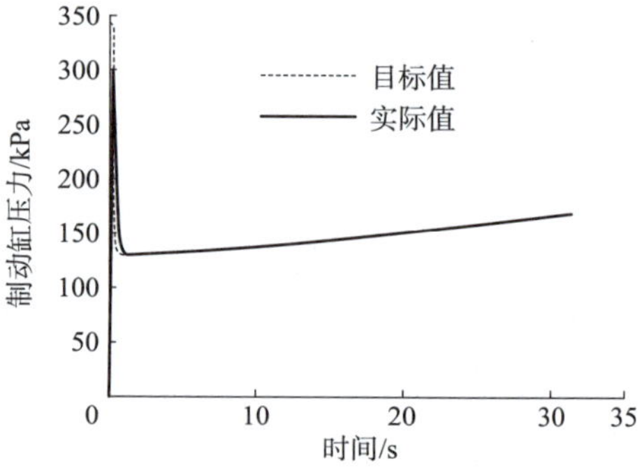

图 3-46　制动缸压力时间历程曲线(工况 1)

2. 黏着条件 2 次突变工况(工况 2)

黏着条件 2 次突变工况的仿真结果如图 3-47～图 3-51 所示。图 3-47 展示出随着黏着条件 2 次突变的过程，黏着力观测器全程跟踪利用黏着力参考值的变化。黏着条件第 1 次突变时，黏着系数减小，利用黏着力降低，如图 3-48 所示，实际减速度无法继续保持目标值而变为跟踪理论最大值。此时，轮对出现滑行(图 3-49)，滑移率增大(图 3-50)，在防滑控制作用下，制动缸压力迅速下降(图 3-51)。

黏着条件第 2 次突变时产生的利用黏着力的尖峰(图 3-47)是由于此时轨面最大摩擦系数 f_m 瞬间由低到高变化(图 3-41)引起，该时刻之前的轨面最大摩擦系数 $f_m=0.05$，轮对滑移率较大，利用黏着力保持在较低水平；当 f_m 由 0.05 变化为 0.3 时，相同滑移率下对应的黏着系数变大，所以利用黏着力瞬间增大，趋向于 $f_m=0.3$ 时的对应值，使轮对滑移率迅速减小(图 3-50),轮对滑行状态结束(图 3-49)。由图 3-51 可看出,此瞬间由于利用黏着力出现尖峰,制动缸压力的目标值也出现尖峰,但由于制动缸压力上升具有惯性,实际值并未来得及增大。在这一瞬间之后,滑行结束,利用黏着力下降,制动缸压力保持在与目标减速度相匹配的水平。

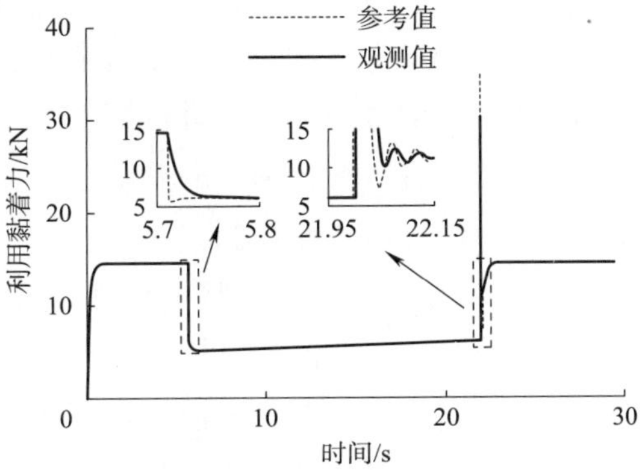

图 3-47　利用黏着力观测结果(工况 2)

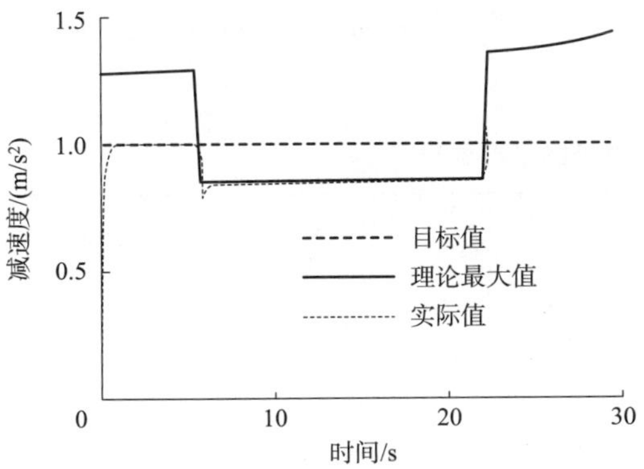

图 3-48　制动减速度时间历程曲线(工况 2)

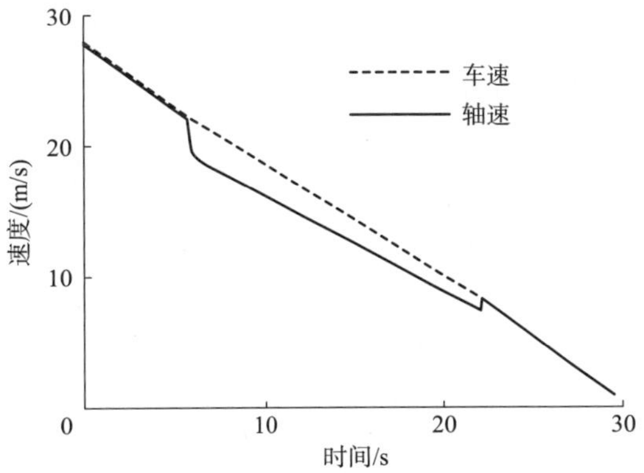

图 3-49　车速和滑行轴速度时间历程曲线(工况 2)

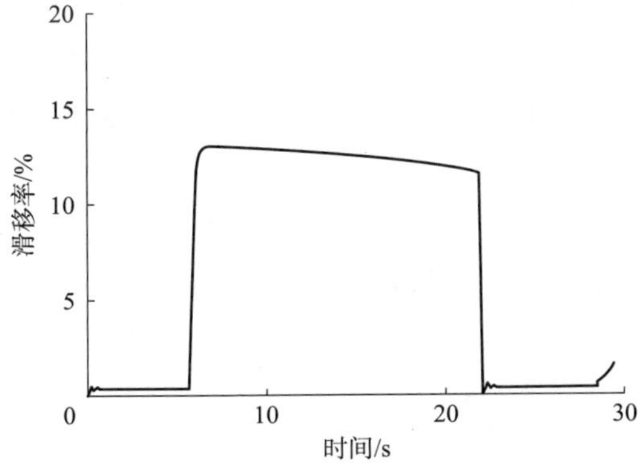

图 3-50　滑移率时间历程曲线(工况 2)

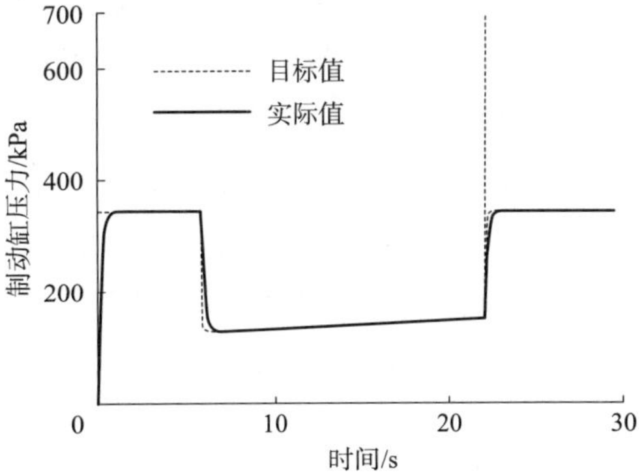

图 3-51　制动缸压力时间历程曲线(工况 2)

上述仿真结果表明，基于黏着力观测器的防滑控制方法可以实现当黏着条件突然恶化时，列车实际减速度跟踪此黏着条件所能提供的最大减速度；黏着条件恢复后，实际减速度能重新跟踪目标减速度，制动全过程中滑行程度能得到有效控制且无抱死现象发生。

在进行防滑控制时，上述方法没有将滑行轴滑行程度控制在使利用黏着系数靠近峰值黏着的附近，从黏着利用的角度看其仍有提高的空间。最优黏着控制的思路是寻找出当前轨面的最大可用黏着力，然后以此为基础对制动源力进行控制，以使黏着利用程度最高。基于对黏滑特性的认识，在对利用黏着力进行在线估计的基础上寻找黏着极值对应的滑移率，即最优滑移率，然后以此为目标进行最优滑移率控制。

最优滑移率的确定可以采用斜率法。斜率法是将整个黏着曲线的斜率当作是判别列车是否滑行的依据，而且斜率的大小也是防滑控制的目标，每个轨面的黏着曲线都有一个极值点。这个点的曲线斜率为零，如果列车能工作在这个极值点或者是极值点附近，说明轮轨正在利用最大的黏着力，即实现黏着最优。极值点左边的曲线说明列车工作在稳定的区间内，不易发生滑行，曲线斜率大于零。相反，极值点右边的曲线斜率小于零，表明列车不稳定，已经发生滑行，此时需要及时控制防滑阀进行制动缸排气。

以基于估计黏着力的最优滑移率防滑控制策略写入防滑控制器，并在台架上进行试验，试验结果见表 3-20。

表 3-20　最优滑移率防滑控制策略结果

序　　号	制动距离/m	耗风量/NL	平均减速度/(m/s^2)	制动距离延长比/%	相对耗风量
1	1 681.34	253.22	0.916	3.711	4.068
2	1 682.01	255.02	0.915	3.752	4.097
3	1 681.26	254.58	0.916	3.706	4.090
平均值				3.784	4.085

图 3-52 为最优滑移率防滑控制策略下的黏着利用结果，可以看到实际利用黏着曲线能够在不同车速下跟随黏着峰值点的变化，并且在一个较小的范围内摆动。图 3-53 为制动缸压力变化曲线，由于该控制策略需要频繁控制防滑阀动作调整制动缸的压力，从而使实际利用黏着维持在黏着峰值点附近，因此耗风量相对较高。

近年来，随着对轮轨制动滑行与黏着特性的进一步深入理解，适当地进行黏着改善控制（即改善型防滑），通过主动控制有限数量车轮的滑行程度，实现对整车黏着的主动控制，以实现可利用黏着的有效提升。

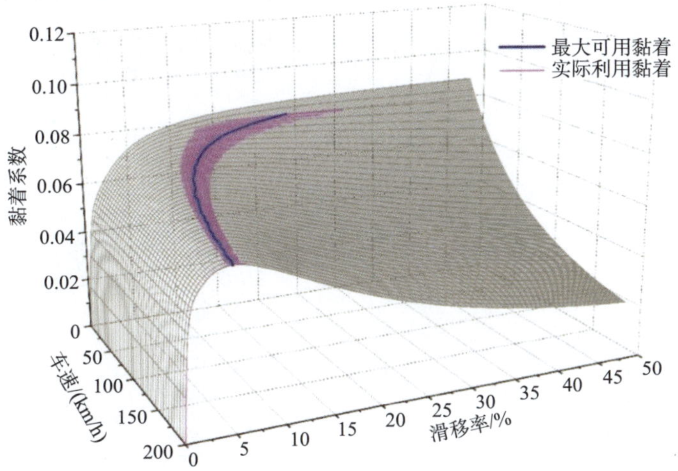

图 3-52　最优滑移率防滑控制策略的实际利用黏着曲线

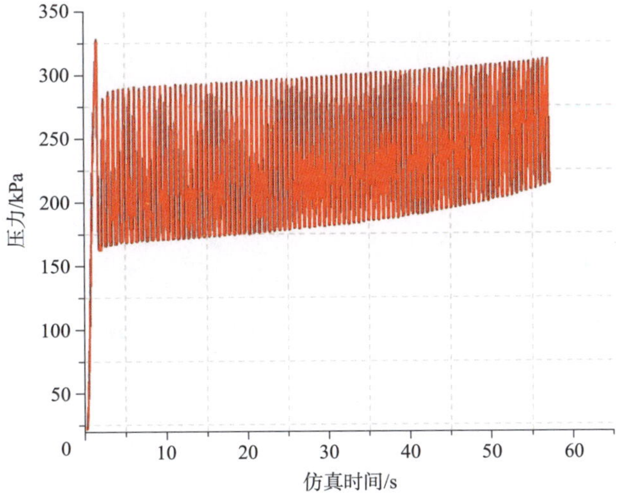

图 3-53　拖车 1 轴制动缸压力变化曲线

3.3.3　基于黏着改善特性的列车制动防滑新模式

长期以来，人们对轮轨黏着特性的普遍认知为：在一定量的水介质工况下，黏着系数—滑移率曲线为一条先上升到某一饱和值后再下降的曲线。同济大学吴萌岭等人通过试验研究，发现了一种不同于传统认知的现象：在水介质工况下对轮对施加制动，其利用黏着系数随着滑移率的增大先增大到某一饱和值，然后有所下降，但随着滑移率进一步增大，利用黏着系数出现再上升，此现象可称为“黏着改善”。基于这一特性，可以发展出新的列车制动防滑模式。

黏着改善控制最直接的方法就是对各轮对滑移率进行控制，使滑移率接近小蠕滑和大滑移阶段黏滑曲线峰值点所对应的目标滑移率，才能够尽可能保证最大黏着利用，如图 3-54 所示。

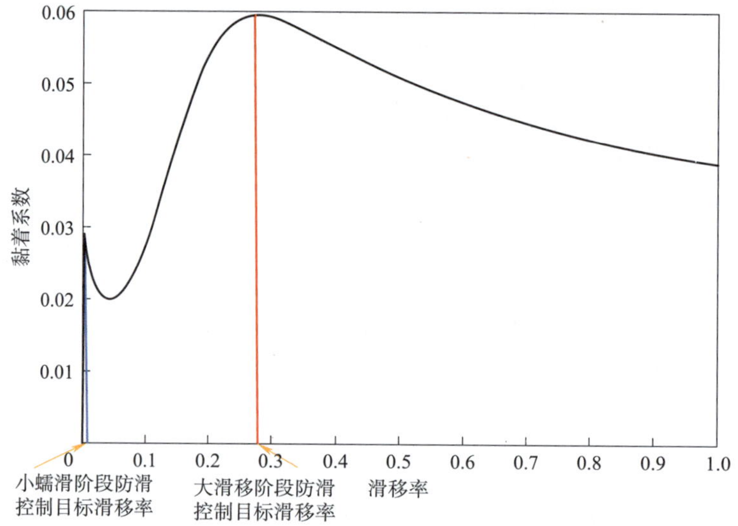

图 3-54　目标滑移率示意

滑移率防滑控制策略的核心即为滑移率判据，分别将滑移率判据阈值设置在小蠕滑和大滑移阶段峰值点对应滑移率附近，形成两种不同控制策略。此外，为使排气和保压阶段有明显的区分，采用减速度判据判定排气与保压阶段。基于上述防滑控制判据，本文采用的小蠕滑和大滑移阶段防滑控制策略分别如图 3-55 和图 3-56 所示。

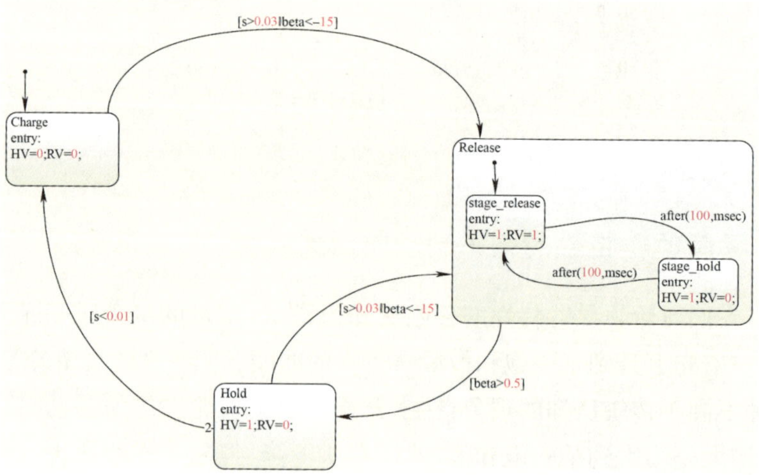

图 3-55　小蠕滑阶段防滑控制策略

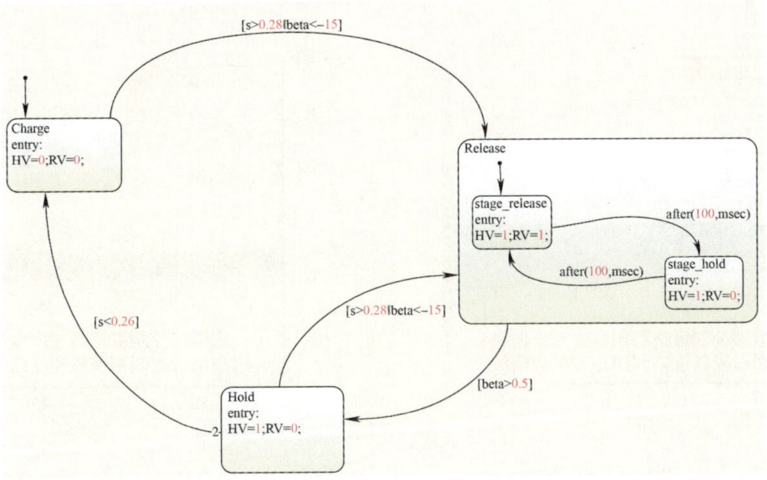

图 3-56　大滑移阶段防滑控制策略

该模型输入各轴滑移率和减速度，输出保压阀（HV 阀）和排气阀（RV 阀）的控制信号，控制防滑阀的动作进而对制动缸压强和制动力进行控制。

以下分别采用上述两种防滑控制策略对高速超低黏着工况下列车制动防滑过程及控制效果进行仿真研究。

1. 仿真工况设计

超低黏着条件下有必要对轮轨黏着实施改善型控制。根据国内外防滑控制领域的既有标准 TB/T 3009—2019、EN 15595:2018、UIC 541-05:2016 中关于轨面黏着条件的定义，超低黏着指的是黏着系数在 0.03 以下的轨面条件，故这里将列车制动初速度设为 200 km/h，轨面黏着系数设置为 0.03，分别采用小蠕滑和大滑移阶段两种滑移率控制策略，对列车制动防滑过程进行仿真计算，所得滑移率、速度、利用黏着系数及减速度曲线如图 3-57～图 3-60 所示。

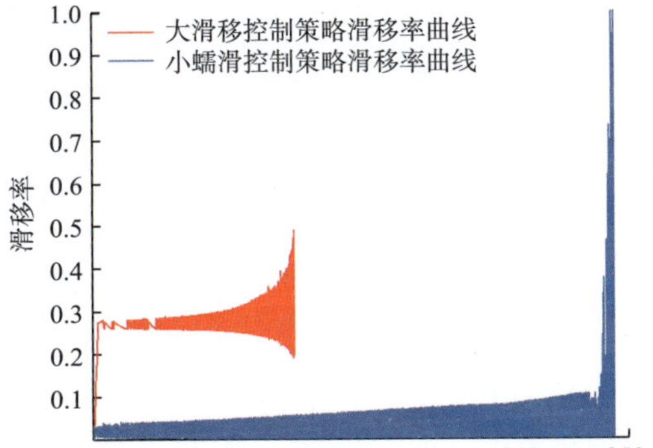

图 3-57　滑移率曲线

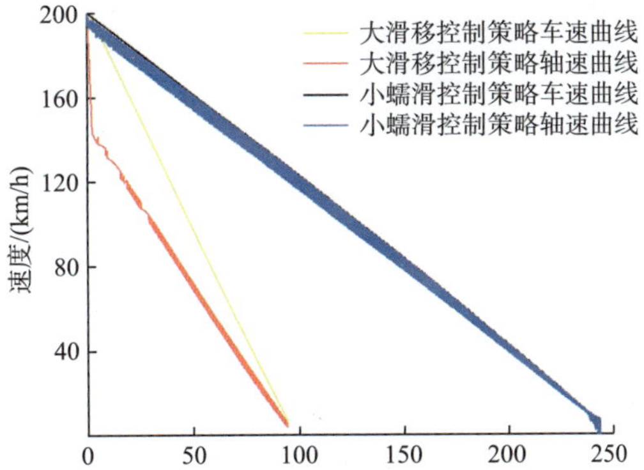

图 3-58　速度曲线

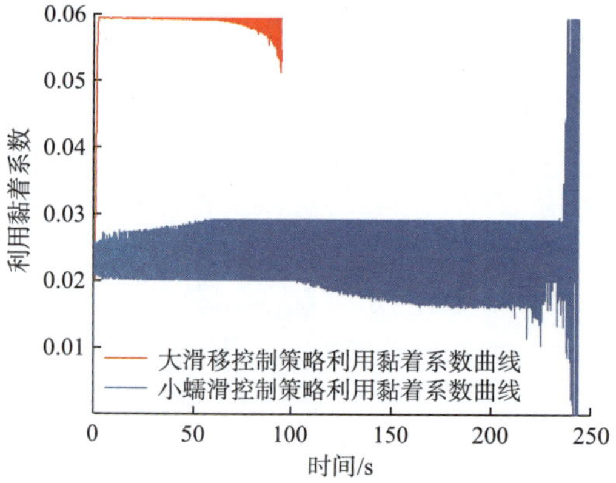

图 3-59 利用黏着系数曲线

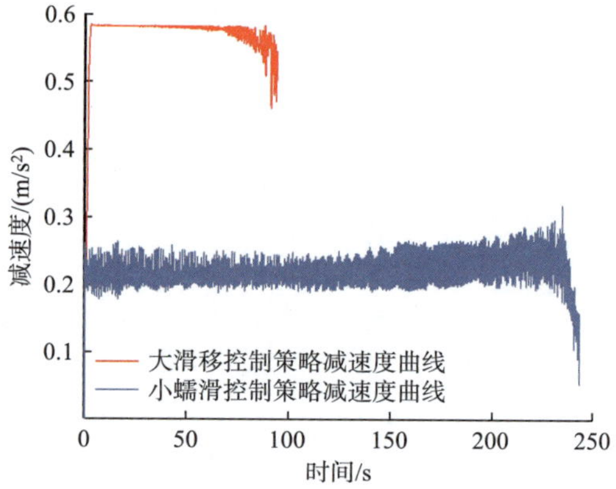

图 3-60 减速度曲线

大滑移和小蠕滑阶段制动时间和制动距离仿真结果见表 3-21。

表 3-21 制动时间和制动距离仿真结果

防滑控制策略	大滑移阶段	小蠕滑阶段
制动时间/s	90.09	244.6
制动距离/m	2 713	7 105

由此可知，在制动初速度 200 km/h、黏着系数 0.03 工况下，采用大滑移阶段滑移率控制策略比小蠕滑阶段滑移率控制策略利用黏着系数和减速度都有了大幅度提升，极大程度地缩短了制动时间与制动距离。

第4章 高速列车空气制动与电制动的协同防滑控制

制动系统是与车辆运行安全直接相关的重要系统,高速列车的主要制动方式分两种:电制动和空气制动。电制动是利用电机在制动时将列车的动能转换成电能,而空气制动是利用压缩空气控制制动装置依靠闸片与制动盘之间的摩擦作用将列车的动能转化为热能。两种制动方式的原理不同,控制单元不同,因而存在制动力分配及协同防滑控制的问题。

本章从电制动的形式以及原理出发,对目前高速列车所采用的电阻制动和再生制动进行论述,阐述高速列车的制动力分配方式,并说明 CRH2 型动车组的空气制动和再生制动的协同控制,后分析目前高速列车电空制动协同防滑控制的原理与策略等。

4.1 高速列车电制动形式

随着列车运行速度的提升,为保证列车安全可靠地运行,对列车制动系统性能提出了更高的要求。列车的运行速度与列车制动产生的能量成正比,若列车仅采用空气制动往往无法满足列车制动需求,这是由于空气制动能力会受到制动摩擦副、轮轨间黏着力等因素的影响,因此目前多采用电制动与空气制动联合作用的方式,并且以电制动作为主要制动形式。

列车电制动可分为电阻制动和再生制动两种。电阻制动是将牵引电动机作为发电机运行时所产生的电能,全部消耗在制动电阻上,然后以热能的形式耗散到大气中,所以电阻制动也称能耗制动。电阻制动技术相对简单,但制动的能量没有得到有效的利用。再生制动是将制动所产生的电能回馈到接触网,供给区段内其他列车用电,或者再经牵引变电所回送到一次电力系统中去(可称能量再生)。从能量的综合利用来说,再生制动是一种比较理想的制动方式。

采用电制动使列车的制动能力增强,可以提高列车在下坡道上的运行速度;大大降低车轮踏面与闸瓦(或制动盘与闸片)的磨耗,延长了车轮的使用寿命,且大量节省制动闸瓦;最小限度地使用空气制动,使闸瓦、车轮的发热减小,提高了使用闸瓦时的制动效果(机械摩擦系数随着温度升高将会明显下降);同时,再生制动还可节约大量电能,经济效益显著。

1. 电阻制动

电阻制动因其制动效果稳定、无磨损、低成本等优点广泛应用于内燃、电力机车以及地铁等各类轨道车辆。相较于空气制动，电阻制动具有可控性强、制动响应较快等优点，同时列车不需要附加机械装置，不仅避免了盘形制动产生的金属磨屑，而且有助于提高驾驶精度。

电阻制动运用了直流电机的可逆原理，在制动过程中，列车停止向牵引电动机供电并接入电阻柜。列车仍然以惯性前行，牵引电动机反转将列车动能转化为电能并输出电能；从而产生与牵引电机原转动方向相反的力矩，力矩大小与列车速度成正比。由接入的电阻制动装置将电能转化为热能，通过风机强制对流换热，将电阻带热量耗散于大气，以此实现列车制动。

目前，大部分列车采用异步牵引电机，在异步电机制动过程中，电机的定子频率始终小于转子频率，因此在转子频率降到零之前，定子频率先降为零。当定子频率降到零后，若继续使用电阻制动，电动机制动力难以满足列车行驶中的制动需要，故电阻制动在列车低速和高速运行时制动效果不佳，一般要与其他制动方式配合使用。对于内燃机车和电力机车，电阻制动一般与盘形制动配合使用；随着节能技术的发展，电阻制动还会与再生制动配合使用，将部分制动能量反馈回电网，不能反馈回电网的多余电能通过制动电阻进行耗散。为保证列车运行中的制动效果，一般要求在车速低于 10 km/h 或高于 160 km/h 时采用空气制动。

2. 再生制动

在现有的研究和工程应用中，再生制动能量回收利用的方式有三种：能耗型、回馈型和储能型。

能耗型方式是将再生制动能量通过安装在列车或者变电所中的大功率电阻转化为热量消耗掉，能够通过调节电阻吸收的能量达到稳定牵引网电压的作用。这种方法如果安装在列车上，将增加列车的额外质量；如果安装在牵引供电系统中，会从牵引变电所吸收额外的能量，所以能耗型方式不能算有效地利用再生制动能量，只是完成了再生制动的制动效果。

回馈型方式主要有两种，一种是直接回馈型，即将再生制动能量供相邻正在牵引的列车使用。再生制动能量通过牵引变压器返送给电网，若返送的电能含负序和谐波，则会影响接入点其他负荷的稳定运行；或者再生制动能量直接被同一供电臂的牵引工况机车利用，通过优化机车运行组织能提高再生制动能量的利用率，当列车运行密度小时，利用率难以提高，但仍有大量制动能量通过牵引变压器返送给电力系统。另一种是增加设备将再生制动能量供牵引变电所所内用电，增加装置连接牵引变电站 10 kV 母线，供给铁路沿线通信、信号等其他用电负荷使用，这种方式反馈的电能一方面含谐波和大量负序，会影响其他用电设备的安全稳定性，另一方面铁路负荷是移动的、时刻变化的冲击性负荷，产生再生制动能量不连续，增加的能量回馈装置可能会使利用率较低。

储能型方式主要是将再生制动能量利用各种介质储存起来，在负荷处于牵引工况时将储能系统中储存的能量释放出来供负荷使用。储能型根据其储能介质可分为能量型和功率型。能量型储能介质包括各种电池，如传统的铅酸电池、锂电池，新兴的钠硫电池等，它们的特点是能量密度大，比较容易实现大容量储能，但功率密度小，允许循环次数少，响应速度慢，不适合用于需要快速响应的场合。功率型储能介质的代表有超级电容、飞轮、超导磁等，它们的特点是功率密度大，允许循环周期很长，响应的速度很快，能够实现动态功率的快速响应。在这三种功率型介质中，超级电容的充放电循环周期最长，可以达到上百万次。

在轨道交通中，超级电容越来越多地用于储存再生制动能量和稳定电压。根据储能系统安装的位置不同，超级电容又分为车载式和地面式。车载式超级电容储能系统充电、放电时损耗低，但是受列车质量空间以及安全性的限制，不适于在既有交—直—交高速动车组上改装。地面式超级电容储能系统安装灵活，而且能将储存的再生制动能量给相邻的列车使用，在国内外的城市轨道交通或者轻轨系统中已在现场安装运行，例如我国北京地铁八通线梨园站安装了兆瓦级的超级电容储能系统，西班牙塞罗内格罗的电气轻轨系统安装了含超级电容的混合储能系统。

4.2　高速列车电制动原理

由 4.1 节可知，目前电制动的主要形式有电阻制动和再生制动，这两种电制动形式在国内外的高速列车上得到了广泛的应用。本节将从实际列车所采用电制动系统展开，介绍电阻制动和再生制动的原理。

4.2.1　电阻制动原理

早期交—直传动列车电阻制动电路一般采用牵引电机他励方式，列车从牵引工况过渡到制动工况时，主电路也必须进行转换，即切断牵引电动机电源，各牵引电动机电枢回路中分别接入制动电阻，将各牵引电动机的励磁绕组串联后与励磁电源连接，其中励磁电源是半控整流电路，一般由主变压器的辅助绕组供电。制动工况时，交—直传动列车电阻制动的主电路原理如图 4-1 所示。

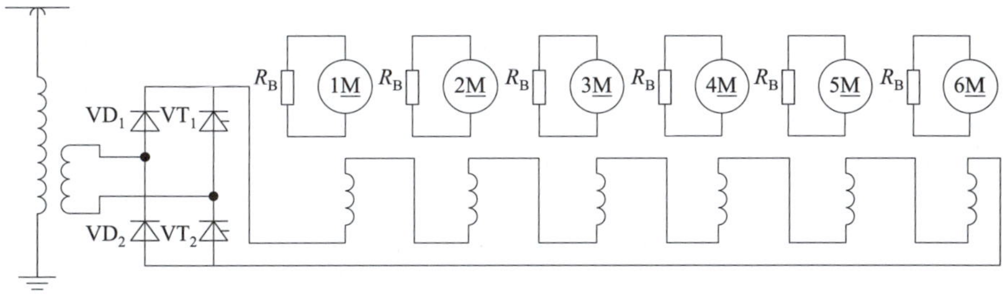

图 4-1　交—直传动列车电阻制动的主电路原理

交—直传动列车电阻制动的工作范围受到 5 种因素的限制，即最大励磁电流的限制、最大制动电流的限制、换向条件的限制、列车最高速度 v_{max} 的限制、列车黏着力的限制。限制曲线的形状基本相同，但具体的限制值与各型机车的具体设计参数有关。

电阻制动的主要缺点是低速时，由于受最大励磁电流 I_{fmax} 的限制，制动力直线下降（图 4-2 中 AO 线段）。在电力机车上克服该缺点一般有下列两种方法：

(1)将制动电阻分成两级或三级。高速时制动电阻较大，以便获得大的制动功率和制动力的调节范围；低速时有级地减小制动电阻，以便增加低速时的制动力（图 4-2 中速度 v'_T 所对应的最大制动力点 A'）。例如：某型列车制动电阻 R 分成 1.000 52 Ω 和 0.60 Ω 两级。

(2)采用加馈电阻制动。电阻制动在低速时，由于制动电流减小而制动力下降。为了维持制动电流不变，可在制动电路外接附加制动电源即加馈电源来补充牵引电机电源的不足。从理论上讲，加馈电阻制动可使列车制停，而实际上，由于牵引电机换向片不允许在静止不动状态下长时间通过额定电流，否则会使这些载流换向片因过热而烧损。因此，当列车速度降低到一定值时，由加馈电阻制动切换到空气制动，最后由空气制动来制停列车。

加馈电阻制动的电路原理如图 4-3 所示，加馈电源一般利用列车牵引工况时的相控整流装置，其回路方程见式(4-1)。

$$U_j + E = I_B R_B$$

$$I_B = \frac{U_j + E}{R_B} = \frac{0.9U_2 \frac{1+\cos\alpha}{2} + E}{R_B} \tag{4-1}$$

式中 U_j——加馈电源电压，V；

E——牵引电机的电动势，V；

I_B——制动电流，A；

R_B——制动电阻，Ω；

U_2——次级电压，V；

α——控制角，(°)。

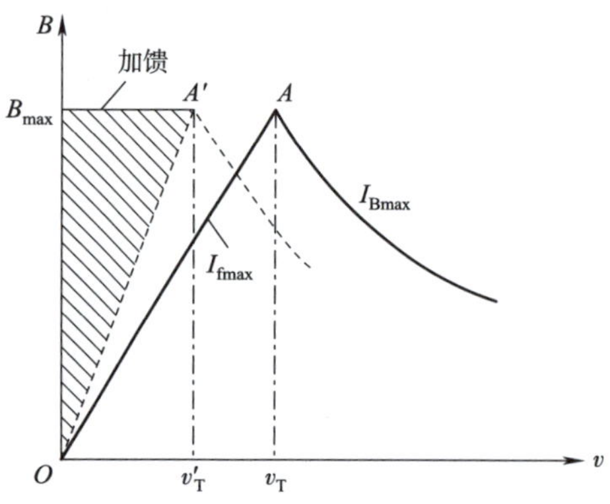

图 4-2 加馈电阻制动特性

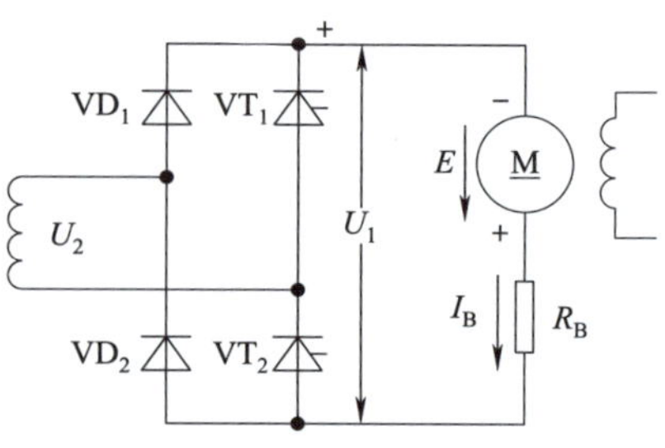

图 4-3 加馈电阻制动原理

根据式(4-1)，随着列车速度的降低，牵引电机的电动势 E 也随之降低，此时需提高加馈电源的电压 U_j 才能维持一定的制动电流 I_B，只需调节半控整流电路中晶闸管的控制角 α，即可调节加馈电源输出，及时补足制动电流的减小，使制动电流维持不变，制动力也维持不变，如图 4-2 中 $A'B$ 所示，$A'BO$ 所包围阴影的面积即为加馈电源所输入的功率。

交流传动列车电阻制动工况下，异步牵引电机作发电机运行来实施制动，电机吸收列车所具有的机械能，转变为电能并消耗在制动电阻上。在交—直—交传动系统中，制动电阻 R_B 通常设置在中间直流回路上，并通过制动斩波器 V_B 对释放到制动电阻上的电流进行控制(图 4-4)。因此，在电阻制动时，异步牵引电机发出的交流电经牵引逆变器整流后，制动斩波器 V_B 将直流电施加在制动电阻上，转化为热能，产生的热量被制动电阻风机吹入的冷却空气带走，耗散于大气中。为了节能，可利用部分制动能量来驱动制动电阻风机。

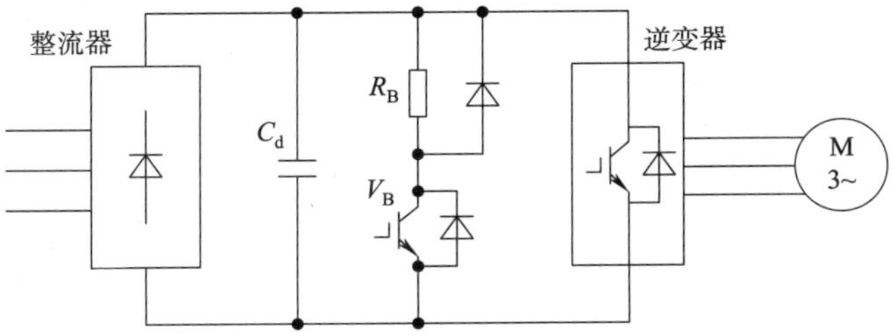

图 4-4　交流传动列车电阻制动原理

实际上，采用再生制动的交流传动列车中，有的列车在中间直流回路上也设置了采用斩波器控制的放电电阻，其作用是防止直流侧过电压。在中间直流回路上设置电压检测单元，检测支撑电容上的电压，一旦达到限压值即触发斩波器向电阻上放电，达到限压的目的。其放电控制的原理与制动斩波器类似，只不过放电电阻的功率要比制动电阻小得多。有的列车是再生制动与电阻制动并用，优先使用再生制动，当再生制动受阻(如接触网不能完全吸收回馈的电能，或者过分相区)时，可投入电阻制动。

电阻制动在结构上有一个明显的特点就是其主回路中存在制动电阻，新干线 100 系列动车组电阻制动回路如图 4-5 所示。

电阻制动工作原理是当司机制动控制手柄或列车自动控制系统(ATC)发出制动指令后，制动控制装置首先对列车运行速度进行判断，当速度大于 5 km/h 时，制动主回路构成(PB 转换器转为制动位置)，然后制动接触器动作(B_{11} 闭合、P_{11} 打开、P_{13} 打开)，随后依次是励磁削弱接触器打开、预励磁接触器投入，最后断路器投入(L_1 闭合)。

电气制动力的原理可以用右手法则和左手法则来简单地加以说明(发电机的工作原理用右手法则说明，电动机的工作原理用左手法则说明)。磁极有 N 极和 S 极，磁力线从 N 极指向 S 极。当磁场中的导体作切割磁力线的运动时，导体内将会产生感应电动势。根据右

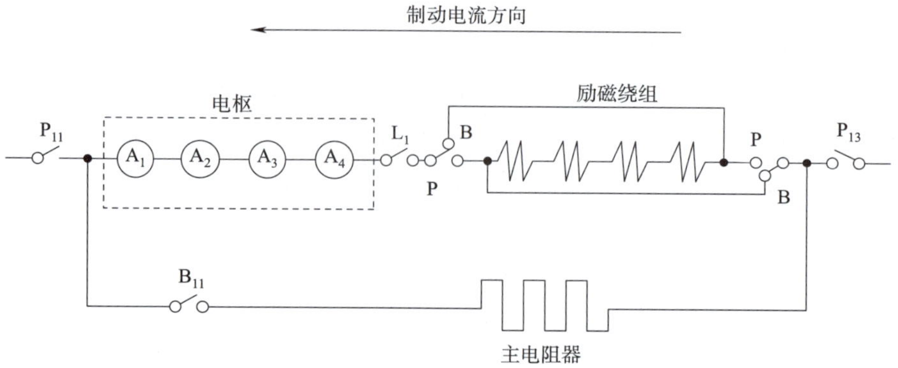

图 4-5　新干线 100 系动车组电阻制动回路示意

手法则，让磁力线穿过右手的手心，当右手拇指指向导体运动的方向时，其余 4 指的方向则为感应电动势的方向。另一方面，根据左手法则，导体内通过电流时，导体会受到左手拇指所指方向的力。该作用力的方向与导体的运动方向相反，具有阻止导体运动的作用，这就是该导体的电气制动力。

在电气制动系统中，不论采用何种方式或牵引电动机，其原理均如上所述，根据右手法则产生的感应电动势通过回路形成感应电流，这一电流在电机中流过时就会产生与电机运动方向相反的制动力。简单地说，就是让运动的导体切割磁力线使其发电，然后利用这些电流产生与导体运动方向相反的力，来实现对该电机的制动作用。如果只有感应电势而没有形成回路电流，便不会发生力的作用，因此要在回路中加入电阻来构成电流回路。

电阻制动具有一个特性，即随着转速增加，电枢电流下降，且电枢电流增加时会导致制动力也增加。此特性对于速度变化较大的动车组，即在低速时需要较大牵引力而高速时不需要太大牵引力的牵引要求特性相吻合，但是对整个速度范围内都需要恒定制动力的制动控制，则需要采取相应措施。对于设有主电阻器的车辆，因为变换了牵引时的主回路，由电枢绕组、励磁绕组及主电阻器构成闭合回路产生制动电流，所以即使电网停电，只要供给构成回路的控制电源，就可以产生制动力。

4.2.2　再生制动原理

早期列车采用的交—直传动方式必须采用全控桥实现再生制动，如图 4-6 所示。由于全控桥中晶闸管元件中的电流不能反向，故牵引电机的电枢电流（此时称为制动电流 I_B）仍然保持牵引时的电流方向，而且电机的转动方向也未改变（列车运行方向未变），因此在实施再生制动时要求牵引电机电动势 E 的极性应反向，即要求电机励磁电流 I_f 应改变方向。再生制动控制比较复杂而且精确度要求高，励磁电流或全控桥电压少量的变化即会引起制动电流（体现为制动力）出现很大的波动。为此，在制动电路内设有附加的稳定电阻 R_{ST}，来限制制动电流的变化，提高系统的稳定性。但稳定电阻却使制动时再生反馈电能减少，制动效率下降。因此,稳定电阻 R_{ST} 的阻值应从制动效率和稳定性两方面考虑。

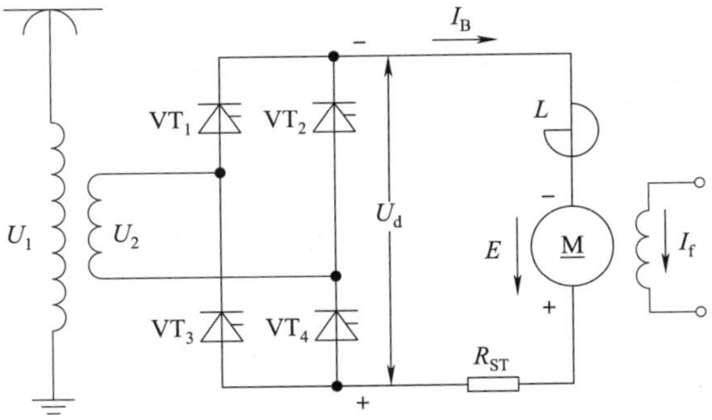

图 4-6　全控桥再生电路

全控桥输出的平均电压为

$$U_d = 0.9U_2\cos\alpha \tag{4-2}$$

式中　U_d——逆变器电压,V;

U_2——次级电压,V;

α——控制角,(°)。

当控制角 $\alpha \geqslant 90°$时,整流电压平均值为负值,全控桥即处于有源逆变状态即再生状态,此时可称整流桥为逆变器。制动电流 I_B 可表示为

$$I_B = \frac{E - |U_d|}{R} = \frac{C_e n\phi - |0.9U_2\cos\alpha|}{R} \tag{4-3}$$

式中　ϕ——磁通,WB;

n——转子转速,rad/s;

R——制动回路总电阻,Ω;

E——牵引电机电动势,V。

其中,牵引电机电动势 $E = C_e n\phi$;制动回路总电阻包括电机、平波电抗器电阻和附加的稳定电阻。由式(4-3)可见,要调节制动电流 I_B,可采用调节磁通 ϕ 即励磁电流 I_f,或者调节逆变器电压 U_d 即调节控制角 α 的方法来实现,且其中转速 n 取决于列车速度,而再生制动回路电阻一般不变。

再生制动在整个调节过程中,大致可分三个阶段(图 4-7):

(1)调节励磁电流 I_f。机车在高速时进行再生制动,为了提高功率因数,可维持逆变器电压 U_d 为最大,且基本为常值,通过改变励磁电流 I_f 来调节制动电流 I_B,如图中 BC 段所示。随着列车速度下降,相应增加励磁电流 I_f 直到额定值为止。励磁电流最小值受牵引电机安全换向所限制,一般不应小于电机电枢电流的 40%～45%。在这区段内制动力受到制动功率的限制,以及电机在高速下的安全换向等限制,随着机车速度增加,制动力要相应减小。

(2)调节逆变器电压 U_d。在励磁电流 I_f 调到额定值后维持常数不变,调节控制角 α 改

变逆变器电压 U_d，减少 U_d 可维持制动电流为常数，即制动力 F 不变，如图 4-7 中 AB 段所示，直到 $U_d=0$ 为止。

(3)加馈电阻制动。逆变器转变为整流工况运行，电压 U_d 改变极性。从式(4-3)可知，制动电流 I_B 是由牵引电机电动势 E 和逆变器电压 U_d 共同产生，可保持机车低速时制动力不变，如图 4-7 中虚线 AB' 所示。图中 $U_d=0$ 的 OA 线斜率取决于制动回路电阻的大小，电阻越小，相应 A 点的速度越低，该电阻一般小于电阻制动机车的制动电阻。

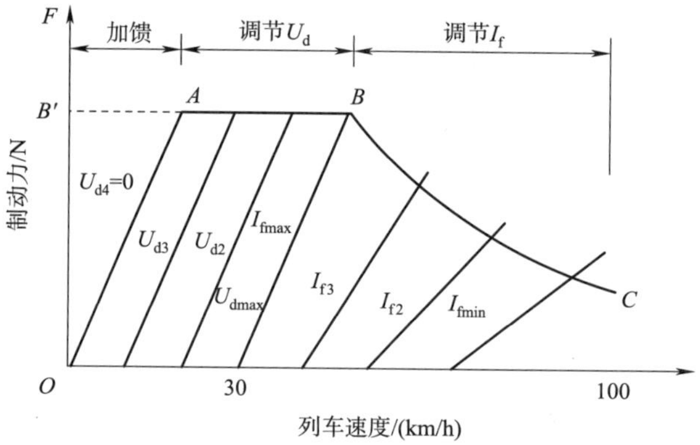

图 4-7 再生制动三个区域的特性

再生制动目前仍存在一定缺陷。随着铁路电气化的迅速发展，列车用电量在全国用电量的百分比中将会逐年上升，如果能采用再生制动，给列车带来的节能效益将十分可观。除此以外，再生制动具有调速范围大，防滑性能好，减少闸瓦和轮缘磨耗等优点。但是，由于列车再生制动普遍采用晶闸管相控变流器，致使再生制动存在以下问题：

(1)再生制动时功率因数低。晶闸管相控机车的主要缺点之一是功率因数低，尤其是再生制动时更低，其功率因数大致在 0.5 左右。

(2)谐波成分增加，对电网干扰较大。再生制动时，电网电流与电压波形畸变一般比牵引时严重，特别是在换向期间波形畸变更加严重。

(3)再生制动的控制系统比较复杂。制动力的调节既可调节牵引电机的他励电流，也可调节逆变器电压，控制比较复杂而且要求精确度高，调节量的少量变化都会引起制动电流，即制动力很大的波动。为此，在制动电路内设有附加的稳定电阻，来限制制动电流的变化，提高系统的稳定性，但稳定电阻却使制动时再生反馈电能减少，制动效率下降。

(4)再生制动列车必须采用全控桥，对触发系统可靠性要求高。机车在牵引工况丢失触发脉冲，会使输出整流电压下降，负载电流及其牵引力相应减少；而在再生制动时，丢失触发脉冲，则意味没有进行正常换向，将造成再生的颠覆，即交—直流电压叠加短路，对元件和牵引电机的安全运行造成威胁。

上述缺点是客观存在的，但是随着列车制动技术水平的不断提高，正在克服再生制动技术的不足。例如为了改善功率因数,减少谐波干扰,可通过多段桥的不对称控制,或加装滤波器来改善。特别是成功地应用四象限脉冲整流器,使再生制动的应用进入了成熟时期。

目前多数高速列车采用交—直—交牵引传动技术,该技术可实现能量的双向流动,为实现再生制动技术创造了条件。随着电力电子元器件和交流牵引传动技术的发展和成熟,再生制动技术在多种高速列车中得到广泛应用,例如我国的 CRH 系列、德国的 ICE 系列和法国的 TGV 系列。作为唯一可向牵引网反馈能量的制动方式,再生制动不仅可以提供强大的制动力,还不会对列车的制动盘或轮轨踏面造成损伤,减少列车制动系统的维护。

为了满足高速铁路的需求,我国高速列车基本采用三相异步电机。高速列车交流传动系统能量流动如图 4-8 所示。当列车处于再生制动工况时,三相异步电机处于发电机状态,将列车动能转化成三相交流电反送给逆变器,三相交流电通过逆变器整流后转换成直流电,经中间直流环节后进入四象限脉冲整流器,再由脉冲整流器将直流电转换为与牵引网频率相同的单相交流电,通过车载变压器升压后经受电弓反馈至牵引网。当列车处于牵引工况时,其能量流动方向与再生工况时相反,列车受电弓从接触网获得的单相 25 kV 工频交流电输送给车载变压器,通过车载变压器降压后再经脉冲整流器、中间直流环节和逆变器,逆变器输出频率和电压均可控的三相交流电为三相异步电机供电。

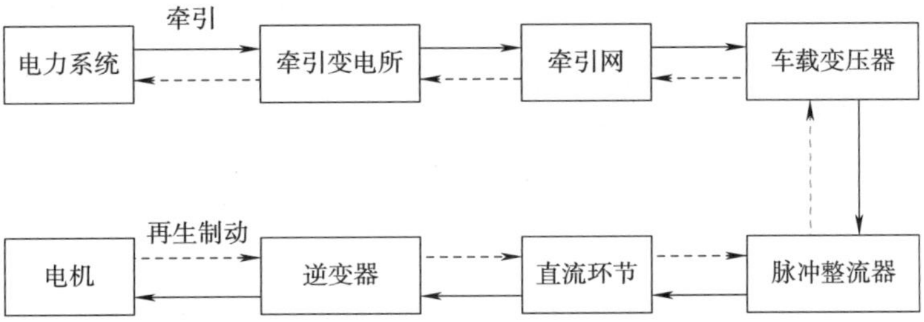

图 4-8　高速列车交流传动系统能量流动

在分析三相异步电机运行状态时,常用到转差率 S 这一参数,其定义式为

$$S=\frac{n_0-n}{n_0} \tag{4-4}$$

式中　n_0——同步转速,rad/s;

n——转子转速,rad/s。

当列车处于牵引工况时,三相异步电机工作为电动机状态,电机转子绕组切割旋转磁场磁感应线产生的电磁转矩 T 和转速 n 方向相同,电机输出正转矩,电机将电能转化为动能而驱动列车运行,此时,$0<n<n_0$,$0<S<1$,如图 4-9(a)所示。若通过控制使电机转子转速大于电机同步转速,则电机转子绕组切割旋转磁场磁感应线的方向与电机恒速运行时正好相反,转子绕组的感应电动势和电流方向也都相反,故产生的电磁转矩 T 和转速 n 方向相

反，三相异步电机输出负转矩，电机工作在发电机状态，为列车提供制动力，此时，$0<n_0<n$，$S<0$，如图 4-9(b)所示。

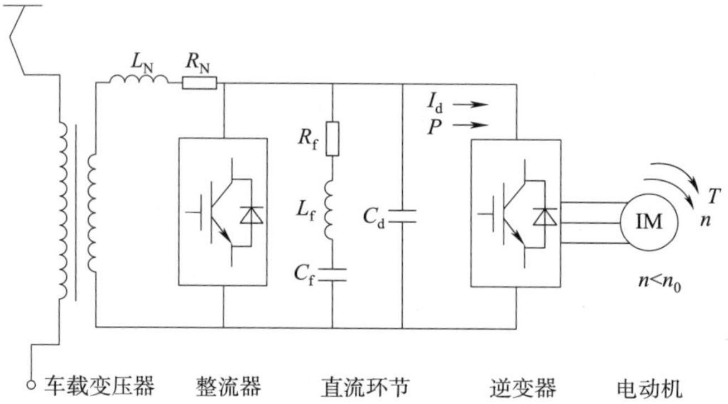

(a)牵引工况

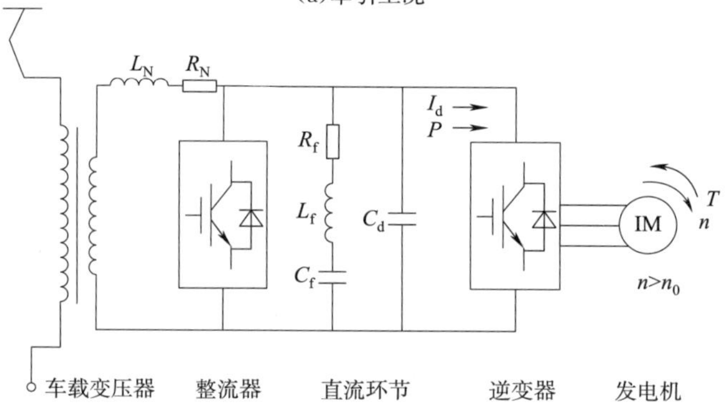

(b)再生制动工况

图 4-9　高速列车运行工况

交—直—交传动列车再生制动工况下，异步牵引电机作发电机运行来实施制动，电机吸收列车所具有的机械能转变为电能，经牵引逆变器传送到中间直流侧，再经四象限整流器回馈电网，如图 4-10 所示。

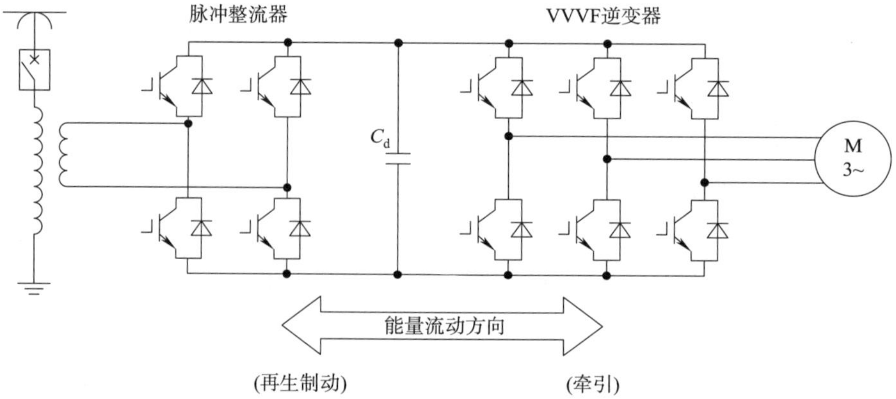

图 4-10　交—直—交传动列车再生制动原理示意

为了解决交—直传动电力机车采用相控整流器进行再生制动时出现的一系列问题，目前交流传动电力机车几乎都采用了四象限脉冲整流器，其工作原理如图 4-11 所示。四象限脉冲整流器是一个脉宽调制变流器，通过控制调制比的相位、幅值及载波频率，它不仅能很方便地进行整流（牵引工况）和逆变（再生工况）两种状态的转变，而且能使网侧电流接近正弦波形，其基波电流 I_{N1} 与网侧电压 u_N 同相（整流）或反相（逆变），使功率因数接近于 1，谐波电流含量大大减少。

在牵引工况，四象限脉冲整流器交流侧的网侧电压 u_N 和网侧电流 i_N 在第Ⅰ或第Ⅲ象限，即 u_N 与 i_N 同极性，四象限脉冲整流器处于整流状态，电能从整流器的交流侧传送到直流侧；在再生工况，四象限脉冲整流器交流侧的网侧电压 u_N 和网侧电流 i_N 在第Ⅱ或第Ⅳ象限，即 u_N 与 i_N 极性相反，四象限脉冲整流器处于逆变状态，电能从整流器的直流侧传送到交流侧。

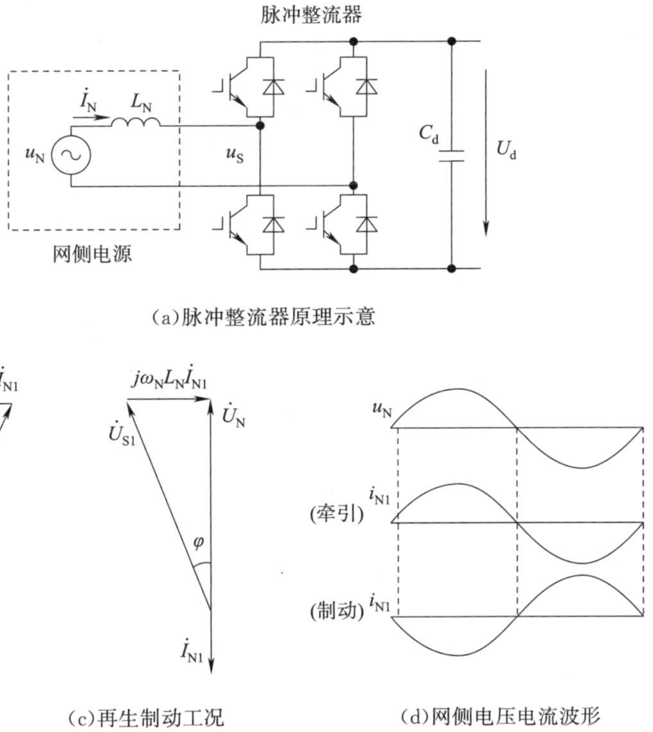

图 4-11　四象限脉冲整流器矢量及波形

4.3 高速列车制动力分配

高速列车编组中，动车和拖车所采用的制动方式有所不同，动车可施加电制动和空气制动，拖车只能施加空气制动，因此各车辆间在制动时需要对制动力进行协调分配。高速列车的制动工况一般分为多个等级，不同等级制动工况所需要的制动力也不相同。列车制动过程中还存在着电空制动切换不适当、各车制动力分配不合理等问题。一个良好的制动力分配策略在满足制动需求的同时，还应该使列车消耗的能量尽量小，制动摩擦副的磨损尽量少，满足节能环保原则。

4.3.1 等磨耗分配方式

等磨耗分配方式采取优先使用电制动，当电制动不足时，剩余的制动力需求平均分配到每套基础制动设备上，使动车和拖车的每组制动盘和闸片所承受的制动力基本一致，进而使其磨耗趋于平衡，维护周期基本一致，有利于提高动车组的可维护性和经济性。

该方式下每个动车所承受的总制动力明显大于拖车所承受的制动力，当轨道黏着条件差时，动车更容易产生滑行，进而影响制动距离，安全性有所降低。

4.3.2 等减速度分配方式

等减速度分配方式根据各车的车重分配相应的制动力，使各车减速度一致，从而使车辆制动时充分利用轨道的黏着系数。如果对动车仅施加电制力可满足制动力要求，则不用施加空气制动；如果电制力不足，则补充空气制动力。拖车直接施加空气制动力至需求制动力。

等减速度分配方式可以在较差的黏着条件下最大化地利用轮轨黏着，防止列车的制动力在某辆车上集中施加，降低车辆滑行风险，保证制动距离。同时，也将导致拖车的制动盘和闸片磨损过快，且动车再生制动也不能得到充分利用（在施加小级别制动时该现象尤为明显），增加了动车组的维护成本，经济性差。

4.3.3 传统电空复合制动模式

传统电空复合制动模式采取优先使用电制动以降低空气制动部件的磨耗；电制动力不足部分由拖车的空气制动承担，来平衡动车与拖车之间施加的总制动力；当制动力需求更大时，再使用动车的空气制动力。此种模式可以在充分利用动车组电制动力的基础上，尽量利用轨道的黏着，避免动车施加过大的制动力产生滑行。

传统电空复合制动模式虽然在电制动上得到了充分的利用，但因动车的摩擦制动应用较少(在小级别制动中尤为明显),故拖车制动盘较动车具有明显磨损,出现拖车制动盘和闸片频繁进行维护而动车较少维护的情况,总体上增加了动车组的维护成本,增加了动车组运用的全寿命周期成本。

对电制动和空气制动的操纵与控制,可采用人工操纵式、自动切换式和复合运算式。

(1)人工操纵式:电制动与空气制动互相独立,不同时使用,根据需要选择,把决定权交给司机;电制动独立操纵,电制动力不足时,操作空气制动补充,是一种混合控制模式。

(2)自动切换式:电制动与空气制动根据需要选择,比如在高速运行范围内实现电制动,低速运行范围内实现空气制动,由制动控制设备(一般是制动控制计算机)实现自动切换。可称为联合控制模式。

(3)复合运算式:采用计算机控制技术,计算制动力、分配制动力。在任何情况下,只要设备和外部条件允许,操纵制动手柄后,制动控制计算机即分配和协调电制动与空气制动力,属于复合控制模式。该模式依然可以采用电制动优先。

制动控制采用的设计原则,实际上也是制动系统的控制策略。

协调方式的选择是根据设计原则来定的。根据动车、拖车的空气制动部分投入的顺序和方式的不同,形成三种控制原则:

(1)节能原则

根据制动力的需要,全部制动力先由动车电制动承担,在电制动力不足的情况下,由拖车空气制动补充,整列或列车单元的制动力还不够的话,才使用动车的空气制动。这样,动车的电制动一直处于满足制动需求的最大状态,列车运行总能耗最低。

按节能原则设计的制动控制系统,动车的空气制动最晚投入使用,保证了电制动的绝对优先,但这样存在两个问题:一是只能按照一动一拖或几辆动车与拖车为单位,或整列车进行制动力的协调控制,控制单元内部尤其是动车与拖车之间的制动力与减速度要求可能不一致,有可能引起纵向冲动,影响乘坐舒适度;二是动车和拖车的闸瓦(闸片)的磨耗程度相差较大,更换周期也相差较多,增加了维修组织的复杂性,增加了维修成本。

(2)等磨耗原则

在需要制动的时候依然采用电制动优先,但需要空气制动补充时,始终按照动车与拖车空气制动同时投入、空气制动率相同的方式控制空气制动力。这样,虽然在投入顺序上为电制动优先,但由于要兼顾动车与拖车等制动率的空气制动力,又要满足动车的黏着,电制动力不能完全发挥。

(3)舒适性原则

考虑舒适性原则的时候,在任何情况下,制动力都要与本节车的重量相适应,满足统一的制动减速度。这样列车减少了引起纵向冲动的因素,改善了舒适性,但这种设计也最大程度地限制了电制动的使用。

对采用节能原则作为控制策略的制动系统时,制动系统有以下几种协调关系(M车:

动车；T 车：拖车）：

(1)再生制动力>M 车所需必要制动力时

T 车：把“T 车所需制动力－(再生制动力－M 车所需必要制动力)”大小的制动力作为补足空气制动力输出。当补足空气制动力计算值为 0 时，为保证再生失效时空气制动的迅速响应，也要保证制动缸内有一定量的空气压力作为初始压力，这一点对于复合制动控制很重要，因为再生制动与空气制动可能经常转换。

M 车：全部为再生制动。为了保证再生制动失效时空气制动的迅速响应，同样需要制动缸内有一定量的空气压力作为初始压力。

(2)再生制动力≤M 车所需必要制动力时

T 车：全部为空气制动。

M 车：把“M 车所需必要的制动力－再生制动力”大小的制动力作为补足空气制动力输出。

制动力的极限受到黏着力(由黏着系数、轴重决定)的限制。动车组全轴可实施制动，但仅 M 车的动力轴可实施牵引。由于交流异步牵引电机良好的自身再黏着性能，所以 M 车轴的牵引黏着利用可以高于 T 车轴(从轴、非动力轴)的制动黏着利用。同时，再生制动工况下，M 车轴的制动黏着利用仍然可以高于 T 车轴的制动黏着利用。

如果基础制动装置采用踏面制动，则有利于黏着系数的提高；如果基础制动装置采用盘形制动，则需要采用增黏措施提高黏着系数，避免或减少制动工况滑行的发生。

再生制动与空气制动的复合关系中，要考虑 M 车制动在黏着范围内。再生制动车轮防滑保护系统和空气制动车轮防滑保护系统，均包含由速度传感器和极轮组成的测速装置和 WSP 控制模块。每个车轴都单独设置有防滑控制设备。

4.3.4 CRH2 型动车组空气制动与再生制动协调控制策略

CRH2 型动车组的制动系统是在制动调速全过程、全速度范围内采用“T 车优先延迟充气控制”。所谓“延迟充气控制”是指以 M 车的再生制动力来承担 T 车所需的部分或全部制动力，如果 T 车所需的制动力超过 M 车所能提供的最大制动力，其不足的制动力采用空气制动来补充。动车组采用 1M1T 为 1 个制动单元，整列编组的延迟充气控制模式如图 4-12 所示。

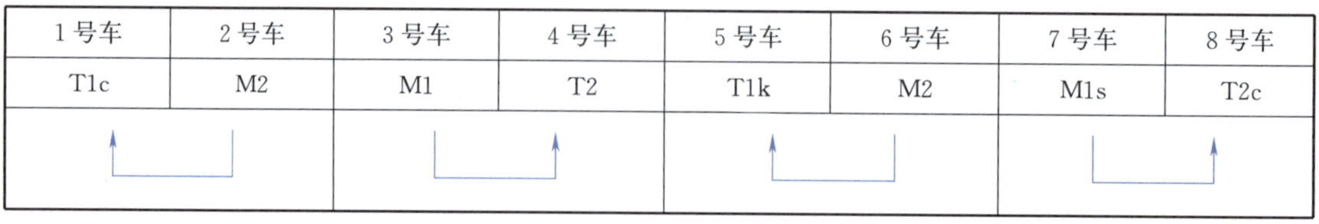

图 4-12　T 车优先延迟充气控制

(图中箭头表示该制动单元内 T 车的延迟充气模式)

最常用的制动力分担方式为均衡制动方式，即各个车辆承担各自需要的制动力。采用这种控制方式时，T 车所需的制动力将由自身产生的空气制动力承担，因此 T 车的闸片摩擦制动力要比有再生制动力的 M 车多。

为了使整列动车组可以获得目标减速度，由各个车辆承担各自制动力时，如果不超过可利用的黏着力界限，可采取将 M 车设定较高的制动力，限制 T 车制动力，设定 T 车较低制动力状态，获得所需的减速度目标值。因此采用“延迟充气控制”方式，以 M 车的再生制动力承担 T 车所需的制动力，提高了 M 车再生制动力，减少了 T 车的空气制动力。从而提高了 M 车的电力再生率，同时也能减少 T 车制动盘和闸片的磨耗。

“T 车优先延迟充气控制”即当 M 车的再生制动力不足以完全承担 T 车所需的制动力时，T 车先启动空气制动补充其自身缺少的空气制动力。若此时 T 车所能提供的空气制动力仍然不够到达 T 车自身所需的制动力，则不足的部分再用 M 车的空气制动力来补充。对于再生制动力完全失效的状态，M 车、T 车施加空气制动分担各自所需的制动力。

以高制动级位(即所需制动力超过黏着力限界时)的分配原理为例，采用 T 车优先延迟充气控制后，M 车、T 车的制动力承担情况如图 4-13 所示。

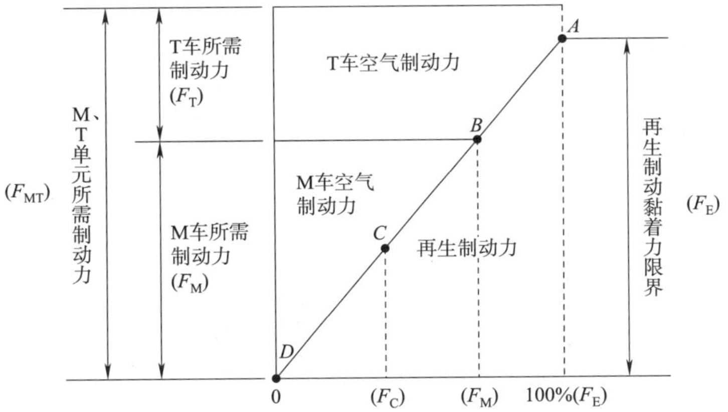

图 4-13　高制动级位下 T 车和 M 车的制动力分配原理

由于 M、T 单元所需制动力 F_{MT} 高于再生制动黏着力界限值 F_E，即 M 车所能提供的再生制动力不足以承担单元需要的全部制动力，因此需要空气制动力作为补充。A 点时 M 车再生制动力达到最大值 F_E，由于此时的再生制动力大于 M 车所需的制动力，但多余部分再生制动力不足以提供 T 车所需的制动力，即 $F_{MT}-F_E<F_T$，此时 M 车承担再生制动力 F_E，其空气制动力不需投入使用，T 车承担空气制动力 $F_{MT}-F_E$。B 点位于 M 车再生制动力刚好只能提供 M 车自身所需制动力的临界状态，此时 T 车启动空气制动力来提供自身所需的制动力 F_T，此时 M 车空气制动力仍然不被使用。C 点处，M 车再生制动力太小，不足以提供其自身所需的制动力，因此除 T 车需要启动空气制动外，M 车空气制动力也投入使用以补充再生制动力的不足。D 点表示的是 M 车再生制动力完全失效的情况，在这种状态下

各车的制动力由各车的空气制动力自行承担。

各国在高速列车技术发展模式上虽有一定差别，但普遍都采用电空制动系统。日本新干线高速列车的制动控制系统利用数字式电气指令直动式电空制动技术实现制动，由控制导线控制列车，每辆车单独进行控制本车厢制动力分配，可实现每辆车再生制动力和空气制动力所占的配置比值互不干扰，这种控制方式为均衡制动控制。克诺尔公司生产的模拟式电气指令自动电空制动系统是德国 ICE 系列高速列车制动控制系统的代表。制动控制过程为：微处理机控制单元接收制动指令，并且输入空重车信息，在制动单元内进行各种制动方式的分配制动力比例信号运算后，输送至控制单元控制列车充气或者减压，从而实现对各车制动闸片的控制，完成制动目标。微机控制的模拟式电气指令自动电空制动控制系统同样被法国 TGV-A 型高速动车组作为主要制动系统。微处理器作为控制中枢也实行网络控制，合理分配整车的空气制动力与电制动力。

4.4 高速列车电空复合制动协同防滑控制

高速列车采用电制动与空气制动的复合制动模式，电制动与空气制动的防滑控制分别由不同的控制单元进行，其控制策略存在一定差异，在两种制动方式下则会存在协同防滑控制问题，其协同防滑控制的有效性直接关系到列车制动性能与运行安全性，本节将对目前高速列车所采用的电空复合制动协同防滑控制策略进行论述。

4.4.1 电空复合制动防滑控制原理

动车组制动时主要采取复合制动模式。在电空复合制动时，动车上首先采用电制动，所以动车的防滑主要是电制动防滑。当电制动因滑行保护使实际电制动力降低时，TCU 通过本地单元向制动系统发送电制动滑行保护动作信号，制动系统在动车轴上实际电制动力下降时不补充空气制动，以利于动车轴的黏着恢复，防止因补充空气制动使车轮滑行加重。但电制动力连续降低时间长于 5 s 时，BCU 将切除电制动而投入空气制动，以保证制动距离和防止轮对擦伤。当动车轴电制动失效时，动车轴采用空气制动，此时动车轴由制动系统进行防滑控制。

拖车轴上只有空气制动，所以拖车轴由制动系统进行防滑控制。电制动控制单元是通过再生制动的模式曲线来减小制动力，而空气制动控制单元则采用降低制动缸压力的方法来进行滑行再黏着控制。

由于电制动的施加是通过牵引控制单元 TCU 来实现的，空气制动的施加是通过制动控制单元 BCU 来实现的，这就对高速动车组和城际动车组在制动过程中，轮轨低黏着条件下电制动与空气制动防滑控制配合提出了较高的要求。

电制动防滑控制策略是当牵引控制单元 TCU 在进行电制动防滑控制时，通过安装在牵引电机上的速度传感器，对轮对转动速度进行检测，当通过速度差或减速度达到控制临界值时，则通过迅速减少 4 个轴电制动力来满足黏着力要求，防止车轮滑行，改善和充分利用轮轨的黏着状态。在黏着恢复以后，根据不同的情况保持或增加制动力。其滑行检测的判据主要有速度差判据和减速度判据等。速度差判据是指在常用制动过程中，TCU 通过网络获得参考隔离轴速度，当车轮的速度低于参考隔离轴速度并达到一设定值时，就判断为滑行。减速度判据是根据车轮本身转动速度计算出车辆减速度，并与最大允许减速度进行比较来判断该轴是否滑行。在减速度防滑控制时，如果车轴出现滑行时的减速度没有超过临界值且不进行速度差检测时，无法检测到滑行而容易出现非滑行状态的误判。

空气制动防滑控制策略是每个车的制动控制单元 BCU 通过接收来自每个轴的速度传感器检测的速度信号，对每个轴的速度和减速度进行监测，防滑控制装置利用采集到的速度传感器信息，计算速度、减速度，并结合相应判据进行防滑控制。空气制动防滑控制模块主要有速度计算、减速度计算、参考速度计算、滑行判断、防滑控制、防滑阀输出超时保护等功能。空气制动防滑控制装置基本功能原理如图 4-14 所示。

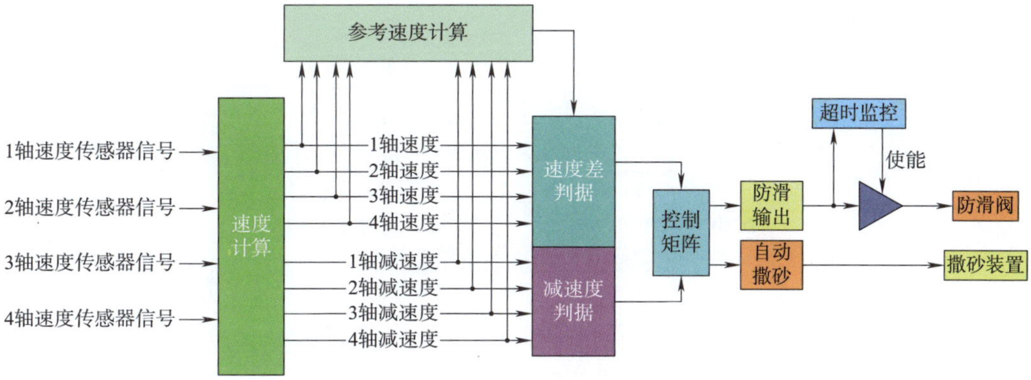

图 4-14　空气制动防滑控制装置基本功能原理

4.4.2　电空复合制动防滑控制接口

根据牵引系统的控制能力和制造商的技术基础和经验，不同车型可能采用不同防滑控制接口。如部分车型的电空复合制动防滑控制中牵引控制单元 TCU 不进行电制动防滑控制，而是由制动控制单元 BCU 来进行电制动的防滑控制，BCU 与 TCU 之间通过“电制动减量百分比”信号来对电制动轻度滑行进行减量控制。当电制动进入到深度滑行时（速度差或减速度达到临界值），BCU 通过切除电制动信号将电制动进行切除，使用纯空气制动来代替电制动，使用空气制动的防滑控制来防止擦轮，这样减少了电制动与空气制动各自进行防滑控制时的相互干扰，但是也存在 BCU 进行轻度电制动防滑时较牵引系统本身判断滑行和滑行控制的灵敏度有所不足的缺点。

BCU 在 TCU 防滑控制过程中不会通过增加空气制动力来补充实际减少的电制动力。当 TCU 防滑控制没有有效地降低减速度值，在 BCU 检测到车轴减速度达到临界值（如 $-1.6\ m/s^2$）时，BCU 将向 TCU 发送电制动减量信号，要求 TCU 减少电制动力。这种接口方式，对于防滑控制能力较强的牵引系统可以满足一般的防滑控制要求，但是对于极端低黏着条件，TCU 如果不能有效地进行防滑控制将会产生轮对擦伤的问题，因此电空复合制动的防滑策略的合理性至关重要。

CRH3A 型动车组在自动速度控制（automatic speed control，ASC）模式下，由列车控制管理系统（train control and management system，TCMS）进行列车制动力计算，TCMS 仅使用电制动力来调节列车速度，其计算的电制动力指令直接发给牵引控制单元 TCU，而不经过制动控制单元 BCU 中转。TCU 将单车的电制动力能力值（信号 C）和电制动力实际值（信号 E）发给 BCU，如图 4-15 所示。

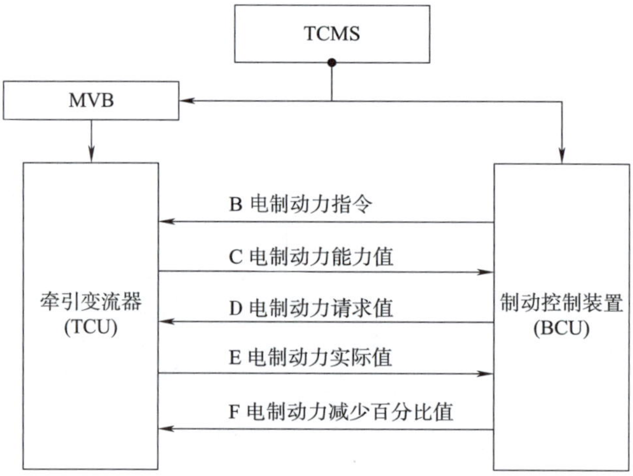

图 4-15 CRH3A 型高速列车 TCU 与 BCU 接口

BCU 仅在非牵引（制动或惰行）状态时才激活防滑功能，将本车 4 个轴中速度最高的轴速作为参考速度，根据参考速度及各轴的轴速对每个轴进行防滑判断，并通过防滑阀进行缓解、保压和制动的控制。如果正常制动过程中，BCU 检测到列车出现滑行，TCU 响应 BCU 发出的电制动力减少百分比值（信号 F）。本车 TCU 执行的电制动力实际减小值发给 BCU，电制动力实际减小值＝信号 E(kN)×信号 F(%)。

4.4.3 电空复合制动防滑控制策略

动车组电制动力的大小依赖于车轮和轨道之间的黏着力，当发生滑行时，电制动力会受到影响。在防滑控制过程中，根据车轮转速和加速度信号来判断滑行发生的临界状态，并通过牵引变流器来减小再生制动力。这样，作用在轮对上的制动力将迅速降低到低于黏着力的值，防止车轮滑行并恢复轮轨黏着。

防滑控制系统在完成滑行判断后，将采取有效的策略来控制滑行。目前，控制滑行的主要方法可分为逻辑阈值控制法、间接蠕滑速度法、滑模变结构控制法、最优控制法和模糊控制法。在这些方法中，逻辑阈值控制法不涉及系统的详细数学模型，为实现非线性系统的控制提供了一种简便方法，因此常用于实际应用中。逻辑阈值控制法主要使用一个或多个参数作为控制阈值，如速度差、减速度、减速度差和纵向滑移率。通过设置与控制目的密切相关的阈值，并根据实际测量值与阈值之间的关系，调整控制参数以实现控制目的。电制动防滑控制检测到滑行时，通过牵引变流器的控制减小电转矩；滑行结束后电转矩会及时恢复，以充分发挥制动过程中电制动力的作用。

电制动和空气制动均具有防滑控制功能，其中电制动的防滑控制由牵引控制单元完成，空气制动的防滑控制由空气制动控制单元完成，即电制动防滑控制仅存在于动车中，动车和拖车均具有空气制动防滑控制功能。通常情况下，电制动防滑控制灵敏度要高于空气制动，因此在混合制动时，一旦出现滑行，动车电制动防滑控制首先起作用，当电制动防滑控制未能消除滑行，则切除电制动，只进行空气制动的防滑控制。拖车因为只有空气制动，所以只进行空气制动的防滑控制。电空复合制动时，应优先使用电制动，并应尽可能多地发挥电制动的作用。因此，复合制动时的防滑控制除了防止车轮滑行擦伤外，还应考虑如何充分利用电制动，实现电空复合制动时两种防滑控制的协调配合。

动车的防滑功能由电制动防滑系统和空气制动防滑系统共同完成，但电制动防滑系统与空气制动防滑系统分别独立起作用。列车在混合制动防滑控制时，通常由电制动的防滑控制首先起作用，减小电制动力，同时不因电制动力的减小而补充空气制动力；当电制动的防滑控制无法消除滑行时，则切除电制动，施加空气制动，进行空气制动的防滑控制。何时切除电制动，与防滑控制策略有关，影响防滑控制效果，也影响能否充分利用电制动。如果电制动使用较少，将会增加空气制动的使用。由于空气制动属于摩擦制动，过多使用空气制动会造成闸瓦或闸片磨耗增加，提高运营成本。因此，电空复合制动防滑控制时，如何进行电制动和空气制动的切换，对保证防滑效果、维持合理的使用成本有一定作用。

以 CRH2 型动车组为例，其制动力由动车制动控制单元计算、分配，优先使用牵引变流器(converter and inverter，CI)的再生制动，如再生制动力不足，再以空气制动力补充且拖车空气制动优先。如图 4-16 所示，CRH2 型动车组防滑控制为单车控制方式，通过检测 1～4 轴的速度，进行滑行检测。根据安装在动车主电动机上的速度传感器信号和安装在拖车各轴轴端的速度发电机的信号，每隔 20 ms 计算出速度、减速度、速度差以及滑移率。如果满足任何一种滑行检测的阈值，BCU 开始同时控制电制动和空气制动进行防滑控制。在电制动方面，通过减小制动控制器发出的再生模式信号来降低再生制动力；在空气制动方面，通过降低 BC(制动缸)压力，对滑行轴进行再黏着控制，让制动力至黏着力以下，使车轮恢复转动。

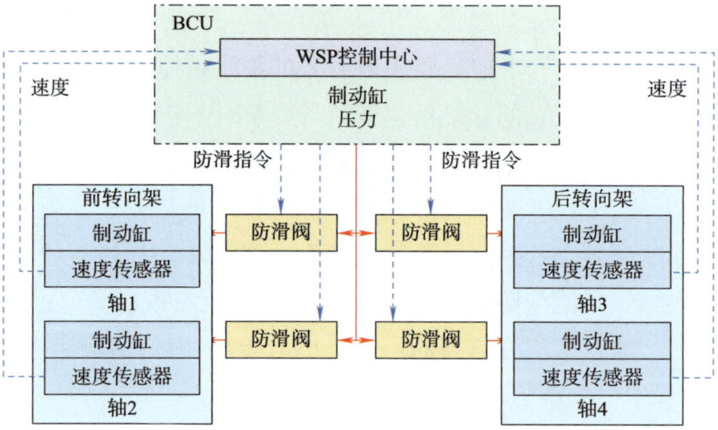

图 4-16　BCU 防滑控制原理

CRH2 型动车组防滑控制方式又常称为滑行再黏着控制。再生制动的滑行再黏着控制是对于从制动、惰行状态或者从制动、惰行再转换为牵引状态后 1.5 s 之内，符合滑行条件时就减小再生制动力的大小；在条件不成立的情况下再恢复制动力。控制滑行时每 0.6 s 进行一次延迟计算；恢复到正常状态后，每 2 s 对车辆的运行状态进行一次延迟计算来判别控制制动力的大小。当 CI 检测到 *A* 点后，如图 4-17 所示，0.6 s 内再生模式信号降为 0，再生制动力减弱。*C* 点检测后，2 s 之内恢复原再生模式信号。可能的滑行检测条件见表 4-1。

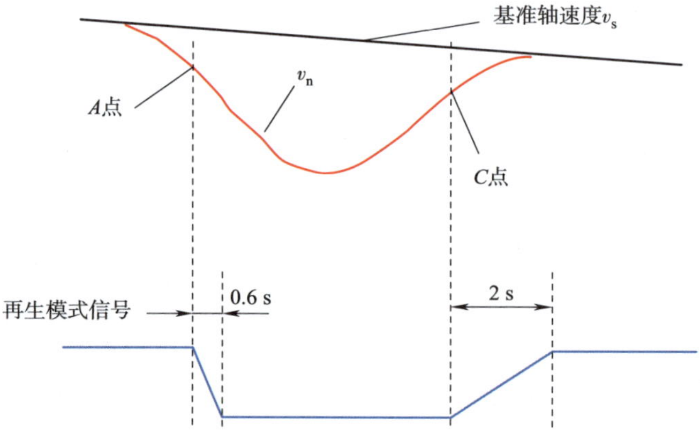

v_s—基准轴速度，接近列车速度；v_n—每根轴速度。

图 4-17　再生制动滑行再黏着控制

表 4-1　再生制动滑行检测条件

检测方式	*A* 点	*B* 点
低速区域(v<86.7 km/h)上的速度差 Δv 检测	≥13 km/h	<13 km/h
高速区域(v≥86.7 km/h)上的滑移率检测	≥15%	<15%
轴减速度 β 检测	≥3.9 km/h/s	<3.9 km/h/s

CRH2 型动车组空气制动的滑行检测和再生制动滑行检测一样（再生制动滑行中再生制动有效信号在断开的情况下也进行空气制动的滑行控制）。互相比较每辆车 4 条轴速，根据图 4-18 所示的控制原理进行制动力大小的控制。根据对 RV 阀（排气阀）和 HV 阀（保压阀）进行 ON/OFF 操作，从而间接对 BC 进行排气、保压、充气控制，使压力值减小、不变或增加。当 BCU 检测到 A 点条件成立时（表 4-2），控制相应轴的防滑阀以阶梯方式排出 BC 压力；BC 压力降低后，该轴的滑行得到控制，接着随其速度降低，B 点条件成立，便停止 BC 压力的排气，呈保持状态；当 C 点条件成立时，重新升高 BC 压力恢复为发生滑行前的正常状态。

1. 滑行检测

对来自各轴的速度信号取样，求出列车参考速度，实时进行各轴之间的相对比较，根据以下作用以轴单位进行黏着恢复（再黏着）控制。在再生制动有效信号为 ON 时进行电制动滑行检测，OFF 时进行空气制动滑行检测。如图 4-18 中的 A 点所示，如果处于电制动工况，检测到滑行时进行再生模式（制动力大小）选择，如果是空气制动时检测到滑行，则输出防滑阀排气指令，使制动缸压力降低。此外，在速度 5 km/h 以下或牵引工况停止滑行控制。

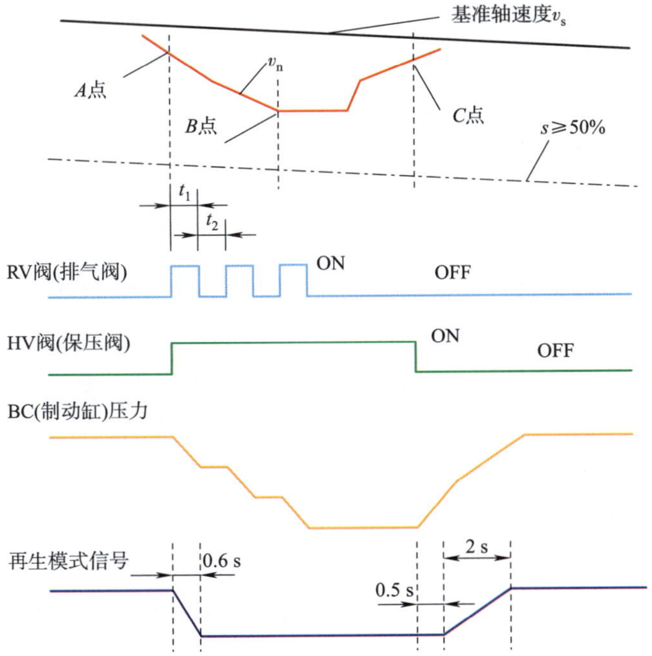

v_s—基准轴速度，接近列车速度；v_n—每根轴速度；s—滑行率。

图 4-18　滑行再黏着控制的时序示意

2. 回复检测(仅限空气制动滑行)

根据滑行轴的轴加速度判断黏着状态,进行回复检测,如图 4-18 中 B 点所示,检测到条件成立则控制防滑阀对该轴的制动缸压力进行保压。

3. 再黏着检测

检测到滑行轴的速度差在设定值以内时即为黏着恢复(再黏着)点,如图 4-18 中 C 点所示。在进行上述检测时,如果处于电制动工况,回到再生制动模式(正常制动力大小);如果是空气制动,则该轴恢复正常制动状态。

表 4-2 防滑控制过程中的 A 点、B 点、C 点的检测原理

检测方式	A 点	B 点	C 点
β 方式	$\beta>10$ km/h/s,$\Delta v>3$ km/h	$\beta<2$ km/h/s	$\Delta v<4$ km/h,$\beta>0$
Δv 方式	$\Delta v>$(基准轴速度×0.1+5) km/h,$\beta>3$ km/h/s	$\beta<2$ km/h/s	$\Delta v<4$ km/h,$\beta>0$

除 CRH2 型动车组的防滑控制方式外,CRH3 型动车组的防滑控制也具有代表性,其采用克诺尔公司 MGS2 型防滑控制系统,该系统基于 ESRA 电子平台,MGS2 型及其算法遵守 UIC 541-05 中有关列车防滑控制系统的要求。CRH3 型动车组转向架的每根轴上都安装有速度传感器。车辆运行时速度传感器将电压脉冲信号传送给 BCU,BCU 根据该脉冲的频率计算轮对的速度,通过对速度差、减速度等参数的计算来判断车轮是否滑行。如果 BCU 检测到滑行,它将向防滑阀发出指令,使制动缸排气、保压、充气,通过控制制动缸压力来校正该轴的车轮滑行,从而起到防滑保护的作用,采用主要车轮滑行检测参数即速度差、减速度、滑移率和减速度微分,极个别采用速度差微分。CRH3C 型动车组制动系统通过检测速度差和单个轴的减速度来判断车轮滑行是否发生,并通过控制制动力来校正车轮滑行。

当制动控制单元读取速度传感器监测到的车轮转速,通过评估不同轮对的制动减速度情况,判断其减速度是否超出限制值,并依据减速度情况控制制动缸的压力,实现制动力的增大、保持和减小,最终消除车轮的滑行现象。另外,在依据加速度进行控制的同时,也采用速度差控制,通过将不同车轮转速与本车车轮中的最高转速相对比,判断是否有滑行,以控制制动力,消除滑行。

CRH3 型动车组防滑控制系统包括两套防滑装置,其中一套防滑装置安装在牵引控制单元 TCU,单通道速度传感器安装在动车转向架的牵引电机上,因此能给每辆动车的电制动提供防滑控制功能。如果在制动过程中发生滑行,则制动力减少。另一套防滑装置集成在电空制动系统中,通过各个轮对来实施,该系统由防滑阀(每个轴都配备)、测速齿轮(安装在每个轴端)、双通道速度传感器(安装在每个轴端)和 BCU 组成。

电制动和空气制动的防滑控制系统既相互独立又相互协调工作。在滑行的情况下,电制动的防滑控制基于本身速度传感器的极限值起作用,因此不需要电空制动的防滑控制系统的任何信息。电制动防滑的控制参数一般比电空制动防滑的控制参数更灵敏。因此,电制动防滑首先启用，在电制动防滑不能有效降低滑行程度的情况下，电空制动的防滑控制启用。当电空制动防滑功能需要降低电制动力时，BCU 将向相应 TCU 发送电制动降低信号，原理如图 4-19 所示。

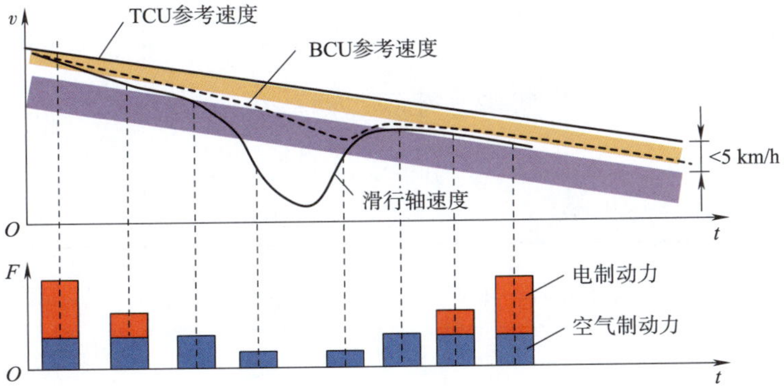

图 4-19　电空复合制动防滑控制作用过程示意

在动车轴上，两套车轮滑行保护系统即电制动的车轮滑行保护和电空制动的车轮滑行保护同时起作用，既适用于列车实施常用制动，也适用于列车实施紧急制动。

常用制动时，牵引控制单元中的防滑调节器设定值较空气制动防滑设定值更敏感。一旦发生滑动，牵引控制单元中的防滑装置优化动作，减少已有的电制动力。如果动力轴仍发生严重的滑动，则空气制动调节器发送一个减小制动力信号给牵引控制单元 TCU，后者将进一步减小电制动力(空气制动的防滑系统将把降低电制动力的信号作为总线信号，这个信号的范围为 0～100%)

紧急制动时，空气制动防滑设定值较牵引控制单元中的防滑调节器防滑设定值敏感，BCU 承担对制动系统电制动力大小的调整，此时，TCU 仅监视电制动力的调整是否在预先设定的最大值上，如果紧急制动时 TCU 和 BCU 间的 MVB 通信失败，则 BCU 将自动调节制动力大小。

下面以某实车电制动防滑试验为例，说明高速列车电空复合制动防滑控制的工作过程。通过在轨面喷射不同比例的减摩液，可诱导钢轨表面的低黏着状态。使用 50 L∶0 L、50 L∶4 L、50 L∶8 L 和 50 L∶16 L 的比例，将水和洗涤剂配制成减摩液。喷洒减摩液的出水口朝向第一轴移动的方向安装。在试验中，主手柄先处于全牵引水平，动车组的速度从 0 加速到 160 km/h，然后将主手柄置于最大制动位，列车从 160 km/h 减速至 0。制动期间，持续喷洒减摩液并记录手柄级位、拖车速度、动车轴速、电制动力给定值和反馈值、撒砂状态、滑行标志位、制动缸压力、牵引变流器输出电压、牵引电机电流等信息。

为了定量对比不同控制策略下电制动系统的防滑性能，引入电能利用率 PEU，可以定义为电制动力响应值与给定值之比的平均值。

试验结果如图 4-20 所示，在 140.9 km/h 时列车第二轴出现滑行，车速降至 13.8 km/h

时制动缓解，期间未发生电制动切除。在 13.8～140.9 km/h 之间，第二轴的 PEU 约为 67.9%，第三轴的 PEU 约为 62.7%，第一辆车的 PEU 约为 65.3%。

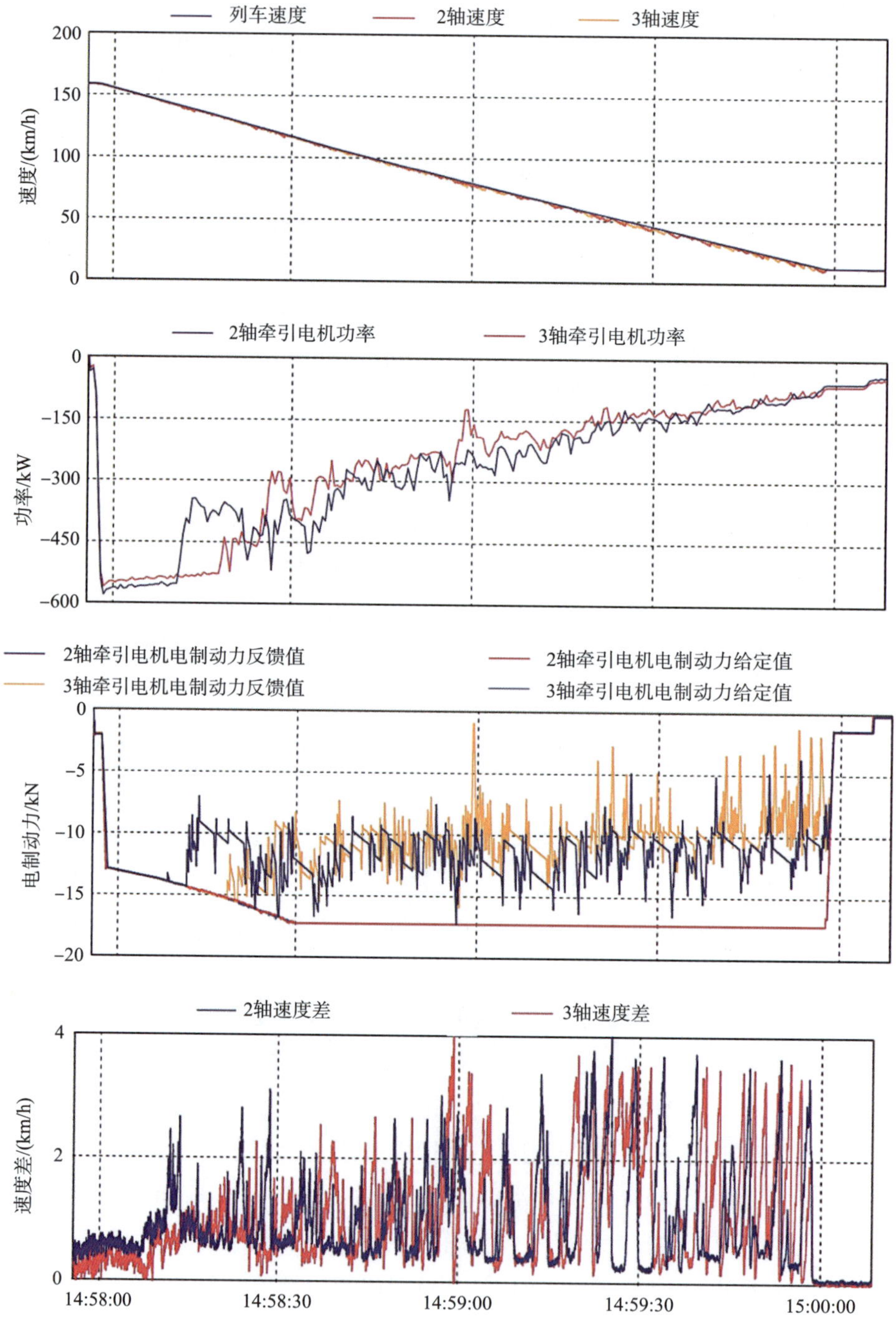

图 4-20 电制动防滑试验结果举例

第 5 章　高速列车防滑控制仿真建模方法

轨道交通的制动控制决定着列车的安全和制动性能，其新的制动设备或控制算法在装车前需要进行试验验证。但是，进行实车制动试验需要巨大的成本，可通过轨道列车制动系统的建模，模拟各种环境甚至极端条件下的车辆运行工况，在实车试验之前通过仿真节省大量人力、物力。目前轨道列车大多采用的是黏着制动，在低黏着工况下，制动力大于轮轨间所能提供的最大黏着力时，就会产生滑行。如果不采取有效的控制措施，将导致轮对踏面擦伤，因此在制动控制仿真建模的过程中有必要考虑轮轨黏着特性。高速列车的制动过程中需要对每个轮对的运动状态进行防滑判断并加以控制，以便能够更好地对高速列车的防滑控制进行研究。

本章首先概述了系统、模型、仿真的基本定义、系统模型的分类和制动常用的建模工具，再根据制动系统的结构特点、工作原理和黏着特性，基于多个专业软件联合仿真的方法，建立了 1/8 车辆制动系统仿真模型和单节车的仿真平台；对各个子系统进行了验证，并输出了相应的仿真结果。

5.1　系统、模型、仿真概述

建模与仿真是指构造现实世界实际系统的模型并在计算机上进行仿真的有关复杂活动，它主要包括实际系统、模型和计算机三个基本部分，同时考虑三个基本部分之间的关系，即建模关系和仿真关系，如图 5-1 所示。建模关系主要研究实际系统与模型之间的关系，它通过对实际系统的观测和检测，在忽略次要因素及不可检测变量的基础上，用数学的方法进行描述，从而获得实际系统的简化近似模型。仿真关系主要研究计算机的程序实现与模型之间的关系，其程序能为计算机所接受并在计算机上运行。

系统、模型、仿真三者的定义如下：

1. 系统

系统是相互作用、相互依存的若干组成部分按照某些规律有机结合而成的具有特定功能的事物总体。系统具有给定的边界、输入和输出，其三要素为：

(1)实体：存在于系统中的确定的主体，确定了系统的构成和边界。

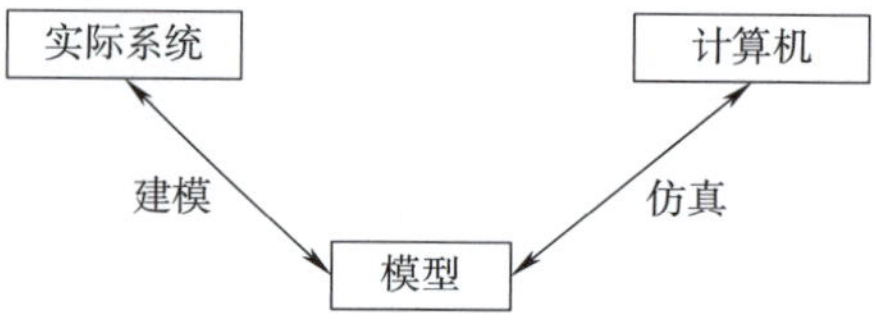

图 5-1 建模与仿真的基本组成和相互关系

(2)属性:实体所具有的每一项有效的特征,称为描述变量。

(3)活动:活动定义了系统内部实体之间的相互作用,从而确定了系统内部的变化过程和变化规律。

2. 模型

系统模型是对实际系统的抽象表现,是关于部分现实世界和为一种特殊目的而建立的一个抽象的、简化的结构。数学模型是为了某种目的,用字母、数字及其他数学符号建立起来的等式或不等式以及图表、框图等描述客观事物的特征及其内在联系的数学结构表达式。数学模型包括原始系统数学模型(一次建模)和仿真系统数学模型(二次建模)。

3. 仿真

数学模型的任务是确定系统模型的类型;建立模型结构,通常指方程的阶次;确定模型相应参数,其参数指方程中的系数。

5.1.1 系统模型分类

1. 连续系统

连续系统的特征是系统状态变化在时间上是连续的,可以用方程和结构图来描述系统模型,如过程控制系统、调速系统、伺服控制系统等。连续系统广泛存在于机械、电气、航空、航天、航海、动力、控制、化工等工业领域中,其模型形式可以分为三大类:

(1)集中参数系统模型,一般用常微分方程(组)表述。

(2)分布参数系统模型,一般用偏微分方程(组)表述。

(3)离散时间模型,其中的差分模型归为连续系统仿真范畴。

2. 离散系统

离散系统是指在某些随机时间点上系统的状态变量只在某个离散的时间点集合上发生变化的系统。离散系统仿真与连续系统仿真的主要区别在于状态变化发生在随机时间点上这种引起状态变化的行为称为“事件”,因而这类系统是由事件驱动的。

5.1.2　建模方法的分类

1. 解析法

根据系统的工作原理，运用一些已知的定理、定律和原理，进行理论分析计算，推导出描述系统的数学模型，即理论建模方法，适用于白箱问题。

图 5-2　解析法的建模

2. 试验法

对于已经存在或建立的实际系统，利用仪器仪表对系统施加一定类型的输入信号，通过测取系统在输入作用下的输出响应，加以必要的数据处理和数学计算，估计出系统的数学模型，对象是黑箱问题。

图 5-3　试验法的建模

3. 综合法

将解析法和试验法两种方法结合起来，即运用分析法列出系统的理论数学模型，运用系统辨识法来确定模型的参数，也称为灰箱问题。

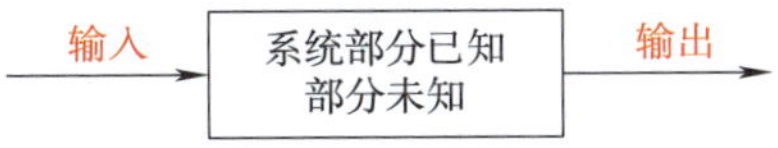

图 5-4　综合法的建模

除了上述三个最为基础的建模方法之外，还有图解建模法、层次分析法、概率统计法等。连续系统的建模方法主要分为外部描述法和内部描述法，如图 5-5 所示。

5.1.3　建模步骤划分

1. 准备阶段

了解问题的实际背景，明确建模目的，搜集必需的信息，尽量弄清对象的特征。

2. 系统认识阶段(模型假设)

根据对象的特征和建模目的，对问题进行必要的、合理的简化，用精确的语言作出假设，是建模至关重要的一步。如果对问题的所有因素一概考虑，无疑是一种有勇气但方法欠佳

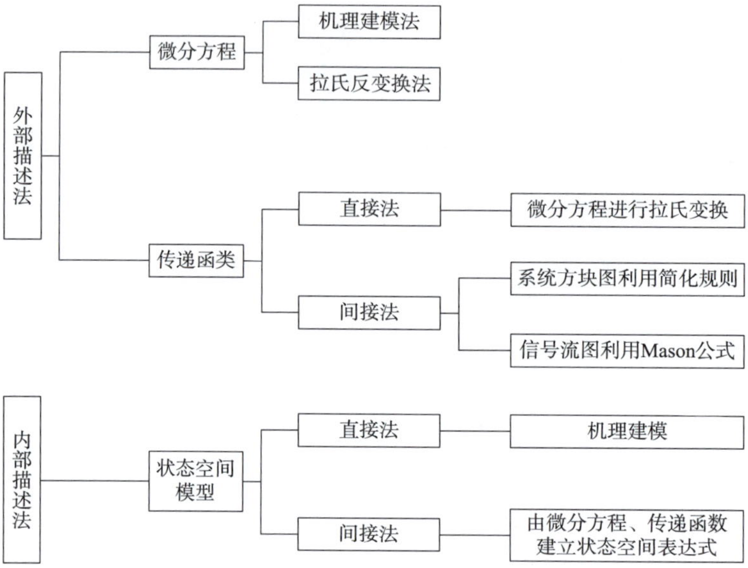

图 5-5　连续系统常用模型及建模方法

的行为，所以高超的建模者能充分发挥想象力、洞察力和判断力，善于辨别主次，而且为了使处理方法简单，应尽量使问题线性化、均匀化。

3. 系统建模阶段

根据所作假设分析对象的因果关系，利用对象的内在规律和适当的数学工具，构造各个量间的等式关系或其他数学结构。可以利用各种数学工具，如：图论、排队论、线性规划、对策论等。值得注意的是，建立数学模型是为了让更多的人明白并能加以应用，因此工具愈简单愈有价值。

4. 模型求解阶段

可以采用解方程、画图形、证明定理、逻辑运算、数值运算等各种数学方法，特别是计算机技术进行模型求解。遇到实际问题的解决往往需要纷繁的计算，许多时候还得将系统运行情况用计算机模拟出来，因此编程和熟悉数学软件包的能力举足轻重。

5. 模型检验与修正

建立数学模型的目的是解决实际问题，因此必须把模型所得到的结果返回到实际问题中。如果符合，说明模型是可用的；如果不符合，要重新检查建模的过程和基本假设是否合理。

6. 模型分析

对数学模型的求解结果需要进行数学上的分析。能否对模型结果作出细致精当的分析，决定了模型能否达到更高的档次。不论哪种情况都需进行误差分析、数据稳定性分析。

系统建模的主要步骤及复杂系统建模步骤如图 5-6 所示。

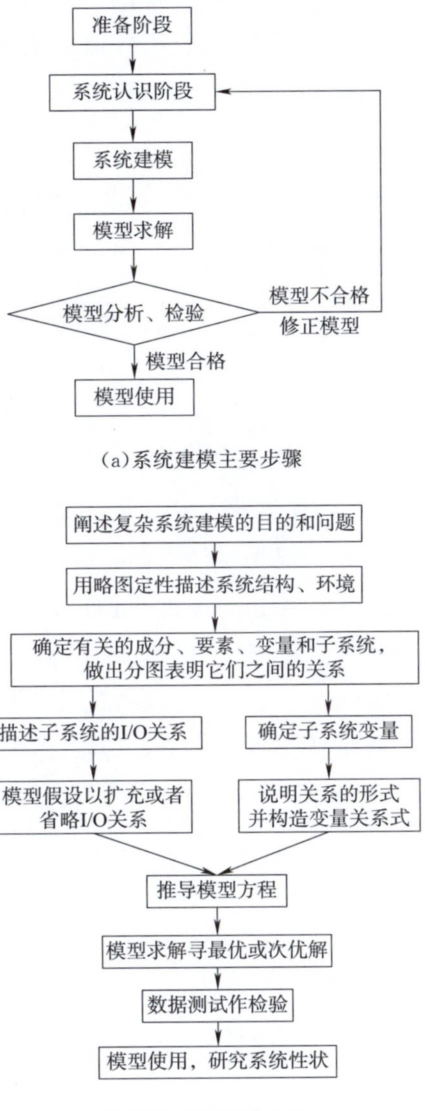

图 5-6　系统建模步骤

5.2　制动仿真建模工具

建立数学模型是为了解决现实问题，所以在建立一个数学模型之后必须寻求有效的求解方法，事实上一个好的数学模型应该是相对易于求解的，且已成为评价数学模型优劣的准则之一。在数值模拟中，模型的数值求解是关键技术之一。现实问题往往是复杂的，能够得到解的解析表达式的数学模型是极少数，大部分数学模型依赖于计算机数值求解。近年来，人们发展了一种通过数学建模、数值求解和将计算结果用图形、图像、声音和其他多媒体技术模拟现实问题发生和发展的全过程的方法，称为数值模拟或仿真。数值模拟可以在一种方案或计划尚未真正实施之前，预知实施时会发生什么以及该方案或计划实施的后果，也可以在一种产品未曾制造出来之前预知其性能。

目前，制动仿真常用的仿真工具有 MATLAB/Simulink、AMESim 和 SIMPACK 软件等。

5.2.1 MATLAB/Simulink 软件基本介绍

MATLAB 软件的名字由 matrix 和 laboratory 两个单词的前三个字母组合而成，即矩阵试验室，是美国 MathWorks 公司自 20 世纪 80 年代中期推出的数学软件，其具备优秀的数值计算能力和卓越的数据可视化能力使该软件很快地在数学软件中脱颖而出。随着版本的不断升级，它在数值计算及符号计算功能上得到了进一步完善，现已发展成为汇集多种学科、多种工作平台的功能强大的大型软件。

Simulink 是 MATLAB 软件最重要的组件之一，如图 5-7 所示。它提供一个动态系统建模、仿真和综合分析的集成环境。Simulink 适应面广，包括线性、非线性系统，离散、连续、混合系统以及单任务、多任务离散事件系统，结构流程清晰，仿真精细，贴合实际。Simulink 在视觉上表现为直观的方框图；文件上则是扩展名为 MDL 的 ASCII 代码；数学上体现了一组微分方程或差分方程；在行为上模拟了物理器件构成的实际系统的动态性状。Simulink 模型通常包括信源（source）、系统（system）以及信宿（link）三种组件，其结构如图 5-8 所示。

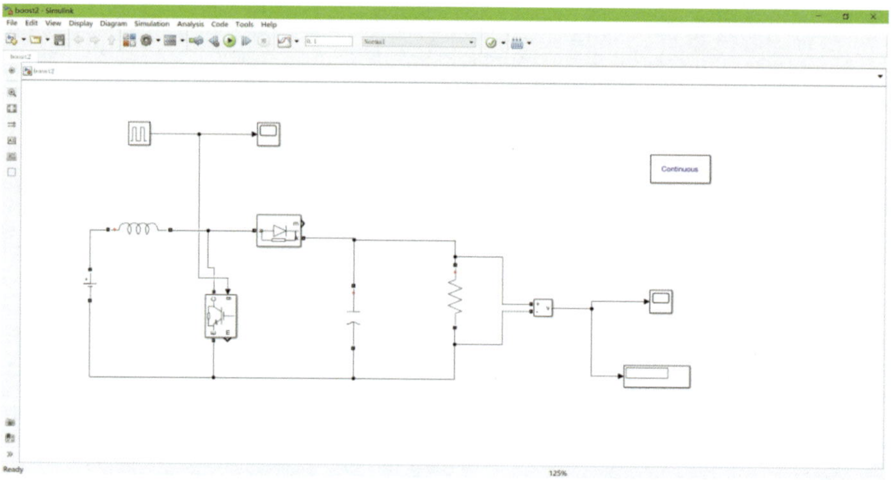

图 5-7 MATLAB/Simulink 软件

图 5-8 Simulink 模型的一般性结构

5. 2. 2　AMESim 软件基本介绍

AMESim(Advanced Modeling Environment for Simulations of engineering systems)仿真软件是由法国 IMAGINE 公司在 1995 年正式推出，如图 5-9 所示。AMESim 仿真软件可以给用户提供简便的拖拽式模块搭建平台。该软件集成了不同领域的基础元件模块，能够满足用户在单个设计平台搭建电液、气动、热、磁等多领域复杂工程模型，并提供可视化的结果观察。用户不仅可以通过软件自带的模型进行系统设计仿真，还能通过自建模型进行组建自己的模型库。

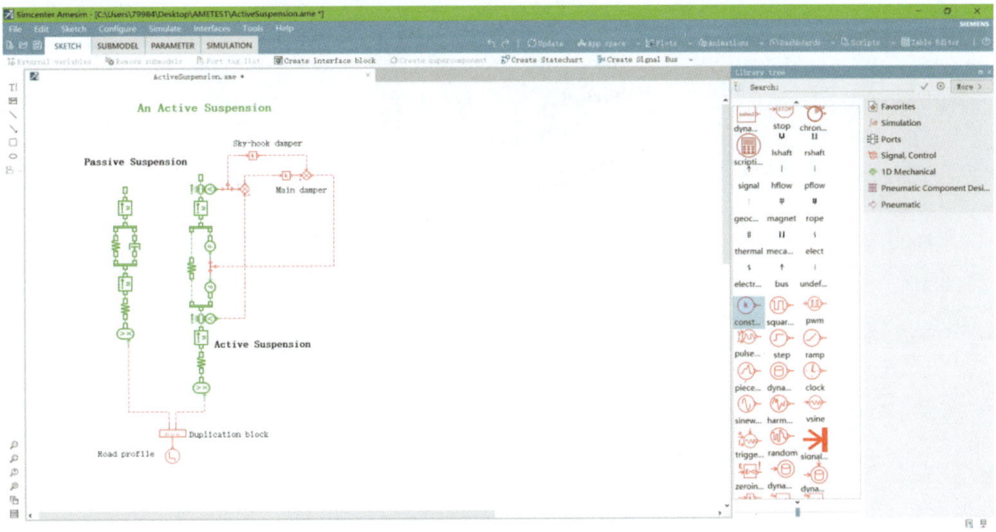

图 5-9　AMESim 软件

AMESim 软件由基本环境、各类应用元件库及与其他软件的接口三大部分组成。基本环境包括 AMESim、AMESet、AMECustom、AMERun 及 AMEHelp。各类应用元件库包括控制元件库、机械元件库、流体元件库、电磁元件库、热分析元件库以及内燃机元件库等。另外，AMESim 软件还提供了与多种软件的接口，如 MATLAB、ADAMS、XPC、OPTIMUS、EXCEL 等。

AMESim 软件可以进行多学科领域的建模仿真，具有鲁棒性极强的智能求解器，仿真精度高的优点；采用图形化物理建模方式，用尽可能少的元件，建立一个复杂系统的模型。AMESim 软件的建模方式分为数学方程级、方块图级、基本元素级和元件级四个层次。

5. 2. 3　SIMPACK 软件基本介绍

SIMPACK 是一款通用的多体仿真软件，如图 5-10 所示，可以帮助工程师进行机械分析和机电系统设计，为德国 SIMPACKAG 公司的重要产品。SIMPACK 软件主要用于汽车、铁路车辆、发动机、风力涡轮机、电力传输和航空航天工业等领域对单个组件的设计和系统分析。除了可以考虑内部动力学和控制因素外，SIMPACK 软件还可以考虑任何外部因素对系统的影响，例如地面扰动和空气动力载荷。由于采用了最新多体系统动力学解算技术，SIMPACK 软件的求解器在同类产品中居于领先地位，它的求解器解算速度最快、精度最高、稳定性最好，并且在保证高解算速度和强稳定性的同时良好地兼顾了操作特性。同时，SIMPACK 软件具有全代码输出以及实时仿真功能，可以实现 HIL 仿真，这也是其他多体动力学软件所不具备的。

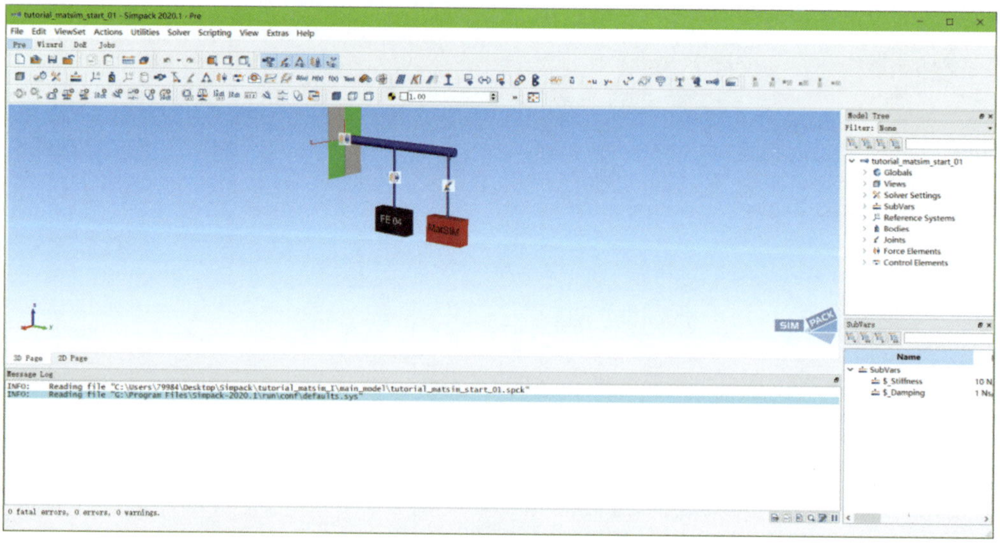

图 5-10 SIMPACK 软件

SIMPACK Wheel/Rail 模块用于分析和设计任何类型的轨道车辆或机械装置，比如过山车、物料搬运系统、有轨电车和完整的铰接式高速列车等，是铁路系统领先的 MBS 软件。其突出特点是具有较强的灵活性，子系统结构可实现多车建模，强大的轨道编辑器，可独立处理每一个车轮，可扩展的细节和复杂性，可批量作业自动分析报告，可选择的蠕滑和轮轨力处理方法，特有的道岔设计、传动系设计和制动系统设计。因此，SIMPACK 软件可以作为列车动力学方面的主要仿真环境。

5.2.4 联合仿真建模方法

轨道交通车辆制动系统是一个综合的、复杂的系统，包括机械、气压与控制等子系统，各子系统之间相互联系、相互影响共同协作，实现列车的制动。因此，在进行列车制动系统制动特性评定分析时需要综合考虑各子系统的影响。车辆制动系统制动特性的最终表现形式是列车动力学特性以及安全性指标的变化，如制动距离、脱轨系数、轮轨横向力、轮重减载率等。为准确、全面地研究和分析轨道车辆制动系统的制动特性，可以使用联合仿真的方法建立列车制动仿真平台。

联合仿真被定义为两个或多个在表示方式和运行环境上存在差异的模型的协同执行。在联合仿真中,形成耦合关系的不同子系统以分布式方式进行建模和仿真。在仿真过程中,子系统之间将交换数据。目前,对于轨道车辆制动系统,单领域内的仿真软件已经相当成熟。由于涉及多个学科领域,在同一个仿真领域内实现制动系统完整、准确地仿真有一定难度,所以可以考虑充分发挥各软件的专业领域仿真功能。例如,AMESim 软件更专注于流体方面的仿真,可以搭建列车制动的空气制动系统部分;SIMPACK 软件则更擅长机械和运动学方面的计算,可以作为列车动力学的主要仿真环境;MATLAB/Simulink 软件的适用面广,且接口丰富,可以作为仿真的主要环境。因此,本书主要通过多种软件协同分析实现制动系统的整体性能。

1. 联合仿真接口

各个软件的数据传输和协同工作,需要通过联合仿真接口来完成,如图 5-11 所示。

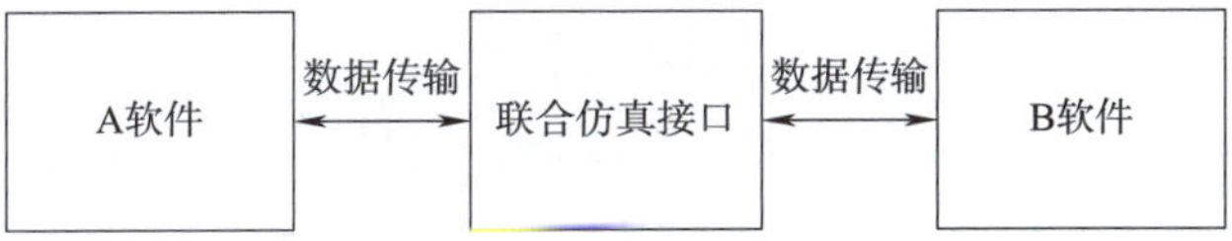

图 5-11　联合仿真接口

(1)MATLAB/Simulink 和 AMESim 软件的联合仿真接口

①将 Simulink 模型导入至 AMESim 软件;

②将 AMESim 模型导入至 Simulink(SimulinkCosim 方式)。

有时 Simulink 系统非常复杂,在这种情况下将其导入 AMESim 软件可能不是最佳解决方案。在选择何种接口时,可以参照以下规则:

如果 Simulink 模型较小而 AMESim 模型较大,则将 Simulink 模型放入 AMESim 软件中;如果需要访问 AMESim 软件中的独特功能,可以将 Simulink 模型放入 AMESim 软件中;如果需要使用 MATLAB/Simulink 软件中的特殊功能,可以将 AMESim 模型放入 Simulink 软件中。

(2)MATLAB/Simulink 和 SIMPACK 软件的联合仿真接口

在动力学软件中,SIMPACK 软件是与 MATLAB 软件接口最丰富的一个软件。SIMPACK 软件与 MATLAB 软件之间的接口一般来说有以下三种:

①matsim 接口

在 MATLAB 软件中将控制程序输出成 DLL 文件,此 DLL 文件将作为 SIMPACK 软件中的控制力元来使用。

②sitam 接口

sitam 接口有两种形式,一种是将 SIMPACK 软件中的模型线性化,输出成 MATLAB

软件中的状态空间(A、B、C、D 四个矩阵)并在 MATLAB 软件中引用;另一种是联合仿真,使用 MATLAB 软件仿真控制,SIMPACK 仿真动力学,二者实时交换数据。

③模型输出(FMU)

SIMPACK 软件可以使用模型输出,将动力学模型输出成 MATLAB 软件中的 S-function。

由于 MATLAB/Simulink 软件接口丰富,可以作为主仿真环境,使用 Co-Simulation 和 sitam 接口,如图 5-12 所示。

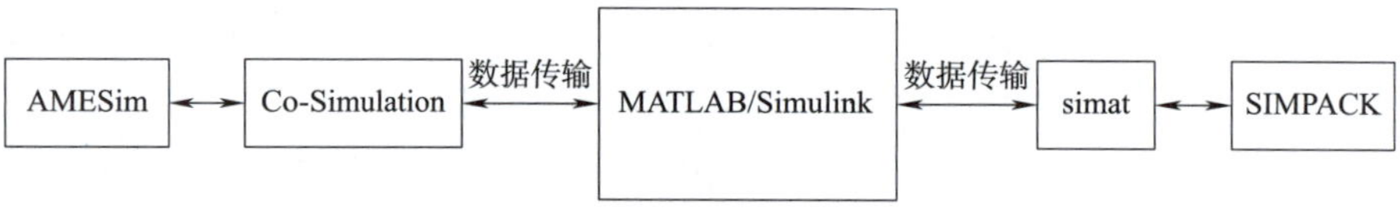

图 5-12　以 MATLAB 软件为主的联合仿真环境的搭建

2. 添加联合仿真模块

(1)在 Simulink 中设置

①与 AMESim 软件的接口(Co-Simulation 方式)

如图 5-13(a)、图 5-13(b)所示,在 Simulink 中通过设置 S-Function 模块的相关参数,并选择 AMESim 生成的 C 语言文件,建立联合仿真模块。

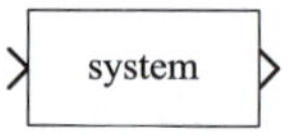

(a)S-Function 模块

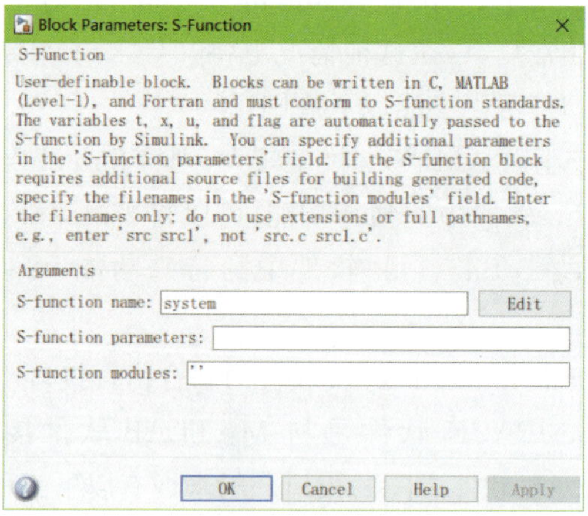

(b)模块参数设置

图 5-13　在 Simulink 中设置和 AMESim 软件的接口

②与 SIMPACK 软件的接口(simat 方式)

在 Simulink 中设置 simat 接口,需要在命令行窗口中输入"simat",并设置模块中的相应参数,与 SIMPACK 软件中的设置一致,如图 5-14 所示。

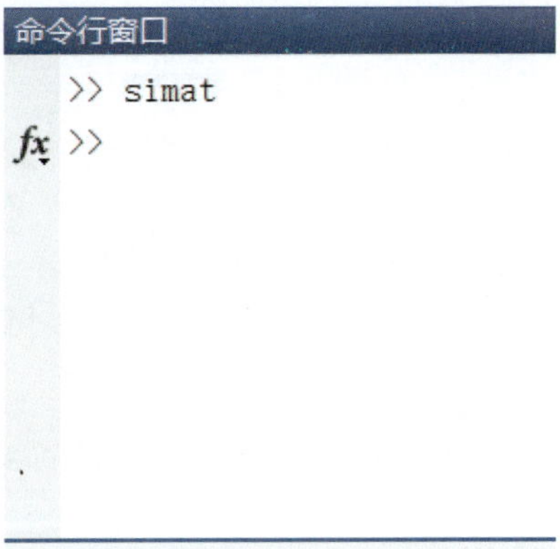

(a)在命令行窗口中输入

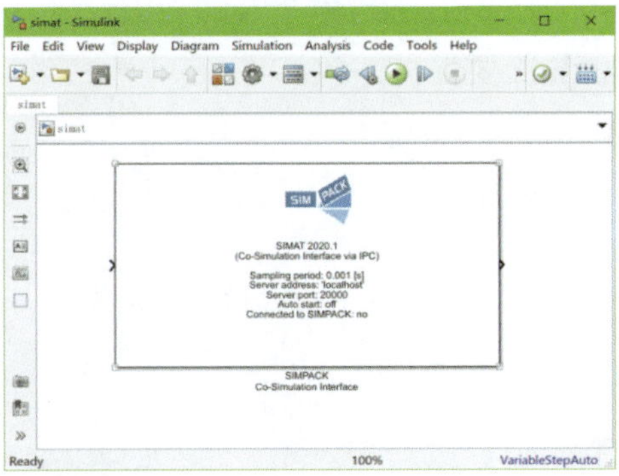

(b)Simulink 中的 simat 接口

图 5-14　在 Simulink 中设置和 SIMPACK 软件的接口

(2)在 AMESim 软件中设置

如图 5-15(a)、图 5-15(b)所示,在 AMESim 软件上方栏目中,选择 Interfaces 中的 Create interface block,并设置模块输入和输出的数量以及模块中相应的名称。

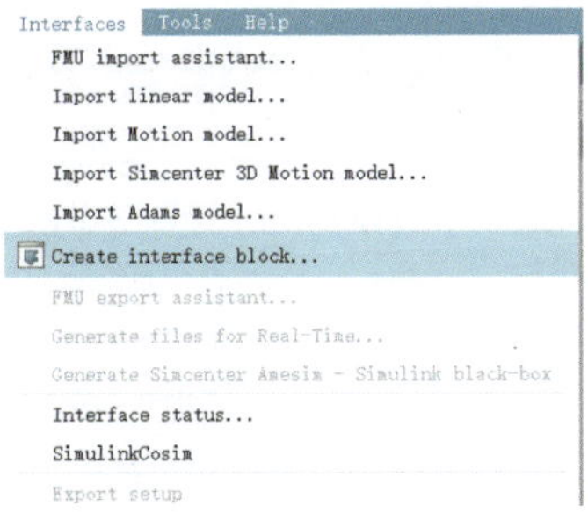

(a)创建接口模块

图　5-15

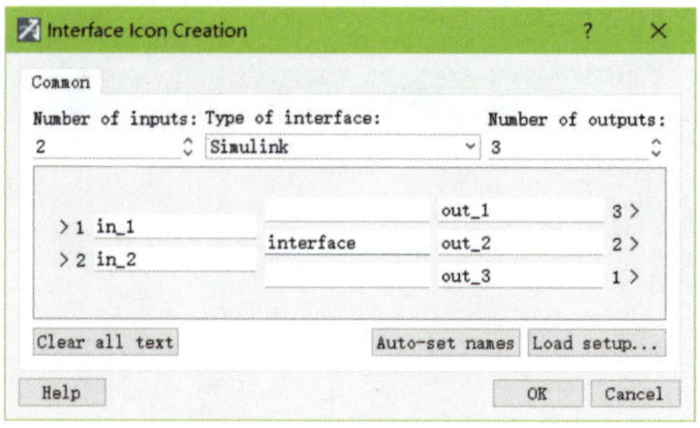

(b)设置模块参数

图 5-15　在 AMESim 软件中设置和 Simulink 的接口

(3)在 SIMPACK 软件中设置

如图 5-16(a)、图 5-16(b)所示，在 SIMPACK 软件中设置好模型的输入和输出后，选择右侧栏中的 Solver Settings 的子选项，进行解析器的相关设置，选择 Co-Simulation 选项卡，其中联合仿真的设置和 Simulink 要保持一致。

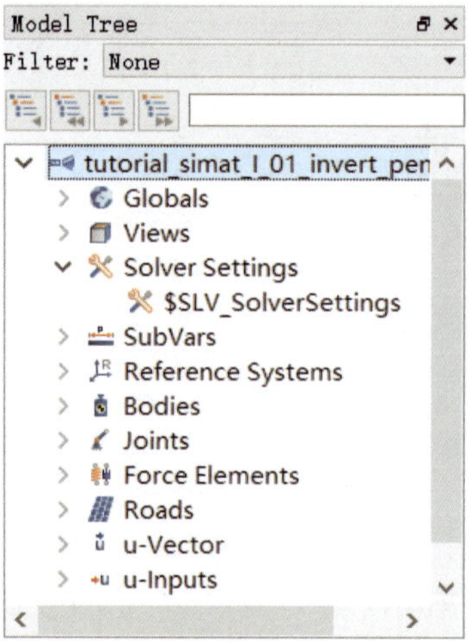

(a)解析器设置

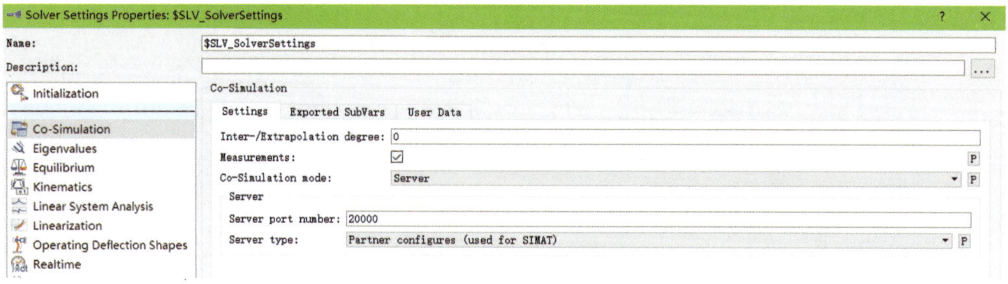

(b)联合仿真设置

图 5-16　在 SIMPACK 软件中设置和 Simulink 的接口

5.3　列车制动系统

本节以某型动车组为例，介绍其列车制动系统的组成和工作特性。

1. 空气制动系统

该型动车组空气制动系统包括制动供风系统、制动控制系统和制动执行系统。为了保证列车运行安全，基于“故障导向安全”的原则，该型动车组制动系统包括由电气指令微机控制的直通式空气制动系统以及作为备用制动系统的自动式空气制动系统，本节主要研究直通式空气制动系统的工作特性。

(1)制动供风系统

该型动车组包含 2 套压力空气供给系统，主要由电动空气压缩机、空气干燥装置、微孔滤油器、风缸、管路、塞门及安全阀等组成。压力空气通过两根风管贯通全列车，其中一根是制动风管，用于列车空气制动的控制，其压力保持在 600 kPa；另一根是列车主风管，用于列车所有连接空气系统的设备供气，如车门、空气弹簧等，其压力保持在 800～1 000 kPa，如图 5-17 所示。

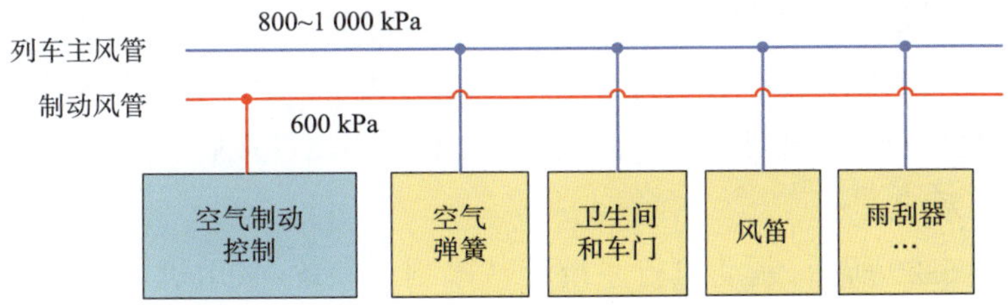

图 5-17　制动供风系统

(2)制动控制系统

高速列车采用微机控制的直通电空制动系统，其典型的结构组成主要有制动指令与传输单元、电子制动控制单元(electronic braking control unit，EBCU)、气制动控制单元(pneumatic braking control unit，PBCU)、电制动控制单元、基础制动装置、防滑控制装置、供风单元、供风管路等，其结构原理如图 5-18 所示。制动控制装置通过列车控制与管理系统(train control and management system，TCMS)接收来自司机制动控制器或 ATP 的制动指令，考虑车辆速度、空气弹簧压力等各项因素，计算必要的空气制动力，输出到电空转换阀进行电空转换得到目标制动缸压力 P_0，然后供给中继阀，经中继阀流量放大后，压缩空气通过防滑阀输出实际制动缸压力 P 到达制动缸，最终输出列车制动力 F_b。

高速列车运行过程中的制动模式主要分为常用制动、紧急制动 EB 和紧急制动 UB 三种。常用制动采用电空复合制动，优先使用再生制动，在整车范围内进行制动力的分配与控

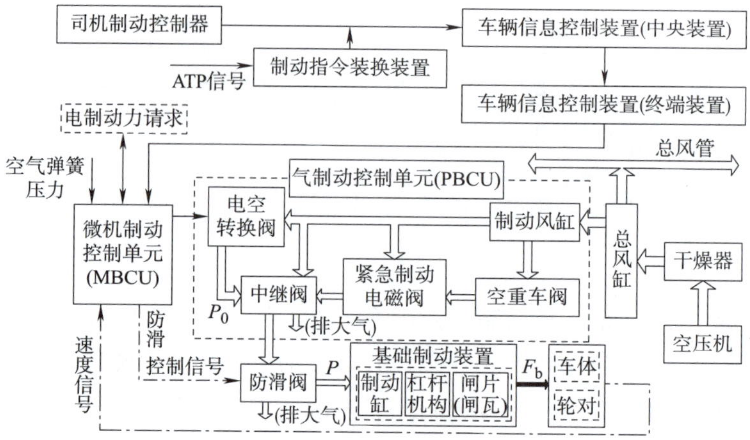

图 5-18　高速列车制动系统结构原理

制，根据预先设定的制动减速度曲线施加制动力控制动车组的减速或停车。紧急制动 EB 是在设备正常情况下实施的紧急制动，由电子制动控制单元进行电空复合制动控制，充分利用电制动，按制动减速度曲线施加制动力实施制动控制。紧急制动 EB 由 BCU 控制，采用单车电空复合制动方式，在动车优先使用电制动力，如果电制动力故障，则施加空气制动力，拖车使用空气制动实现本车目标减速度。紧急制动 UB 为纯空气制动，不施加电制动。紧急制动 UB 是通过紧急制动电磁阀失电产生预控压力，不受微机制动控制单元的控制，不考虑冲击极限的限制，首先保证制动距离。一旦紧急制动 UB 被触发，紧急制动电磁阀将失电产生紧急制动，其将保持直到列车完全停止，在此期间不能被缓解。

(3)制动执行系统

如图 5-19、图 5-20 所示，制动执行系统即基础制动装置，采用机械摩擦盘形制动和再生制动两种制动形式，制动闸片采用烧结摩擦镀层的粉末冶金材料。动力轴中间位置安装齿轮箱，两侧安装两个轴式制动盘；非动力轴安装三个轴式制动盘。列车制动时，由制动盘产生的摩擦力以及牵引电机(动力轴)产生的再生制动力形成反向制动力矩，使列车减速并停车。

图 5-19　动力轴制动盘分布

图 5-20　非动力轴制动盘分布

2. 制动功能和 BCU 工作原理

该型动车组的制动功能主要有：常用制动、紧急制动、备用制动及停放制动功能。

(1)常用制动功能

列车在正常运行时，司机通过司控器向列车总线发送制动指令，依次传送至各车制动控制单元，然后进行电空复合制动控制。常用制动模式下，优先采用再生制动，即首先根据列车制动减速度曲线计算出相应制动模式下所需的制动力，再进行分配；动力轴施加再生制动力，不足部分由非动力轴的空气制动力补充，当列车运行速度到达一定程度(10 km/h)，再生制动力不足时，由动力轴上的空气制动力作为补充。我国“和谐号”动车组采用的常用制动控制形式分为有级控制或无级控制，如某型动车组根据制动力的大小设定为 8 个制动等级，其中包含 7 个常用制动等级以及紧急制动 EB，属于有级控制。各制动控制等级下的制动减速度曲线及制动手柄级位分布，如图 5-21 所示。

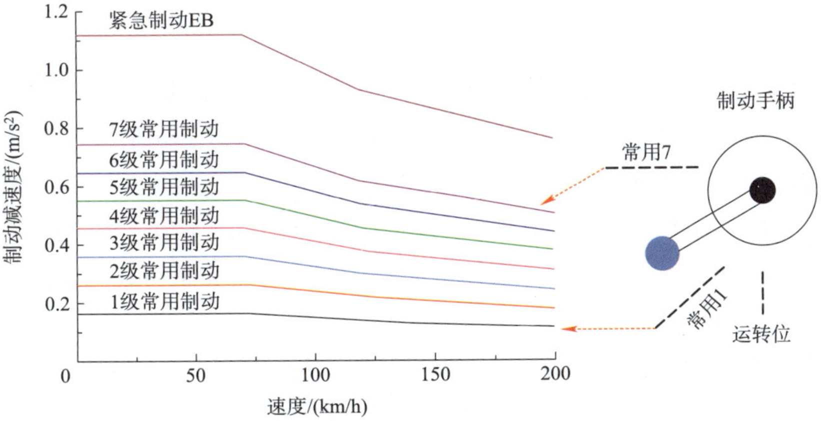

图 5-21　动车有级制动控制手柄及减速度

（2）紧急制动功能

紧急制动是列车在运行过程中，如遇到紧急突发情况时，为保证列车快速停车所采取的制动形式，是列车制动的最高制动等级。此时，列车牵引和电制动被切断，所有车辆施加最大空气制动力。因此，紧急制动性能也是评价列车设计性能的重要依据，研究列车紧急制动性能同样具有重要意义。紧急制动功能下动车 BCU 工作原理如图 5-22 所示。

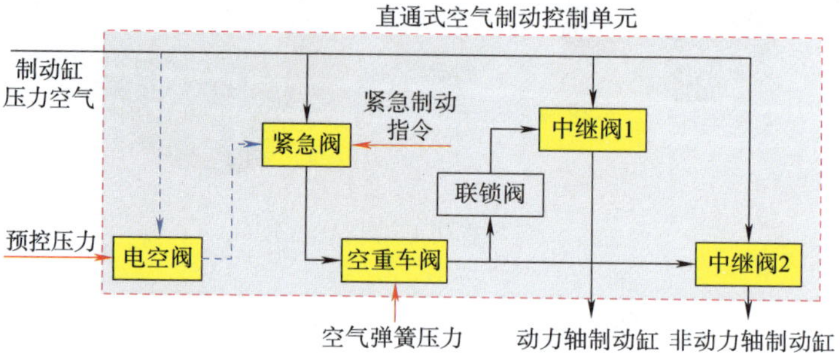

图 5-22　紧急制动功能下动车 BCU 工作原理

（3）备用制动功能

当列车直通式电空制动系统发生故障不能正常作用或列车救援/回送时，列车启动备用制动功能。司机对列车管中的压力进行控制，实现列车的制动。备用制动具有紧急制动功能，当列车启动备用制动功能时，列车不具备电制动功能。

（4）停放制动功能

为了满足列车在坡度为 30‰坡道上停放的要求，该型动车组配备从总风管单独供风的弹簧停放制动装置。当列车正常运行时，压缩空气从总风管经过减压阀、双稳态电磁阀充入停放制动缸内，列车停放制动装置不发挥作用。当列车需要停放时，压缩空气从停放制动缸经双稳态电磁阀排向大气，弹簧推动停放制动活塞，实现列车的停放制动功能。

3. 动车制动力

制动是指人为地通过施加外力从而使物体减速、停止，阻止其运动或加速，对此所施加的外力称为制动力。制动力的方向与列车的运行方向相反，属于列车纵向力。其数值大小始终大于列车运行的基本阻力，因此在制动过程中，制动力起主导作用。制动力的产生有多种方式，如磁轨涡流制动、风阻制动、电制动及传统空气制动。本节主要介绍某型动车组采用空气制动的制动方式，基础制动装置采用钳盘式（制动夹钳和制动盘）结构，其制动力产生的原因与受力分析如图 5-23 所示。

在制动过程中，由来自制动缸的压力空气推动活塞杆，将作用力传递在制动夹钳上，制动闸片受到夹紧力（即制动压力）K 后，制动盘上产生与轮对旋转方向相反的摩擦力 $K\varphi_K$，从而作用于轮对上一个与旋转方向相反的力矩。根据轮轨蠕滑接触条件，在该力矩作用下，车轮将受到来自钢轨的反向摩擦力，即制动力。因此，以单个轮对为研究对象进行受力分

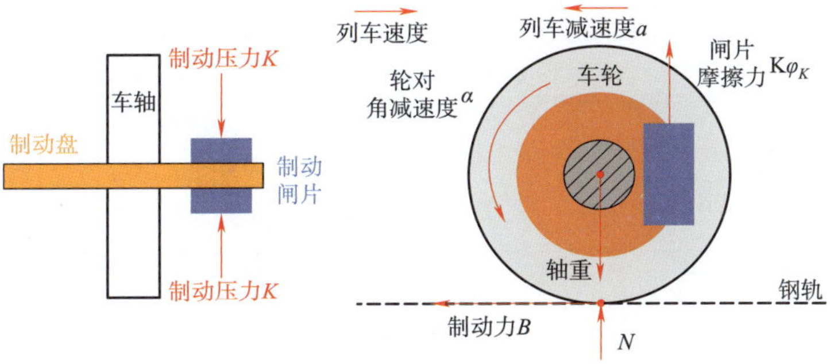

图 5-23　制动力产生的原因与受力分析

析，根据牛顿运动定律列出轮对在制动工况下的运动方程如下：

$$\sum K\varphi_K r - BR = J\alpha \tag{5-1}$$

式中　K——每块制动闸片的压力，N；

φ_K——闸片摩擦系数；

r——制动闸片作用于制动盘上的平均摩擦半径，mm；

B——钢轨反作用于车轮踏面的制动力，N；

R——车轮滚动圆半径，mm；

J——轮对的转动惯量，kg·m^2；

α——轮对的角减速度，rad/s^2。

若忽略轮对的转动惯量 J，则盘形制动所产生的制动力为

$$B = \sum K\varphi_K \frac{r}{R} \tag{5-2}$$

单个闸片产生的制动力为

$$b=K\varphi_K \frac{r}{R} \tag{5-3}$$

5.4　1/8 车辆制动系统仿真平台建立

根据前文的列车制动工作原理可以得出，列车由各种系统组成且互相耦合。为了初步了解列车制动仿真系统的搭建，首先可以在单轮对受力分析的基础上添加 1/8 车体，组成简化的轮对+车辆模型。根据制动系统工作原理，结合制动动力学，将模型划分为三个子模型，主要有制动控制、空气制动、车轮动力学等子模型，如图 5-24 所示。

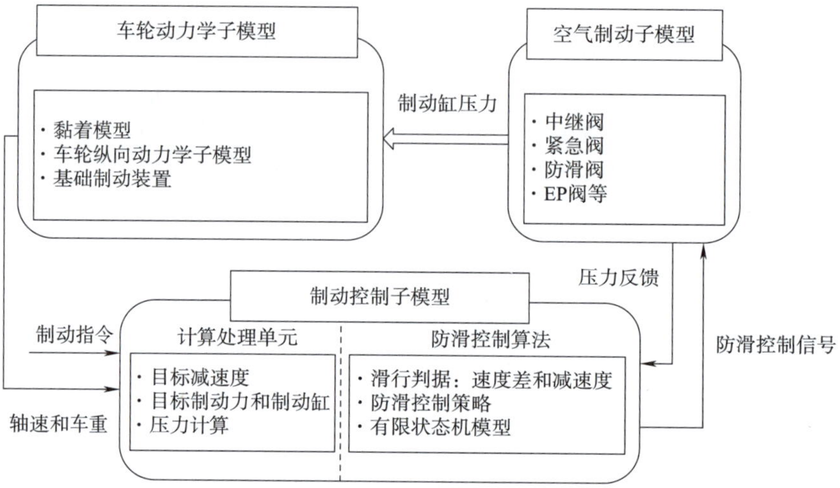

图 5-24 1/8 车辆制动模型

5.4.1 制动控制子模型

制动控制会按照给定的目标减速度和列车的质量进行目标制动力和目标制动缸压力的计算和分配。在轮对发生滑行后，车轮处于低黏着状态，按照防滑控制策略，对制动缸压力进行调节。本节在 MATLAB/Simulink 软件中搭建了目标制动缸压力计算子模型和防滑控制算法。

1. 制动级位

制动级位是根据司机发出的制动指令和当前轨道车辆的车速，控制列车的目标减速度，见表 5-1。

表 5-1 制动级位和减速度的对应关系

制动级位	目标减速度 a_0/(m/s^2)
常用制动	1.0
快速制动	1.2
紧急制动	1.3

2. 目标制动缸压力计算

计算目标制动缸压力 P_0，首先要得到目标制动力

$$F_{b0}=Ma_0 \tag{5-4}$$

式中 F_{b0}——目标制动力，N；

M——列车总质量，kg。

再按式 5-5，将 F_{b0} 转化为 P_0：

$$P_0 = F_{b0} \div \frac{\pi d_z^2 \gamma_z \eta_z \varphi_K (\varphi_1 n_1 + \varphi_2 n_2)}{n_K} \tag{5-5}$$

式中　d_z——制动缸活塞直径，mm；

γ_z——每个制动夹钳的制动倍率；

η_z——制动夹钳的传动效率；

φ_K——闸片摩擦系数；

φ_1, φ_2——轮盘和轴盘的有效制动半径与车轮半径的比值；

n_1, n_2——轮盘和轴盘的个数；

n_K——每个制动夹钳的闸片数目。

3. 防滑控制算法

(1)滑行再黏着控制过程

列车的防滑控制系统要根据外界的输入信号判断车轮的状态，当判断车轮产生滑行时，控制防滑阀动作来降低制动缸压力最终使车轮回到黏着状态。防滑判据是判断车轮是否滑行的依据，其中速度差 Δv 和减速度 β 是最常用的防滑判据。

列车滑行再黏着的控制过程为当某一轮对的运动状态符合 A 点(排风状态)所对应的滑行检测指标(由防滑判据组成)的条件时，若判断为滑行，防滑阀立即动作，使制动缸压强随着排压时间 t_1(t_1=0.06 ms)和保压时间 t_2(t_2=0.15 s)按阶梯式降低，缓解因制动力过大而产生的滑行，其中 m 为常数，取决于防滑阀缓解次数 n_{rel}，见表 5-2。然后，当轮对转速降低到满足 B 点(保压状态)条件时，制动缸压强停止下降，呈保压状态。当符合 C 点(充风状态)条件时，就使制动缸压强重新升高，恢复到发生滑行前的状态，如图 5-25 所示。

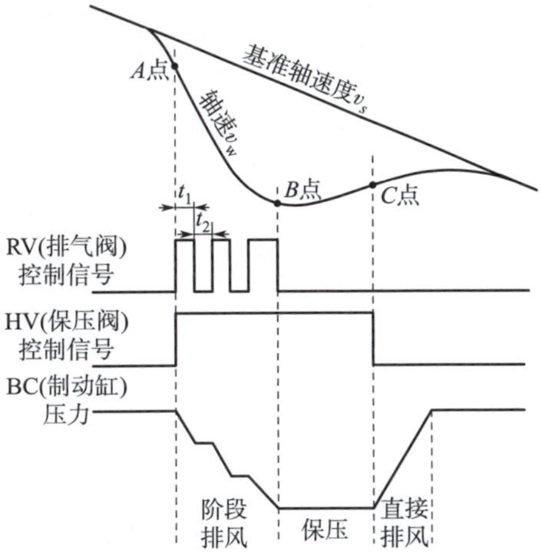

图 5-25　滑行再黏着控制过程

表 5-2　n_{rel} 与 m 的关系

n_{rel}/次	1	2	3	4	≥5
m	1	1	3	5	100

如图 5-26 所示，当检测到车轮滑行，RV 阀第一次排风，排风时间 t_1=0.06 s (n_{rel}=1，m=1)。若在 RV 阀关闭后车轮仍在滑行，RV 阀在 0.15 s 后第二次排风，排风时间仍然为 t_1=0.06 s(n_{rel}=2，m=1)。如果依然滑行，RV 阀在 0.15 s 后进行第三次排风，以此类推，直到车轮轴速到达 B 点后开始保压。

无论是速度差判据、减速度判据，还是各种滑移率判据，制动防滑过程中根据轮对的运动状态是否满足 A、B 和 C 点的判据阈值，根据防滑判据进行不同的制动力调节，其控制流程如图 5-26 所示。该过程中 A、B 和 C 点先后依次经过，不能乱序，否则控制过程会出现逻辑错误，使得系统不稳定。特别是为了消除系统延迟的影响，而在 A、B 点之间进行阶段排风时，控制逻辑更加复杂，使用常规的逻辑判断规则很难对其进行描述和建模。

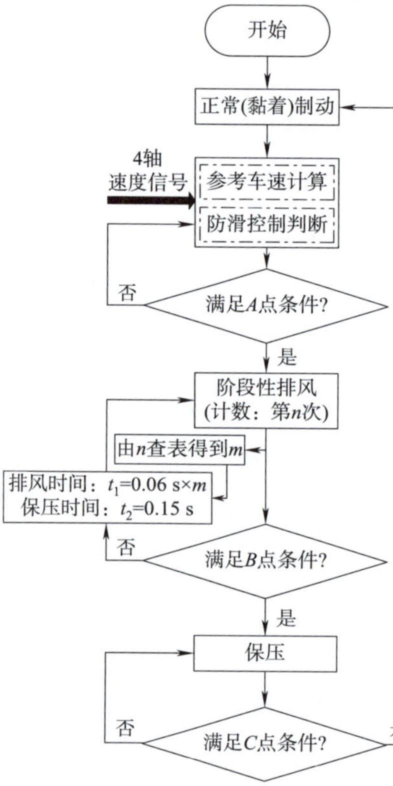

图 5-26　基于逻辑门限值的防滑控制流程

(2)基于有限状态机的制动防滑控制逻辑分析

本书根据制动防滑控制的复杂控制逻辑，将其视为一个经过多个事件驱动和状态切换的有限状态机，分解为有限个稳定状态，通过不同的转移条件在多个状态间切换，实现复杂的制动防滑控制过程。

有限状态机(Finite-statemachine，FSM)，又称有限状态自动机，简称状态机，是表示有限个状态以及在这些状态之间的转移和动作等行为的数学模型，常用来处理各种事件和状态切换，逻辑清晰，结构规整。有限状态机包括三个主要要素：状态(State)、条件(Condition)和动作(Action)。

①状态(State)指的是对象在生命周期内的一种状况，处于某个特定状态中的对象必然会满足某些条件、执行某些动作或是等待某些事件。状态只有两种模式：激活模式和非激活模式。状态根据转移条件又可分为源状态和目标状态，源状态指当前所处的状态，目标状态

指的是转移条件满足后要迁移的状态。目标状态和源状态是相对而言的。状态还应当具有一个初始化状态，即当系统开始运行后，状态自动进入初始化状态；另外，状态还可以包含子状态。对于制动防滑控制过程三阶段的制动缸压力控制，可分别视为充风状态 S1、阶段排风状态 S2 和保压状态 S3。其中，充风状态 S1 即为初始化状态，阶段排风状态 S2 又包含排风 S21 和保压 S22 两个子状态。

②条件(Condition)又称为事件，指的是两个状态之间的一种转移关系，表明对象在原状态中执行一定的动作后，并将在满足某个特定条件时进入目标状态，若不满足条件，则系统保持在原来的状态。制动防滑控制过程中的防滑判据切换点 A、保压点 B 和再充风点 C 即为转移条件，各个切换点的阈值设置即为状态之间的触发事件。其中初始化状态为充风状态 S1，不需要转移条件，可认为是默认转移。

③动作(Action)指的是有限状态机中满足条件后执行的操作。动作执行完毕后，可以迁移到新的状态，也可以依旧保持原状态。当条件满足后，也可以不执行任何动作，直接迁移到目标状态。对制动防滑控制过程来说，所发出的保压阀和排气阀的开关控制信号 HV 和 RV 信号即为满足条件后执行的动作操作。有限状态机的描述方法包括状态转移图、状态转移表和状态转移矩阵，其中状态转移图最为常用。状态转移图即采用有向图来描述有限状态机，其节点代表状态，节点之间采用有箭头的弧线表示状态转移过程，并在弧线上注明相应的触发事件。以速度差判据为例，基于有限状态机理论的制动防滑控制逻辑的状态转移如图 5-27 所示。

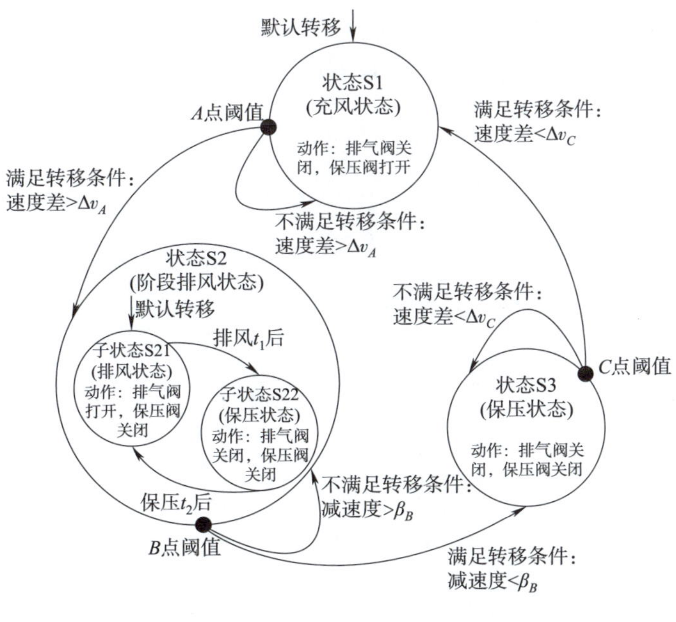

图 5-27　制动防滑控制逻辑的状态转移

如图 5-27 所示，基于状态转移图表示的制动防滑控制逻辑更加形象、具体，表达含义清晰，能够明确各个状态的转移过程及其跳转条件，Δv_A、Δv_B、Δv_C 表示状态 S_1、S_2、S_3 从一种状态转换至下一状态的速度差阈值，β_A、β_B、β_C 表示状态 S_1、S_2、S_3 从一种状态转换至下一状态的减速度阈值。

(3)基于 Stateflow 的制动防滑控制策略实现

有限状态机的本质是对具有逻辑顺序或时序顺序事件的一种数学描述，既可把复杂的系统分解成有限数目的离散稳定、相互独立又相互联系的状态，系统以事件驱动的方式工作，并在这些状态之间转移。基于上述思想，可以把一个有限状态机的逻辑控制过程表示成一个依据事件驱动进行状态转移的多分支结构，使用选择语句(switch)来实现。在很长一段时间内，使用 switch 语句一直是实现有限状态机的唯一方法，这是一种面向过程的编程思想。当状态量少并且各个状态之间变化的逻辑比较简单时，使用 switch 语句实现的有限状态机的确能够很好地工作，但逻辑代码的可读性并不十分理想。且随着状态机应用的逐渐深入，构造出来的状态机越来越复杂，如果状态非常多，或者状态机之间的转换关系异常复杂，使用 switch 语句构造出来的状态机将是不可维护的。而 MATLAB 中采用面向对象编程思想的 Stateflow 不仅可克服上述不足，而且可以利用内部嵌入的数学模型工具实现更为复杂的逻辑功能。基于 Stateflow 有限状态机理论，是描述和分析对象状态转换的图形化工具。它将有限状态机理论、流程图和状态转移图等概念结合起来，采用面向对象的编程思想，即属性、事件和方法。其主要模块有状态(State)和转移(Transition)，状态用方框表示，每个状态包括 Entry、During、Exit 和 OnEvent 四种动作；转移用有向弧表示，每个转移包括事件、条件、条件动作以及转移动作等。以速度差判据为例，基于 Stateflow 的制动防滑控制策略如图 5-28 所示。

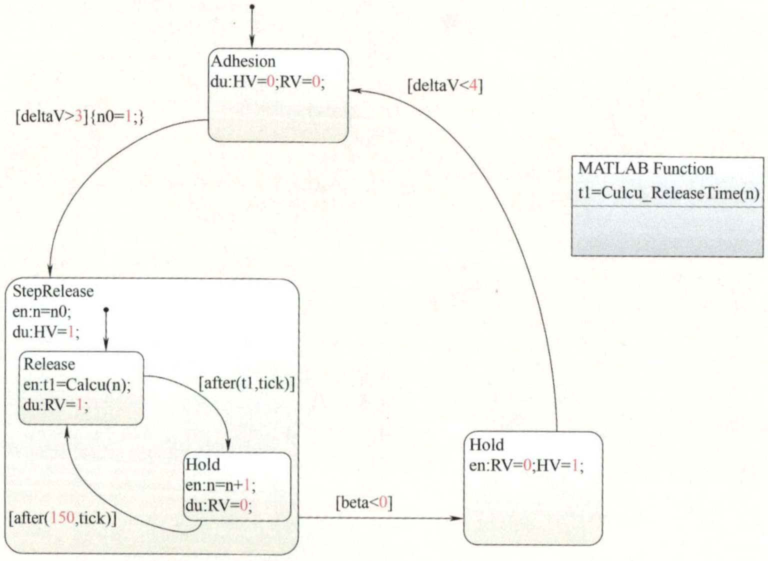

图 5-28 基于 Stateflow 的制动防滑控制策略

同时基于 Stateflow 的制动防滑控制算法经过编译后可直接生成 C 代码，下载到实物的制动防滑控制单元方便进行后续的半实物仿真试验。需要说明的是，无法对防滑控制策略进行单独验证，后文借助半实物仿真平台进行制动防滑控制仿真，并通过与在线试验数据对比进行验证。

4. 在 Simulink 中添加联合仿真模块

根据上文介绍的方法计算得到目标制动缸压力 P_0 和防滑控制算法输出的保压信号 HV 和排压信号 RV，传输至 AMESim 中的模型，经过求解计算输出实际制动缸压力(P)和流量(Q)至 Simulink，仿真模块和模块相关设置如图 5-29、图 5-30 所示。

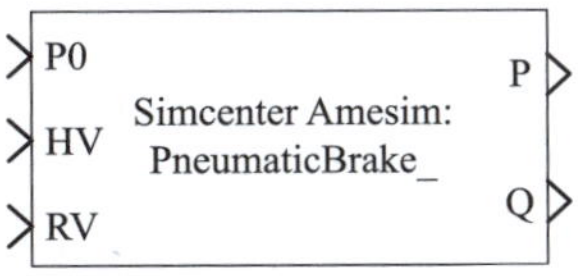

图 5-29　在 Simulink 中添加联合仿真模块

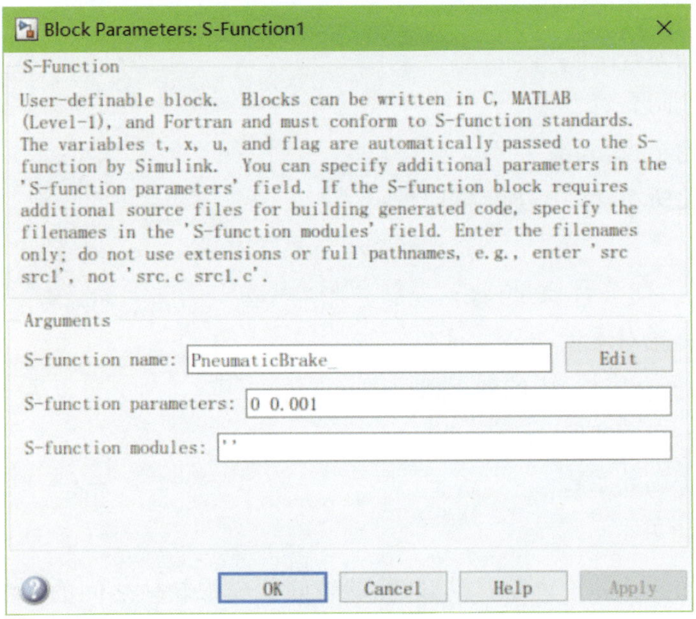

图 5-30　S-Function 模块参数设置

5.4.2　车轮动力学子模型

1. 车轮模型

车辆制动动力学子系统主要包括制动工况下的车轮模型、黏着力模型和基础制动装置模型，主要用于模拟制动防滑过程中的车辆实际位移、速度、减速度，各轴轴速，闸瓦摩擦系数变化，坡道坡度，运行阻力等信息。

为了简化建模复杂程度和便于制动控制性能的分析，暂时不考虑基本运行阻力，对单轮进行平直轨道制动工况下的受力分析，制动装置作用在轮对踏面的压紧力 K 产生制动力 F_b，该制动力使轮轨之间发生蠕滑，在轮轨接触表面上产生向后的切向力，即为使列车减速的黏着力 F_μ，如图 5-31 所示。

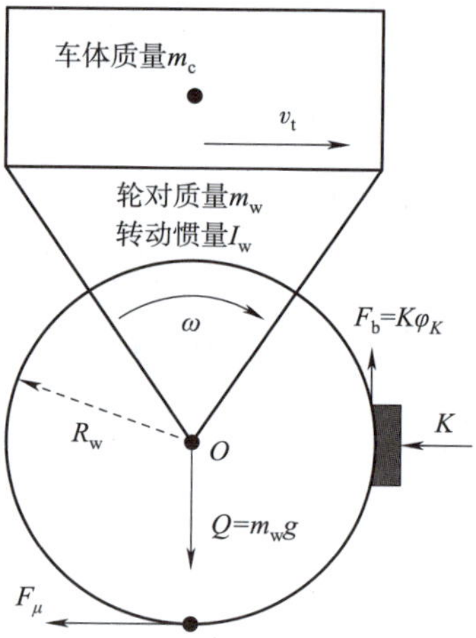

图 5-31　1/8 车辆制动受力情况

如图 5-31 所示，可以了解到 1/8 车辆在列车制动过程中的受力情况，从而可得出车体平动和轮对转动的微分方程分别为

$$I_w\frac{d\omega}{dt}=R_w(F_\mu-F_b) \tag{5-6}$$

$$a_t=\frac{dv_t}{dt}=\frac{-F_\mu}{m}=-\mu g \tag{5-7}$$

式中　I_w——车轮的转动惯量，kg·m²；

ω——车轮角速度，rad/s；

F_b——制动力，N；

F_μ——轮轨间黏着力，N；

R_w——车轮半径，mm；

m——车轮所承受的 1/8 车辆质量：

$$m=m_c+m_w$$

其中　m_c——1/8 车体质量，kg；

m_w——轮对质量，kg；

a_t——制动过程中的列车加速度，m/s²；

v_t——车辆速度，m/s；

μ——黏着系数。

2. 轮轨黏着模型

Polach 模型作为一种轮轨黏着模型，能够较好地模拟轮轨之间的干湿状态，可以通过修改衰减系数 k_A 和 k_s、最大静摩擦系数 f_0、摩擦系数调节参数 A 和 B 能够改变轨面的干湿状态。具体模型参数见表 5-3。

表 5-3　Polach 模型轨面条件的参数

模型参数	干　燥	湿　润	低 湿 润	非常湿润
k_A	1	1	1	1
k_s	0.4	0.4	0.4	0.4
f_0	0.55	0.3	0.1	0.03

续上表

模型参数	干　燥	湿　润	低 湿 润	非常湿润
A	0.4	0.4	0.4	0.4
B	0.6	0.2	0.2	0.1

3. 基础制动装置模型

基础制动装置主要作用是把作用在制动缸活塞上的压缩空气推力增大适当的倍数后，平均传递给各个闸片(或闸瓦)，使其转变为作用在制动盘上的夹紧力(或作用在车轮踏面上的压紧力)。若基础制动装置为踏面制动方式，则制动力 F_b 可按照式(5-8)进行计算；若为盘形制动方式，则制动力 F_b 按式(5-9)进行计算。

$$F_b = n\frac{\pi}{4}d_z^2 p\xi\zeta\varphi_K \tag{5-8}$$

式中　n——制动装置数量；

d_z——制动缸活塞半径，mm；

p——实际制动缸压力，N；

ξ——制动倍率；

ζ——制动装置的机械效率。

$$F_b = (\varphi_1 n_1 + \varphi_2 n_2)\frac{\pi}{4}d_z^2 p\xi\eta\varphi_K \tag{5-9}$$

式中　φ_1, φ_2——轮盘和轴盘的有效制动半径与车轮半径的比值；

n_1, n_2——轮盘和轴盘的个数。

实际运行工况中，式(5-8)和式(5-9)中的摩擦副的摩擦系数 φ_K 并不是常数，而是随着车速变化的变量，并且不同的制动模式也有所不同，某型动车组所用的基础制动装置的闸瓦—制动盘的摩擦系数，见表 5-4。

表 5-4　随车速和制动模式变化的摩擦系数

制动类型		车速v_t		
		0	0～70 km/h	70 km/h 以上
常用制动	动车	0.46	$0.046-0.001\,143v_t$	0.38
	拖车	0.46	$0.046-0.001v_t$	0.39
快速制动	动车	0.42	$0.042-0.001\,714v_t$	0.30
	拖车	0.45	$0.045-0.001\,429v_t$	0.35
紧急制动	动车	—	0.30	—
	拖车	—	0.35	—

根据上述的车轮模型、黏着力模型和基础制动装置模型，即可进行 1/8 车辆的制动动力学子系统的搭建。

5.4.3　1/8 空气制动系统建模

制动系统气制动单元用于模拟制动防滑过程中各气动单元动作情况，根据制动系统防滑气路部分实际参数建立，包括 EP 阀、紧急阀、空重车阀、中继阀、防滑阀、制动缸等部件，反映制动防滑过程中各气路单元的气体流量、压力升降速度、压力变化过程、防滑阀控制信号等信息。由于轨道车辆的气制动系统的阀件众多且结构复杂，很难通过解析法建立其数理模型用于制动防滑过程的全面仿真分析，且建立能够准确描述制动防滑过程中的气制动系统模型是一项非常重要的工作。

1. 气制动单元子系统建模

(1)EP 阀的建模

以 EP 阀的建模过程为例进行说明：

EP 阀是电空直通制动系统的关键部件之一，其作用是根据制动控制指令调节中继阀容积室的输出压力。目前，在列车制动领域常用开关型 EP 阀，主要由制动电磁阀、缓解电磁阀、压力传感器、容积室和控制器等组成，如图 5-32(a)所示，其工作原理是当得到制动指令后，制动电磁阀得电，阀口打开，预控压力 CV 经 EP 阀传给后面的部件，同时压力传感器反馈预控压力信号，如果压力信号低于目标压力，则制动电磁阀得电充气，如果高于目标压力，则缓解电磁阀得电排气，直至压力信号达到指令值。通过制动和缓解电磁阀的通断电，可实现预控压力的升高或下降，最终使实际的制动缸压力满足制动要求。开关型 EP 阀由于容积效应与气体流动惯性的影响，采用基本的开关控制，动态响应和控制精度达不到制动要求，在实际工程中多使用反馈信号进行控制，本书在 AMESim 软件中对 EP 阀进行了建模，如图 5-32(b)所示，图中 V 表示管路体积，该 EP 阀模型具有较为理想的动态响应和控制精度。需要说明的是，实际工程中 EP 阀输入的并非目标压力，而是与目标压力具有一定函数关系的电流或电压控制信号。

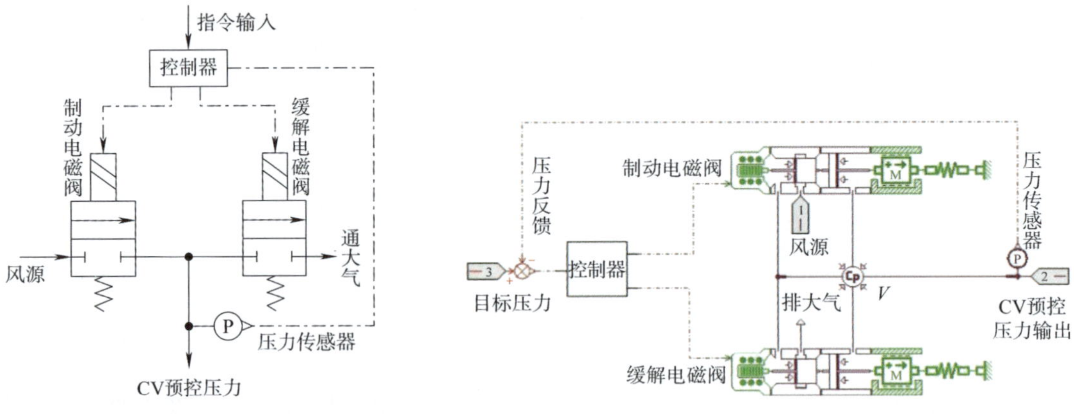

(a)结构原理　　　　(b)仿真模型

图 5-32　EP 阀结构原理和仿真模型

(2)空重车阀的建模

空重车阀的输出信号会随着空气弹簧压力进行变化,内部结构如图 5-33 所示。

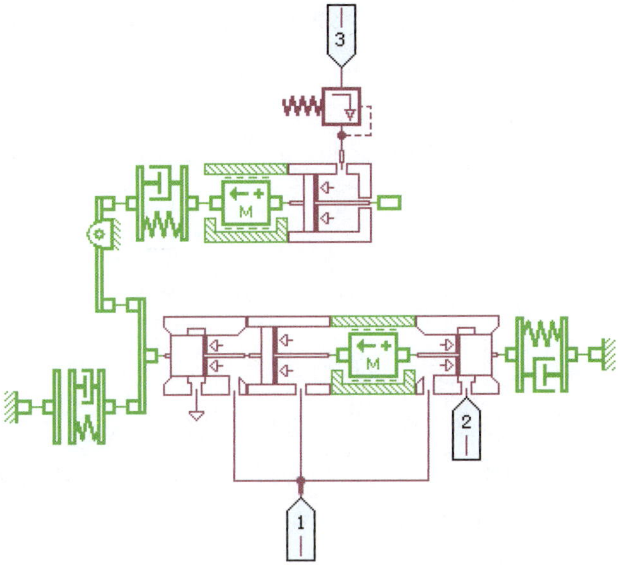

图 5-33　空重车阀的内部结构

(3)中继阀的建模

中继阀的功能是实现制动压缩空气的流量放大功能,其内部结构如图 5-34 所示。

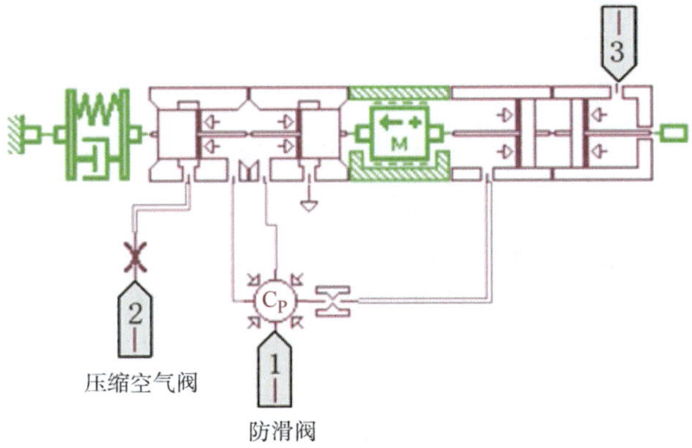

图 5-34　中继阀的内部结构

(4)防滑阀的建模

防滑阀由两个电磁阀组成的,分别为保压阀和排气阀。在防滑控制中,保压阀用于实现制动缸内的压力保持,排气阀用于制动缸内的压力缓解。两个电磁阀要受防滑阀控制信号控制动作,防滑阀内部结构如图 5-35 所示。

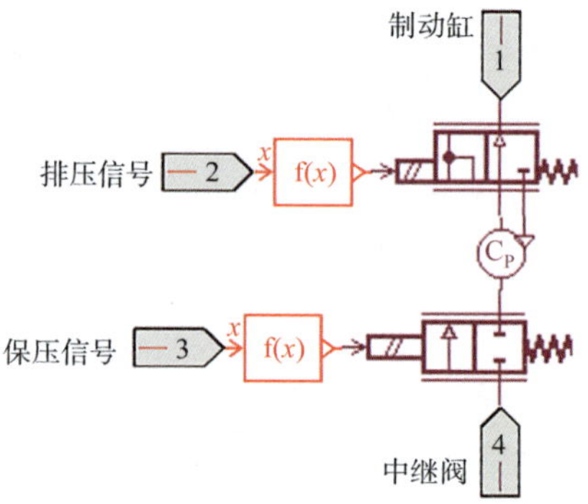

图 5-35 防滑阀的内部结构

2. 在 AMESim 软件中设置联合仿真模块

在 AMESim 软件中同样需要添加联合仿真模块，将制动缸压力 P_0、保压信号 HV 和排压信号 RV 输出至空气制动子模型中，且将制动缸压力 P 和流量 Q 反馈至 Simulink 中。建立联合仿真模块的步骤如图 5-36 所示。

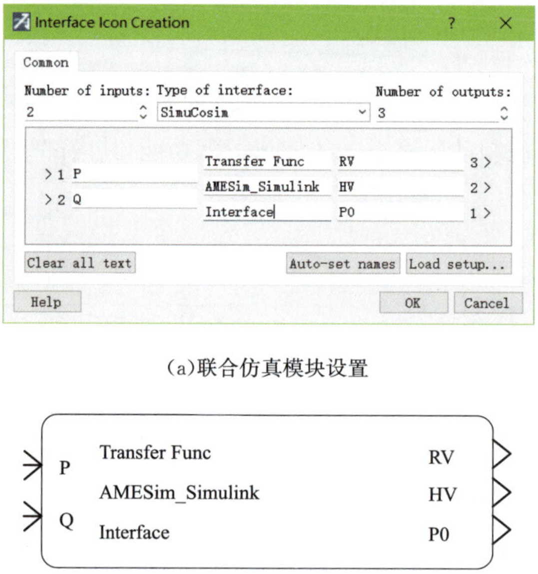

(b)联合仿真模块

图 5-36 AMESim 联合仿真模块设置

3. 空气制动系统的建模

将上述各阀件在 AMESim 软件中封装为超级元件，结合 AMESim 软件中的联合仿真模块，建立完成后的 1/8 气制动系统如图 5-37 所示。联合仿真接口的作用是将制动控制子模型输出的目标制动缸压力 P_0 和防滑阀的保压信号 HV 和排压信号 RV 传输至此模型。

从 EP 阀开始经过各类阀件的转换最后到防滑阀，防滑阀再根据保压信号、排压信号和中继阀输出的压缩空气调整制动缸压力，最终把各轴的实际制动缸压力 P 通过接口传输给 Simulink 中的子模型。

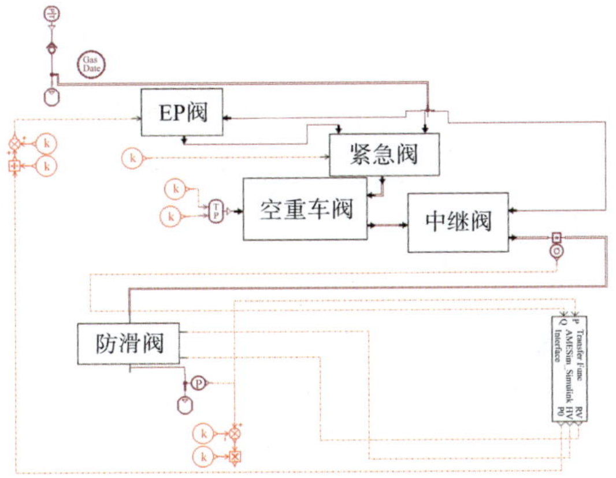

图 5-37　1/8 空气制动系统

4. 子系统验证

通过建立的气制动单元子系统模型，进行常用制动、紧急制动、阶段制动等制动工况的模拟，分析响应时间、压力等参数在制动过程中的变化特性，并与同样工况下的试验结果进行对比，以验证气制动单元的有效性。其中常用制动和七级阶段制动目标压力是根据相同试验工况下采集到的 EP 阀输入电流经过换算得到的，紧急制动的目标压力是根据相关公式换算得到，并将换算得到的目标压力作为气制动单元子系统的输入信号进行仿真。如图 5-38 所示为常用制动的仿真与试验对比结果，目标压力设定为 260 kPa，制动时间为20 s，0～3 s 为制动缓解状态，3～12 s 为常用制动状态，12 s 后开始缓解至结束，可以看出仿真结果与试验结果吻合较好。无论是仿真值还是试验值，CV 预控压力可以很好地跟随目标压力，同时 CV 预控压力变化比制动缸压力响应迅速，缓解时 CV 预控压力比制动缸压力下降也要快；两者之间的最大延时不超过 0.5 s。同时发现，试验中制动稳定后，CV 预控压力比制动缸压力高约 15 kPa，这主要是由于中继阀内部的橡胶阻尼作用所致，因此仿真建模中考

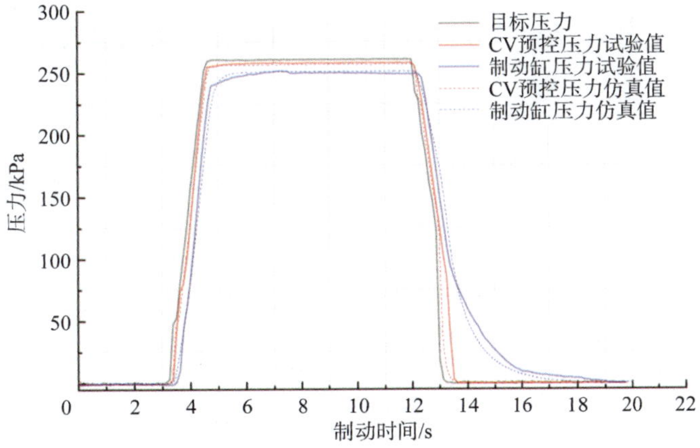

图 5-38　常用制动的仿真与试验结果对比

虑了这种影响。

图 5-39 为紧急制动工况的仿真与试验对比结果,目标压力设定为 500 kPa,结果表明紧急制动与常用制动的 CV 压力变化与制动缸压力变化具有相同的趋势,并与试验结果吻合较好。只是紧急制动时制动缸压力的上升比常用制动工况下的要快一些,上升至定压需要约 1.6 s,而常用制动需要约 2 s。

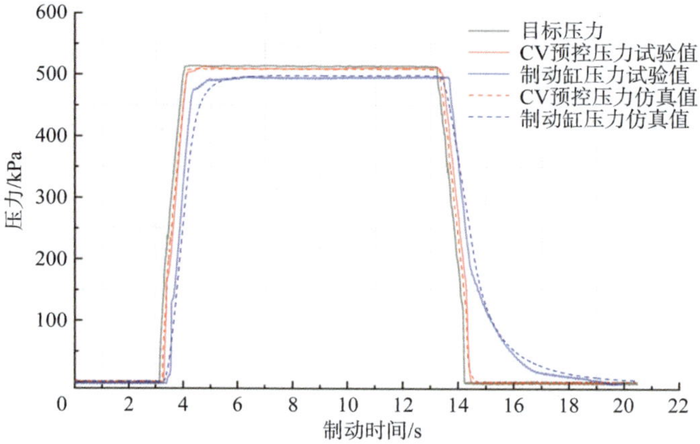

图 5-39　紧急制动的仿真与试验结果对比

图 5-40 为气制动单元在七级阶段制动和阶段缓解下的仿真与试验对比结果,制动时间为 220 s,0～5 s 为缓解状态,第 5 s 开始进行阶段制动,第 110 s 后开始进行阶段缓解直至制动结束。结果表明:在阶段制动和阶段缓解过程中,制动缸压力的响应比 CV 预控压力慢,这一点与常用制动和紧急制动的对比结果是一致的。另外,由试验值和仿真对比可知,CV 预控压力能够很好地跟随目标压力,且 CV 预控压力和制动缸压力的试验和仿真结果吻合较好,能够满足制动过程中仿真分析的功能要求。

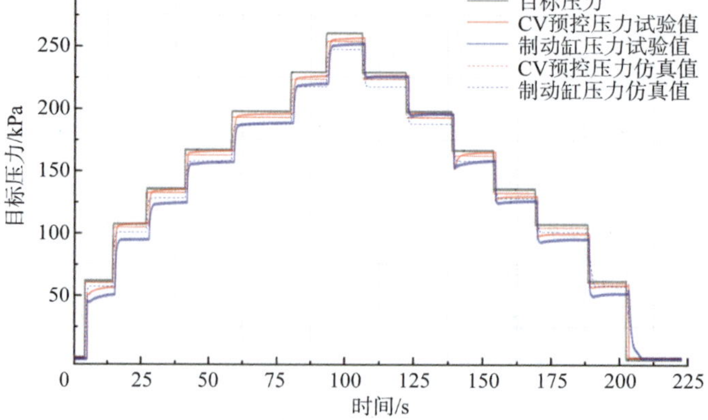

图 5-40　紧急制动的仿真与试验结果对比

5.4.4　1/8 车辆制动系统联合仿真平台搭建

本书以 Simulink 平台为主要仿真环境，建立了制动控制子模型、车轮动力学子模型。在 AMESim 软件中建立了 1/8 空气制动系统制动子模型，通过两者的软件接口搭建了联合仿真平台，如图 5-41 所示。仿真平台根据预设的参数进行数值仿真，部分仿真参数见表 5-5，最后输出制动性能相关数据，包括制动时间、制动距离等。

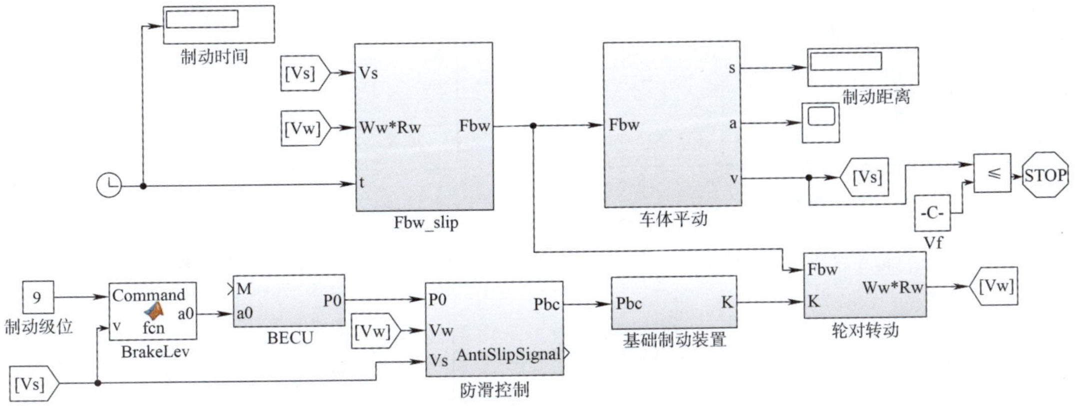

图 5-41　在 Simulink 中搭建的制动控制模型和 1/8 车辆动力学模型

表 5-5　部分仿真参数

参　数	数　值
动车质量/kg	7 500
轮对半径/m	0.42
平均摩擦系数	0.28
制动缸直径/mm	129.5
制动倍率	8.56
制动传动效率	0.97

仿真模拟工况为：某型车辆在制动初速度约为 80 km/h 的情况下进行紧急制动，模拟喷洒防冻液低黏着的轨面。

仿真结果如图 5-42(a)～图 5-42(d)所示，依次是车速和轮速、速度差和滑移率、目标制动缸压力和实际制动缸压力、目标加速度和实际加速度的对比图。如图 5-42(a)所示，可以看出仿真能够模拟列车发生滑行时起到防滑的作用，当车速和轴速的差值过大时，制动控制子模型将会发出保压和排压信号，以控制防滑阀对制动缸压力进行缓解，使轴速回到正常状态。如图 5-42(b)所示，可以看到由于防滑阀的作用，速度差的变化有一定的周期性，且值相差不大，而滑移率随着制动时间的增加，整体上的变化幅度也逐渐增大。如图 5-42(c)所示，虽然实际制动缸能够达到目标制动缸压力，但是在湿轨工况下，为了防止车轮抱死，实际制动缸压力会周期性缓解。如图 5-42(d)所示，实际加速度逐渐趋近于目标加速度，而轮对加速度会随着防滑控制而周期性的变化。

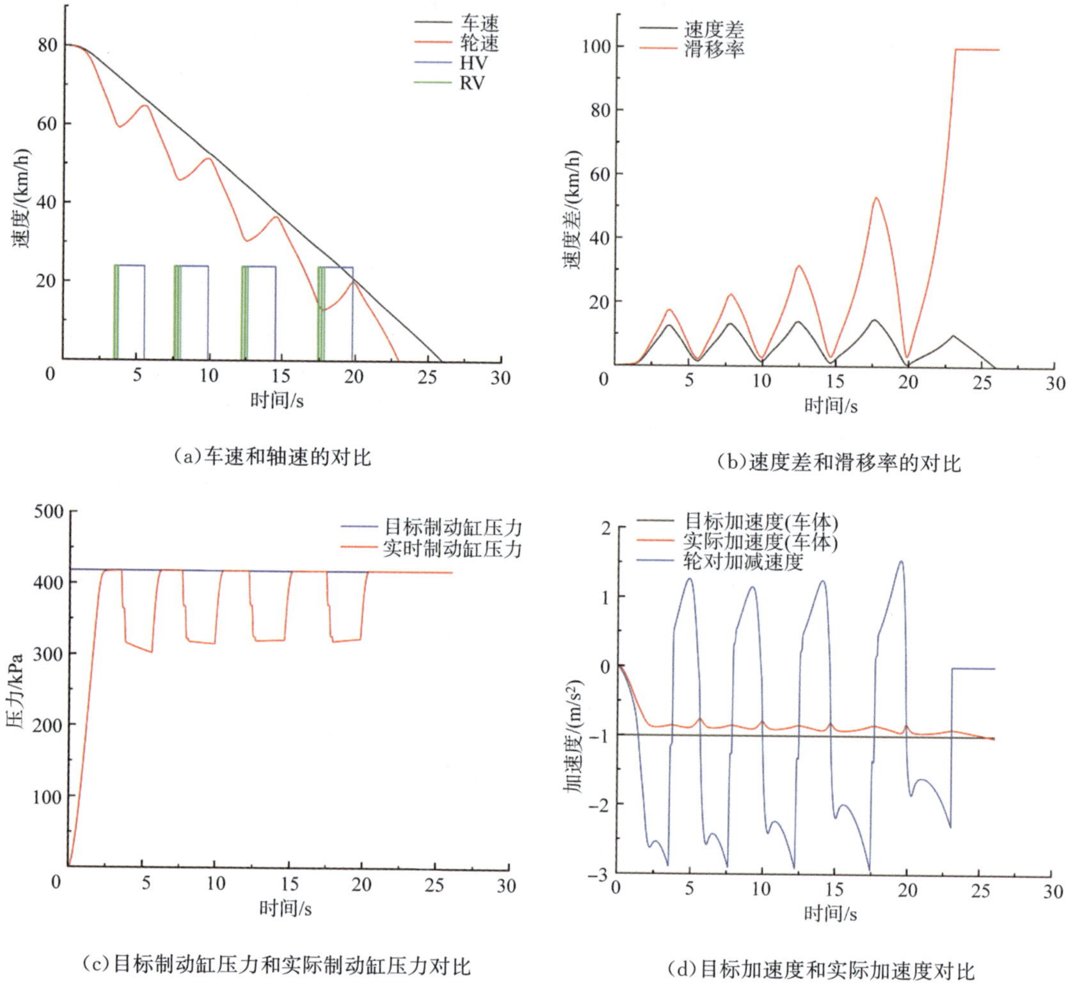

(a)车速和轴速的对比

(b)速度差和滑移率的对比

(c)目标制动缸压力和实际制动缸压力对比

(d)目标加速度和实际加速度对比

图 5-42　1/8 车辆模型仿真结果

5.5　单节车仿真平台建立

当前轨道车辆多采用微机控制直通电空制动系统，根据轨道车辆防滑控制的国际标准、UIC 541-05:2016 和 EN 15595:2018 的要求，可基于防滑系统模拟器对防滑控制装置进行台架试验测试。其中，车辆模型至少应为四轴的单节车轨道车辆模型，应包含车体、构架和轮对等，基础制动装置的摩擦系数应能随列车的初始速度和瞬时速度变化，黏着曲线应根据理论模型或实际轨道的测量数据，可表示随着轮对滑行而变化的黏着状态；气制动系统应能确定制动力和需求压力的关系，能够进行制动缸压力上升和下降的滞后模拟等。

5.5.1　基于多学科协同仿真平台

根据轨道车辆制动防滑系统的工作原理和结构组成，结合轨道车辆的制动动力学，将制动防滑控制装置分为车辆制动动力学子系统（包括4轴的单节车辆模型、黏着模型和基础制动装置模型）、制动防滑控制子系统和气制动单元子系统，基于多学科协同分析的方法，建立单节车的制动防滑控制联合仿真平台对列车制动防滑控制性能进行仿真分析。以微机控制直通电空制动系统为例，根据轨道车辆制动系统的工作原理，按照各子系统输入参数和输出参数及其之间的传递关系，如图5-43所示，建立车辆级的制动防滑控制联合仿真平台。

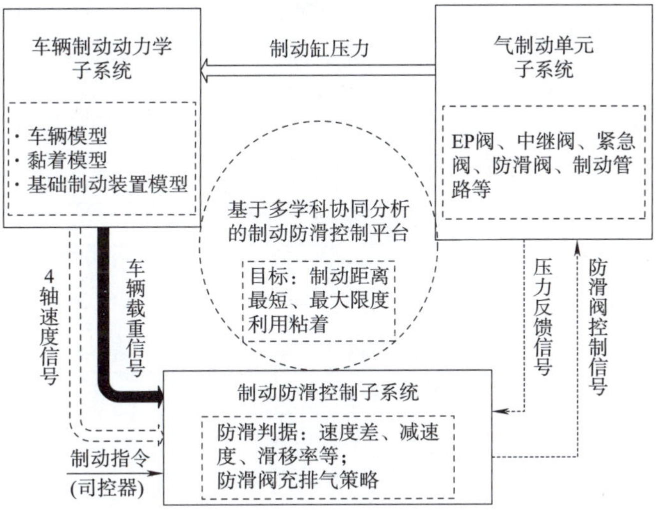

图5-43　基于多学科协同分析的子系统参数传递关系

5.5.2　车辆动力学建模

1. 车辆制动动力学子系统相关模型

如果要在MATLAB/Simulink平台中建立车辆动力学模型，需要对模型进行简化，主要考虑车体、构架的纵向自由度及轮对的纵向平动和转动自由度。其原因可分为两方面，一方面在制动过程中，不关注车厢垂向、横向舒适度指标且暂不考虑曲线通过工况的情况下，列车制动工况各性能指标主要与车辆纵向自由度有关，且列车纵向与横向、垂向自由度耦合度较小，故只考虑其纵向自由度；另一方面如果要完全考虑车辆各部件的所有自由度（包括垂向、伸缩、点头、横向、侧滚、摇头），建模的难度将增大，模型复杂程度变高，仿真结果较难得到收敛，需要的计算机资源也大大提高。简化后的单节车辆动力学模型包括的子模块及变量说明见表5-6及表5-7。

表 5-6　车辆动力学模型子模块清单

子系统模型	数　量	说　明
车体 CarBody	1	纵向
构架 Frame 1-2	2	纵向
轮对 WheelSet 1-4	4	纵向/旋转
一系悬挂 PS 1-4	4	纵向
二系悬挂 SS 1-2	2	纵向

表 5-7　车辆动力学模型变量说明

变量类型	变量名称	单　位
输入量	重力加速度 g	m/s^2
	轮对质量 M_w	kg
	构架质量 M_f	kg
	车体质量 M_c	kg
	二分之一轴重 Q	kg
	轮对转动惯量 I_w	$kg \cdot m^2$
	车轮半径 R_w	m
	再生制动力等效作用半径 R_{ebr}	m
	闸片摩擦系数 φ_K	—
	二系悬挂弹簧纵向刚度K_{2x}	N/m
	二系悬挂弹簧纵向阻尼C_{2x}	N/(m/s)
	一系悬挂弹簧纵向刚度K_{1x}	N/m
	一系悬挂弹簧纵向阻尼C_{1x}	N/(m/s)
	滑行开始时间 $t_{SlideStart}$	s
	滑行结束时间 $t_{SlideStop}$	s
	梯度	—
	车辆初速 v_0	km/h
	制动缸压力 P_{bc}	Pa
	前车钩力 $F_{coupler\_front}$	N
	后车钩力 $F_{coupler\_rear}$	N
	电制动力 F_{ebr}	N
输出量(部分)	行驶距离 s	m
	车速 v	m/s
	车辆加速度 a	m/s^2
	轴转过角度 θ	rad
	轴角速度 $\theta_{(1)}$	rad/s
	轴角加速度 $\theta_{(2)}$	rad/s^2

续上表

变量类型	变量名称	单　　位
输出量(部分)	轮对行驶距离 X_w	m
	轮对线速度 $X_{w(1)}$	m/s
	轮对线加速度 $X_{w(2)}$	m/s^2

以构架为基本单位分析轮对受力。把构架前后轮对看作完全相同,不区分电制动力和闸瓦压紧力(等效成一个压紧力 K),车轮不考虑基本阻力(车体处考虑)和坡度。轮对的运动状态包括旋转运动和纵向平动。

(1)旋转运动

车轮旋转运动受力分析如图 5-44 所示。

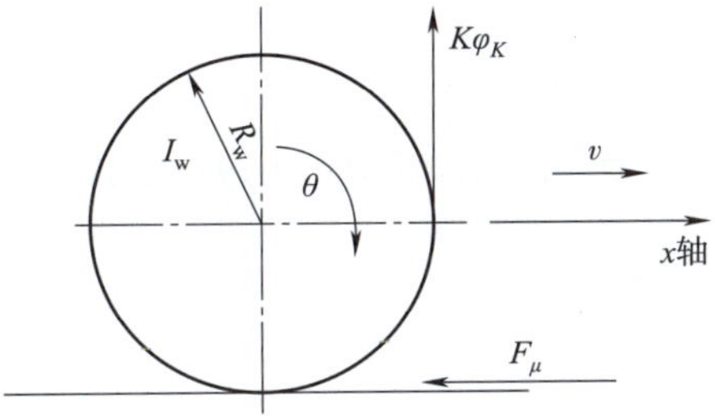

θ—车轮转角;v—纵向速度,m/s。

图 5-44　车轮旋转运动受力分析

平衡方程为

$$I_w\ddot{\theta}=K\varphi_K R_w-F_\mu R_w \tag{5-10}$$

(2)纵向平动

车轮纵向平动受力分析如图 5-45 所示。

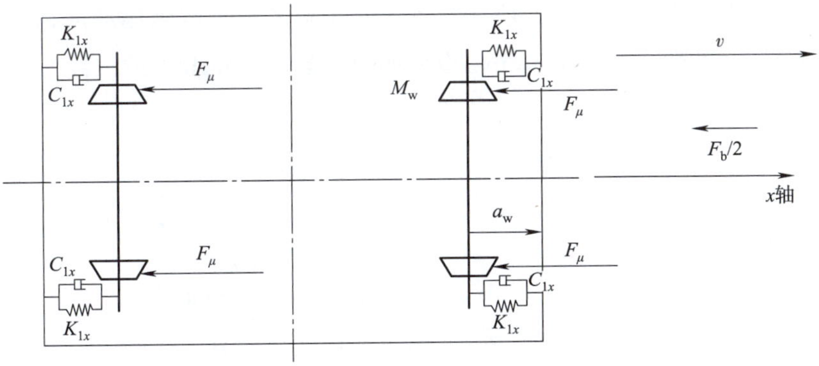

F_b—车体对构架的纵向作用力,N;a_w—纵向加速度,m/s^2;

K_{1x}—单轮与构架间纵向定位刚度;C_{1x}—单轮与构架纵向阻尼。

图 5-45　车轮纵向平动受力分析

$$a_{\mathrm{w}}=\ddot{x}=\ddot{\theta}R_{\mathrm{w}} \tag{5-11}$$

$$M_{\mathrm{w}}\ddot{x}_{\mathrm{w}}=K_{1x}(x_{\mathrm{f}}-x_{\mathrm{w}})+C_{1x}(\dot{x}_{\mathrm{f}}-\dot{x}_{\mathrm{w}})-F_{\mu} \tag{5-12}$$

式中　x_{f}——构架纵向位移，mm；

$\dot{x}_{\mathrm{f}}$——构架纵向速度，m/s。

在模块化建模中，悬挂、轮对、构架和车体分别以单独模块建模。而$(x_{\mathrm{f}}-x_{\mathrm{w}})$和$(\dot{x}_{\mathrm{f}}-\dot{x}_{\mathrm{w}})$项是一系悬挂模块内部的项，在车轮模块中，此项应该以“构架与车轮间作用力形式表达”。表达式为

$$M_{\mathrm{w}}\ddot{x}_{\mathrm{w}}=F_{1x\mathrm{w}}-F_{\mu} \tag{5-13}$$

式中　$F_{1x\mathrm{w}}$——一系悬挂对车轮的纵向作用力，N。

(3)模块输入和输出

轮对模块的输入、输出变量见表5-8。

表5-8　轮对模块输入、输出变量

输　入	输　出
等效压紧力 K	车轮旋转运动角加速度 $\ddot{\theta}$
车轮质量 M_{w}	车轮旋转运动角速度 $\dot{\theta}$
车轮转动惯量 I	车轮旋转运动角度 θ
车轮半径 R_{w}	车轮纵向运动加速度 $\ddot{x}$
闸瓦摩擦系数 φ_K	车轮纵向运动速度 $\dot{x}$
一系悬挂对车轮的纵向作用力 $F_{1x\mathrm{w}}$	车轮纵向运动位移 x
运行初速度 $x_{\mathrm{w}0}$	轨道对车轮的纵向作用力 F_{μ}
—	轨道对车辆的纵向作用力 F_{b}

(4)建模过程

在制动过程中，根据制动指令，在纵向车轮收到轨道的作用力而减速。由于考虑纵向的定位刚度和阻尼，轨道的作用力必定是一个受刚度和阻尼影响产生振动的值。模型建立过程如图5-46所示。完成的轮对Simulink模型如图5-47所示，其中$F_{\mathrm{bw}}=F_{\mu}$。

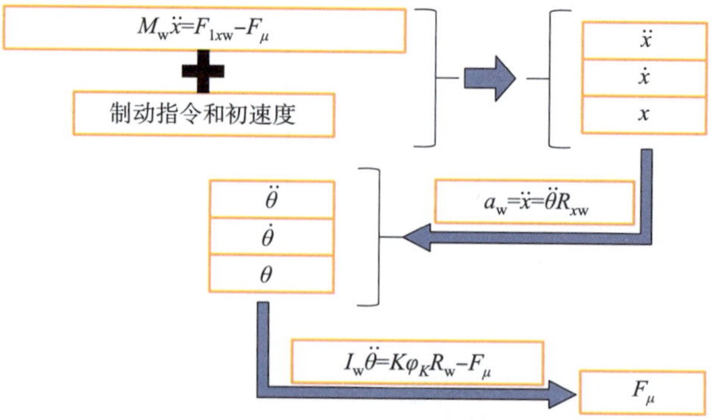

图5-46　轮对模型建立过程

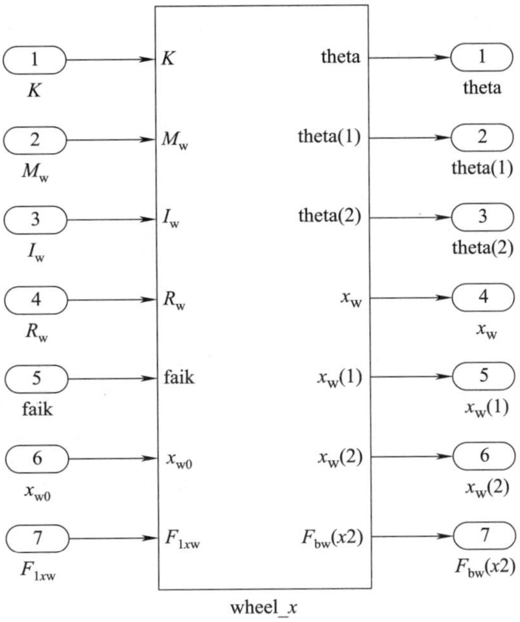

图 5-47　轮对 Simulink 模型

构架的水平纵向受力与车轮纵向受力类似，其一端受一系悬挂作用，另一端稍有不同，受到的是二系悬挂作用力，该作用方式与一系悬挂作用对称(具体刚度和阻尼参数值不同)。

(5)受力分析

平衡方程为

$$M_f\ddot{x}_f=4[K_{1x}(x_w-x_f)+C_{1x}(\dot{x}_w-\dot{x}_f)]+2[K_{2x}(x_c-x_f)+C_{2x}(\dot{x}_c-\dot{x}_f)] \tag{5-14}$$

式中　x_w——轮对的位移，mm；

x_f——构架的位移，mm；

x_c——车体的位移，mm；

$\dot{x}_w$——轮对的速度，m/s；

$\dot{x}_f$——构架的速度，m/s；

$\dot{x}_c$——车体的速度，m/s。

在模块化建模中，将悬挂、轮对、构架和车体分别以单独模块建模。而(x_w-x_f)、$(\dot{x}_w-\dot{x}_f)$、(x_c-x_f)、$(\dot{x}_c-\dot{x}_f)$项是一、二系悬挂模块内部的项，在构架模块中，$[K_{1x}(x_w-x_f)+C_{1x}(\dot{x}_w-\dot{x}_f)]$项应该以“一系悬挂与构架间作用力形式表达”，$[K_{2x}(x_c-x_f)+C_{2x}(\dot{x}_c-\dot{x}_f)]$应该以“二系悬挂与构架间作用力形式表达”。

则受力平衡方程表示为

$$M_f\ddot{x}_f=4F_{1xf}+2F_{2xf} \tag{5-15}$$

式中　F_{1xf}——一系悬挂对构架的纵向作用力，N；

F_{2xf}——二系悬挂对构架的纵向作用力，N。

构架受力分析如图 5-48 所示。

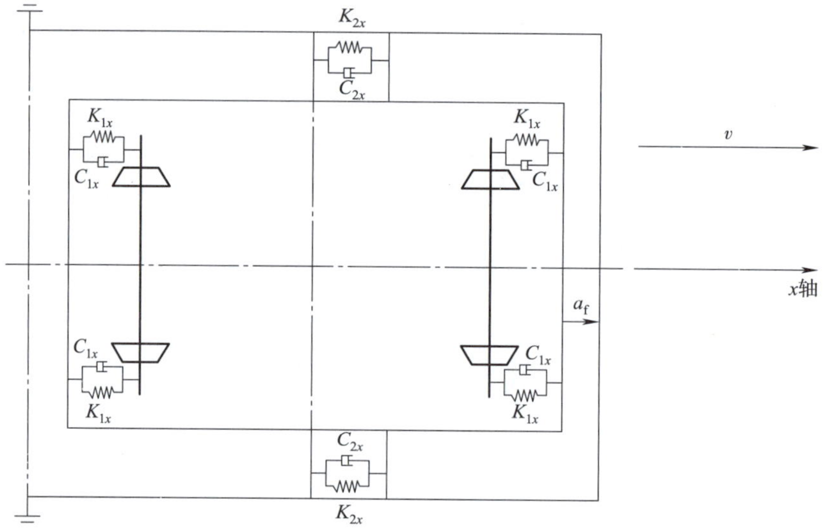

图 5-48 构架受力分析

(6)模块输入和输出

模块的输入、输出变量见表 5-9。

表 5-9 构架模块输入、输出变量

输入	输出
一系悬挂对构架的纵向作用力 F_{1xf}	构架纵向位移 x_f
二系悬挂对构架的纵向作用力 F_{2xf}	构架纵向速度 $\dot{x}_f$
构架质量 M_f	构架纵向加速度 $\ddot{x}_f$

(7)建模过程

构架模型建立过程如图 5-49 所示，Simulink 模型如图 5-50 所示。

分析车体水平纵向受力，车体同时受车钩力、基本阻力和二系悬挂的作用力。

(8)车体受力分析

车体的受力分析如图 5-51 所示。

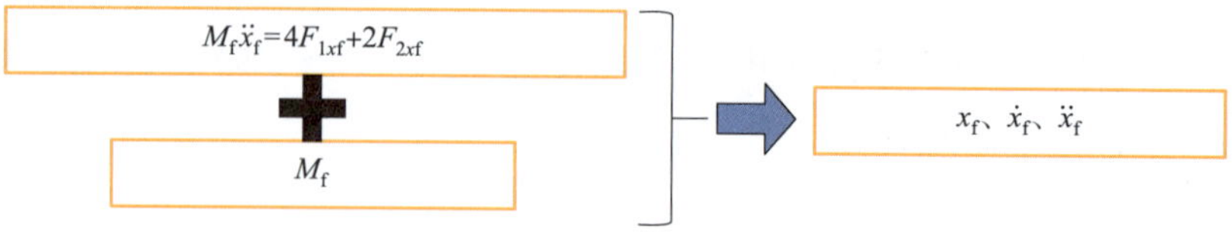

图 5-49 构架模型建立过程

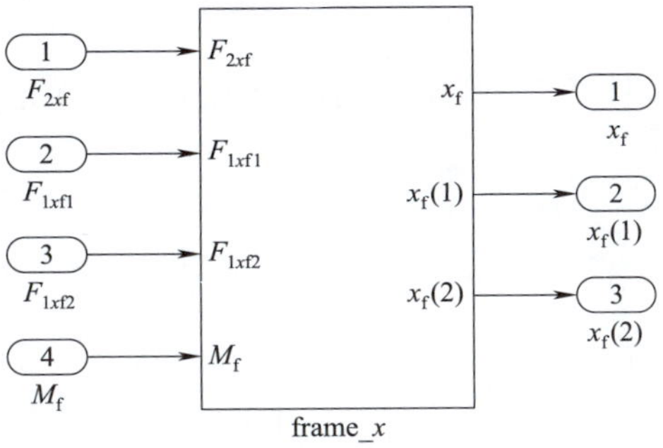

图 5-50　构架 Simulink 模型

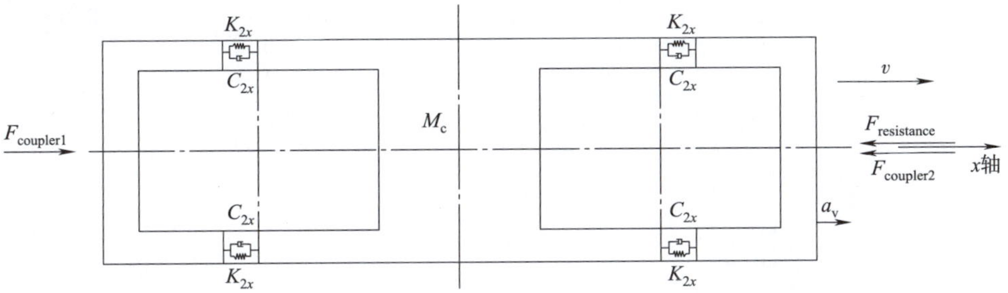

$F_{coupler1}$、$F_{coupler2}$—两端车钩力，N；$F_{resistance}$—基本阻力，N。

图 5-51　车体受力分析

平衡方程为：

$$M_c = 4[K_{2x}(x_f - x_c) + C_{2x}(\dot{x}_f - \dot{x}_c)] + F_{coupler1} - F_{coupler2} - F_{resistance} \tag{5-16}$$

在模块化建模中，将悬挂、轮对、构架和车体分别以单独模块建模。而$(x_f - x_c)$、$(\dot{x}_f - \dot{x}_c)$项是二系悬挂模块内部的项，在构架模块中，$[K_{2x}(x_f - x_c) + C_{2x}(\dot{x}_f - \dot{x}_c)]$应该以“二系悬挂与车体间作用力”形式表达。

则受力平衡方程表示为

$$M_c \ddot{x}_c = 4F_{2xc} + F_{coupler1} - F_{coupler2} - F_{resistance} \tag{5-17}$$

式中　F_{2xc}——二系悬挂对车体的纵向作用力，kg。

(9)车体模块输入和输出

车体模块的输入、输出变量见表 5-10。

表 5-10　车体模块输入、输出变量

输　入	输　出
二系悬挂对车体的纵向作用力 F_{2xc}	车体纵向位移 x_c
车体质量 M_c	车体纵向速度 $\dot{x}_c$
1 端车钩力 $F_{coupler1}$	车体纵向加速度 $\ddot{x}_c$
2 端车钩力 $F_{coupler2}$	—
基本阻力 $F_{resistance}$	—

(10)建模过程

车体模块的建模过程如图 5-52 所示,车体 Simulink 模型如图 5-53 所示。

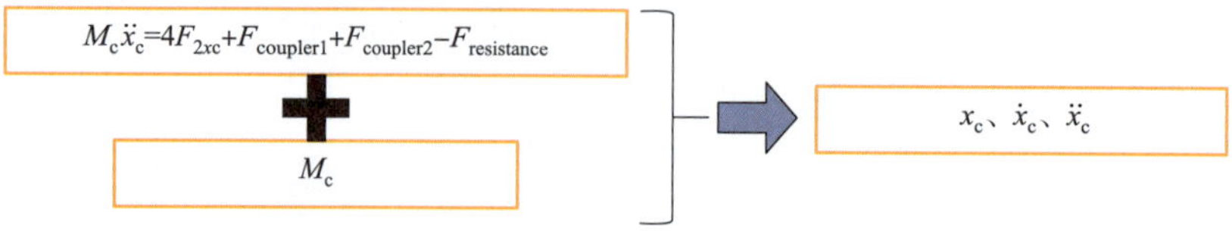

图 5-52　车体建模过程

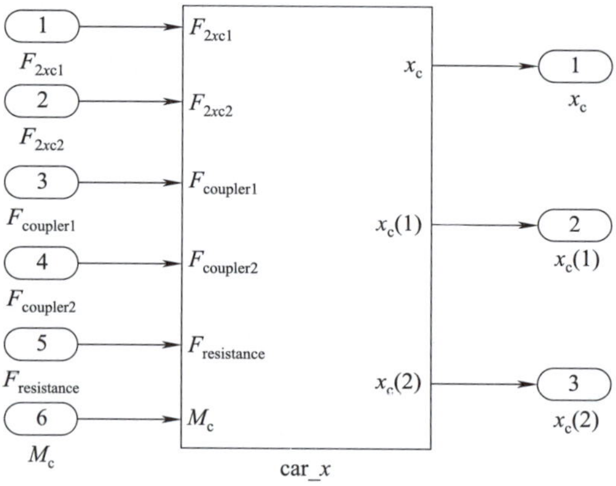

图 5-53　车体 Simulink 模型

悬挂包括一、二系悬挂。同垂向建模,将其力学模型简化为弹簧+阻尼。

(11)受力分析

弹簧阻尼的受力分析如图 5-54 所示。

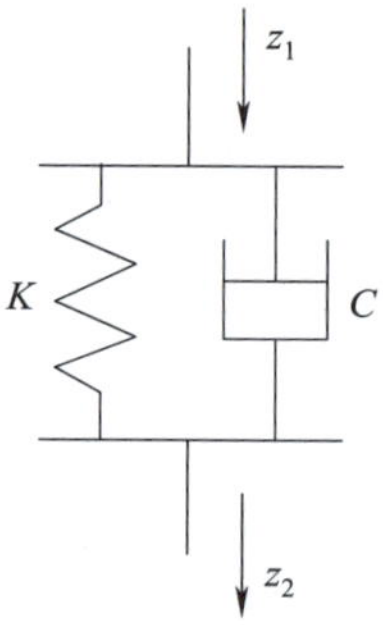

z_1、z_2—1 端和 2 端位移;

K—弹簧刚度系数;C—弹簧阻尼系数。

图 5-54　一系悬挂受力分析

弹簧阻尼子模型的输入参数为输出力 F(压缩)。

$$F=K(z_1-z_2)+C(\dot{z}_1-\dot{z}_2) \tag{5-18}$$

（12）构架输入和输出

构架模块的输入、输出变量见表 5-11。

表 5-11　构架模块输入、输出变量

输　入	输　出
1 端位移 z_1	弹簧 1 端输出力 F_1（对轮对而非单轮）
2 端位移 z_2	弹簧 2 端输出力 F_2（对构架）
弹簧刚度 K	—
弹簧阻尼系数 C	—

考虑到车轮建模时是以轮对为单位，因此将作用在同一轮对的一系悬挂作用力也同样简化成一个力，由于其纵向作用可以视为两个动作完全相同的弹簧阻尼模型（不考虑蛇行运动；考虑蛇行运动时也可以按此处理，因为蛇行运动和纵向运动可以解耦），所以也可以作"乘 2"处理。

（13）建模过程（弹簧—阻尼悬挂模型）

根据悬挂模型的受力分析，以及两端的位移、速度输入，可以得到两端的输出力如图 5-55 所示。

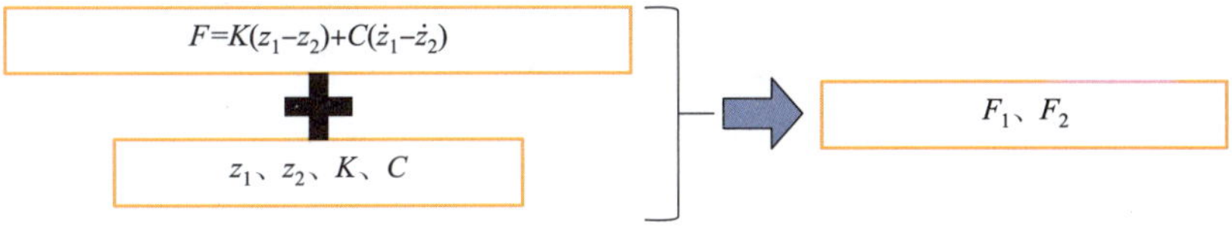

图 5-55　弹簧—阻尼悬挂模型建模过程

对于一系悬挂，悬挂模型中 x_w 表示车轮的纵向位移，x_f 表示构架纵向位移，其输出为两个力，分别为弹簧对车轮的纵向作用力 F_{1xw}、弹簧对构架的纵向作用力 F_{1xf}。

$$F_{1xw}=K_{1x}(x_f-x_w)+C_{1x}(\dot{x}_f-\dot{x}_w) \tag{5-19}$$

$$F_{1xf}=K_{1x}(x_w-x_f)+C_{1x}(\dot{x}_w-\dot{x}_f) \tag{5-20}$$

其输入输出变量见表 5-12，Simulink 模型如图 5-56 所示。

表 5-12　一系悬挂输入、输出变量

输　入	输　出
1 端车轮纵向位移 x_w	弹簧 1 端纵向输出力 F_{1xw}（对轮对作用力）
2 端构架纵向位移 x_f	弹簧 2 端纵向输出力 F_{1xf}
1 端车轮纵向速度 $\dot{x}_w$	—
2 端构架纵向速度 $\dot{x}_f$	—
一系悬挂弹簧纵向刚度 K_{1x}	—

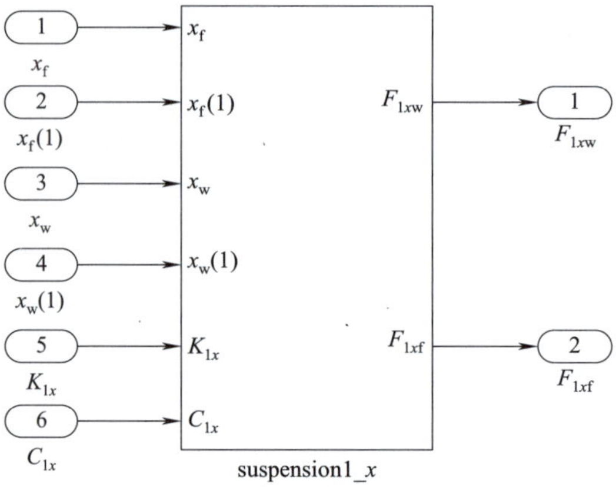

图 5-56　一系悬挂 Simulink 模型

其中，K_{1x}、C_{1x}仍为单个一系悬挂的弹簧刚度和阻尼系数，但输出作了“乘 2”运算，所以F_{1xw}、F_{1xf}是相对于轮对模型建模而非单轮而言的。

(14)二系悬挂建模分析

对于二系悬挂，悬挂模型中 x_f 表示构架的纵向位移，x_c 表示车体纵向位移，其输出为两个力：弹簧对构架的纵向作用力 F_{2xf}，弹簧对车体的纵向作用力 F_{2xc}。

$$F_{2xf}=K_{2x}(x_c-x_f)+C_{2x}(\dot{x}_c-\dot{x}_f) \tag{5-21}$$

$$F_{2xc}=K_{2x}(x_f-x_c)+C_{2x}(\dot{x}_f-\dot{x}_c) \tag{5-22}$$

其输入、输出变量见表 5-13，Simulink 模型如图 5-57 所示。

其中，K_{2x}、C_{2x}仍为单个二系悬挂的弹簧刚度和阻尼系数，但输出作了“乘 2”运算，所以F_{2xw}、F_{2xf}也是是相对于轮对模型建模而非单轮而言的。

轮轨之间的黏着力采用第二章给出的 Polach 黏着模型参数进行建模。

表 5-13　二系悬挂输入、输出变量

输　入	输　出
1 端构架纵向位移 x_f	弹簧 1 端纵向输出力 F_{2xf}
2 端车体纵向位移 x_c	弹簧 2 端纵向输出力 F_{2xc}
1 端构架纵向速度 $\dot{x}_f$	—
2 端车体纵向速度 $\dot{x}_c$	—
二系悬挂弹簧纵向刚度 K_{2x}	—
二系悬挂弹簧纵向阻尼 C_{2x}	—

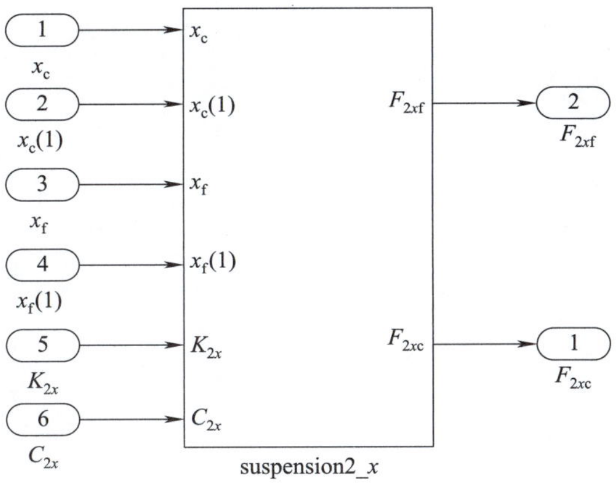

图 5-57　二系悬挂 Simulink 模型

(15)基础制动力模型

基本阻力模型列车制动过程中除了受到制动装置产生的制动力之外，还受到自然阻力。试验表明，作用于列车的阻力，绝大部分与其受到的重力成正比，所以常用阻力与其相应重力之比即单位基本阻力来表示。由于影响因素众多，加之条件多变，很难给出适应于列车任何工况下的基本阻力值，计算时采用大量试验综合得到的经验公式，常把基本阻力表示为列车运行速度的二次函数，即单位基本阻力可表示为式(5-23)。

$$\omega_0 = A + Bv + cv^2 \tag{5-23}$$

式中　ω_0——单位基本阻力，N/kN；

A、B、C——随车辆类型而异的常数。

我国 CRH 系列动车组的单位基本阻力常采用如下公式：

$$
\begin{aligned}
&\text{CRH1}: \omega_0 = 1.12 + 0.005\,42v + 0.000\,146v^2 \\
&\text{CRH2}: \omega_0 = 0.88 + 0.007\,44v + 0.000\,144v^2 \\
&\text{CRH3}: \omega_0 = 0.42 + 0.001\,60v + 0.000\,132v^2 \\
&\text{CRH5}: \omega_0 = 1.65 + 0.001\,00v + 0.000\,179v^2 \\
&\text{CRH380}: \omega_0 = 0.54 + 0.000\,98v + 0.000\,163v^2
\end{aligned}
\tag{5-24}
$$

2. 基于 SIMPACK 的车辆动力学模型

根据给出的车辆模型、黏着力模型和基础制动装置模型，即可进行单节车的制动动力学子系统的搭建。

根据 UIC 标准模型坐标系定义如图 5-58 所示，z 轴正方向向下，重力加速度为 9.81 m/s^2，沿着轨道中心线即 x 轴方向为纵向，沿着 y 轴方向为横向，沿着 z 轴方向为垂向，围绕三个轴的转动分别为侧滚、点头和摇头，这六个自由度分别用是 x、y、z、φ、γ 和 ψ 表示。

轮对的建模主要包括轮对的质量属性、铰接形式和轮轨关系，参数包括质量、惯量以及

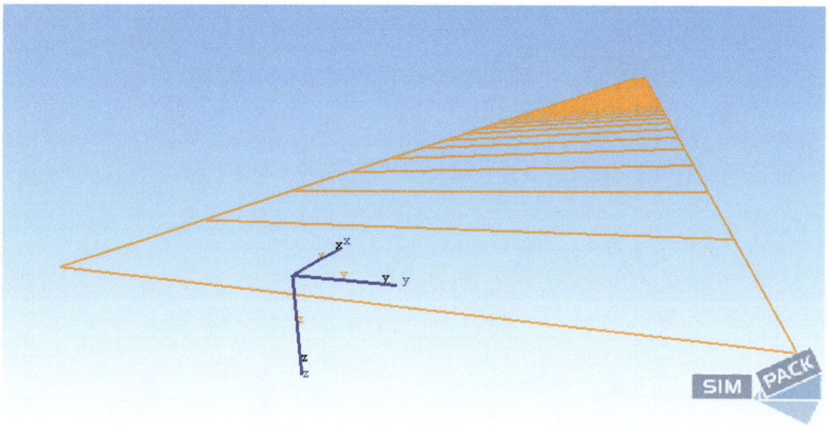

图 5-58　坐标系的定义

外形参数等，铰接形式为常用的 7 号铰接，有 x、y、z、φ、γ 和 ψ 六个自由度，下面着重对轮轨关系建模作详细说明，主要包括车轮、轨道、法向力和切向力四部分。

(1)车轮定义

如图 5-59 所示，该部分定义车轮的参数，对铰接状态、车轮的踏面外形、车轮的名义滚动圆半径以及车轮名义滚动圆横向跨距之半进行设置。

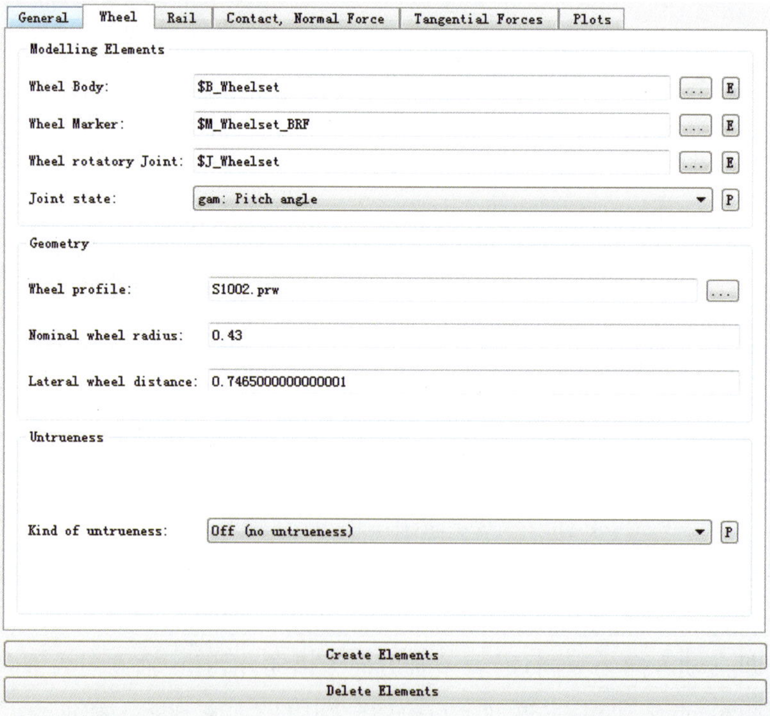

图 5-59　车轮参数定义

(2)轨道定义

如图 5-60 所示，定义轨道参数主要包括轨道型面、轨底坡和轨距。

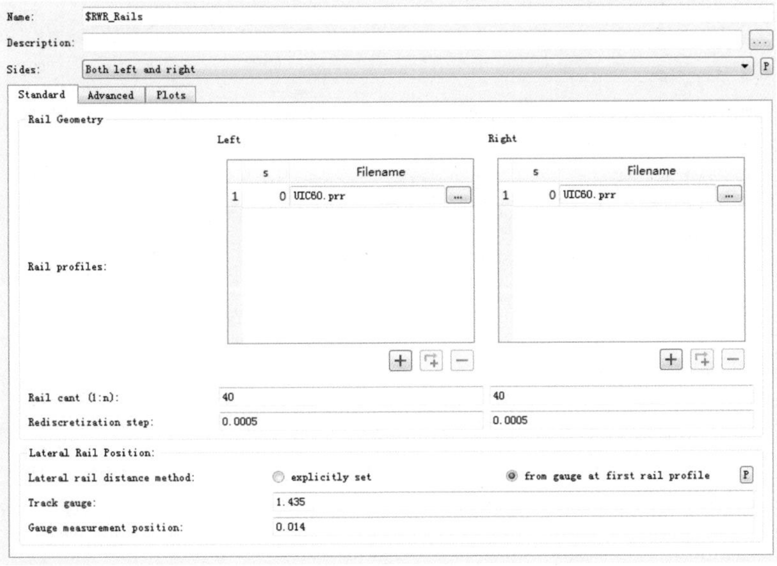

图 5-60　轨道参数定义

(3)轮轨接触和法向力定义

如图 5-61 所示，定义轮轨接触和法向力的参数，接触的处理方法为等效弹性法，赫兹法计算法向力，杨氏模量、泊松比和接触的参考阻尼均采用默认值。

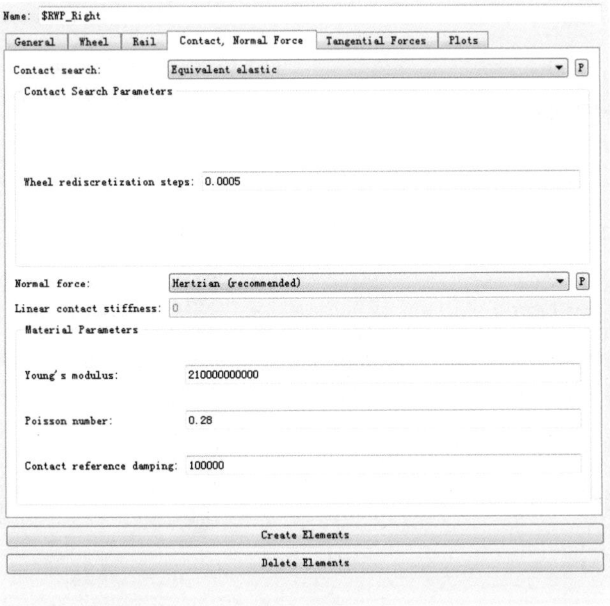

图 5-61　轮轨接触和法向力定义

(4)切向力定义

如图 5-62 所示，在切向力的参数中选择轮轨接触理论，同时设定轮轨间最大静摩擦系数。

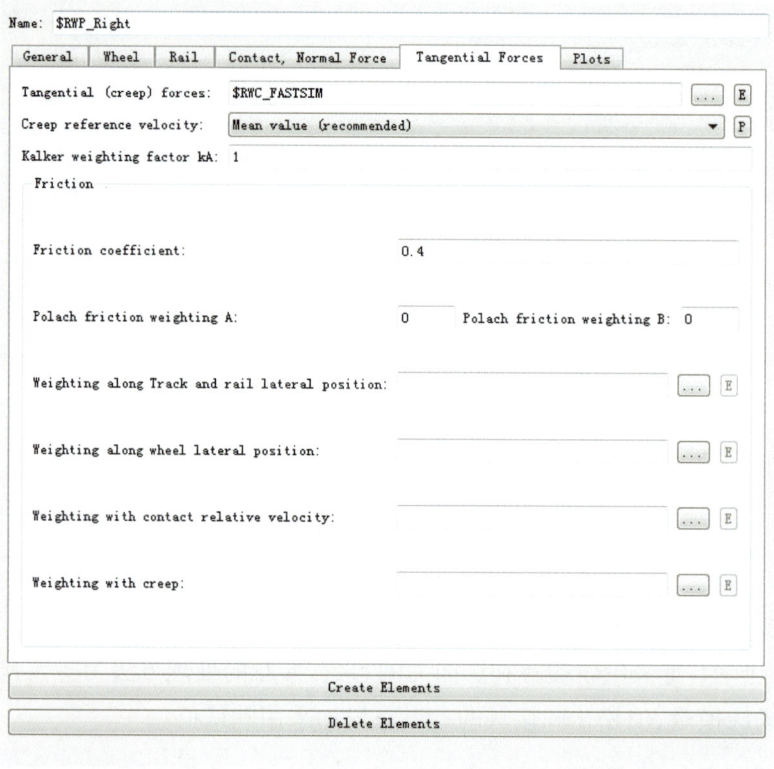

图 5-62　切向力定义

搭建完成的轮对模型如图 5-63 所示。

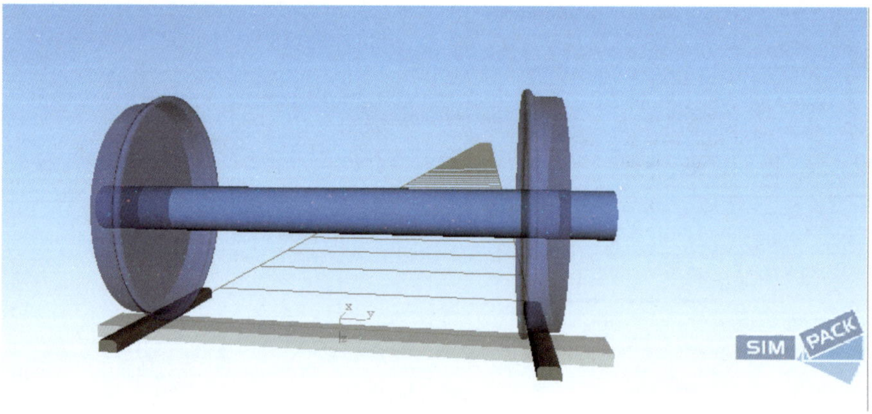

图 5-63　单轮对模型

根据某型动车组的实车参数，利用 SIMPACK 铁路模型库快速建立车辆动力学模型，包括定义车轮参数、轨道参数、轮轨接触关系和法向力参数、切向力参数、转向架参数、车辆参数等信息，最终搭建单节车的制动动力学子系统，如图 5-64 所示。

整车模型建立的拓扑图如图 5-64(a)所示，由车体和前后转向架组成，车体相对于地面的运动用 7 号铰接表示；转向架模型的拓扑图如图 5-64(b)所示，由虚车体、构架和前后轮对子结构组成，虚车体相对于地面的运动用 0 号铰接表示，构架、前后轮对相对于地面的运动用 7 号铰接表示，虚车体与构架之间有二系力，构架和轮对之间有一系力。按照轮对→转向架→整车模型的次序完成模型搭建，图 5-64(c)为一节车模型。

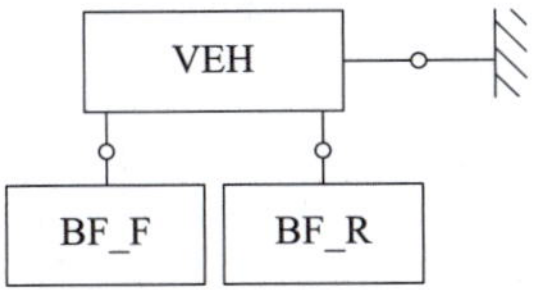

(a)整车模型拓扑图

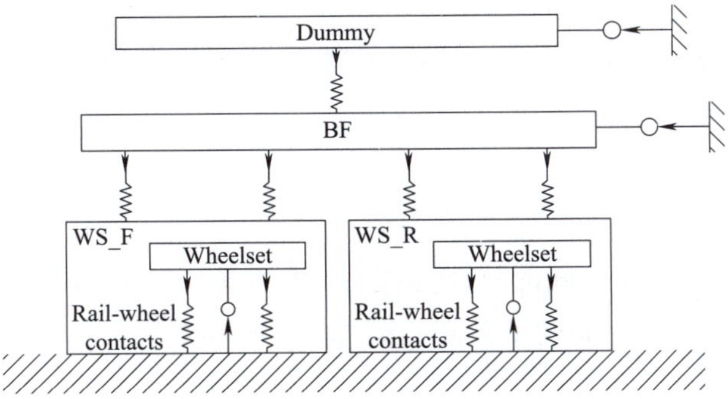

(b)转向架模型拓扑图

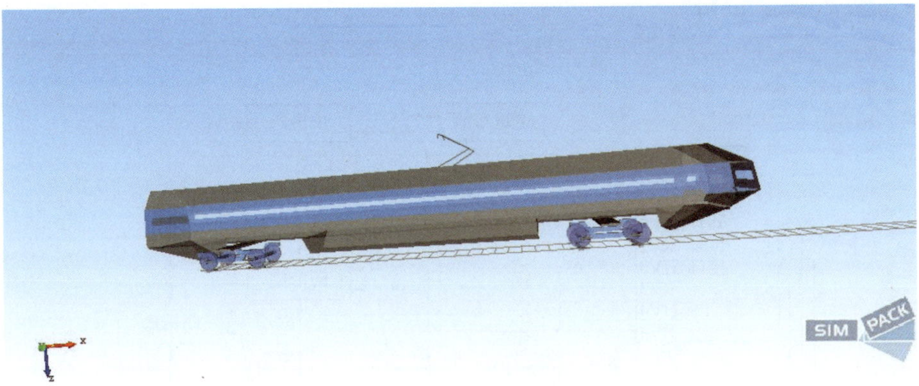

(c)整车模型

图 5-64　基于 SIMPACK 建立的单节车制动动力学子系统

对车辆系统来说，运行稳定性是决定车辆能否高速运行的关键因素，一般用临界速度来表示，分为线性临界速度和非线性临界速度，且通常非线性临界速度要低于线性临界速度。对动力学模型进行非线性临界速度验证，非线性临界速度是让车辆以一定速度通过一段有激励的线路，然后再让车辆在无激励的线路上运行，看轮对的横移量是否收敛来判断非线性临界速度。让车辆从初速度 450 km/h 开始运行，并以 0.5 m/s² 左右的减速度减速，最后利用 SIMPACK 求解器进行计算，作出第一位轮对的横移量与车辆运行速度之间的关系曲线，如图 5-65 所示。以轮对横移量小于 0.1 mm 为收敛标准，则车辆模型的非线性临界速度在 390 km/h 左右，因此得出该车辆系统模型满足高速列车制动过程仿真分析的要求。

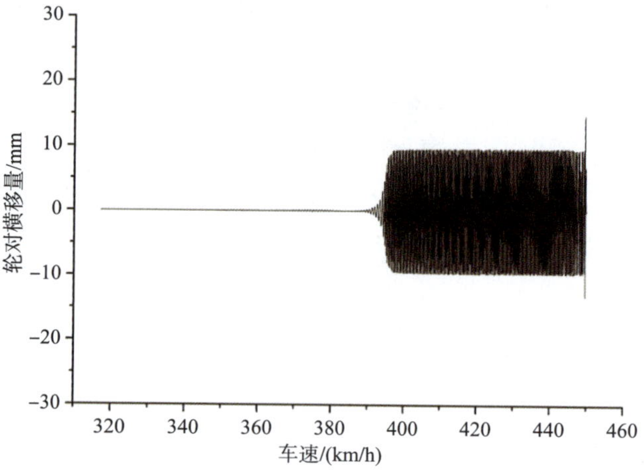

图 5-65　轮对横移量与速度关系曲线

5.5.3　空气制动系统建模

气路信息通过气动元件之间的管路连接，并基于 SimulinkCosim 接口实现与 Simulink 联合仿真，搭建出单节车的气制动子系统模型如图 5-66 所示。

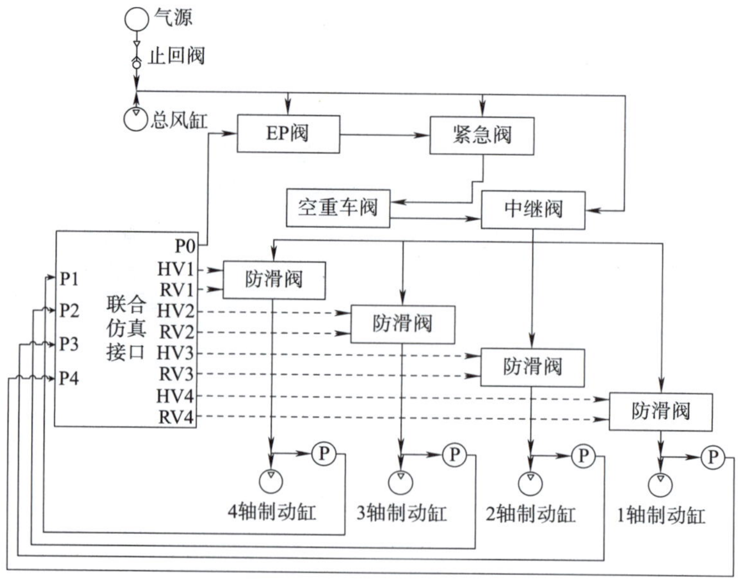

图 5-66　单节车的气制动子系统模型

5.5.4 联合仿真平台实现

根据上述建立的车辆制动动力学子系统、气制动单元子系统以及制动防滑控制子系统，即可实现基于多学科协同分析的车辆级制动防滑控制分析，其仿真平台框架如图 5-67 所示。

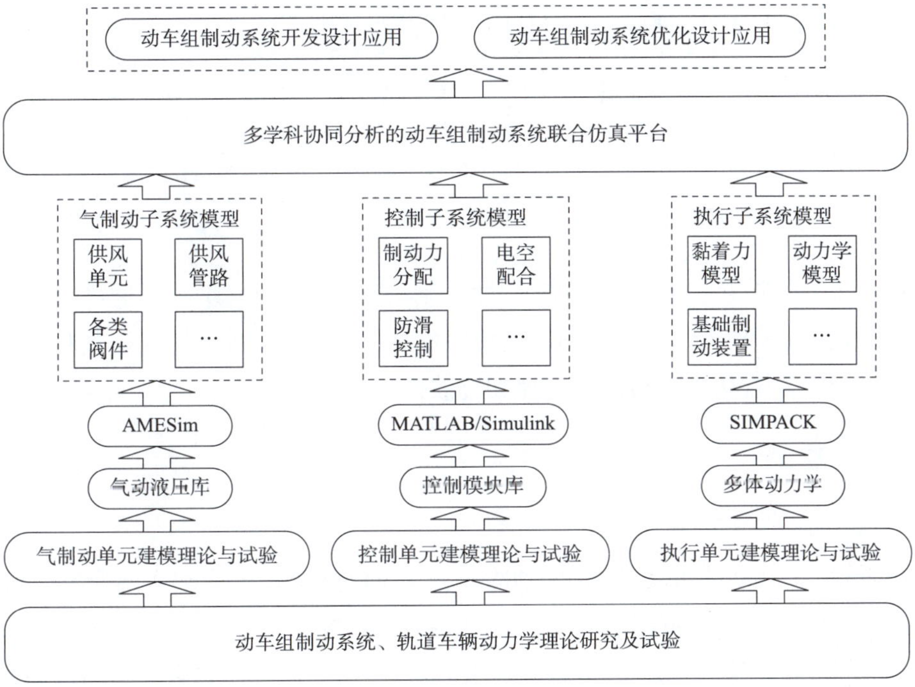

图 5-67　基于多学科协同分析的联合仿真平台框架

使用 MATLAB/Simulink 软件建立了制动系统的控制子系统模型，采用仿真软件 AMESim 建立了气制动子系统模型，基于多体动力学软件 SIMPACK 建立单节车的列车制动动力学模型。由于多体动力学软件 SIMPACK 和气液压仿真软件 AMESim 分别提供了与 Simulink 之间的联合仿真接口，方便实现软件之间的协同仿真运行，因此选取 Simulink 作为主仿真环境平台。在各专业软件中建立子系统模型的基础上，利用软件提供的接口程序生成连接文件，并根据各子系统之间的参数传递关系将各子模块组合成制动防滑控制装置的整体仿真模型，搭建了联合仿真平台，如图 5-68 所示。

通过多学科协同分析的联合仿真平台，可从车辆级的角度对轨道车辆的制动过程进行理论分析，对轨道车辆制动过程中的制动力分配、电空制动配合以及防滑控制策略等进行研究，通过仿真计算得到的空走时间、制动时间、制动距离、制动减速度、瞬时速度、平均减速度、纵向冲动、各轴的利用黏着系数以及制动缸压力、制动耗风量和防滑控制周期等计算结果，分析其对制动性能的影响规律等。本书根据车辆的实际参数，建立了各子系统的模型，搭建了基于多学科协同分析的轨道车辆制动系统集成化仿真平台，进行常用制动和紧急制

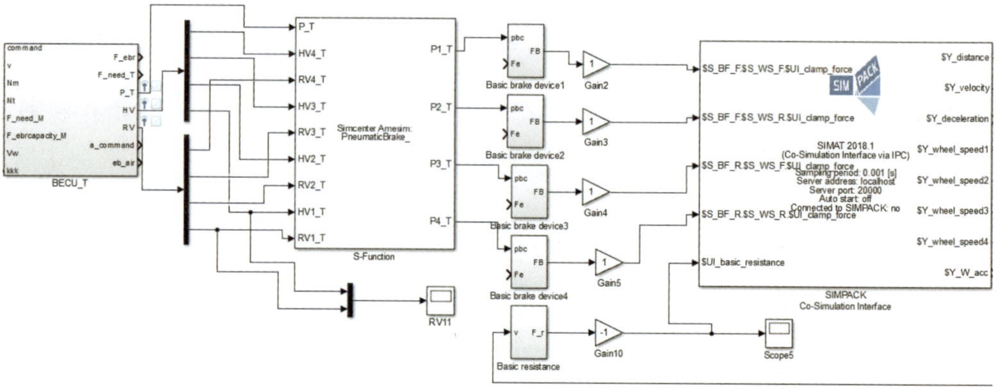

图 5-68　基于 Simulink 主仿真环境的多学科联合仿真平台

动等制动工况下的仿真计算，分析了空走时间、制动缸压力、制动瞬时减速度、纵向冲动、制动距离、制动时间、平均减速度等在制动过程中的变化特性；并通过仿真结果和试验结果的对比分析，验证了联合仿真平台的可行性和有效性。

5.5.5　仿真结果

如图 5-69(a)～图 5-69(c)所示，为多学科联合仿真平台在干轨条件下，制动初速度 80 km/h 实施紧急制动的仿真结果，分别为车速和轴速对比、目标和实际制动缸压力的对比、制动性能相关参数。如图 5-69(a)所示，在干轨条件下，车速和轴速趋于一致。如图 5-69(b)所示，在大约 2.5 s 之后，制动缸压力达到最大值，且在之后的制动过程中一直保持在目标制动缸压力。如图 5-69(c)所示，仿真平台输出的其他制动性能参数包括制动时间、制动距离等。

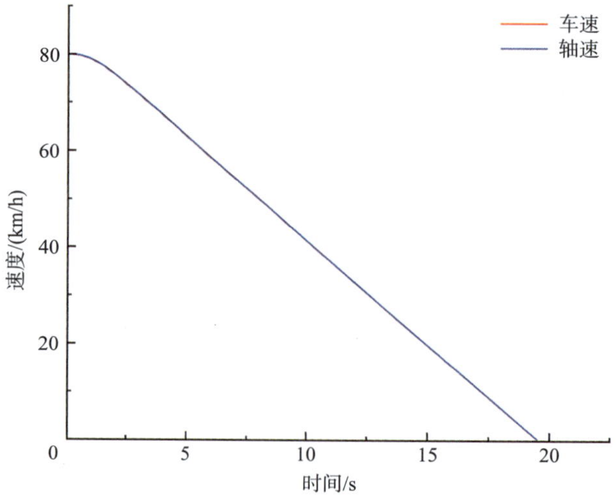

(a)车速和轴速对比

图　5-69

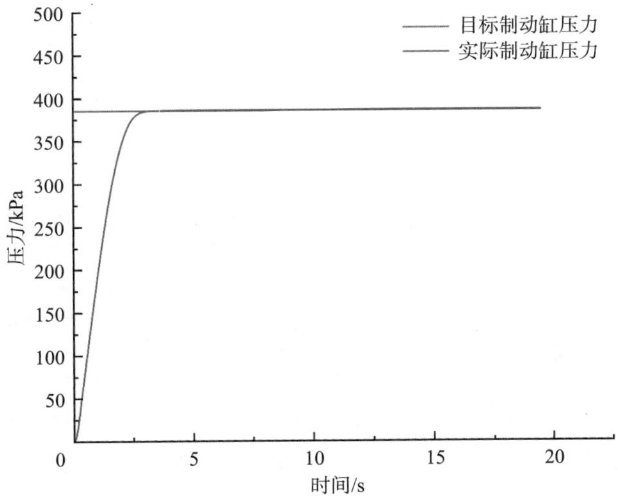

(b)目标制动缸压力和实际制动缸压力的对比

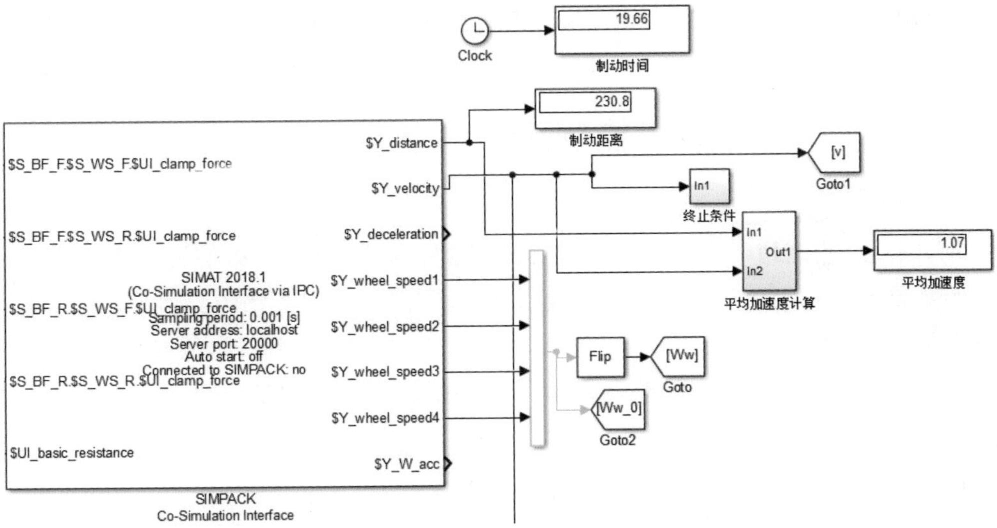

(c)制动性能相关参数

图 5-69　多学科联合仿真平台干轨条件下仿真结果

第6章 高速列车防滑控制试验技术

高速列车防滑系统对于保障制动安全至关重要，尤其是在当前列车运行速度持续提高的背景下，其性能在很大程度上决定了列车未来的运行速度和稳定性。性能优异的防滑系统不仅能准确、及时地检测出即将滑行的车轴，避免误判、漏判，并且能够控制滑行轴处于良好的滑移率范围内，提高对轮轨黏着的利用，缩短制动距离，降低耗风量，避免轮轨表面出现擦伤，保证列车制动过程的舒适性与稳定性。因此，有必要建立可靠有效的试验方法、手段，结合一套合理的性能评价体系，从而方便快捷、客观全面地对列车防滑系统的性能进行测试与分析，对加速防滑系统的设计与优化迭代具有重要的指导意义。

6.1 防滑控制半实物仿真台架试验

目前，国内外测试列车防滑系统性能主要有两种途径，一种是实车线路试验，另一种则是仿真台架试验。相较于防滑控制实车线路试验，防滑控制半实物仿真台架试验虽然在试验结果的真实性、可靠性上无法完全模拟实车线路试验，但其试验成本低、耗时少、安全系数高、管理难度低且可操作性强，能够大大提高研究效率，节省防滑系统开发和试验的周期和费用。

6.1.1 防滑控制半实物仿真台架设计需求

1. EN 15595:2018 标准要求

EN 15595:2018 标准规定，防滑仿真台架应体现硬件在环（hardware-in-the-loop，HIL）原理，其设计应具有软硬件集成特点，可对车辆系统和轨道状况进行最真实的建模。硬件在环仿真测试系统是以实时处理器运行仿真模型来模拟受控对象的运行状态，通过I/O接口与被测的WSP连接，对被测WSP进行全方面、系统测试。在试验过程中，WSP应把单车模型作为最小需求。

根据EN 15595:2018标准，防滑仿真试验台架所需设备见表6-1，但是根据防滑系统试验内容的不同，组成台架所需的设备也不同。硬件选择总是优于软件模型，如果软件模型是强制性的，则硬件选择应适应软件模型。

WSP 仿真试验台架根据被测试硬件的不同可分为以下 4 类：

(1)3 类：包括可测试控制单元和算法。

(2)2A 类：包括可测试控制单元、算法和防滑阀。

(3)2B 类：包括可测试控制单元、算法、速度传感器和轴速获取。

(4)1 类：包括可测试控制单元、算法、防滑阀、空气单元、速度传感器、轴速获取，作为一个整体系统。

表 6-1　防滑仿真试验台架所需设备

序　号	设　　备	设备形式	
1	WSP 电子控制单元	软件	硬件
2	电动力控制单元软件	软件	硬件
3	速度传感器	软件	硬件
4	防滑阀和气动设备	软件	硬件
5	标准黏着模型(干轨、基于清洁剂和树叶膜层的轨道)	软件	—
6	其他黏着模型(油、油脂、燃油、水、铁锈条件)	软件	—
7	自然产生可变黏着	软件	—
8	车轮运动模型	软件	—
9	列车运动模型	软件	—
10	车体、转向架、车轮的动态模型	软件	—
11	车轮自身状态模型	软件	—
12	轨道状态模型	软件	—
13	电动力模型	软件	—
14	与黏着力无关的制动模型	软件	—

2. 列车防滑性能评价方法应用需求

试验台架需通过高速动车组虚拟运行列车动力学模型和制动防滑控制系统实物相结合的方式，实现 1M1T 动车组的制动防滑控制过程的台架模拟。明确了试验台架的测试对象为动车组制动防滑系统且须为硬件实物、系统范畴为 1M1T 两节车编组。

优化后的列车防滑系统性能评价方法对防滑半实物仿真试验台架提出以下要求：

(1)能够提供标准可重复的黏着轨面用于防滑系统的试验，黏着轨面条件、车辆载重等工况参数信息可调且方便调整。

(2)试验过程中能够有效、准确地测量采集评价方法中所需的物理量，具备数据处理、保存功能。

3. 总体设计需求与功能描述

部分防滑试验台架的测试回路中仅防滑控制单元为硬件实物，只能测试控制单元与控制算法，属于标准中定义的 3 类试验台架。为提高半实物仿真试验台架的硬件化程度，使台架试验效果更接近实际情况、试验结果具有更高的可信度，可以按照标准中 2A 类试验台架要求进行设计。2A 类试验台架中，除防滑控制单元以外，防滑阀与气动设备即气制动系统同样为硬件实物。

此外，考虑到防滑试验台架的工程应用价值，应具有良好的通用性和可扩展性，能够对不同厂家生产的制动防滑系统包括国内主流动车组制动系统、主流地铁架控制动系统等进行性能测试和评价。防滑试验台架的试验对象如图 6-1 所示。

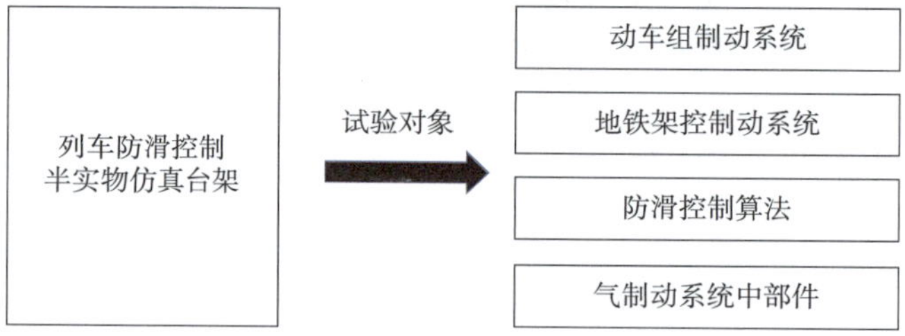

图 6-1　试验对象

综合以上内容，列车防滑控制半实物仿真台架的总体设计需求包含以下内容：

(1)总体要求：试验台按照 EN 15595：2018 标准中 2A 类试验台架设计，防滑控制单元与气制动系统为硬件实物，系统规模为 1M1T 两节车编组，试验台架测试对象涵盖动车组制动系统、地铁架控制动系统、防滑控制算法、气制动系统中阀类部件。

(2)硬件要求：基于 NI-PXI 总线建立测试系统，具备丰富的 I/O 接口用于匹配不同制动系统的电气接口需求，并具有良好的通用性与可扩展性，实时性能优异。

(3)软件要求：具备车辆动力学模型、轮轨黏着模型等软件模型为制动防滑系统工作提供虚拟运行环境，实现 1M1T 编组列车制动防滑过程的半实物仿真台架试验。测试分析软件具备人机交互界面，能够方便地更改参数，取得和保存测试数据，观测数据输出过程等。

(4)防滑性能评价要求：能够实现中继阀前后端压力、制动缸压力、制动防滑耗风量、防滑阀动作次数等关键物理量的测量采集，能够方便调整车辆模型、轮轨黏着模型等软件模型参数以适应不同的列车和制动系统需求，便于开展多种工况下的防滑试验。

6.1.2　防滑控制半实物仿真台架结构组成

根据设计需求，防滑控制半实物仿真台架的总体方案如图 6-2 所示。试验台主要由测试系统与被测对象两部分组成。被测对象中动车组制动系统、地铁架控制动系统由厂家提供(包括 EBCU、PBCU 等)，而 1M1T 气制动系统需自行设计搭建。测试系统采用上、下位机架构，具备两台工控机，其中上位机执行与制动系统的通信功能，如发送控制指令(制动、缓解等)和采集制动系统 EBCU 发出的信号，使 EBCU 根据指令信息工作，此外还具备人机交互功能，即硬件在环半实物仿真试验参数和工况信息的设置，以及对仿真过程中的关键数据如车速、轴速、制动距离、制动缸压力等数据的实时图像显示、查看、保存。下位机则执行模型的实时仿真运算功能，通过传感器采集制动系统气路的关键压力和阀件控制信号，用作模型的实时运算，产生列车制动过程中的轴速、减速度等信息，再通过采集卡转换成相应的电气信号发送至制动系统 EBCU 供其采集和控制。图 6-3 和图 6-4 分别描述了两者的功能。

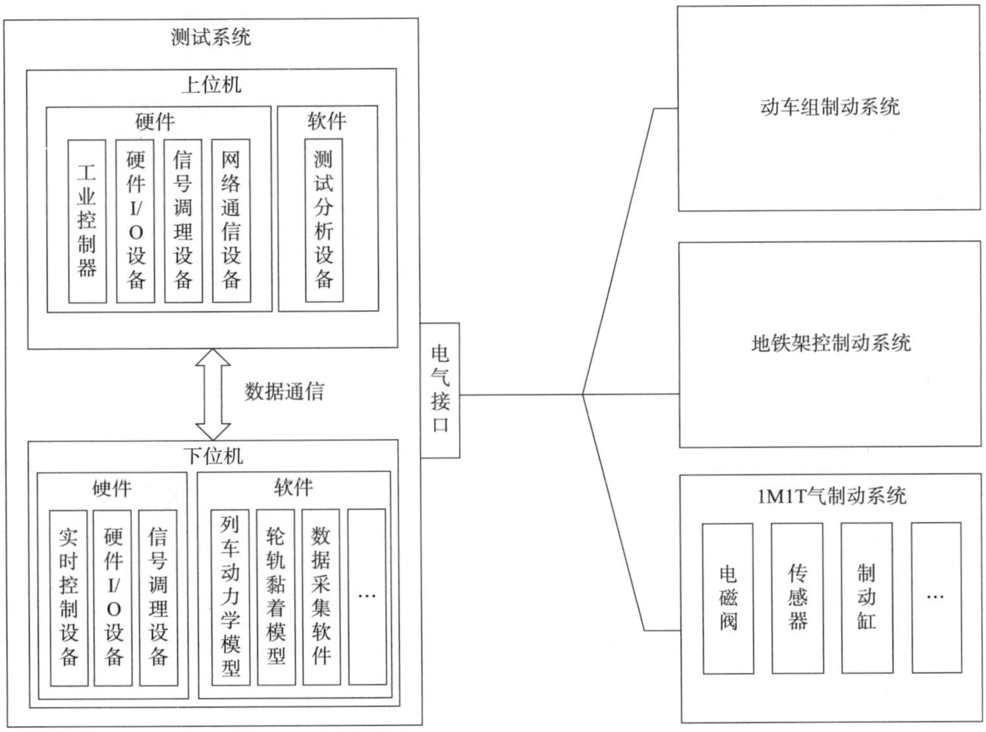

图 6-2　总体方案

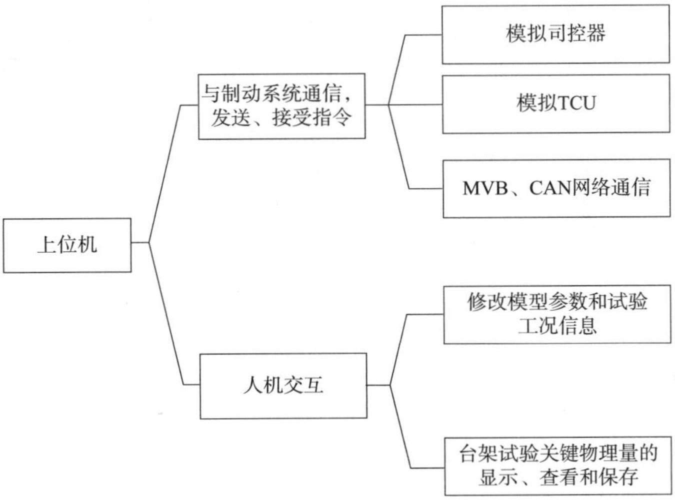

图 6-3　上位机功能

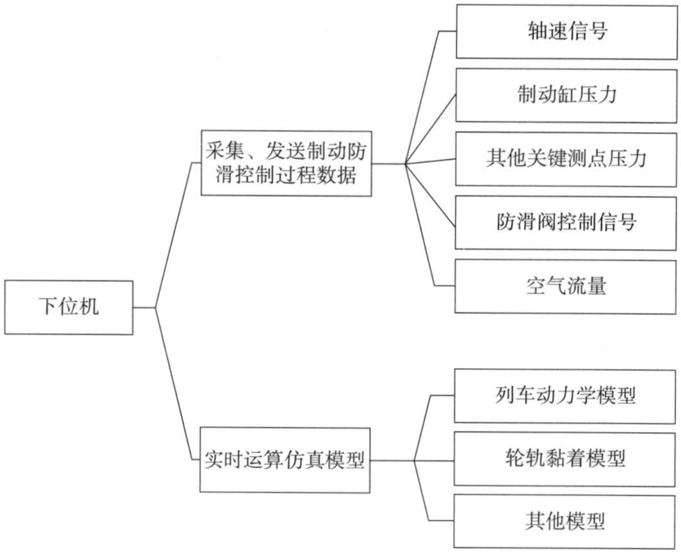

图 6-4　下位机功能

列车防滑控制半实物仿真台架各组成部分的功能如下：

（1）首先通过上位机设置制动级位、车辆参数等工况信息，控制采集卡产生相应的制动指令电信号以及其他输入信号，通过硬线传输至各制动系统 EBCU。

（2）制动系统内部的 EBCU 接收到制动指令后，通过解码判断施加何种制动级位，根据下位机传过来的仿真模拟轴速计算该制动级位、速度下对应的目标减速度，然后再根据接收到的载重信号得到总的目标制动力。

（3）计算得到总制动力目标值后，EBCU 向上位机发出电制动力请求信号；上位机内部的 TCU 仿真模块接收到 EBCU 发出的电制动力请求信号后，向其返回电制动力反馈信号；EBCU 接收到电制动力反馈信号后，以其与总制动力目标值的差值得到空气制动力的目标值。

（4）EBCU 根据空气制动力的目标值发出针对 PBCU 中各电磁阀（如 EP 阀）的控制信号；PBCU 中各电磁阀根据控制信号相应的动作，制动缸充气，最终产生各轴制动缸压力的实际值。

（5）各轴制动缸压力的实际值通过传感器由下位机的数据采集卡采集，并传送到下位机中的实时仿真模型中；仿真模型根据各制动缸压力计算实际空气制动力，实际空气制动力与上位机传来的电制动力共同作用于列车模型，由此产生列车的虚拟制动过程。

（6）通过上位机软件修改下位机仿真模型的轮轨黏着工况，使虚拟列车车速与轴速之间的速度差、轴减速度等参数发生变化，一旦超过 EBCU 的防滑判据限值，将根据其内部防滑策略产生防滑阀的控制信号，该信号驱动防滑阀动作，制动缸开始排气，降低的制动缸压力值通过传感器返回至下位机的仿真模型，轴速开始逐渐恢复，由此实现了列车的防滑控制过程。

(7)下位机中产生的制动防滑过程仿真数据以及传感器采集数据，均通过以太网 TCP 传输和共享变量的方式发送至上位机供其显示、保存。

6.1.3　防滑控制半实物仿真台架验证及应用

气制动系统零部件采购、加工、组装完成后，根据 EN 15595 标准对防滑模拟装置的性能要求，通过调整车辆及轮轨模型参数，在台架上复现实车线路滑行试验工况，对比实车试验数据验证台架试验对列车真实滑行工况模拟的准确性及有效性。

平台验证需在干轨及湿轨滑行两种轮轨黏着条件下进行，以下为试验内容及要求。

1. 干轨工况试验

干轨试验模拟车辆正常制动不出现滑行时的较高黏着轮轨黏着条件，通过台架仿真试验得到的实际速度、减速度、制动距离等与实车试验得到的数据或由防滑控制器设计参数得到的理论数据进行对比验证。干轨试验的项点见表 6-2，试验要求为：不同初速下仿真制动距离，与根据目标减速度加上 0.5 s 空走时间计算所得理论制动距离的误差不应超过 5%。

表 6-2　干轨试验项点

序　　号	制动级位	制动初速度/(km/h)
1	7 级制动	100
2		200
3		300
4	紧急制动	100
5		200
6		300

2. 湿轨低黏着工况试验

根据 EN 15595:2018 对防滑模拟装置(试验台)性能验证的要求，湿轨工况下可通过将防滑模拟装置(试验台)模拟得到的数据与单节车辆的实车试验数据进行对比，验证试验台的有效性。对比项包括制动距离、速度曲线和滑移率分布。

(1)制动距离验证

EN 15595:2018 标准对防滑模拟装置制动距离的性能要求为：仿真值与实车试验值误差应小于 5%，即

$$\frac{|S_{real}-S_{sim}|}{S_{real}}\times 100\% < 5\% \tag{6-1}$$

(2)速度曲线验证

EN 15595:2018 标准对防滑模拟装置速度模拟的性能要求为:从开始制动到车速到达 15 km/h 止的任意时刻,实车试验车速与仿真车速的差值应小于 3 km/h,即

$$|v_{\mathrm{real}}-v_{\mathrm{sim}}|<3\ \mathrm{km/h} \tag{6-2}$$

(3)滑移率分布验证

EN 15595:2018 标准对防滑模拟装置滑移率分布的性能要求为:从开始制动到车速到达 15 km/h 止,每根轴不同滑移率区间时长在总的制动时长占比的平均值,与实车试验值误差应小于 20%。需要统计的滑移率区间有 0~5%,5%~10%,10%~20%,20%~30%,30%~40%以及大于 40%。统计方法为

$$s=\left|\frac{v_{\mathrm{t}}-v_{\mathrm{w}}}{v_{\mathrm{t}}}\right|\times 100\% \tag{6-3}$$

式中 s——滑移率;

v_{t}——车速,km/h;

v_{w}——轴速,km/h。

$$AS_{(n)}=\frac{\sum_{i=1}^{m} t_i}{T}\times 100\% \tag{6-4}$$

式中 m——出现间隔数量;

t_i——间隔时间,s;

n——不同滑移率区间;

T——从制动开始到车速减至 15 km/h 的总时间;

$\frac{\sum_{i=1}^{m} t_i}{T}$——该轴滑移率在 n 这个区间内的时长占总制动时长的比值;

AS——滑移率分布。

标准要求为

$$error_{n\text{-axle}}=\frac{|AS_{\mathrm{real}}-AS_{\mathrm{sim}}|}{AS_{\mathrm{real}}}\times 100\% \tag{6-5}$$

式中 AS_{real}——实车数据的滑移率分布;

AS_{sim}——试验台仿真数据的滑移率分布;

$error_{n\text{-axle}}$——各轴滑移率分布误差。

$$E=\frac{\sum_{n=1}^{totalaxles} error_{n\text{-axle}}}{totalaxles}<20\% \tag{6-6}$$

式中 $totalaxles$——每节车上车轴的总数;

E——每个间隔中的滑移率分布误差平均值。

3. 干轨工况下的性能验证

(1)100 km/h 制动初速度下 7 级常用制动仿真

设置列车制动初速度 100 km/h,制动级位为 7 级常用制动,车速及减速度变化曲线如图 6-5 和图 6-6 所示,制动距离为 550.51 m,根据目标减速度计算的理论制动距离为 542.46 m,误差为 1.48%,满足要求。

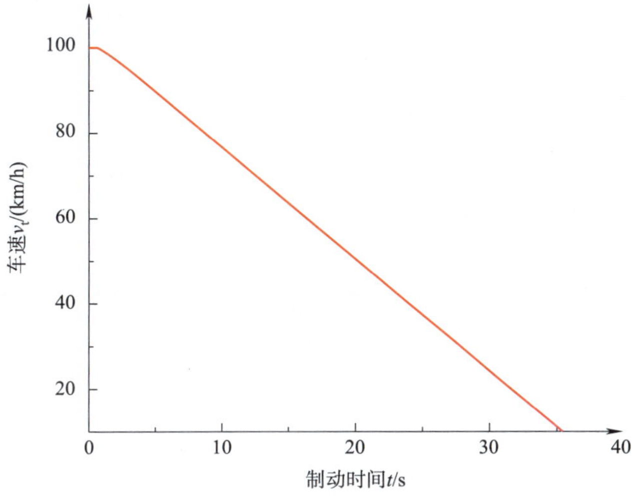

图 6-5　100 km/h 制动初速度车速曲线

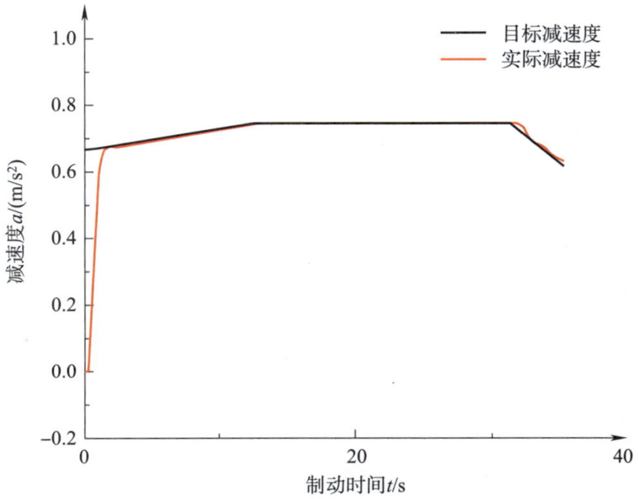

图 6-6　100 km/h 制动初速度减速度变化

(2)200 km/h 制动初速度下 7 级常用制动仿真

设置列车制动初速度 200 km/h,制动级位为 7 级常用制动,车速及减速度变化曲线如

图 6-7 和图 6-8 所示，制动距离为 2 612.66 m，根据目标减速度计算的理论制动距离为 2 603.54 m，误差为 0.35%，满足要求。

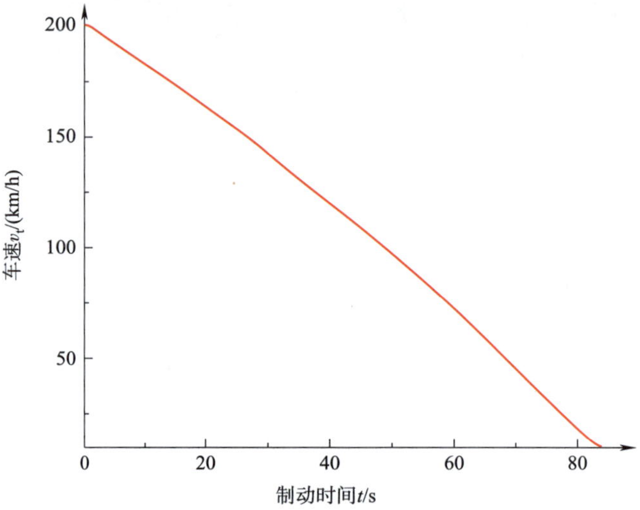

图 6-7　200 km/h 制动初速度车速曲线

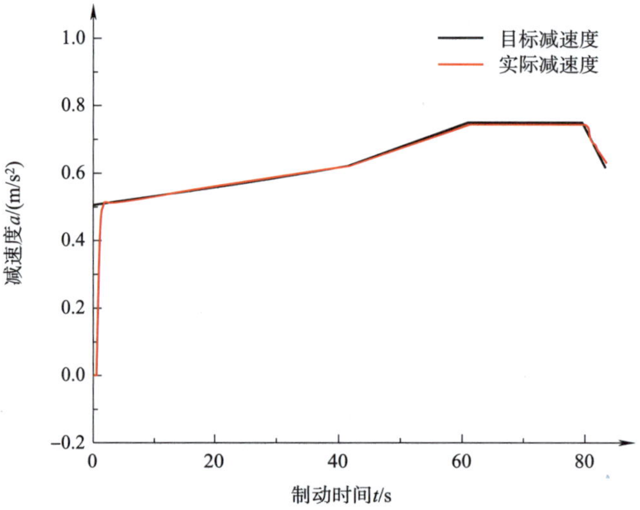

图 6-8　200 km/h 制动初速度减速度变化

(3)300 km/h 制动初速度下 7 级常用制动仿真

设置列车制动初速度 300 km/h，制动级位为 7 级常用制动，车速及减速度变化曲线如图 6-9 和图 6-10 所示，制动距离为 7 072.84 m，根据目标减速度计算的理论制动距离为 7 139.20 m，误差为 0.93%，满足要求。

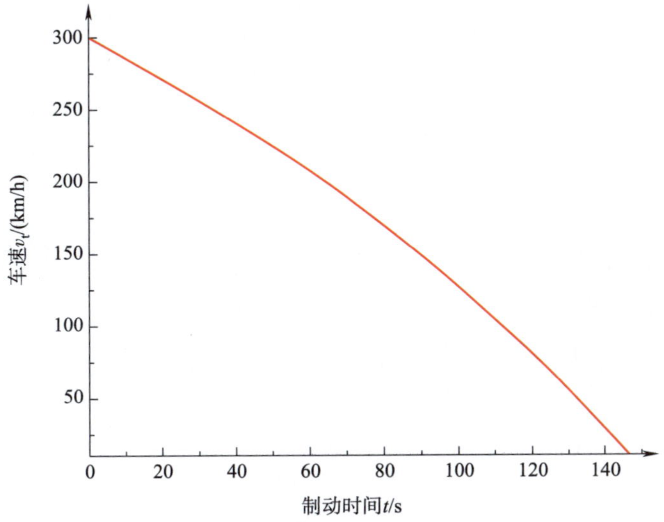

图 6-9　300 km/h 制动初速度车速曲线

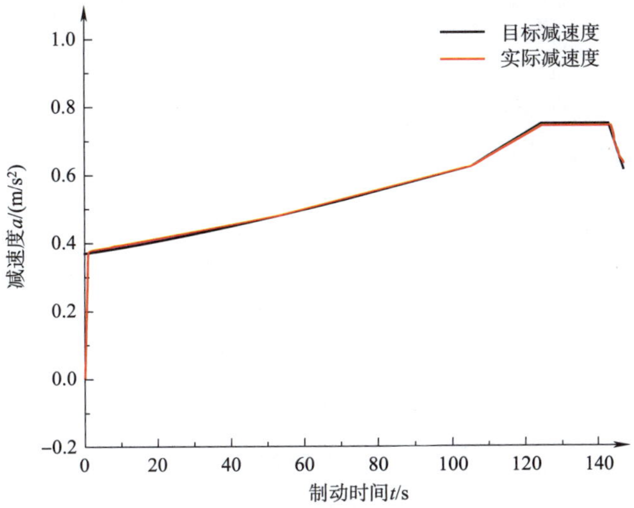

图 6-10　300 km/h 制动初速度减速度变化

(4)100 km/h 制动初速度下紧急制动仿真

设置列车制动初速度 100 km/h,制动级位为紧急制动,车速及减速度变化曲线如图 6-11 和图 6-12 所示,制动距离为 412.66 m,根据目标减速度计算的理论制动距离为 399.69 m,误差为 3.24%,满足要求。

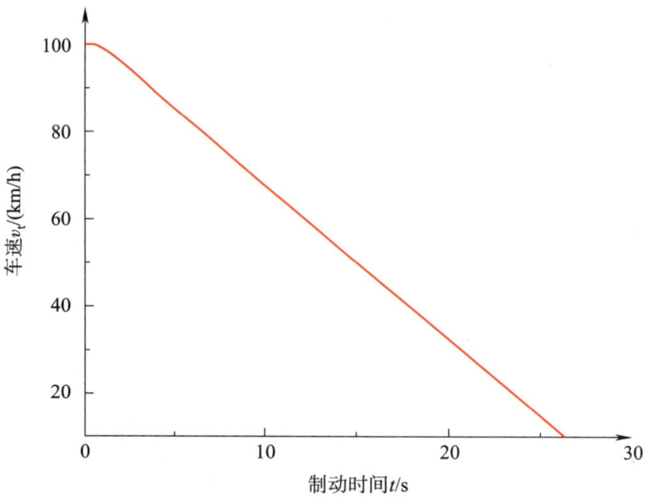

图 6-11　100 km/h 制动初速度车速曲线

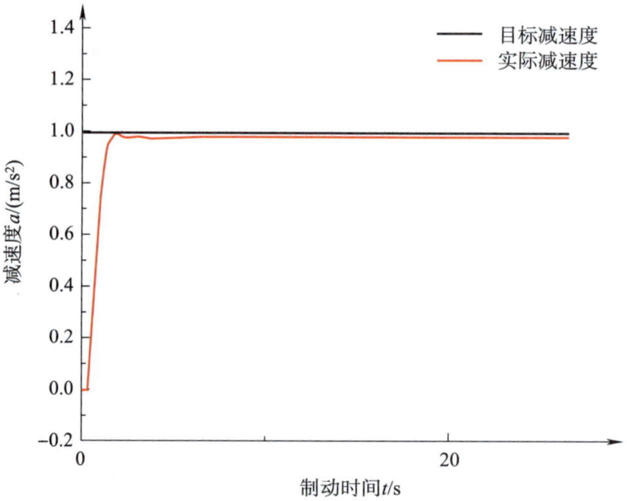

图 6-12　100 km/h 制动初速度减速度变化

(5)200 km/h 制动初速度下紧急制动仿真

设置列车制动初速度 200 km/h,制动级位为紧急制动,车速及减速度变化曲线如图 6-13 和图 6-14 所示,制动距离为 1 619.55 m,根据目标减速度计算的理论制动距离为 1 582.68 m,误差为 2.33%,满足要求。

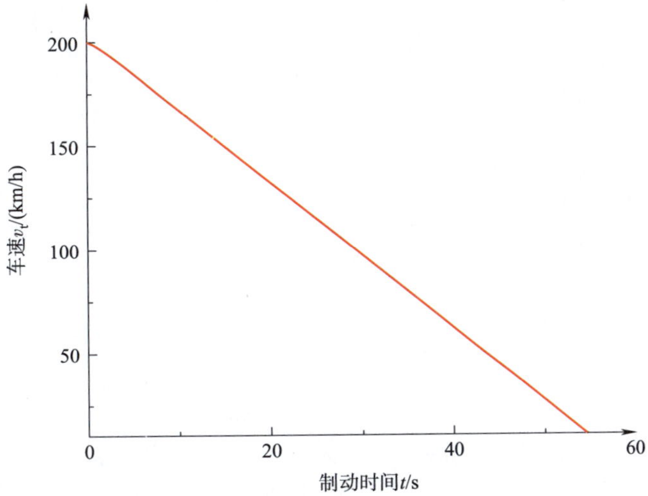

图 6-13　200 km/h 制动初速度车速曲线

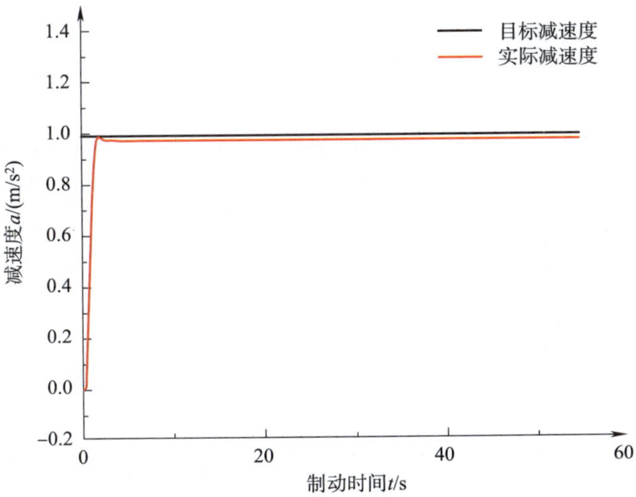

图 6-14　200 km/h 制动初速度减速度变化

(6)300 km/h 制动初速度下紧急制动仿真

设置列车制动初速度 300 km/h,制动级位为紧急制动,车速及减速度变化曲线如图 6-15 和图 6-16 所示,制动距离为 4 078.72 m,根据目标减速度计算的理论制动距离为 4 015.48 m,误差为 1.58%,满足要求。

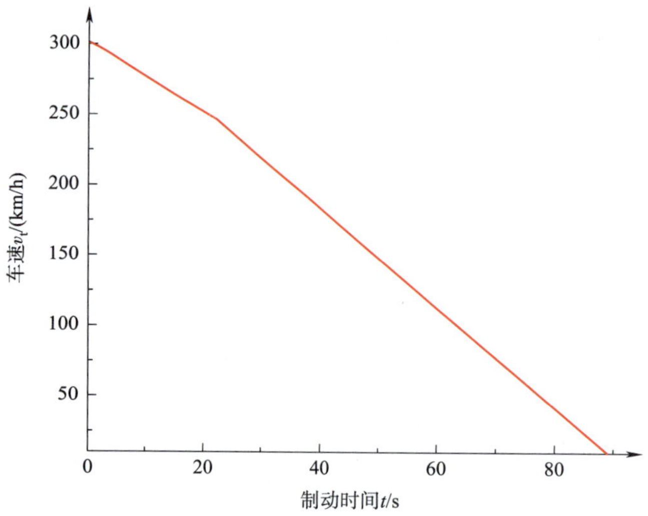

图 6-15　300 km/h 制动初速度车速曲线

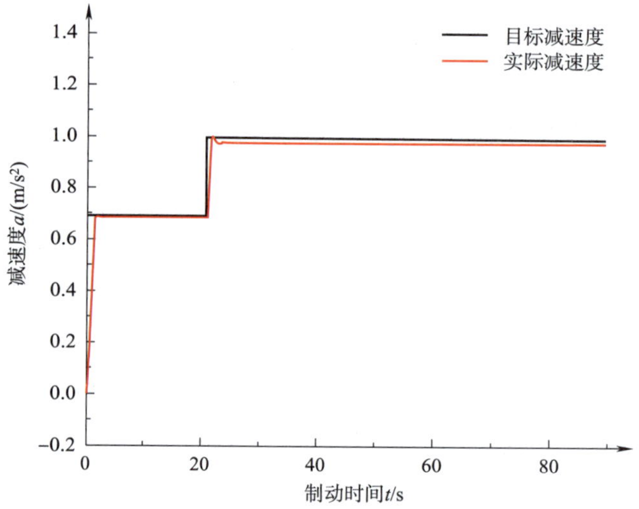

图 6-16　300 km/h 制动初速度减速度变化

上述所有干轨工况下的仿真制动距离值与理论制动距离值见表 6-3。

表 6-3　干轨工况下仿真试验性能结果

序号	制动级位	制动初速度/(km/h)	仿真制动距离/m	理论制动距离/m	误差/%
1	7 级常用	100	550.51	542.46	1.48
2		200	2 612.66	2 603.54	0.35
3		300	7 072.84	7 139.20	0.93

续上表

序号	制动级位	制动初速度/(km/h)	仿真制动距离/m	理论制动距离/m	误差/%
4	紧急制动	100	412.66	399.69	3.24
5		200	1 619.55	1 582.68	2.33
6		300	4 078.72	4 015.48	1.58

上述各工况下仿真制动距离与理论制动距离的误差均小于 5%，性能符合要求。

4. 湿轨低黏着工况下的性能验证

所选取的实车试验数据的线路工况为：T 车采集数据初速度为 150 km/h，M 车采集数据初速度为 117 km/h；制动级位为快速制动；轨面喷洒防冻液低黏着轨面条件。

通过选取合适的虚拟轨道模型参数，在防滑试验台上复现实车防滑试验过程，并将仿真结果与实车试验结果按上述三个项点要求进行对比验证。由于 T 车和 M 车实车试验数据采集时间点不一致，将 T 车和 M 车仿真值与实车试验值分别进行对比验证。

(1)制动距离验证

实车制动距离试验值与仿真值对比结果如图 6-17 和图 6-18 所示。其中，T 车制动距离试验值为 891.46 m，T 车制动距离仿真值为 883.26 m，误差为 0.93%；M 车制动距离试验值为 537.13 m，M 车制动距离仿真值为 545.29 m，误差约为 1.52%，满足 EN 15595 中对制动距离模拟的相关要求。

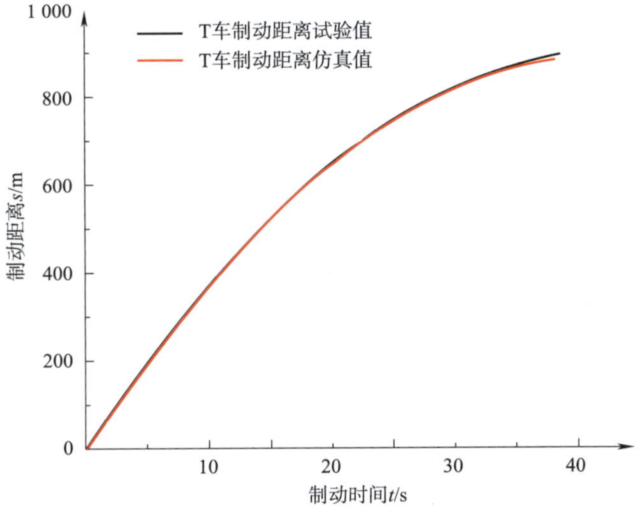

图 6-17　T 车制动距离对比

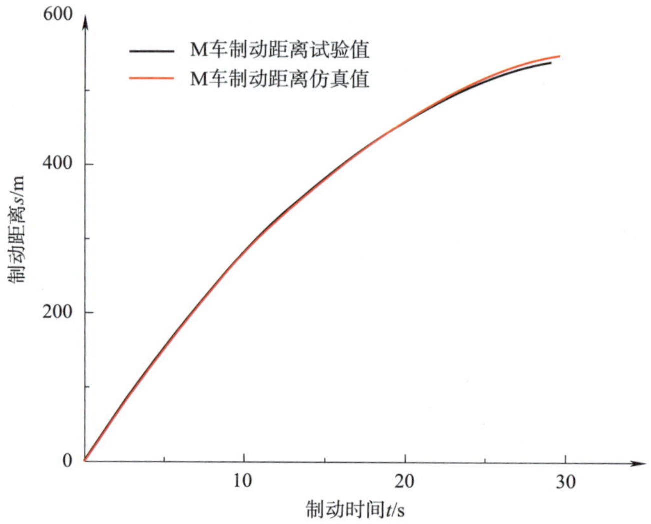

图 6-18　M 车制动距离对比

(2)速度曲线验证

实车车速试验值与仿真值对比结果如图 6-19 和图 6-20 所示。同一时刻,T 车仿真车速与试验车速最大差值为 2.62 km/h,M 车仿真车速与试验车速最大差值为 2.51 km/h,符合 EN 15595 中对车速模拟的相关要求。

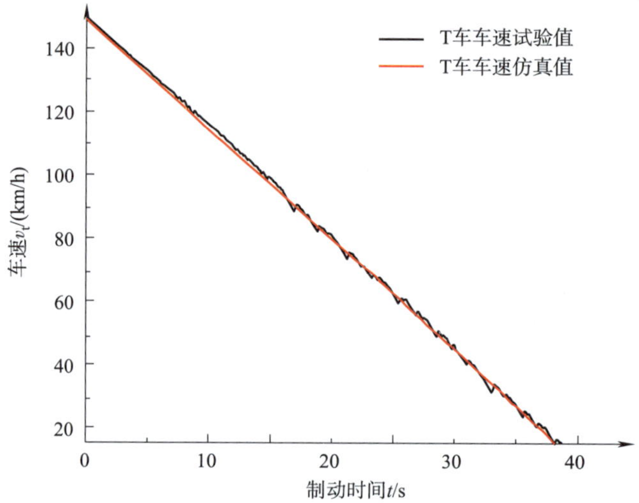

图 6-19　T 车车速对比

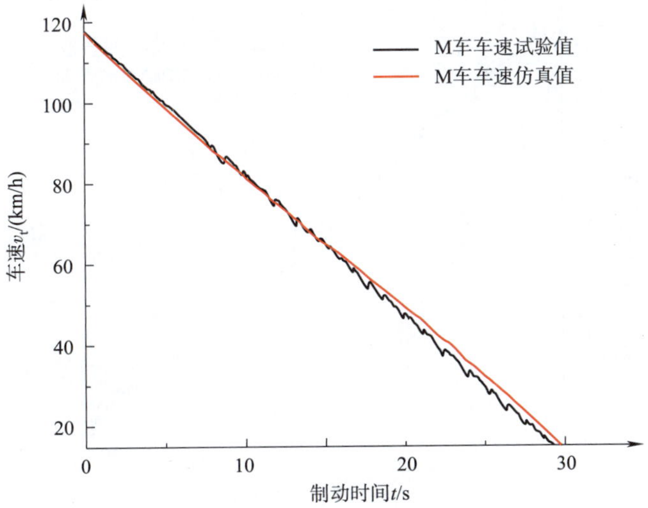

图 6-20 M 车车速对比

(3)滑移率分布验证

在制动初速度 150 km/h,制动级位为快速制动,模拟轨面喷洒防冻液低黏着轨面条件的仿真工况下,T 车、M 车各轴速仿真结果与实车试验的轴速结果对比如图 6-21～图 6-28 所示。

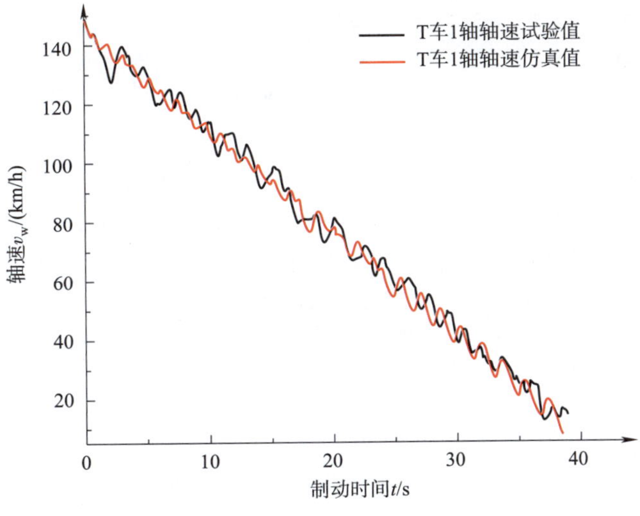

图 6-21 T 车 1 轴轴速仿真曲线

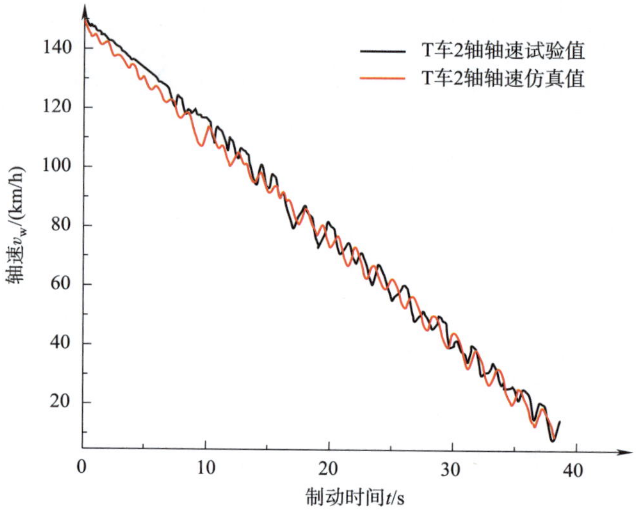

图 6-22　T 车 2 轴轴速仿真曲线

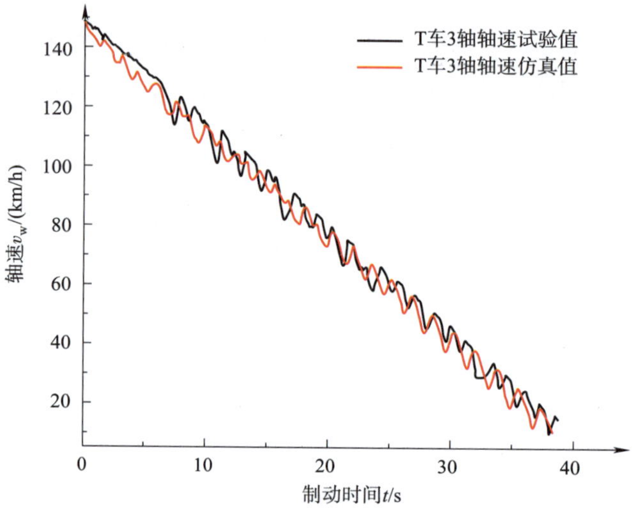

图 6-23　T 车 3 轴轴速仿真曲线

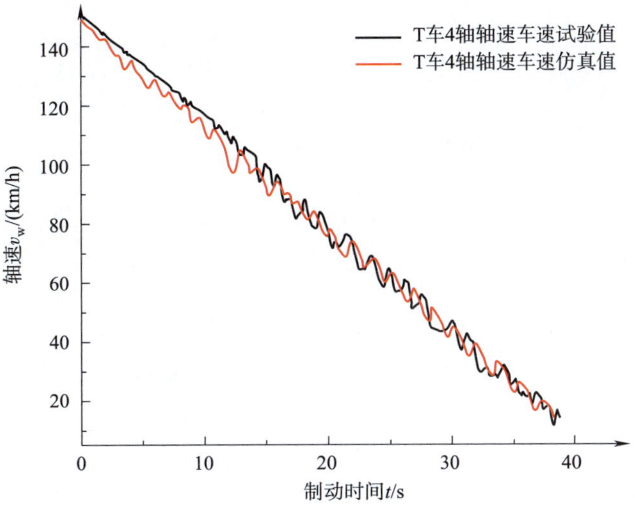

图 6-24　T 车 4 轴轴速仿真曲线

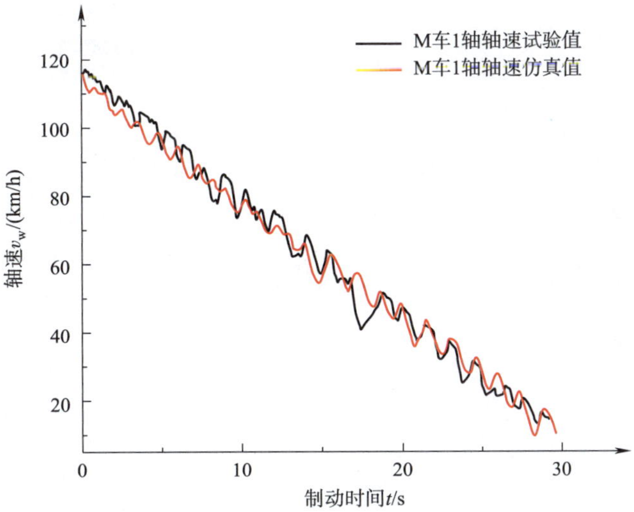

图 6-25　M 车 1 轴轴速仿真曲线

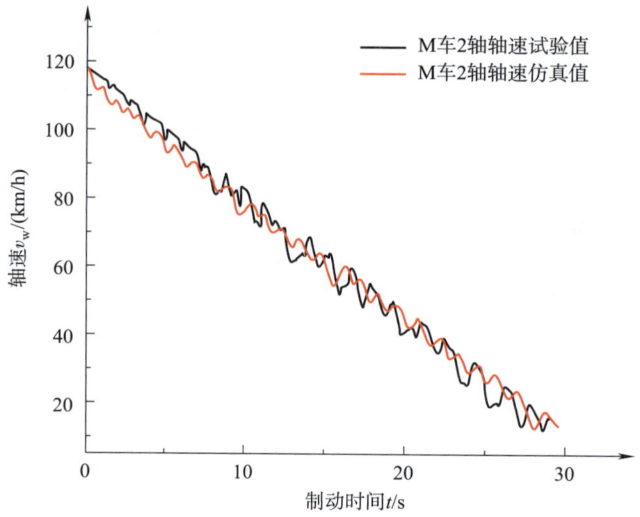

图 6-26　M 车 2 轴轴速仿真曲线

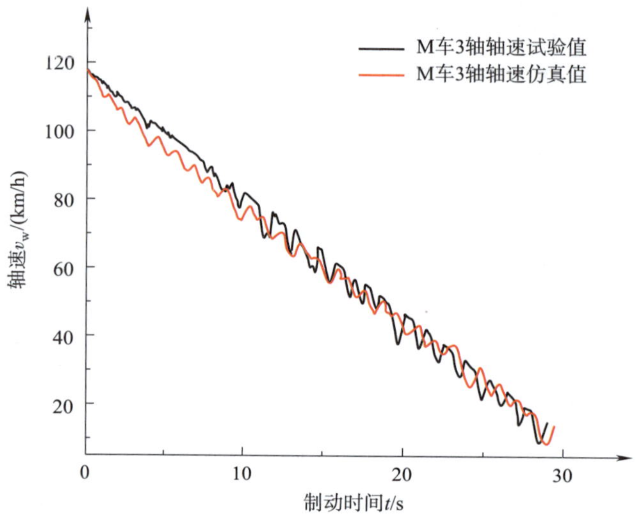

图 6-27　M 车 3 轴轴速仿真曲线

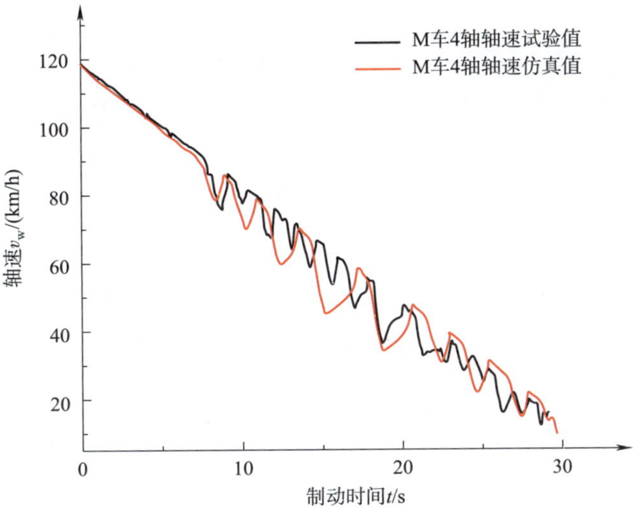

图 6-28　M 车 4 轴轴速仿真曲线

统计实车数据和仿真数据，对比得到各轴不同滑移率区间时间占比试验值与仿真值，见表 6-4 和表 6-5，然后依次计算得到不同滑移率区间时间占比试验值和仿真值的误差和平均值，汇入表 6-6，可以发现各滑移率区间时间占比误差均小于 20%，仿真性能满足要求。

表 6-4　各轴不同滑移率区间时间占比试验值

轴　　序	滑移率区间					
	$0<s\leqslant5\%$	$5\%<s\leqslant10\%$	$10\%<s\leqslant20\%$	$20\%<s\leqslant30\%$	$30\%<s\leqslant40\%$	$40\%<s$
T 车 1 轴	48.19	30.68	16.68	0.955	0.74	0
T 车 2 轴	58.80	20.29	13.06	1.60	0.51	0
T 车 3 轴	59.73	20.06	9.73	2.16	0.41	0
T 车 4 轴	46.79	17.17	17.82	1.31	0.33	0
M 车 1 轴	50.82	22.33	16.92	5.71	3.10	0
M 车 2 轴	54.89	17.06	17.07	6.32	2.70	0
M 车 3 轴	61.62	19.57	12.24	4.77	1.40	0
M 车 4 轴	50	18.27	12.50	10.49	6.09	0

表 6-5　各轴不同滑移率区间时间占比仿真值

轴　　序	滑移率区间					
	$0<s\leqslant5\%$	$5\%<s\leqslant10\%$	$10\%<s\leqslant20\%$	$20\%<s\leqslant30\%$	$30\%<s\leqslant40\%$	$40\%<s$
T 车 1 轴	53.66	25.49	17.75	1.45	0.61	0
T 车 2 轴	62.49	23.63	11.31	1.70	0.72	0
T 车 3 轴	61.10	23.46	12.62	2.25	0.43	0
T 车 4 轴	63.89	19.67	14.16	1.47	0.29	0

续上表

轴　序	滑移率区间					
	0<s≤5%	5%<s≤10%	10%<s≤20%	20%<s≤30%	30%<s≤40%	40%<s
M车1轴	42.43	25.09	20.08	6.82	4.04	0
M车2轴	55.16	19.56	18.06	4.67	1.97	0
M车3轴	52.80	24.51	14.76	5.24	1.27	0
M车4轴	51.94	17.11	10.19	12.96	6.57	0

表 6-6　试验值和仿真值的误差统计和均值计算

轴　序	滑移率区间					
	0<s≤5%	5%<s≤10%	10%<s≤20%	20%<s≤30%	30%<s≤40%	40%<s
T车1轴	11.35	16.90	6.40	52.49	17.27	0
T车2轴	6.26	16.41	13.38	6.47	40.18	0
T车3轴	2.29	16.93	29.70	4.08	5.69	0
T车4轴	36.53	14.53	20.53	11.80	12.84	0
M车1轴	16.50	12.38	18.65	19.25	30.29	0
M车2轴	0.49	14.66	5.82	26.03	26.96	0
M车3轴	14.31	25.22	20.62	9.84	9.084	0
M车4轴	3.89	6.34	18.46	23.48	7.86	0
平均值/%	11.45	15.42	16.70	19.18	18.77	0

以上为防滑试验台湿轨低黏着工况下的仿真性能验证数据。可以看到，EN 15595：2018 标准规定的制动距离、速度曲线、滑移率分布三个方面的仿真值和实车试验值均在误差要求范围内，符合性能要求。

5. 验证结论

（1）防滑控制关键气路能够精准平稳地控制制动缸的压力，不同试验工况下均能保证制动缸实际压力与目标压力的误差在±15 kPa 以内；制动缸压力从 0 升至高压 500 kPa 的 90%时间为 1.4 s，满足充气速度要求；防滑阀可迅速、正确地按照给定指令进行充气、排气、保压动作，调节制动缸压力。防滑控制关键气路整体性能满足要求。

（2）防滑试验台干轨工况下仿真试验结果表明，不同制动工况的仿真制动距离与理论制动距离误差最大值为 4.25%，小于 5%最大误差要求。

（3）防滑试验台湿轨滑行条件下仿真数据与实车防滑线路试验数据在制动距离、速度曲线、滑移率分布的误差均在 EN 15595 标准要求范围内，其中制动距离误差为 1.52%，小于 5%；车速误差为 2.62 km/h，小于 3 km/h；滑移率分布最大误差为 19.18%，小于 20%。因此，本防滑试验台性能符合要求，能够在台架上有效模拟出真实的制动防滑过程，可用于开展列车制动防滑控制半实物仿真试验研究。

6.2　防滑控制实车线路试验

实际列车的气制动防滑系统包含以下三个组成部分：轴速传感器、防滑控制器、防滑阀。其中，轴速传感器用于测量采集各车轴轴速信息并发送给防滑控制器；防滑控制器对接收的轴速信息进行处理计算后，根据内部滑行检测判据判断是否有车轴滑行，一旦检测到滑行，便根据防滑控制策略输出滑行轴防滑阀的控制信号；防滑阀为执行部件，响应防滑控制器输出的控制信号，在排气、保压、充气三种动作状态之间切换，实现对滑行轴制动力的调整。实车线路试验即是将装有被测防滑系统的列车拉至试验线路上，通过往轨面上喷洒减摩液（通常为清洁剂与水的混合溶液），使轨面黏着恶化，进而开展防滑试验。

6.2.1　防滑控制实车线路试验目的和内容

根据 TB/T 3009、EN 15595 和 UIC 541-05 等标准的要求进行防滑效率评价的实车线路试验。试验主要包括干燥轨面制动试验和喷洒减摩液轨面制动试验。典型的干轨制动试验包括：

（1）速度 250 km/h，AW0 状态，干轨紧急制动 3 次；

（2）速度 250 km/h，AW0 状态，干轨纯空气 80%常用制动 3 次；

（3）速度 250 km/h，AW0 状态，干轨纯空气 90%常用制动 3 次；

（4）速度 250 km/h，AW0 状态，干轨纯空气最大常用制动 3 次；

（5）速度 250 km/h，AW0 状态，干轨电空复合最大常用制动 3 次。

试验过程为：AW0 载荷列车在平直轨道，以最大牵引级位加速到 250 km/h 惰行 6～8 s，施加制动至停车。停车 10 s 后，再次依照以上要求进行运行，如此连续运行 3 次。其中紧急制动施加触发通过操作紧急按钮触发。

在试验中使用一种含有脂肪酸或者表面活性剂的环保生物可降解的清洗剂作减摩液，其浓度为 10%～15%，不含有矿物成分。减摩液可根据黏着的需要进行兑水稀释。减摩液以 10～20 kPa 的压力由喷嘴喷至被试车前进方向第 1 轴的两个车轮前的轨面上，两个喷嘴分别装在两侧轨道纵向中心线距车轮距离不大于 10 cm 处。试验中通过调整减摩液成分配比及喷洒流量制造 2 种水平的低黏着条件：黏着水平 1 对应首车第一条滑行轮对初始滑行前后各 0.2 s 内的平均减速度为 0.6～0.8 m/s^2 范围；黏着水平 2 对应 TMc1 车第一条滑行轮对初始滑行前后各 0.2 s 内的平均减速度为 0.3～0.5 m/s^2 范围。典型的喷洒减摩液轨面制动试验包括：

（1）速度 250 km/h，AW0 状态，某黏着水平下喷洒减摩液轨面有效滑行紧急制动 3 次；

（2）速度 250 km/h，AW0 状态，某黏着水平下喷洒减摩液轨面有效滑行纯空气 80%常用制动 3 次；

(3)速度 250 km/h，AW0 状态，某黏着水平下喷洒减摩液轨面有效滑行纯空气 90%常用制动 3 次；

(4)速度 250 km/h，AW0 状态，某黏着水平下喷洒减摩液轨面有效滑行纯空气最大常用制动 3 次；

(5)速度 250 km/h，AW0 状态，某黏着水平下喷洒减摩液轨面电空复合最大常用制动 3 次。

试验过程为：AW0 载荷，当被试车由静止加速到 250 km/h 后，喷嘴开始向轨面喷洒减摩液，至少喷洒车长的距离后，被试车施加制动至停车。在此制动过程中，被试车继续向轨面喷洒减摩液直至停车，其数据采集处理系统不间断地采集处理有关数据，并在计算机屏幕上显示各条轮对的速度及其相应制动缸压力变化过程。停车 10 s 后，再次依照以上要求进行运行，如此连续运行 3 次。其中紧急制动施加触发通过操作紧急按钮触发。

需要说明的是，干轨和喷洒减摩液轨面下的试验工况中包含了常用制动 80%、90%的工况，这不是标准中规定的。在需要研究常用制动工况下不同目标制动力大小对滑行过程的可能影响时，可以作为参考。

6.2.2 防滑控制实车线路试验方法和原理

防滑控制实车线路试验所需的仪器和设备如下：

(1)数据采集系统：1 台。

(2)气压传感器探头：8 个，布置于 1 车 1 轴、2 轴、3 轴、4 轴和 2 车 1 轴、2 轴、3 轴、4 轴制动缸压力测试接口；2 个，布置于 1 车 2 轴和 2 车 1 轴制动缸压力测试接口；1 个，布置于 2 车 1 轴制动缸压力测试接口。

(3)转速传感器：6 个，布置于 1 车 1 轴、2 轴、3 轴、4 轴和 2 车 1 轴、2 轴。

(4)多普勒测速雷达：1 个，布置于 1 车或 2 车车下。

(5)加速度传感器：2 个，布置于 1 车和 2 车客室地板面中心点。

(6)减摩液喷洒装置：1 套，布置于 1 车客室内，2 条软管分别从最前方的两侧客室门进入车底，软管出水口固定于 1 车 1 轴两侧车轮正前方，朝向轮轨接合处。

采用加速度传感器(图 6-29)测量列车牵引制动过程的加减速度，采用气压传感器(图 6-30)测量制动缸压力，采用测速雷达(图 6-31)采集列车速度，采用转速传感器(图 6-32)测试列车轴速。

在防滑效率试验中，采用水泵、水桶、球阀、软管等组成防滑减摩液喷洒装置(图 6-33)对轨面喷洒减摩液，制造低黏着条件。

图 6-29　加速度传感器

图 6-30　气压传感器

图 6-31　测速雷达

图 6-32　转速传感器

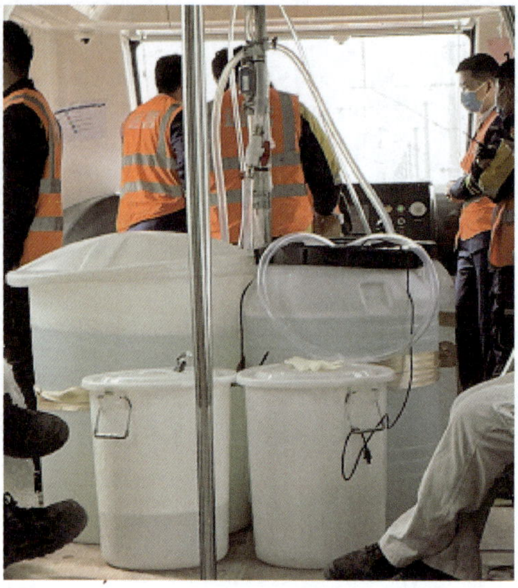

图 6-33　防滑试验减摩液喷洒装置

各测试设备在列车上的安装位置如图 6-34 所示，详细说明见表 6-7。

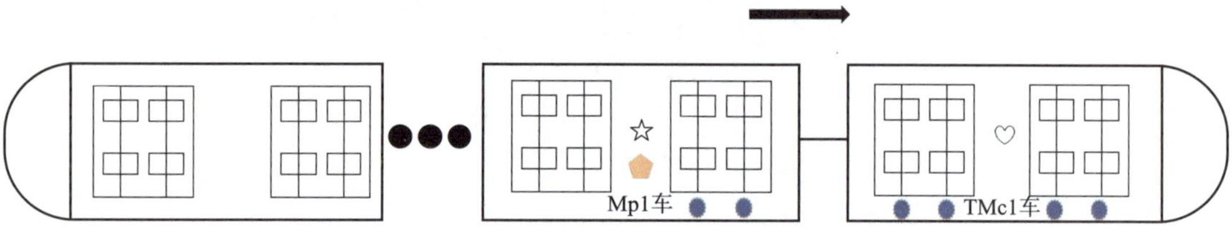

图 6-34　设备安装位置

表 6-7　设备安装位置说明

图　标	安装位置	安装设备
	Mp1 车车底	测速雷达
♡	TMc1 车两转向架中间 BCU 上压力测试接口	TMc1 车 1～4 轴制动缸压力气压传感器 TMc1 车制动风缸压力气压传感器
☆	Mp1 车两转向架中间 BCU 上压力测试接口	Mp1 车 1～4 轴制动缸压力气压传感器 Mp1 车制动风缸压力气压传感器 Mp1 车总风缸压力气压传感器
	TMc1 车 1 轴、2 轴、3 轴、4 轴 Mp1 车 1 轴、2 轴	转速传感器

各项试验项点的测试原理为：

（1）制动距离：使用测速雷达实时获取列车运行速度，采集制动状态指令信息，获取制动初速度，计算制动距离。

（2）制动平均减速度：根据制动初速度及制动距离计算制动平均减速度。

（3）制动缸响应时间：M 车、T 车分别取四个测点，采集制动缸压力，根据制动缸压力数据处理得到制动缸响应时间。

（4）防滑效率：根据防滑试验过程中的车速、轴速、制动缸压力等数据，计算防滑效率。

6.2.3　防滑控制实车线路试验数据分析和验证指标

1. 数据分析

试验过程中通过数据采集设备采集并做好数据记录，采集前进方向的喷洒装置后两车数据，应记录数据有轮对转速及相应轴的制动缸压力、车辆制动距离、列车速度、列车减速度、总风压力、制动起始信号、制动初速度、制动距离、制动时间并进行监控。测试结束后完成数据分析，给出试验数据或曲线，包括试验过程中产生的速度结果、防滑性能结果等。

（1）制动性能试验

以最大纯空气常用制动为例，介绍制动性能试验的数据分析方法。列车在 A 站和 B 站之间往返运行，以 120 km/h 初速度，施加纯空气最大常用制动 3 次，记录整个列车运行过程中的列车运行速度、列车轴速、制动缸压力、制动响应时间、车轮踏面温升。

列车在 A 站和 B 站之间往返运行，纯空气最大常用制动 3 次，统计的制动初速度为 120 km/h 的 3 次纯空气最大常用制动性能试验结果如图 6-35～图 6-37 所示。

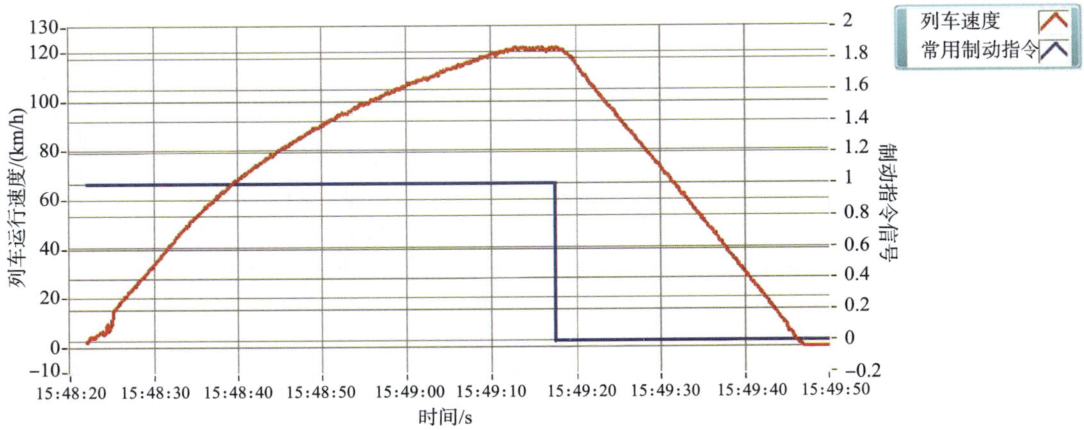

（a）第 1 次制动速度曲线

图　6-35

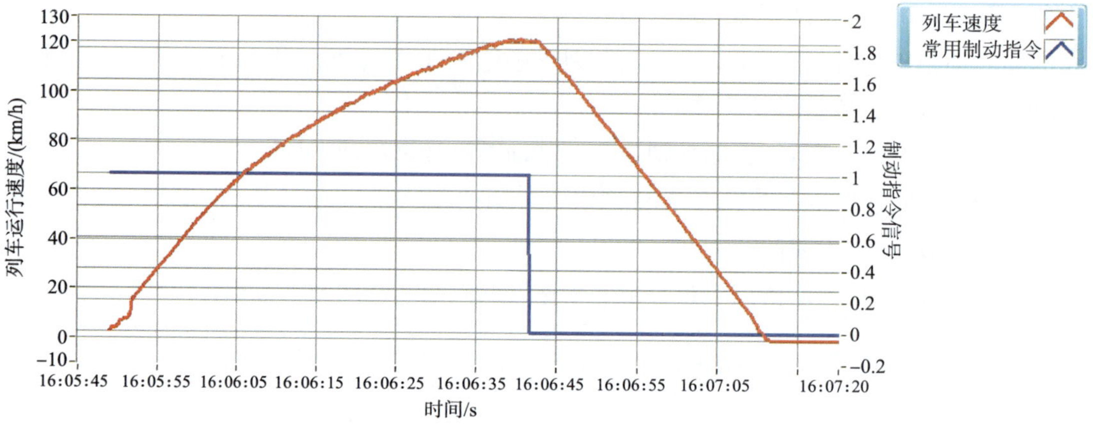

(b)第 2 次制动速度曲线

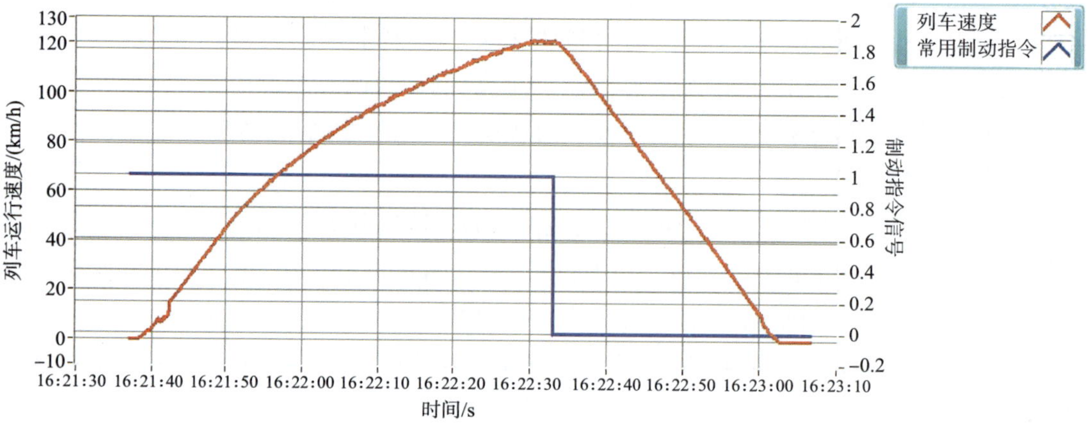

(c)第 3 次制动速度曲线

图 6-35　列车速度曲线

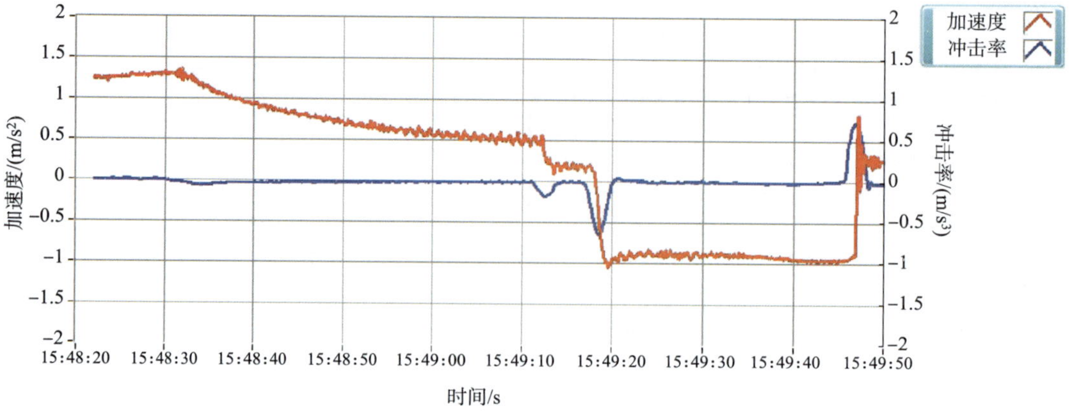

(a)第 1 次制动加速度与冲击率曲线

图　6-36

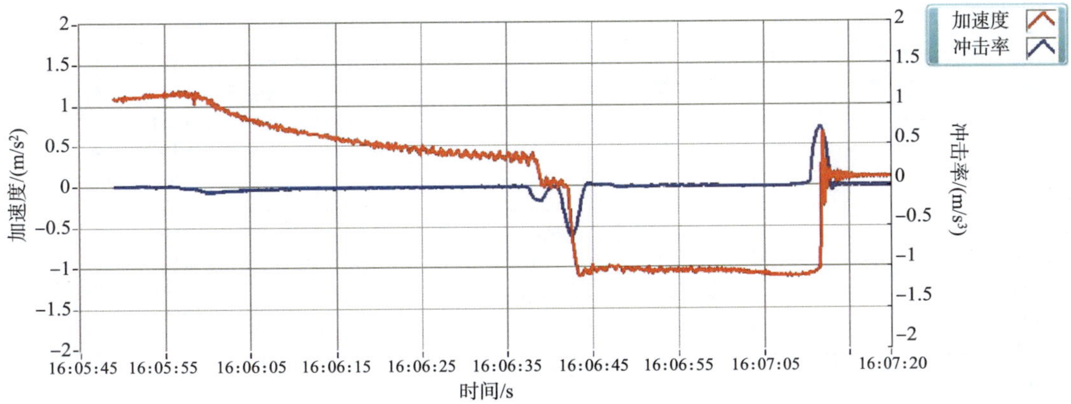

(b)第 2 次制动加速度与冲击率曲线

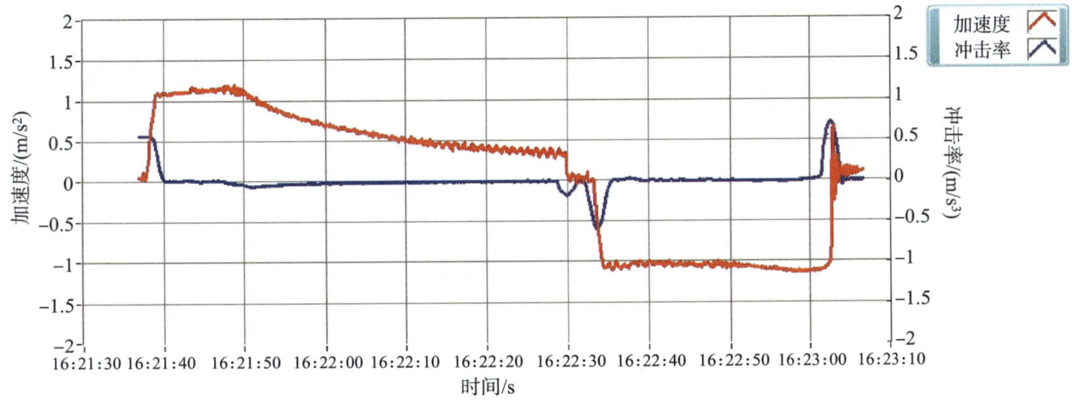

(c)第 3 次制动加速度与冲击率曲线

图 6-36　加速度与冲击率曲线

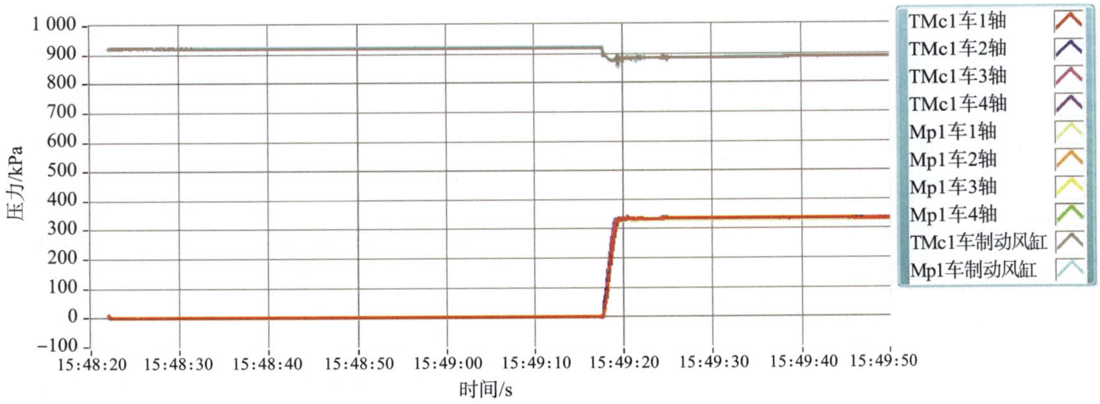

(a)第 1 次制动缸、制动风缸压力曲线

图　6-37

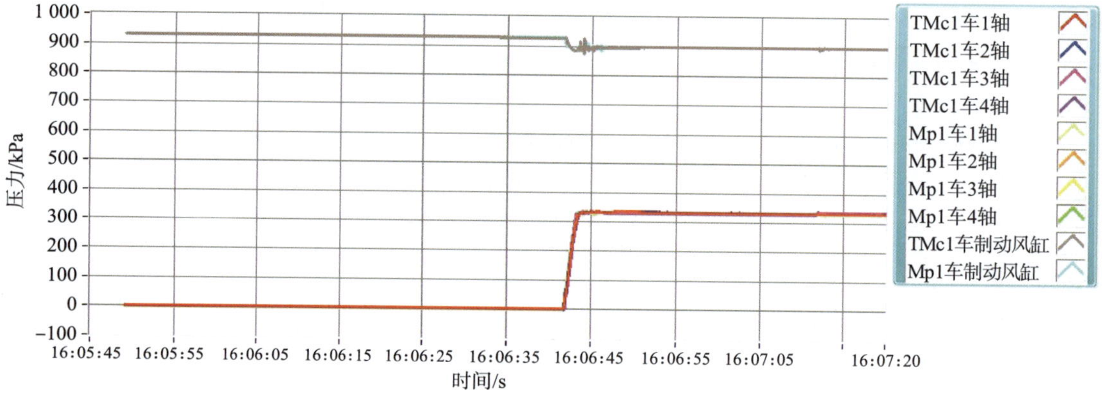

(b)第 2 次制动缸、制动风缸压力曲线

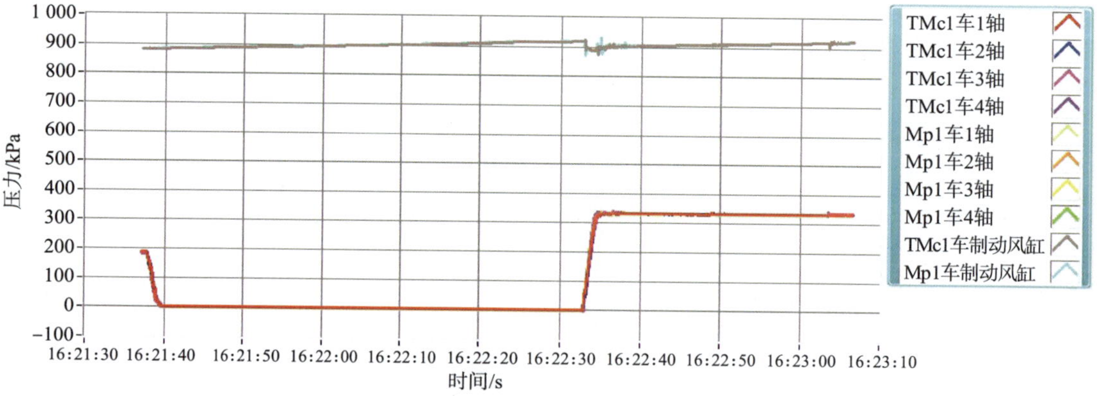

(c)第 3 次制动缸、制动风缸压力曲线

图 6-37　制动缸、制动风缸压力曲线

①制动距离

在统计的 3 次制动初速度为 120 km/h 纯空气最大常用制动，其中最大的制动距离为 506.26 m，对应的制动初速度为 121 km/h，平均减速度为 1.10 m/s^2，见表 6-8。

②制动平均减速度

在统计的 3 次制动初速度为 120 km/h 纯空气最大常用制动，其中最小制动平均减速度为 1.10 m/s^2，制动初速度为 121 km/h，制动距离为 506.26 m，见表 6-8。

③冲击率

在统计的 3 次纯空气最大常用制动中，其中最大列车冲击率为 0.72 m/s^3，对应的制动初速度为 121 km/h，制动距离为 506.26 m，制动平均减速度为 1.10 m/s^2，见表 6-8。

④制动响应时间

在统计的 3 次纯空气最大常用制动中，拖车制动缸压力上升时间最大为 1.56 s，最小为 1.14 s，动车制动缸压力上升时间最大为 1.53 s，最小为 1.13 s，见表 6-8。

表 6-8　AW3 载荷下纯空气最大常用制动性能

制动工况	次数	目标制动初速度/(km/h)	实际制动初速度/(km/h)	制动距离/m	修正后制动距离/m	修正后平均减速度/(m/s^2)	冲击率/(m/s^3)	拖车制动响应时间/s	动车制动响应时间/s
AW3 载荷下纯空气最大常用制动	1	120	121.02	515.54	490.57	1.13	0.71	1.38	1.49
	2		121.00	532.42	506.26	1.10	0.72	1.56	1.53
	3		121.08	518.31	491.86	1.13	0.72	1.14	1.13

制动性能试验的验证指标为，依据 GB/T 14894 和 T/CAMET 04004.2 标准，试验结果应符合评定要求，各种运行条件下，以 120 km/h 初速度行驶在平直干轨时：

①最大常用制动

平均减速度≥1.0 m/s^2；

制动距离≤556 m。

②紧急制动

平均减速度≥1.3 m/s^2；

制动距离≤427 m。

③列车纵向冲击率≤0.75 m/s^3(紧急制动除外)。

(2)防滑效率试验

为了方便对不同黏着条件下的防滑效率计算结果进行对比分析，对所得试验结果进行手动分类。由于实车的防滑试验过程中无法做到精确地控制轨面的黏着条件，因此根据列车制动过程中的平均减速度区间重新对试验的黏着水平进行分类，不同减速度区间代表不同的黏着水平，同一区间的不同试验结果即为同一黏着水平下进行多次试验的结果。黏着水平与试验工况中的黏着水平为不同概念与分类方法，不同级位间的黏着水平划分区间不同，因此无法进行比较，仅能够在制动级位相同的情况下比较黏着水平的大小，且同级位间黏着水平 1>黏着水平 2>黏着水平 3。根据结果分类的不同黏着水平下的防滑试验数据曲线，以 AW0 载荷下纯空气 90%常用制动黏着水平 2 为例，介绍防滑效率试验的数据分析方法。

第一次试验过程中的列车速度、加速度、车速与轴速对比、制动缸压强曲线如图 6-38～图 6-41 所示。

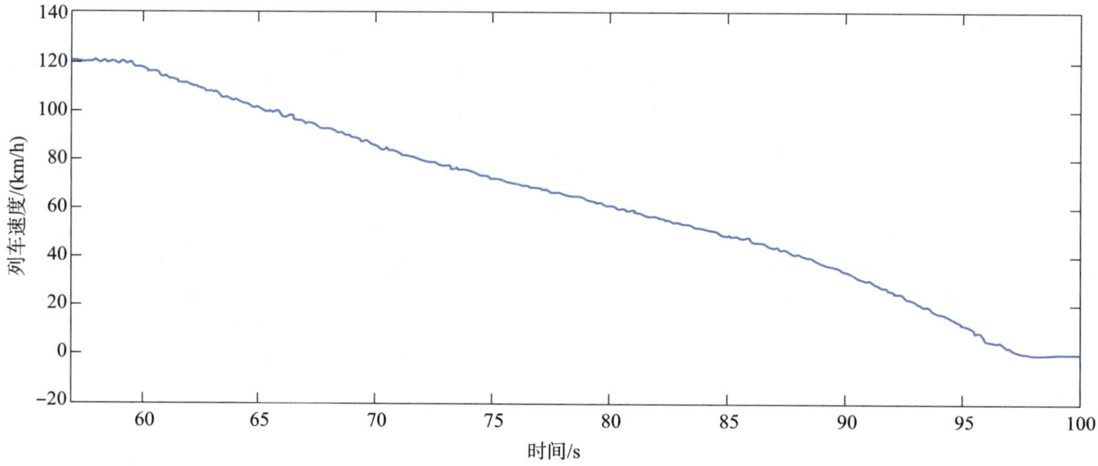

图 6-38　第一次试验列车速度曲线

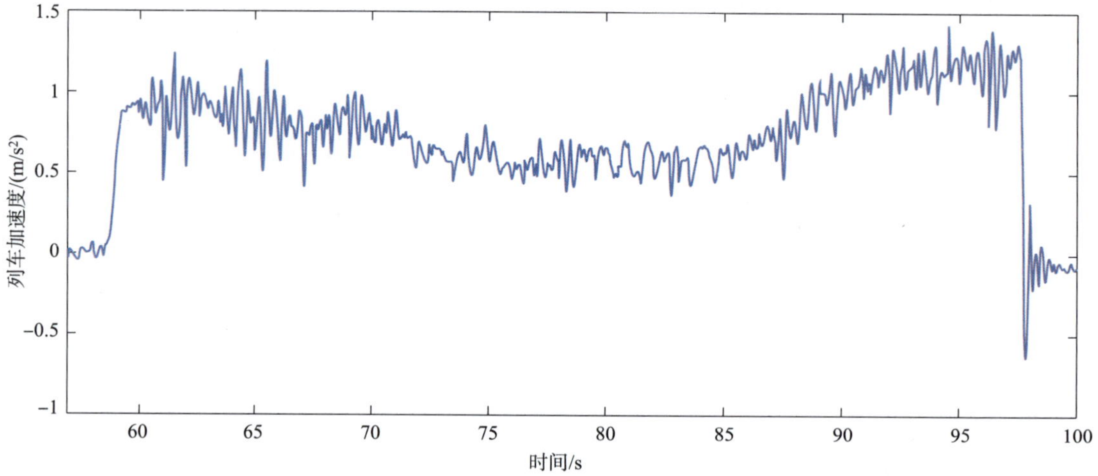

图 6-39　第一次试验列车加速度曲线

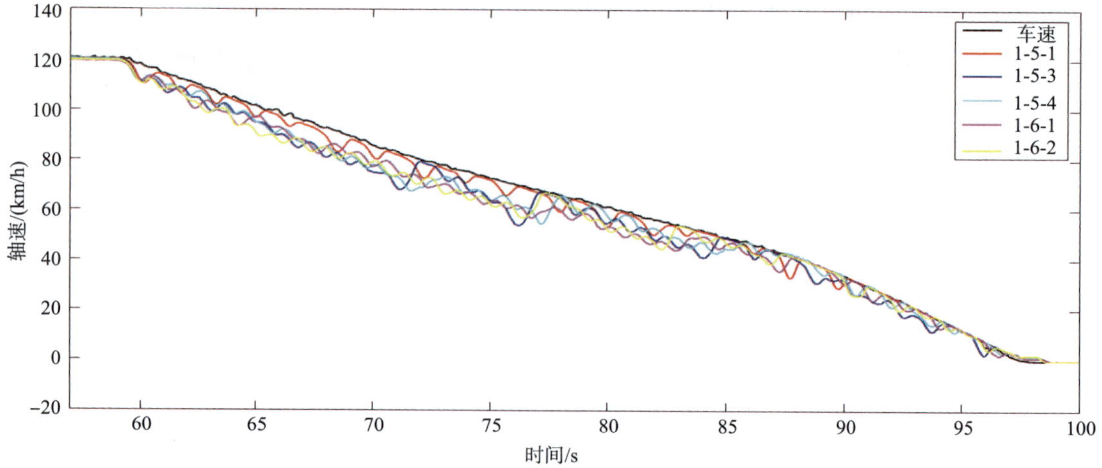

图 6-40　第一次试验列车车速与轴速对比曲线

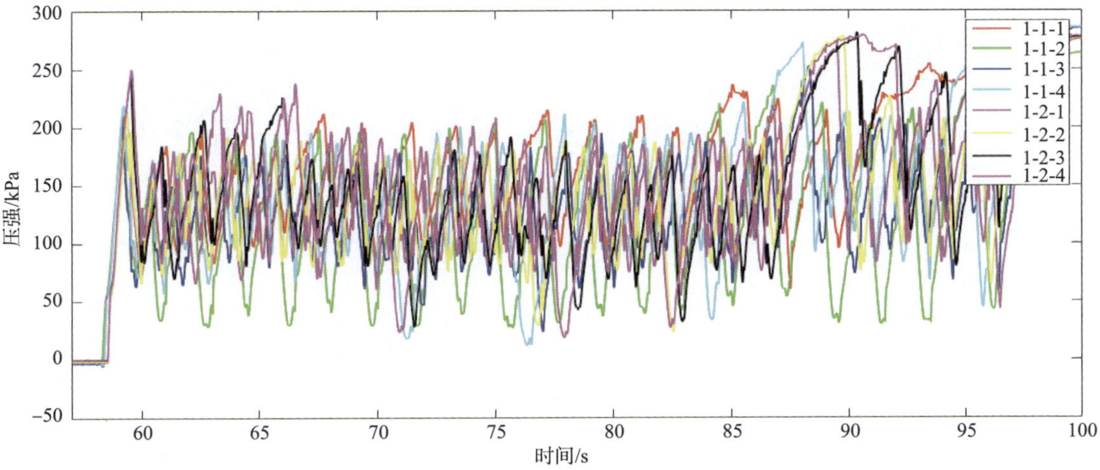

图 6-41　第一次试验列车制动缸压强曲线

本次试验制动距离为 706.9 m，制动过程平均减速度为 0.827 6 m/s²。

第二次试验过程中的列车速度、加速度、车速与轴速对比、制动缸压强曲线如图 6-42～图 6-45 所示。

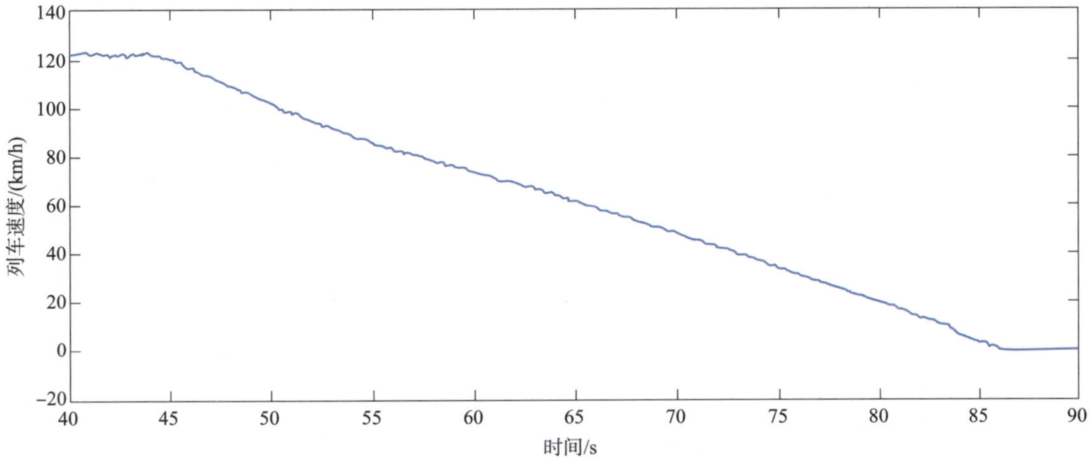

图 6-42　第二次试验列车速度曲线

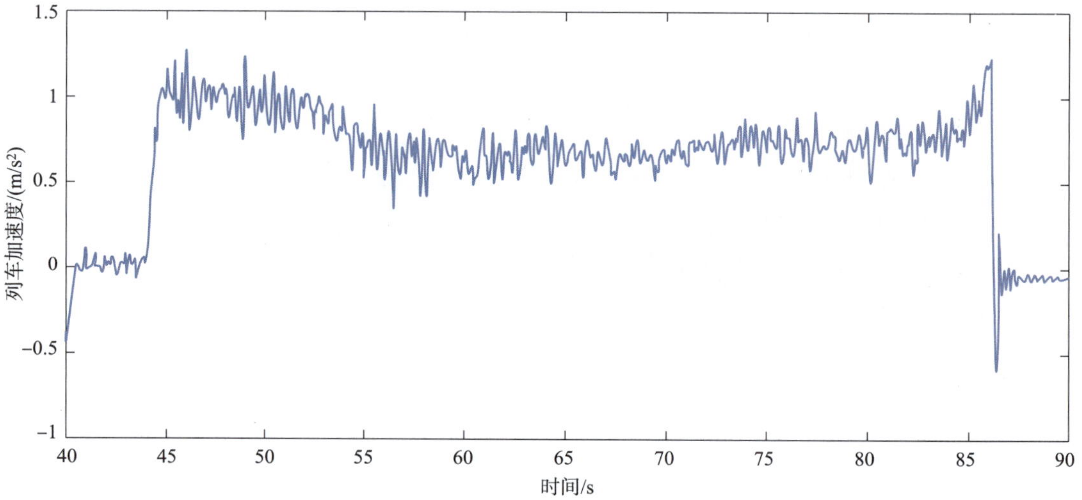

图 6-43　第二次试验列车加速度曲线

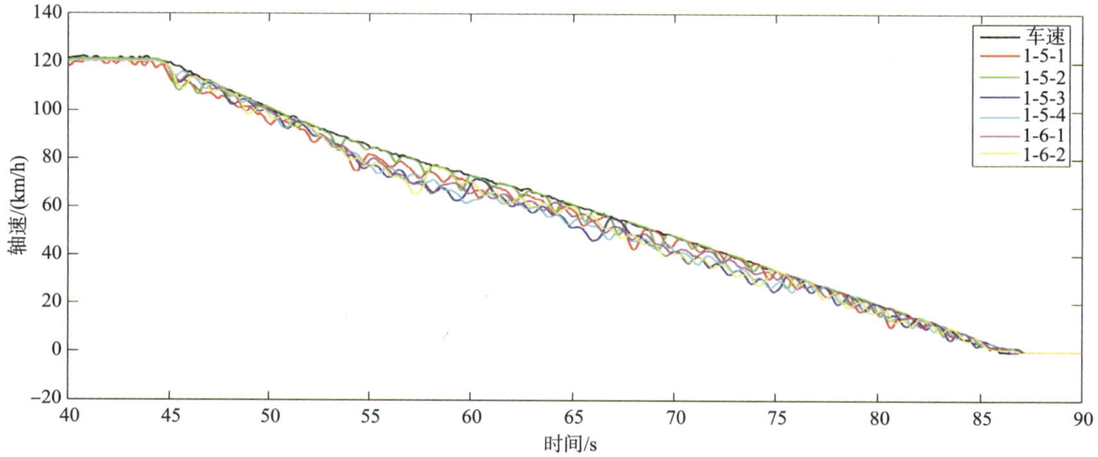

图 6-44　第二次试验列车车速与轴速对比曲线

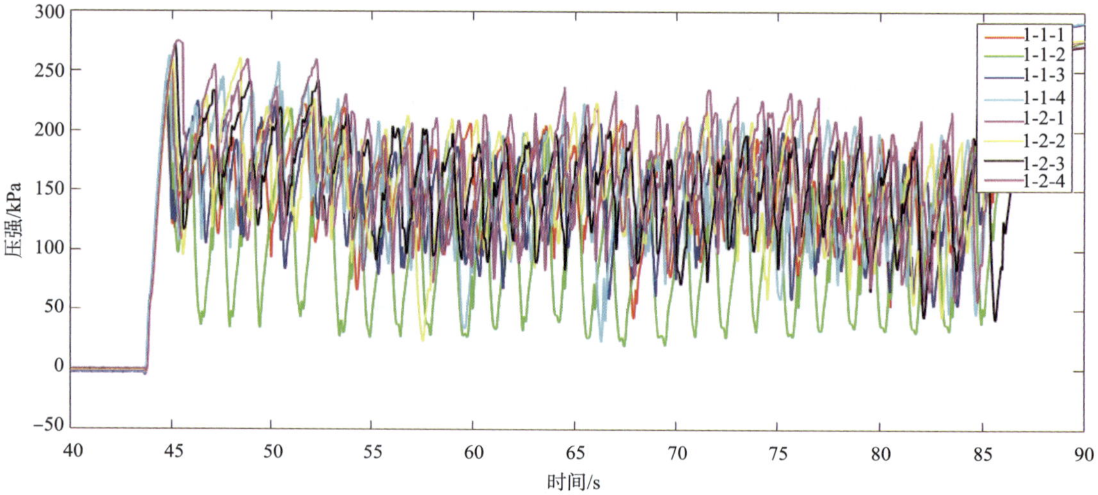

图 6-45　第二次试验列车制动缸压强曲线

本次试验制动距离为 705.37 m,制动过程平均减速度为 0.842 3 m/s^2。

第三次试验过程中的列车速度、加速度、车速与轴速对比、制动缸压强曲线如图 6-46～图 6-49 所示。

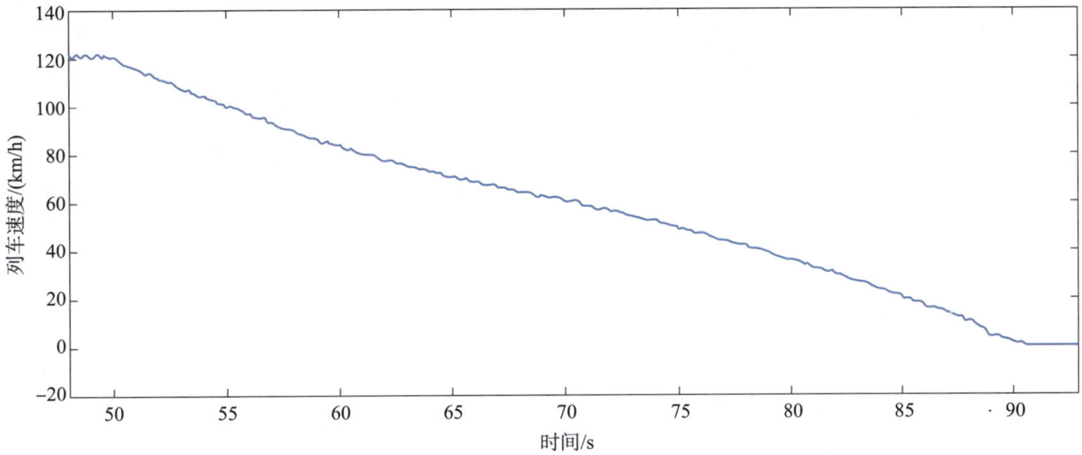

图 6-46　第三次试验列车速度曲线

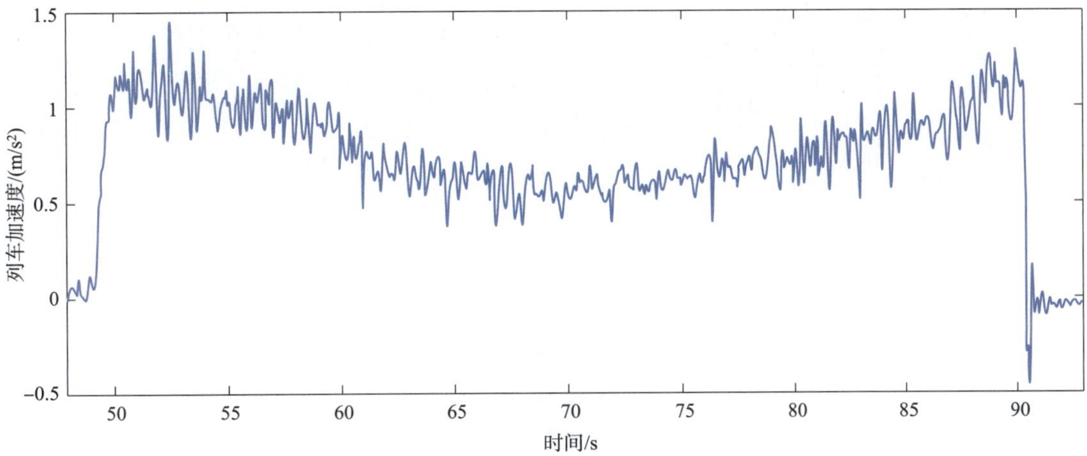

图 6-47　第三次试验列车加速度曲线

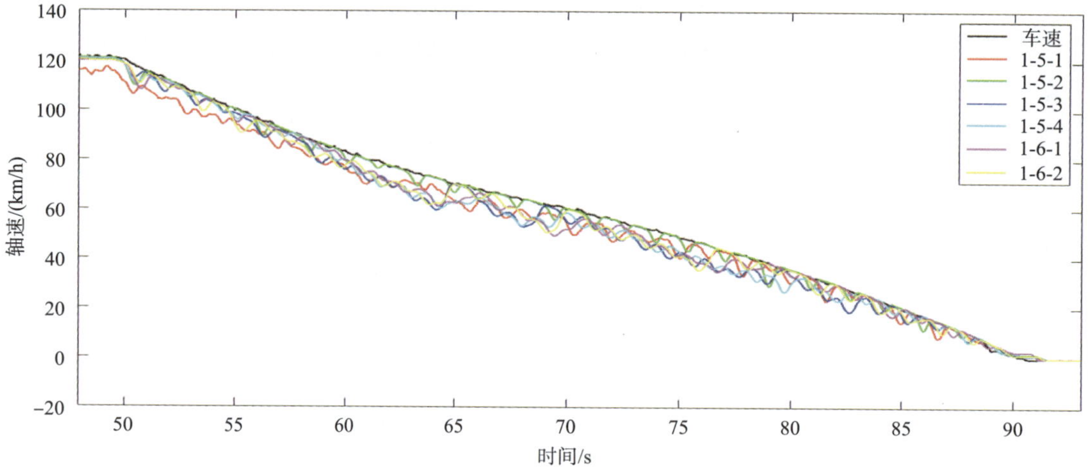

图 6-48　第三次试验列车车速与轴速对比曲线

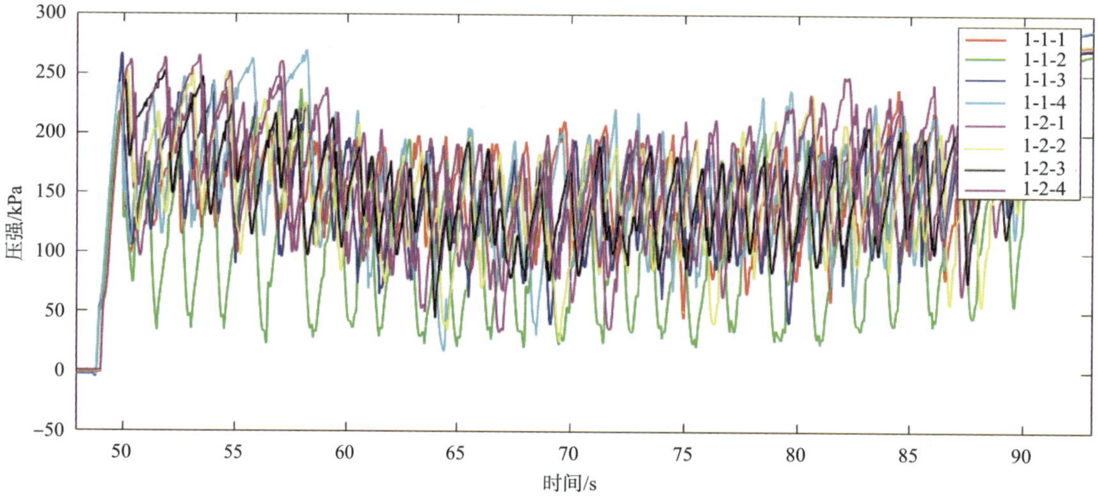

图 6-49　列车制动缸压强曲线

本次试验制动距离为 699.43 m，制动过程平均减速度为 0.845 8 m/s^2。

第四次试验过程中列车速度、加速度、车速与轴速对比、制动缸压强曲线如图 6-50～图 6-53 所示。

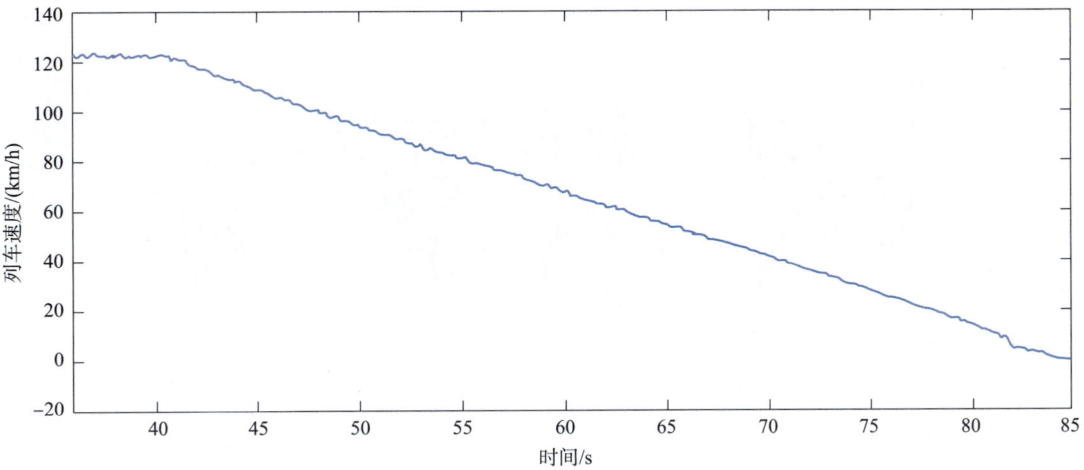

图 6-50　第四次试验列车速度曲线

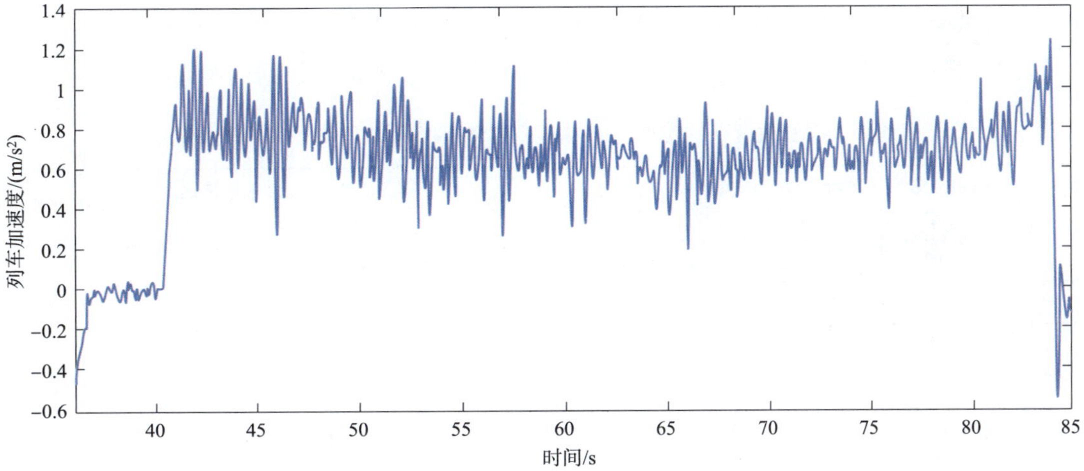

图 6-51　第四次试验列车加速度曲线

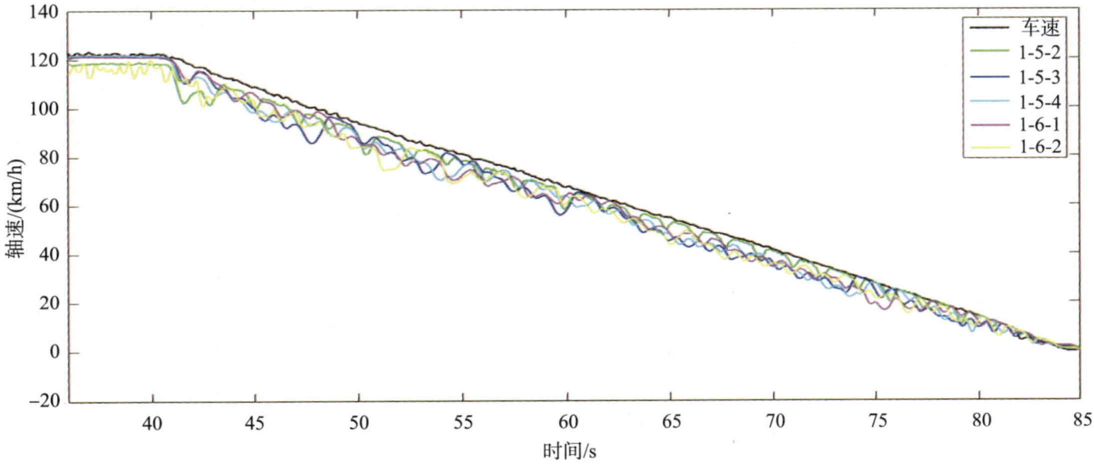

图 6-52　第四次试验列车车速与轴速对比曲线

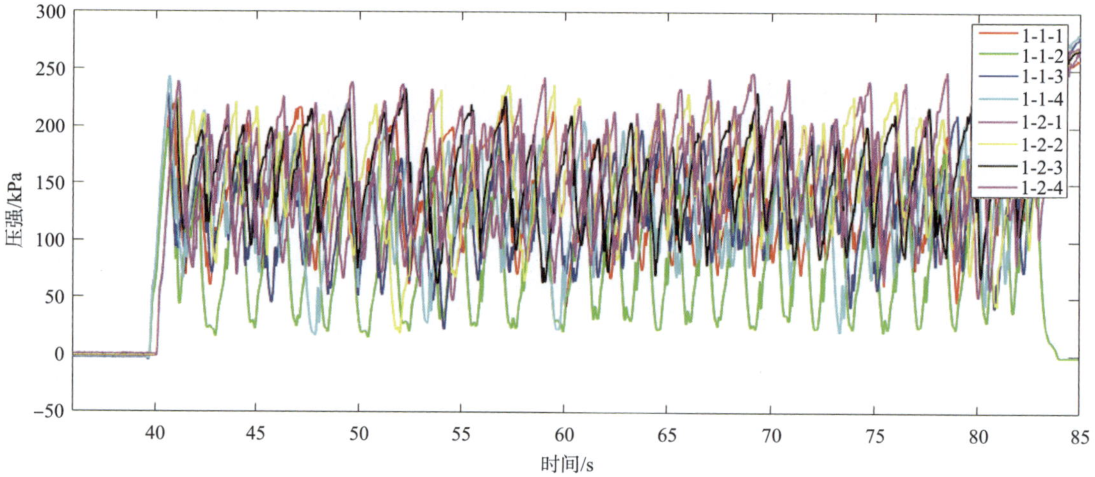

图 6-53　第四次试验列车制动缸压强曲线

本次试验制动距离为 747.05 m,制动过程平均减速度为 0.804 9 m/s²。

AW0 载荷下纯空气 90%常用制动黏着水平 2 防滑效率试验数据见表 6-9。

表 6-9　AW0 载荷下纯空气 90%常用制动黏着水平 2 防滑效率试验结果

试验序号	制动初速度/(km/h)	目标制动初速度/(km/h)	制动距离/m	坡道/‰	修正后的制动距离/m	平均减速度/(m/s²)	制动时间/s
1	120.12	120	820.20	4	776.90	0.72	45.80
2	120.66	120	812.00	4	762.90	0.73	45.70

2. 验证指标

(1)喷洒减摩液的制动试验应在整个列车都运行到湿轨后才实施制动,在制动过程中需要记录第一辆车的各轴圆周速度和列车速度。当第一辆车初始滑行 t_1 时刻前后各 0.2 s 内的列车平均减速度 a_1 在 0.8～0.6 m/s² 之间时视为有效滑行,a_1 又称为初始滑行减速度,采用图 6-54 中的计算方法。

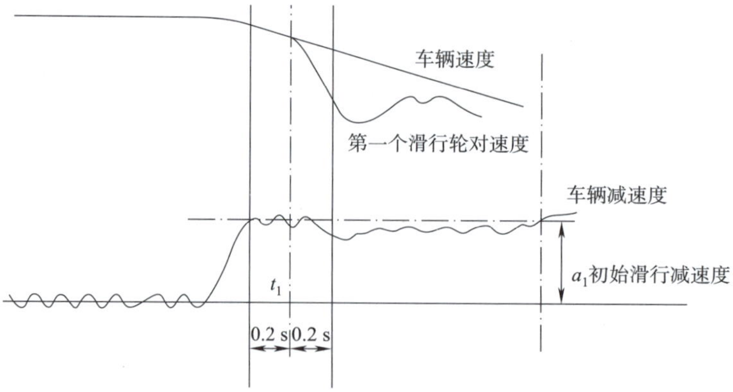

图 6-54　初始滑行减速度计算方法

(2)在速度超过 30 km/h 的试验中,所有车轮都不能抱死。速度低于 30 km/h 时,车轮抱死的持续时间不应该超过 0.4 s。

(3)当瞬时速度在 30 km/h 和 80 km/h 之间时,不应出现持续 3 s 以上滑行速度大于 20 km/h 的情况。滑行速度 Δv 为车速 v_t 和轴速 v_w 之间的速度差,即 $\Delta v = v_t - v_w$。

(4)当瞬时速度大于 80 km/h 时,不应出现持续 3 s 以上滑移率大于 25%的情况。滑移率 λ 为滑行速度 Δv 与车速 v_t 的百分比,即 $\lambda = \frac{\Delta v}{v_t} \times 100\%$。

(5)在所有的试验速度段,车轮都不应出现影响车辆运营的踏面擦伤。

第 7 章　高速列车防滑控制性能评价方法

防滑控制系统作为列车制动系统的核心子系统，其性能优劣直接关系到列车在低黏着轨面条件下的运行品质和安全性。对于列车防滑装置的性能评价，目前在实际应用中以各国法规为主，欧洲和国内的相关铁路标准中均对列车防滑装置的性能和功能提出了明确的合格性要求，但无法对不同防滑器间的性能差异和性能优劣进行比较和判断。对于列车防滑控制系统性能优劣评价方法，当前常用防滑性能指标对比评价法和防滑效率评价法。本章将介绍国内外列车制动防滑相关标准中，关于防滑器性能的合格性要求，以及针对防滑控制系统性能优劣的评价指标和现有评价方法。

7.1　防滑控制系统基本要求

当前国内外列车制动防滑相关标准主要包括 TB/T 3009、T/CAMET 04004.3、EN 15595 和 UIC 541-05，这些标准规定了列车防滑控制系统投入使用前需满足的性能要求。本节将对其进行介绍。

7.1.1　TB/T 3009 中对防滑控制系统性能要求

国内铁道行业标准 TB/T 3009《机车车辆制动系统用防滑装置》对防滑器性能做了如下要求：

1. 防滑器不应改变制动机的功能特性，不应对制动机的机械部分或车轮的踏面产生不良的影响。防滑器应安装在有足够压缩空气风源的机车车辆上，且其空气消耗量不影响制动机的作用。

2. 防滑器的设计速度应高于机车车辆的最高运行速度 v_{max}，具体要求如下：

(1)当 $v_{max} \leqslant 200$ km/h 时，应高于 20%以上。

(2)当 $v_{max} > 200$ km/h 时，应高于 10%以上。

3. 防滑器应具备实时采集和监测每根车轴转速的功能，防滑器主机接收各轴速度信号后，对其进行调理、计算，再与不同判据比较，做出各种判断决策。制动时控制各防滑阀，使与其相连的制动缸排气、充风或保压。

4. 在黏着下降时，应控制好防滑器的动作起始点，轮对可产生相对轨道的有限滑行。在制动过程中黏着突然下降时，防滑器应有效地加以控制，并能防止轮对抱死和擦伤。

5. 防滑器应适应一定的电压波动范围，如超出正常电压波动范围时，不应产生意外作用，供电电压恢复到容许范围时，防滑器应能恢复正常工作。

6. 对于由蓄电池直接供电的防滑器，应具备电源自动通断功能。

7. 当机车车辆运行速度大于 5 km/h 时，防滑器应有防滑作用。

8. 当机车车辆运行速度不大于 3 km/h 时，除静止试验以外，防滑器不应改变制动缸压力。

9. 防滑器不工作时，防滑阀不应改变制动缸压力。

10. 防滑器应确保与防滑阀连通的制动缸排风时间不大于 10 s，防护阀连续排风、保压累计时间不大于 30 s。

11. 动车的防滑器不应受到牵引空转的影响。

12. 即使在使用非黏着制动时，防滑器也应正常工作。

13. 对于同时使用空气制动和动力制动的制动系统，防滑器应保证与其他制动系统的工作互不干扰，以免不合理地减少制动力。

14. 防滑器应具有开机自检、运行诊断及静止诊断功能。除防滑静止试验外，诊断监测功能不应影响车辆的制动功能。

15. 防滑器发生速度传感器故障时，宜采用邻轴互补功能维持降级模式工作。

16. 对于运行速度为 200 km/h 及以上的机车车辆，防滑器应能向列车系统提供其所有实时的故障信号或信息。

17. 客车、货车单车溜放制动防滑试验中，防滑器性能需满足如下要求：

(1)被试车速度在 5～30 km/h 时，每次发生轮对抱死的时间不大于 0.4 s；被试车速度大于 30 km/h 时，不发生轮对抱死现象；被试车速度不大于 120 km/h 时，车轮圆周速度与被试车速度之差不小于 30 km/h 以上的滑行时间不大于 3 s；被试车速度在 120～160 km/h 时，上述速度差不小于被试车速度 25%的滑行时间不大于 3 s。

(2)当被试车的减速度大于设计减速度且差值小于 0.3 m/s^2 时，防滑阀不应意外排风；该差值大于 0.3 m/s^2 时，允许某一轴防滑阀排风，但制动缸压力小于 10 kPa 的时间不应大于 2 s。

18. 机车、动车组防滑运行试验中，防滑器性能需满足如下要求：

(1)对于动车组喷洒装置后，车轴数量小于 8 轴时，湿轨下的制动距离不大于相应速度等级下干轨制动距离的 1.3 倍；车轴数量在 8～15 轴时，湿轨下的制动距离不大于相应速度等级下干轨制动距离的 1.25 倍；车轴数量大于 15 轴时，湿轨下的制动距离不大于相应速度等级下干轨的制动距离的 1.2 倍。

(2)试验中车轮滑行程度应满足如下要求：

①被试车速度5～30 km/h时，每次发生轮对抱死的时间不大于0.4 s；大于30 km/h时，不发生轮对抱死现象。

②被试车速度不大于120 km/h时，车轮圆周速度与被试车速度之差不小于30 km/h以上的滑行时间不大于3 s。

③被试车速度在120～160 km/h时，上述速度差不小于被试车速度25%的滑行时间不大于3 s。

④被试车速度大于160 km/h且不大于200 km/h时，上述速度差不小于40 km/h以上的滑行时间不大于3 s。

⑤被试车速度大于200 km/h时，上述速度差不小于40 km/h以上的滑行时间不大于5 s。

(3)当机车车辆的减速度大于设计减速度，且差值小于0.3 m/s^2时，防滑阀不应意外排风；该差值大于0.3 m/s^2时，允许某一轴防滑阀排风，但制动缸压力小于10 kPa的时间不应大于2 s。

19. 较低黏着的防滑试验中，防滑器性能需满足如下要求：

(1)被试车速度在5 km/h以上发生轮对抱死的时间每次不大于0.4 s。

(2)被试车各轮对圆周速度同时低于被试车速度50%的滑行时间不大于0.4 s。

7.1.2 T/CAMET 04004.3中对防滑控制系统性能要求

国内团体标准T/CAMET 04004.3《城市轨道交通车辆制动系统　第3部分：空气制动防滑系统技术规范》中对防滑器性能做了如下要求：

1. 当车辆运行速度高出最高设计行驶速度的20%时，防滑控制系统仍应具有全部功能。

2. 车辆速度高于3 km/h时，防滑控制系统仍应具有正常的防滑功能；车辆速度低于2 km/h时，不应降低制动力，测试情况除外。

3. 在制动过程中黏着力突然减小或黏着力很小时，防滑控制系统应发挥其功能，防止出现长时间车轮抱死现象。

4. 当没有发生制动滑行时，防滑控制系统不应改变制动指令所要求的制动力。

5. 任何时候防滑控制系统的动作都不应导致实际制动力比制动指令要求的制动力更大。

6. 在牵引状态时，防滑控制系统不应产生防滑控制动作。

7. 防滑控制系统具有轮径修正功能。在车辆所允许的轮径差内防滑控制系统应能正常工作。

8. 参考速度与列车实际速度的最大允许偏差应满足如下要求：

(1)参考速度大于实际速度时，最大允许偏差为5 km/h。

(2)参考速度小于实际速度时，最大允许偏差为10 km/h。

9. 防滑控制系统应有监控，用以防止防滑控制系统出现 5 s 以上的排气动作。

10. 在使用黏着制动的同时还使用了附加的非黏着制动，防滑控制系统仍应具有正常功能。当减速度很大但并未发生滑行时不应有防滑控制动作。

11. 电空制动的防滑控制系统功能应满足如下要求：

(1)当空气制动和电制动分别使用不同的防滑控制系统时，应保证混合制动系统的防滑调节过程能够协调工作，避免不合理地减少制动力。

(2)当电制动应进行防滑控制而减小滑行轴上的电制动力时，空气制动系统应避免在该轴上增加空气制动力。

12. 如果来自防滑控制系统的速度信息被用于其他功能，在初始化和自检时不应产生因该功能异常导致的错误信息。

13. 在列车防滑试验中，防滑器性能需满足如下要求：

(1)在速度超过 30 km/h 的试验中，所有车轮都不能抱死；速度低于 30 km/h 时，车轮抱死的持续时间不应超过 0.4 s。

(2)当瞬时速度大于 80 km/h 时，不应出现持续 3 s 以上滑移率大于 25%的情况。

(3)当瞬时速度在 30～80 km/h 之间时，不应出现持续 3 s 以上滑行速度大于 20 km/h 的情况。

14. 在所有速度段车轮都不应出现影响车轮运营的踏面擦伤。

7.1.3　EN 15595 中对防滑控制系统性能要求

欧洲标准 EN 15595 *Railway applications—Braking—Wheel slide protection* 对防滑控制系统性能做如下要求：

1. 一个独立的防滑控制系统的车轴数不应超过 8 个。

2. 对于可单独运行的牵引单元，任何一个防滑控制系统出现故障都不会导致制动轴上的制动力损失超过 50%。这可以通过多个防滑控制系统或不受防滑控制系统影响的独立的制动系统来实现。

3. 轮周速度基于传感器提供的信息计算所得，并由调节器或自动控制系统(防滑控制器)进行监控。

4. 防滑控制器可以使用和列车状态有关的其他信息(如来自压力传感器的信号)进行防滑控制。

5. 防滑控制器将指令传输至防滑执行器(例如防滑排气阀)进而全部或部分减小、保持或恢复制动力。

6. 当车速低于一个低速阈值时防滑控制系统不应降低制动力，该阈值不高于 5 km/h 且不低于 0.5 km/h。如果当列车速度低于阈值时制动力已经降低，则防滑控制系统应将制动力恢复至要求值。

7. 列车起动时，当速度达到 6 km/h，开始运行防滑控制系统。对于低速情况下不供电的用于货运的车辆，该阈值可以提高到 15 km/h。

8. 在存在制动力的情况下(即直至制动器完全释放)，防滑控制系统应保持运行状态。

9. 防滑控制系统不能使制动力增加至超过制动系统所需制动力。

10. 除系统测试期间外，防滑控制系统不应在静止状态下改变所需制动力。

11. 如果不知道真实的车轮直径，则本标准中定义的所有速度阈值均应与标称平均车轮直径相关，即防滑控制系统允许的轮径误差范围内仍能正常工作。

12. 实车防滑试验中防滑器需满足如下标准。

1)制动距离延伸

在喷涂轨道上以 120 km/h 和 160 km/h 的初始速度进行测试时，制动距离的延伸不得超过表 7-1 中给出的值。表 7-1 中轴数指最后一个喷涂装置与列车末端之间的轴数。

表 7-1　最大制动延伸

轴　数	干轨条件最大计算黏着系数 μ_{dry}		
	$\mu_{dry} \leqslant 0.13$	$0.13 < \mu_{dry} \leqslant 0.15$	$0.15 < \mu_{dry} \leqslant 0.17$
	制动距离延伸/%		
2～7	25	30	35
8～15	20	25	30
16 及以上	15	20	25

2)轮对滑行控制

车速在 30～120 km/h 之间，滑行速度不得大于 30 km/h 超过 3 s；车速在 120～160 km/h 之间，滑移率不得大于 25%超过 3 s；车速大于 160 km/h 时，滑行速度不得大于 40 km/h 超过 3 s；车速大于 200 km/h 时，滑行速度不得大于 40 km/h 超过 5 s。如果以大于 200 km/h 的速度开始滑行，即滑行期间速度降至 200 km/h 以下，也采用 5 s 的标准进行评判。在测试期间，当真实速度超过 30 km/h 时，任何轮对均不能抱死。真实速度在 5～30 km/h 之间，车轮抱死的持续时间不得超过 0.4 s。

3)有效测试评判标准

(1)最小滑行标准

$$GM(n) = 100 \times \frac{\sum_{i=1}^{m} t_i}{T} \tag{7-1}$$

式中　$GM(n)$——第 n 根轴的最小滑行标准；

$\sum_{i=1}^{m} t_i$——制动开始时到 60 km/h 时间段内轮对滑移率超过 s 的时间段之和；

T——制动开始时到车速降至 60 km/h 的这段时间。

①最小滑行标准1

s=10%，在喷涂后应计算至多6个轮对第一次制动时的$GM(n)$值，这些轮对至少一半的轮对$GM(n)$值满足以下标准：

120 km/h速度时$GM(n)$大于35%；

160 km/h速度时$GM(n)$大于20%。

②最小滑行标准2

s=5%，在喷涂后应计算至多6个轮对第一次制动时的$GM(n)$值，这些轮对至少75%的轮对$GM(n)$值满足以下标准：

120 km/h速度时$GM(n)$大于35%；

160 km/h速度时$GM(n)$大于20%。

(2)制动距离标准

测得的制动距离≤计算的制动距离延伸。

(3)极低黏着标准

满足下列条件时，即满足极低黏着标准：

初始黏着系数小于0.03或车辆减速度降低超过0.3 m/s^2且持续时间大于4 s(如果减速度以0.2 m/s^2的幅度波动，则视为减速度恒定)。

(4)公差标准

满足下列条件时，即满足公差标准：

测得的制动距离≤计算的制动距离延伸+10%的干轨制动距离或观测到最小滑行标准2。

4)评定方法

(1)有效测试：

满足最小滑行标准1和制动距离标准。

(2)有效测试，但防滑控制系统性能欠佳：

①不满足最小滑行标准1、制动距离标准、极低黏着标准和公差标准；

②满足最小滑行标准1，不满足制动距离标准、极低黏着标准和公差标准。

(3)无效测试：

①不满足最小滑行标准1、制动距离标准，满足极低黏着标准；

②不满足最小滑行标准1、制动距离标准、极低黏着标准，满足公差标准且初始黏着系数小于0.05；

③不满足最小滑行标准1，满足制动距离标准；

④满足最小滑行标准1、极低黏着标准，不满足制动距离标准；

⑤满足最小滑行标准1、公差标准，不满足制动距离标准、极低黏着标准；

⑥不满足最小滑行标准1、制动距离标准、极低黏着标准，满足公差标准。

7.1.4 UIC 541-05 中对防滑控制系统性能要求

国际铁路联盟标准 UIC 541-05 *Brakes—Specifications for the construction of various brake parts—Wheel Slide Protection device* 对防滑器性能做如下要求：

1. 轮周速度基于传感器提供的信息计算所得，并由调节器或自动控制系统（防滑控制器）进行监控。

2. 防滑控制器将指令传输至防滑执行器（例如防滑阀）进而全部或部分减小、保持或恢复制动力。

3. 当车速低于一个速度阈值时防滑控制系统不应降低制动力，该阈值不高于 5 km/h 且不低于 0.5 km/h，如果当参考速度低于阈值时制动力已经降低，则防滑控制系统应将制动力恢复至要求值。

4. 列车启动时，防滑控制系统应在车速达到 6 km/h 之前开始运行，如果车辆低速时没有电力供应（即用于货运的车辆发电机供电），则该阈值可以增加到 15 km/h。

5. 防滑控制系统除测试外不应在静止状态下改变所需制动力。

6. 当防滑控制系统关闭时，执行器（防滑阀）不应改变制动力。

7. 牵引车辆的防滑控制系统不应受到由于轴加速度引起的牵引滑行的影响。特别是当从驱动模式突然切换到制动模式时，必须满足这一条件。

8. 防滑控制系统在高于最大车速 10%的情况下仍能正常运行。

9. 单个车轴检测出的故障不应对其他轴的控制产生不利影响。

10. 实车防滑试验中防滑器需满足如下标准。

1）评定标准

（1）制动距离延伸

以干轨条件下测得的制动距离作为参考，用低黏着条件下测得的制动距离与干轨条件下的进行比较，提供了低黏着条件下测试制动距离延伸（Ext_{test}）最大容许的制动距离延伸（Ext_{max}），见表 7-2。

表 7-2 容许的制动距离延伸

喷涂设备之后或之间的轴数	参考制动距离的最大延伸	
轴数≤7	30%	35%，带有动力的车辆（例如：机车） 50%，无动力的车辆（例如：拖车）
8≤轴数≤15	25%	
轴数≥16	20%	

对于较短的列车出现异常情况，容许的测试制动距离（Ext_{test}）可增加，为异常制动距离延伸（$Ext_{exception}$），见表 7-3。

表 7-3　异常情况的制动距离延伸

喷涂设备之后或之间的轴数	参考制动距离的最大延伸	
轴数≤7	35％	35％，带有动力的车辆(例如：机车) 50％，无动力的车辆(例如：拖车)
8≤轴数≤15	25％	
轴数≥16	20％	

(2)低黏着轮对滑行控制

车速在30～120 km/h之间，滑行速度不得大于30 km/h超过3 s；车速在120～160 km/h之间，滑移率不得大于25％超过3 s；车速大于160 km/h时，滑行速度不得大于40 km/h超过3 s。在测试期间当真实速度超过30 km/h时，所有轮对都不能抱死。真实车速在5～30 km/h之间，车轮抱死的持续时间不得超过0.4 s。

(3)初始黏着的评定

①初始黏着计算公式

初始黏着系数 τ_a 等于每根轴的黏着系数的平均，即 $\tau_a=\dfrac{\sum\limits_{i=1}^{n}\tau_{ai}}{n}$。

每根轴的初始黏着系数等于该轴总制动力与轴重的比值，轴重可通过计算和测量得到，即 $\tau_{ai}=\dfrac{F_i}{P_i}$。

比如，对纯空气制动而言，其一个轮对上的初始黏着系数为

$$\tau_{ai}=\frac{(p_{cf}A-F_{spring})R_b\varphi_K I\eta}{R_w P} \tag{7-2}$$

式中　p_{cf}——制动缸压强；

A——活塞面积；

F_{spring}——制动缸弹簧力；

R_b——制动半径；

φ_K——制动闸片摩擦系数；

I——杠杆率；

η——夹紧效率；

R_w——轮对半径；

P——轴重。

②极低黏着评定指标

如果初始黏着系数 $\tau_a<0.03$ 或车辆减速度降低超过 $0.3\ m/s^2$ 且持续时间大于4 s，则认为满足此标准。

(4)最小滑行标准评定

①最小滑行计算公式同式(7-1)

$GM(n)$中需要计算的轴数如下：当在喷涂设备之后的轴数<6 时，需要计算喷涂设备后全部的轴；当在喷涂设备之后的轴数>6 时，应计算在其之后最前面的 6 根轴。

②最小滑行标准

当至少一半的轮对纳入考虑后，$GM(n)$值满足以下条件即满足最小滑行标准：

120 km/h 速度时 $GM(n)$大于 35%；

160 km/h 速度时 $GM(n)$大于 20%。

③扩展的最小滑行标准

此标准仅应用于被测车少于 8 轴，测试制动距离延伸(Ext_{test})在异常制动距离延伸($Ext_{exception}$)范围内，在这些特定情况下，上述最小滑行标准所有轴的 $GM(n)$值需满足：

120 km/h 的测试初速度 $GM(n)$大于 17%；

160 km/h 的测试初速度 $GM(n)$大于 10%。

2)评定方法

试验的有效性评定方法分为“少于 8 轴车辆评定方法”和“8 轴及以上车辆评定方法”。针对少于 8 轴的车辆测试有效性评定方法流程如图 7-1 所示。

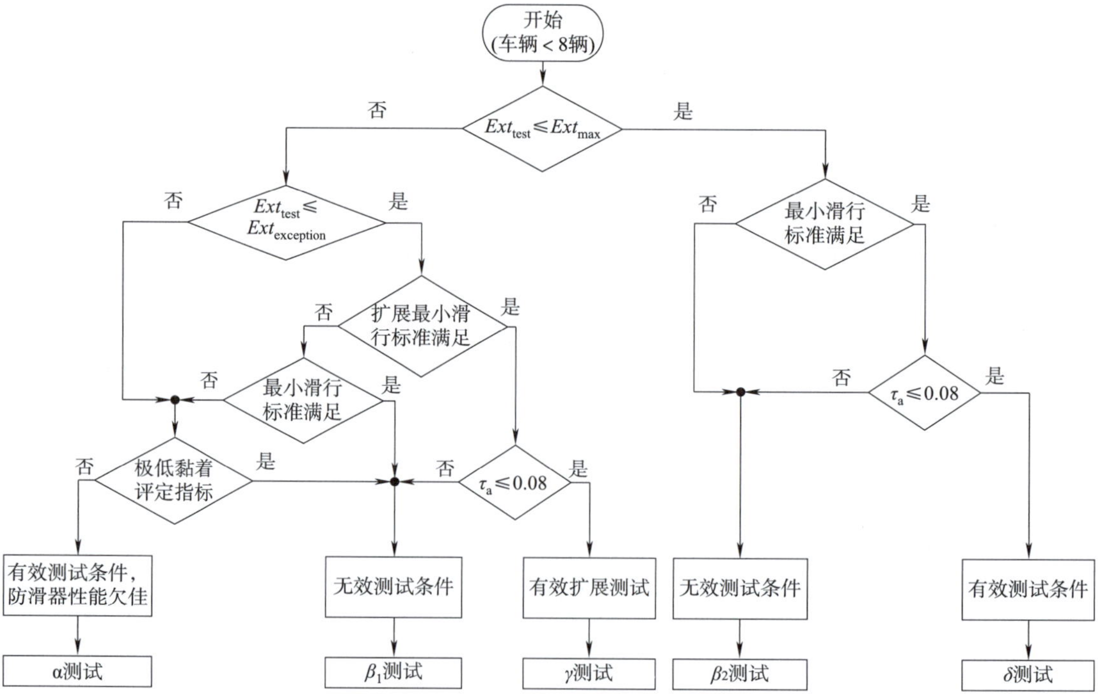

图 7-1 少于 8 轴车辆评定方法流程

对于 8 轴及以上的车辆测试有效性评定方法流程如图 7-2 所示。

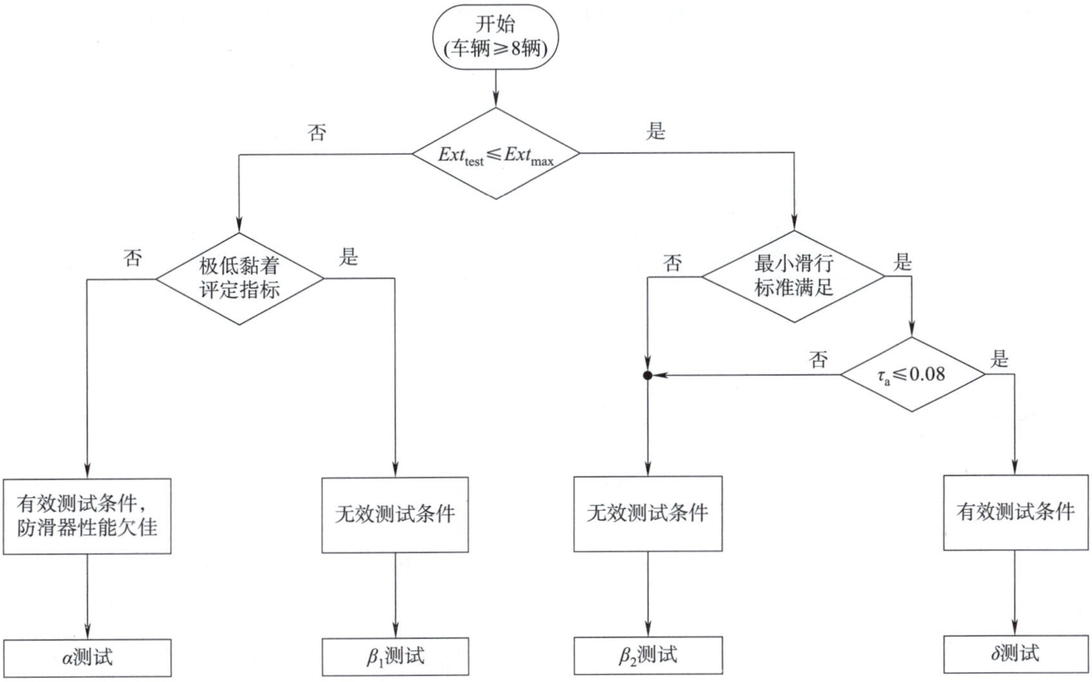

图 7-2　8 轴及以上车辆评定方法流程

输出的测试类型为：

α 测试：有效测试条件，防滑器性能欠佳—制动距离过长，无极低黏着的指示。

β_1 测试：无效测试条件——没有控制黏着条件。

γ 测试：有效扩展测试，在所有有效测试中不得超过 1/3。

β_2 测试：无效测试条件——没有控制黏着条件。

δ 测试：有效测试。

7.1.5　标准中对防滑器性能要求总结

综合上述四个防滑控制领域现有标准，可以总结归纳出防滑器主要的性能要求如下：

1. 防滑器的设计速度应高于机车车辆的最高运行速度，保证防滑器在高于最高运行速度时仍能正常工作。

2. 当车速低于一个低速阈值时，防滑控制系统不应降低制动力。如果当列车速度低于阈值时制动力已经降低，则防滑控制系统应将制动力恢复至要求值。

3. 列车启动时，防滑控制系统应在车速达到一个特定阈值之前开始运行，车速高于该阈值应具有正常的防滑功能。

4. 防滑控制系统在静止或没有发生滑行时不应改变制动机的特性及制动指令所要求的制动力。

5. 当防滑控制系统关闭时,执行器(防滑阀)不应改变制动力。

6. 防滑控制系统具有轮径修正功能,在车辆所允许的轮径差内,防滑控制系统应能正常工作。

7. 制动过程中黏着力突然减小或黏着力很小时,防滑控制系统应发挥其功能,防止出现长时间车轮抱死现象。

8. 防滑控制系统的排气时间不能过长,不能超过一个时间阈值。

9. 在使用黏着制动的同时又加了非黏着制动,防滑控制系统仍具有正常功能。

10. 每个独立的防滑控制系统的轴数有限,单个轴出现故障时不影响对其他轴的控制。

11. 防滑系统不应使制动力增加超过系统所需制动力。

上述标准对防滑器性能提出了合格性要求,在一定程度上满足列车制动过程中防滑器基本性能需求,但无法对其性能优劣进行评价,可通过一些特定评价指标对防滑控制系统性能优劣展开评价。

7.2　防滑控制性能评价指标

列车制动防滑过程中,由于使用不同性能的防滑器会造成某些指标数值上的差异,因此可根据该类指标对防滑控制系统性能进行评价,该类指标则被称为防滑控制性能评价指标。当前,防滑控制性能评价指标主要从防滑控制效果好坏的功能性和防滑过程资源消耗的经济性两方面分别进行评价,包括制动时间和制动距离、黏着系数利用率、耗风量增加比、轮对滑移做功指标、防滑阀动作次数、防滑效率等具体指标,以及欧洲防滑标准 EN 15595 和 UIC 541-05 也规定了一些防滑控制性能评价指标。本节将对上述评价指标进行详细介绍。

7.2.1　制动时间和制动距离

当列车在低黏着轨面运行时,轨面能够提供的黏着力有限,若不能有效控制列车制动力使其小于黏着力,则会出现滑行,造成制动时间和制动距离的延长。因此,制动时间和制动距离是制动系统性能的直接表现,反映了轮轨间黏着的利用程度。在相同的轮轨黏着和制动初速度条件下,列车制动过程所需时间越短、制动距离越小,制动过程平均减速度就越大,表明对轮轨黏着的利用能力越好,即防滑控制效果就越好。制动时间和制动距离作为易于测量的变量,目前在列车制动防滑试验中防滑器性能的简单直观比较和评价方面发挥重要作用,是较为常见的防滑控制性能单一评价指标。

7.2.2　黏着系数利用率

列车制动防滑过程中,黏着力作为减速或停车的最终作用力,与列车平均减速度及制动距离密切相关。黏着力为利用黏着系数与列车重力的乘积,利用黏着系数指车辆制动时实际利用的轮轨间黏着系数值。在干轨状态下，利用黏着系数与目标减速度即目标制动力有关，在制动过程中相对较为稳定；当轮对发生滑行时，随着“排气—保压—充气”策略的执行，实际利用黏着系数会在一定范围振荡，其大小与防滑控制策略直接相关。实际利用黏着系数与当前黏着条件下能够利用的理想最大黏着系数的比值被称为黏着系数利用率，是列车对轮轨黏着条件利用情况的本质体现。黏着系数利用率计算公式见式(7-3)

$$\eta=\frac{\mu_{\text{actual}}}{\mu_{\text{ideal}}}\times 100\% \tag{7-3}$$

式中　η——黏着系数利用率，%；

μ_{actual}——实际利用黏着系数；

μ_{ideal}——当前黏着条件下能够利用的理想最大黏着系数。

黏着系数利用率直接反映了列车防滑控制器对于轮轨黏着条件的利用情况，受到防滑控制性能影响。通常采用整个制动防滑过程的黏着系数利用率作为防滑控制性能评价指标，即整个制动防滑过程中实际利用黏着系数平均值与当前黏着条件下能够利用的理想最大黏着系数平均值的比值，表达式见式(7-4)

$$\bar{\eta}=\frac{\overline{\mu_{\text{actual}}}}{\overline{\mu_{\text{ideal}}}}\times 100\% \tag{7-4}$$

式中　$\bar{\eta}$——整个制动防滑过程黏着系数利用率，%；

$\overline{\mu_{\text{actual}}}$——整个制动防滑过程实际利用黏着系数平均值；

$\overline{\mu_{\text{ideal}}}$——整个制动防滑过程当前黏着条件下能够利用的理想最大黏着系数平均值。

整个制动防滑过程黏着系数利用率越大，表明防滑控制系统对于轮轨黏着利用程度越高，认为防滑控制系统性能越优。

7.2.3　耗风量增加比

与干轨工况下制动过程相比，在滑行工况制动过程中，由于防滑阀的不断动作，制动缸不断在排气、保压、充气状态间切换，压缩空气消耗量会急剧上升，对于风源系统的负载也会急剧增大，因此制动过程的耗风量可以作为评判防滑控制系统性能的一个重要指标。但制动过程中的耗风量受制动缸体积、管路、目标制动缸压力等众多因素影响，为排除由风源系统本身固有特性造成的耗风量不同带来的影响，通常采用滑行工况时相对于干轨制动工况的耗风量的增加比进行评价，同一黏着水平下耗风量增加比越少，耗风量则相对较少，认为防滑控制系统经济性越高。

以中继阀输出的气体体积作为耗风量，制动过程耗风量见式(7-5)

$$V=\int N\mathrm{d}t \tag{7-5}$$

式中　V——中继阀输出的气体体积(耗风量)，$\mathrm{m^3}$；

N——气体体积流量，$\mathrm{m^3/s}$。

耗风量增加比见式(7-6)

$$k=\frac{V_{\text{slide}}}{V_{\text{dry}}} \tag{7-6}$$

式中 V_{dry}——干轨工况下的耗风量,m^3;

V_{slide}——滑行工况下的耗风量,m^3;

k——耗风量增加比。

7.2.4 轮对滑移做功指标

当列车速度一定时,轮轨间黏着系数是随滑移率变化的一条曲线,并存在峰值点。合理的控制轮对滑移能够更大程度地利用黏着,滑移率过小会导致黏着利用不足,滑移率过大会增加轮轨擦轮的风险并加大对轨面、踏面的磨耗。干轨制动工况下,轮速与车速间速度差较小,轮对滑移率值较小,因此轮轨相对速度产生的滑移做功值也较小;在滑行制动工况中,轮对滑移率可能达到 20%甚至更高,也使得轮对滑移做功值急剧上升。单个滑行周期内的轮对滑移做功值直接影响着制动过程中轮对和轨面的磨耗水平,若控制不当甚至可能导致擦轮和轮对抱死,危及行车安全。相关标准中也有对于单个滑行阶段内轮对滑移做功值的要求。因此,轮对滑移做功也可定义为一个防滑控制系统性能评价指标。通过轮对速度差、黏着力建立轮对滑移功率表达式为

$$P=\mu_{\text{actual}}Q\Delta v \tag{7-7}$$

式中 P——轮对滑移功率,W;

Q——轮轨间正压力,N;

Δv——轮轨间速度差,m/s。

则轮轨间滑移做功为功率的积分,表达式为

$$W=\int\mu_{\text{actual}}Q\Delta v\mathrm{d}t \tag{7-8}$$

式中 W——单个防滑周期内轮对滑移做功,J。

以防滑阀开始动作为开始滑行信号、防滑阀停止动作为结束滑行信号,确定列车当前是否处于滑行状态,分别计算每次滑行周期内的轮对滑移做功 W,并将整个制动过程中的轮对滑移做功平均值作为轮对滑移做功指标,用于对防滑控制系统性能进行评价。轮对滑移做功指标计算公式为

$$W_{\text{avg}}=\frac{\sum_{i=1}^{n}W_i}{n} \tag{7-9}$$

式中 W_{avg}——制动过程轮对滑移做功平均值(轮对滑移做功指标),J;

W_i——第 i 个滑行周期内轮对滑移做功,J;

n——滑行周期次数。

轮对滑移做功指标根据黏着系数—滑移率曲线通常应控制在一定范围内，若采用某个防滑控制系统时计算出的值小于该范围，则说明黏着利用较低；若大于该范围，则轮轨磨耗较大，经济性较低；轮对滑移做功指标在该范围内，则说明该防滑控制系统性能良好。

7.2.5 防滑阀动作次数

防滑阀由排气电磁阀和保压电磁阀组成，是列车防滑控制系统中的关键动作部件，其性能好坏直接决定了制动控制单元的防滑控制指令能否被准确、及时执行。一次滑行工况制动过程中，防滑阀的动作次数可能有数十次甚至上百次，直接影响着电磁阀寿命，过多的防滑阀动作次数会导致阀体过热、加速老化等问题。因此，制动过程中的防滑阀动作次数可作为一个防滑控制系统性能评价指标。以电磁阀控制信号由低到高记为动作一次，分别统计一次滑行工况制动全过程中一节车各轴排气电磁阀动作次数 r_i 和保压电磁阀动作次数 h_i，取 4 根轴防滑阀的平均动作次数作为防滑动作次数指标

$$h_{\mathrm{avg}}=\frac{\sum_{i=1}^{4}(r_i+h_i)}{8} \tag{7-10}$$

式中 h_{avg}——防滑阀平均动作次数指标；

r_i——第 i 个排气电磁阀动作次数；

h_i——第 i 个保压电磁阀动作次数。

防滑阀动作次数指标正常情况下稳定在一定范围内，若出现该值偏小的情况，则说明防滑阀响应较慢，防滑控制性能不足；若该值偏大，则防滑阀动作次数过多易降低防滑阀寿命，导致经济性较差；若该值相对稳定，则表明防滑阀控制性能和经济性较好。

7.2.6 防滑效率

目前在实际应用中防滑控制系统性能通常以防滑效率作为评价指标。上海地铁一号线技术规格书中首次对地铁车辆防滑控制系统性能提出了防滑效率的概念，指在给定的低黏着工况下，防滑控制系统工作时的理想停车距离与实际停车距离的比值，防滑效率越高，表明系统利用黏着的能力越强，防滑控制系统性能越好，其表达式为

$$e=\frac{S_{\mathrm{ideal}}}{S_{\mathrm{actual}}}\times 100\% \tag{7-11}$$

式中 e——防滑效率，%；

S_{ideal}——实际黏着条件下理想停车距离，m；

S_{actual}——防滑控制系统工作后实际停车距离，m。

显然，式(7-11)仅给出了防滑效率的定义，列车所在轨面黏着条件下的理想停车距离无法通过直接测量获得。因此，在此基础上，国内外一些制动系统生产厂家及科研工作者通过不同计算方法近似计算 S_{ideal} 和 S_{actual} 的值，形成多种防滑效率计算方法，用于实车线路试验的详细内容见本章 7.4 节。

7.2.7 EN 15595 和 UIC 541-05 中对防滑性能评价指标

防滑控制系统性能应通过其在黏着降低的条件下对制动车辆所达到的防滑保护能力来衡量。防滑控制系统应实现以下目标：

(1)与在干轨上制动相比,制动距离延伸最小;

(2)由于轮对滑行或抱死导致的轮对和轨道损伤程度最低;

(3)与没有防滑控制系统工作的干轨上的制动相比,空气的消耗增加最少。

因此,关于防滑控制系统在任何测试中实现这些目标的能力和性能评估,均应考虑以下标准:

1. 制动距离(延伸)

通常在干轨条件下进行制动基本不会发生滑行,而在低黏着条件下进行制动会发生不同程度的滑行甚至轮对抱死,且制动距离会延长。将干轨条件下的制动距离作为理想条件下的制动距离,低黏着条件下测得的实际距离与其进行比较,根据制动距离延长的百分比作为依据判断车辆在低黏着条件的制动性能。制动距离的延伸在满足的情况下尽可能地小,愈接近干轨条件下的制动距离说明制动时滑行的程度愈小,防滑器的防滑性能愈好。

2. 轮对(钢轨)损伤程度

防滑性能好的防滑器会最大程度减少车辆在制动过程中的滑行,从而降低轮轨之间的磨耗,减少其损伤程度。如果满足 7.1.2 节中 13 的轮对滑行控制标准,则认定轮轨间损伤程度最小,防滑性能较好。

3. 空气消耗

防滑控制系统的设计应最大程度减少由于其运行而引起的额外的空气消耗。空气消耗的计算公式为:

(1)不补充空气的相对空气消耗 C_r(空气截止旋塞关闭)

$$C_r = P_{ra1} - P_{ra2} / P_{ra1} - P_{ra3} \tag{7-12}$$

式中 P_{ra1}——制动初压力;

P_{ra2}——低黏着条件下静止时的残余压力;

P_{ra3}——干燥条件下静止时的残余压力。

(2)补充空气的相对空气消耗 C_r(空气截止旋塞打开)

$$C_r = P_{rp1} - P_{rp2} / P_{rp1} - P_{rp3} \tag{7-13}$$

式中 P_{rp1}——制动初压力;

P_{rp2}——低黏着条件下静止时的残余压力;

P_{rp3}——干燥条件下静止时的残余压力。

相对空气消耗不得超过表 7-4 中的值。

表 7-4　速度和相对空气消耗

速度/(km/h)	相对空气消耗
120	<3.5
160	<7.0

防滑控制系统运行消耗的额外空气不应在低黏着条件下阻止列车在指定距离内停止。对于极低黏着条件下空气消耗没有要求。

上述防滑控制性能评价指标中有些指标可以在实车试验中测得,因此能够应用于实际,有些指标很难通过实际测量得到,但在仿真平台中可以实现,在已知实际防滑控制系统各参数情况下能够更加准确、全面地对其防滑控制性能进行分析与评价。

7.3　基于半实物仿真台架试验的防滑性能评价方法

列车防滑性能评价方法的验证可通过半实物仿真台架试验进行。与实车防滑试验相比,半实物仿真平台能够通过软件部分输出一些实际难以测量的变量,且结果更加精确,因此能够更加准确全面地评价防滑控制系统性能,评价方法也更为多样。当前基于半实物仿真台架试验的防滑性能评价方法主要有防滑性能指标对比评价法、防滑效率评价法和防滑控制系统性能综合评价法等,本节将对上述评价方法进行详细介绍。

7.3.1　防滑性能指标对比评价法

针对不同防滑控制系统性能,最简单、最直观的评价方法为防滑性能指标对比评价法,该方法通过对 7.2 中各防滑控制性能评价指标数值进行横向对比分析,大致判断各防滑控制系统性能优劣,对防滑控制性能做出初步评价。半实物仿真平台可通过在仿真部分增加示波器模块,测量并记录整个制动防滑过程中各防滑控制性能评价指标随时间变化的数据结果。根据防滑控制系统性能和防滑控制性能评价指标的正负相关性,对结果进行对比,初步分析防滑性能的优劣,制动时间和制动距离越小、黏着系数利用率越大、耗风量增加比越小,轮对滑移做功指标和防滑阀动作次数控制在一定范围内,则初步认为该防滑控制系统性能越优。该评价方法已广泛应用于防滑仿真和试验的数据初步分析,但由于该方法仅能够对依次对单一指标进行简单对比,很多情况下无法对防滑控制系统性能进行全面评价,因此有一定的局限性和不足之处。

7.3.2　防滑效率评价法

防滑效率评价法指根据式(7-11)防滑效率计算公式计算出的防滑效率值对防滑控制系统性能进行评价的方法,其本质是防滑性能指标对比评价法,但由于实际黏着条件下的理想停车距离无法通过示波器直接测得，还需通过某些特殊方法进行仿真得到，因此又与防滑性能指标对比评价法存在部分差别。实车试验中理想停车距离无法通过测量得到，但在仿真层面，基于轮轨黏着理论模型可得到低黏着条件下列车制动过程的理想停车距离。将轮轨黏着理论模型中所有车速对应的黏滑曲线峰值点与重力加速度的乘积作为目标减速度输入仿真平台，即可控制列车各轴每一时刻制动力都等于当前速度下最大黏着力，从而使轮对的黏着利用达到最极限状态。以 Polach 黏着模型为例，如图 7-3 所示，将理想最大黏着系数随车速变化曲线与重力加速度乘积作为目标减速度输入仿真平台，可根据制动过程中速度变化情况实时动态调整能够利用的理想最大黏着系数值，进而实时调整目标减速度输入，从而仿真得到理想停车距离。

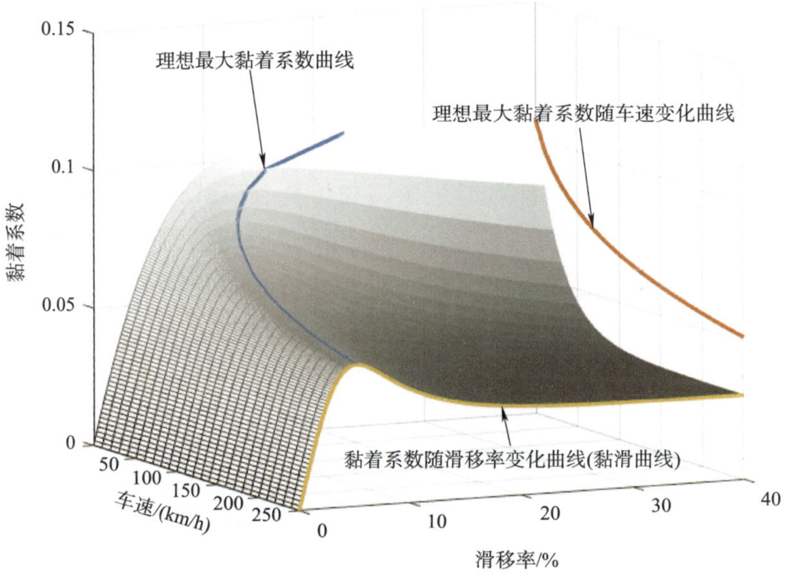

图 7-3　Polach 黏着模型中理想最大黏着系数曲线

输入实际列车目标减速度、车辆参数和防滑控制参数，可通过半实物仿真得到防滑控制系统工作后的实际停车距离，即可对防滑效率进行计算。对不同控制参数的防滑控制系统进行半实物仿真台架试验，通过对其防滑效率值进行对比分析，即可对各防滑控制系统性能优劣进行评价。

7.3.3　防滑控制系统性能综合评价法

上述两种评价方法仅从某个单一的方面对列车防滑控制系统性能进行评价，在半实物仿真平台中可基于多个防滑性能评价指标，从控制效果和经济性等方面更加全面地对防滑控制系统性能进行综合评价。

以黏着系数利用率、耗风量增加比、轮对滑移做功指标和防滑阀动作次数指标为例对防滑控制系统性能综合评价法进行介绍。

不同评价指标具有不同的量纲和量级，首先对其进行归一化处理，以消除指标之间的量纲影响，实现数据指标之间的可比性。指标数据的归一化公式为

$$x^{+}=\frac{x-x_{\min}}{x_{\max}-x_{\min}},x^{-}=1-\frac{x-x_{\min}}{x_{\max}-x_{\min}} \tag{7-14}$$

式中　x^{+}——归一化后的正向指标；

x^{-}——归一化后的负向指标；

x——需归一化的指标数据；

$x_{\max}$——该指标可能出现的最大值；

$x_{\min}$——该指标可能出现的最小值。

对防滑控制系统在各黏着水平下的指标进行层次划分，结构层次如图 7-4 所示。

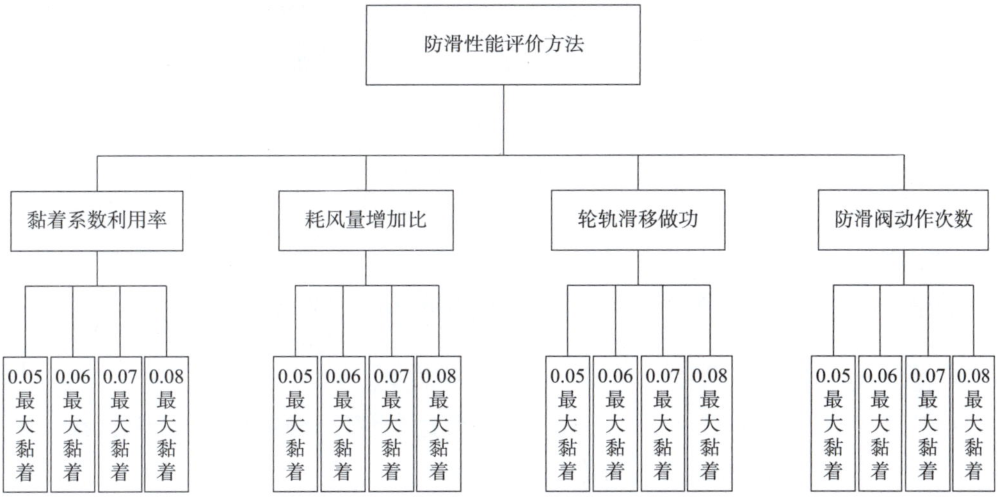

图 7-4　防滑控制系统性能综合评价法结构层次划分

构造判断矩阵，一般形式见表 7-5。

表 7-5　判断矩阵的一般形式

a	**B1**	**B2**	**B3**	**B4**
B1	b_{11}	b_{12}	b_{13}	b_{14}
B2	b_{21}	b_{22}	b_{23}	b_{24}
B3	b_{31}	b_{32}	b_{33}	b_{34}
B4	b_{41}	b_{42}	b_{43}	b_{44}

为了使元素间的比较判断定量化，对判断矩阵中各元素确定其数值取值，采用了表 7-6 所示的 1～9 标度方法。

表 7-6 判断矩阵标度及其含义

标　度	含　义
1	表示两个因素相比，具有同样重要性
3	表示两个因素相比，一个因素比另一个因素稍微重要
5	表示两个因素相比，一个因素比另一个因素明显重要
7	表示两个因素相比，一个因素比另一个因素强烈重要
9	表示两个因素相比，一个因素比另一个因素极端重要
2,4,6,8	上述两相邻判断的中值
倒数	因素 i 与 j 比较得判断 b_{ij}，则因素 j 与 i 比较得判断 b_{ji}

结合实际应用情况和需求，在判断矩阵中填充各元素指标标度值，得到填充完整后的判断矩阵见表 7-7。

表 7-7 各元素标度填充完整后的判断矩阵

a	*B*1	*B*2	*B*3	*B*4
*B*1	1	3	5	9
*B*2	1/3	1	5	7
*B*3	1/5	1/5	1	3
*B*4	1/9	1/7	1/3	1

对判断矩阵一致性进行检验，即判断矩阵需要满足式(7-15)关系

$$b_{ij}=\frac{b_{ik}}{b_{jk}} \quad 1\leqslant i,j,k\leqslant n \tag{7-15}$$

根据矩阵理论，判断矩阵在满足上述完全一致性条件下，具有唯一非零的、最大特征根 $\lambda_{max}=n$，且除 λ_{max}外，其余特征根均为零。因此，判断矩阵的特征根及特征向量的求解非常关键，通常采用方根法进行求解。

使用方根法计算各元素权重及最大特征根 λ_{max}的过程为：

(1)计算判断矩阵每一行元素的积：$\overline{M}_i = \prod\limits_{j=1}^{n} b_{ij}, i = 1,2,3,\cdots,n$，且 n 为矩阵阶数。

(2)计算各行$\overline{M}_i$ 的 n 次方根值：$\overline{w}_i=\sqrt[n]{\overline{M}_i}, i=1,2,3,\cdots,n$。

(3)将向量$(\overline{M}_1,\overline{M}_2,\overline{M}_3,\cdots,\overline{M}_n)^{\mathrm{T}}$ 归一化，计算见式(7-16)，w_i 为所求各指标的权重系数。

$$w_i = \frac{\overline{w}_i}{\sum\limits_{j=1}^{n}\overline{w}_j} \tag{7-16}$$

(4)判断矩阵最大特征根 λ_{max}的值：

$$\lambda_{max} = \sum_{i=1}^{n}\frac{(AW)_i}{nw_i} \tag{7-17}$$

(5)计算一致性指标 CI 及一致性比率 CR，校验判断矩阵是否具有满意的一致性。其中 $CI=\frac{\lambda_{\max}-n}{n-1}$，$CR=\frac{CI}{RI}$，$RI$ 为平均随机一致性指标，其取值见表 7-8。当 $CR<0.1$ 时，即可认为判断矩阵具有满意的一致性，否则需要调整判断矩阵。

表 7-8　平均随机一致性指标 *RI*

n	1	2	3	4	5	6	7	8	9	10	11	12	13
RI	0	0	0.52	0.89	1.12	1.26	1.36	1.41	1.46	1.49	1.52	1.54	1.56

根据上述计算步骤，可计算出上述判断矩阵下各防滑控制性能评价指标权重值。假设黏着系数利用率、耗风量增加比、轮对滑移做功指标和防滑阀动作次数指标进行归一化处理后分别为 g_1、g_2、g_3、g_4，通过公式(7-18)可计算防滑控制系统性能综合得分，以此为依据对防滑控制系统性能进行评价。得分越高，防滑控制系统综合性能越优。

$$g=w_1g_1+w_2g_2+w_3g_3+w_4g_4 \tag{7-18}$$

7.3.4　基于半实物仿真平台的防滑评价方法验证

本节展示了基于半实物仿真平台开展的列车防滑控制器硬件在环仿真结果，采用黏着系数利用率、耗风量增加比、轮对滑移做功和防滑阀动作次数四个指标对防滑器性能进行综合评价，实现对评价方法的验证及应用。进行的仿真工况见表 7-9。

表 7-9　半实物仿真工况

制动初速度/(km/h)	制动缸体积/L	轮轨黏着条件	制动级位
120	1.5	干轨	纯空气紧急制动
		0.05 最大黏着	纯空气紧急制动
		0.06 最大黏着	纯空气紧急制动
		0.07 最大黏着	纯空气紧急制动
		0.08 最大黏着	纯空气紧急制动
	2.5	干轨	纯空气紧急制动
		0.05 最大黏着	纯空气紧急制动
		0.06 最大黏着	纯空气紧急制动
		0.07 最大黏着	纯空气紧急制动
		0.08 最大黏着	纯空气紧急制动
	3.5	干轨	纯空气紧急制动
		0.05 最大黏着	纯空气紧急制动
		0.06 最大黏着	纯空气紧急制动
		0.07 最大黏着	纯空气紧急制动
		0.08 最大黏着	纯空气紧急制动

1. 黏着系数利用率指标仿真结果

轮轨间利用黏着系数与速度、滑移率等多种因素有关，在实车线路试验中不易测得，基于防滑控制半实物仿真平台，通过获取制动过程中的车速、轴速等数据，通过计算获得速度—滑移率对应关系，将其输入相应黏着模型，即可得到制动过程中的“速度—滑移率—利用黏着系数”关系图及当前轮轨黏着关系下的最大黏着系数曲线，经过积分运算获得当前轮轨黏着条件下的理想最小制动距离，进而计算得到黏着系数利用率指标。

0.05 最大轮轨黏着条件下的“利用黏着系数—最大黏着系数”关系如图 7-5 所示。根据最大理想黏着系数计算得当前轮轨黏着条件下理想最小制动距离为 1 229 m，实际制动距离为 2 010 m，平均减速度为 0.276 m/s^2。计算得到该黏着条件下的黏着系数利用率指标 a_1 为：

$$\eta=\frac{1\ 229}{2\ 010}\times 100\%=61.14\%,$$

$$a_1=\frac{\eta-0}{100\%-0}=0.611\ 4$$

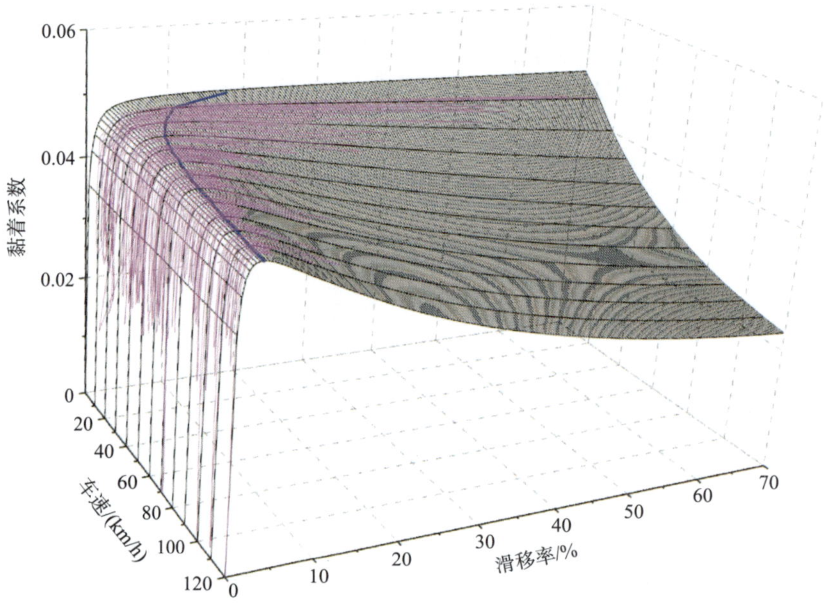

图 7-5　0.05 最大黏着“利用黏着系数—最大黏着系数”关系

0.06 最大轮轨黏着条件下的“利用黏着系数—最大黏着系数”关系如图 7-6 所示。根据最大理想黏着系数计算得当前轮轨黏着条件理想最小制动距离为 1 035 m，实际制动距离为 1 675 m，平均减速度为 0.333 m/s^2，计算得到该黏着条件下的黏着系数利用率指标 b_1 为：

$$\eta=\frac{1\ 035}{1\ 675}\times 100\%=61.79\%,$$

$$b_1=\frac{\eta-0}{100\%-0}=0.617\ 9$$

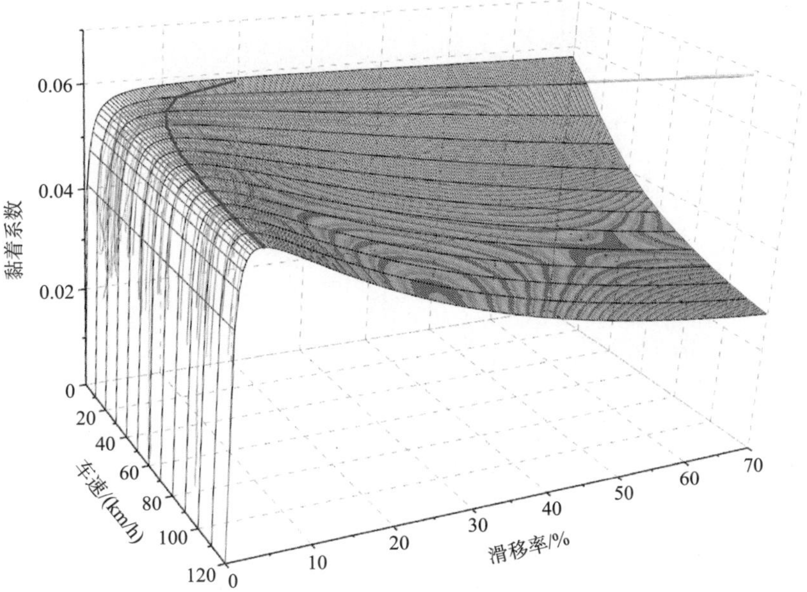

图 7-6　0.06 最大黏着"利用黏着系数—最大黏着系数"关系

0.07 最大轮轨黏着条件下的"利用黏着系数—最大黏着系数"关系如图 7-7 所示。根据最大理想黏着系数计算得到当前轮轨黏着条件理想最小制动距离为 894 m，实际制动距离为 1 464 m，平均减速度为 0.382 m/s^2，计算得该黏着条件下的黏着系数利用率指标 c_1 为：

$$\eta=\frac{894}{1\ 464}\times 100\%=61.07\%,$$

$$c_1=\frac{\eta-0}{100\%-0}=0.610\ 7$$

0.08 最大轮轨黏着条件下的"利用黏着系数—最大黏着系数"关系如图 7-8 所示。根据最大理想黏着系数计算得到当前轮轨黏着条件理想最小制动距离为 787 m，实际制动距离为 1 298 m，平均减速度为 0.430 m/s^2，计算得到该黏着条件下的黏着系数利用率指标 d_1 为：

$$\eta=\frac{787}{1\ 298}\times 100\%=60.63\%,$$

$$d_1=\frac{\eta-0}{100\%-0}=0.606\ 3$$

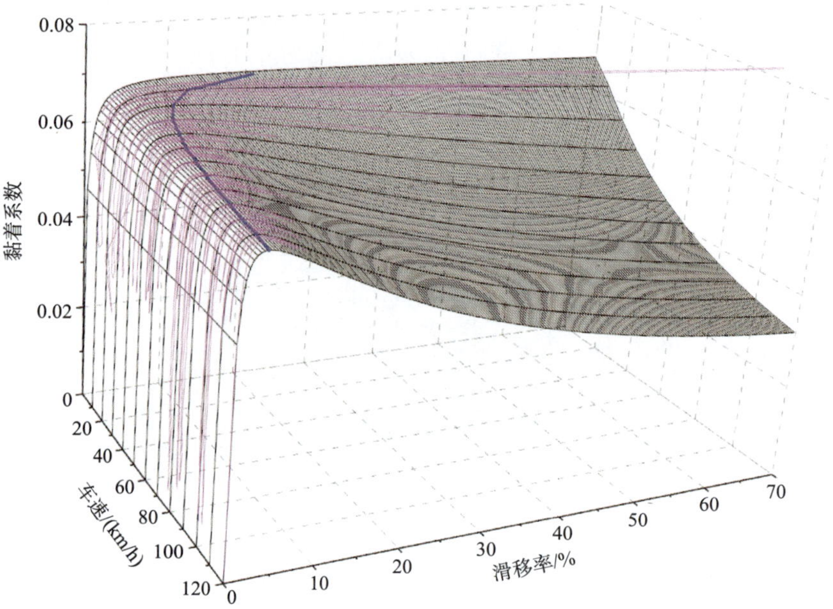

图 7-7　0.07 最大黏着“利用黏着系数—最大黏着系数”关系

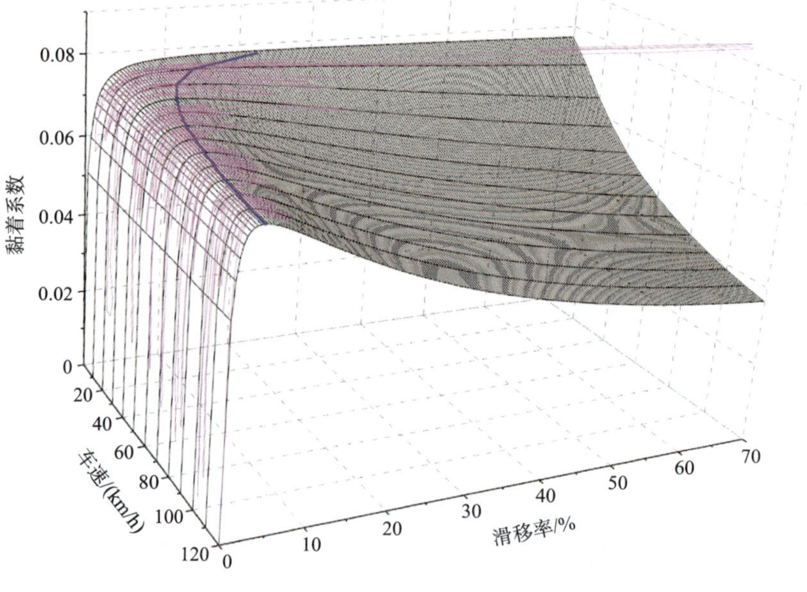

图 7-8　0.08 最大黏着“利用黏着系数—最大黏着系数”关系

在当前制动缸体积的试验工况下，防滑控制器在四种轮轨黏着工况下的黏着系数利用率指标为：$a_1=0.611\ 4$，$b_1=0.617\ 9$，$c_1=0.610\ 7$，$d_1=0.606\ 3$。在 0.05～0.08 最大黏着范围内，随轮轨黏着条件变化，黏着利用率指标变化不大，较为稳定，表明此条件下该防滑控制器对轮轨黏着的利用能力较为稳定。

根据 7.3.3 中基于层次分析法对黏着条件指标权重值的确定，即：$w_1=0.0432$，$w_2=0.0950$，$w_3=0.3034$，$w_4=0.5585$，则当前工况下该防滑控制器黏着系数利用率指标的综合得分为：

$$g_1=w_1a_1+w_2b_1+w_3c_1+w_4d_1=0.6090$$

2. 耗风量增加比指标仿真结果

在列车干轨制动工况下，当制动级位、载重信息、制动缸体积等参数确定时，制动耗风量值较稳定，相对较小。当轮对出现滑行时，防滑阀根据其控制信号发生动作，制动系统做出“排气—保压—充气”动作，导致制动缸压力剧烈波动，制动耗风量急剧上升，对于风源系统的负载急剧增大。在气制动系统模型中添加气体流量传感器获得各工况下制动耗风量，进而计算得到耗风量增加比指标。

0.05 最大黏着工况下的制动缸压力变化曲线如图 7-9 所示，各轴制动缸压力随着滑行的出现上下波动，进入“排气—保压—充气”的循环动作；由于防滑控制系统分阶段排气—保压的控制策略，制动缸压力出现阶段下降的特点；当制动缸压力降至一定程度，列车制动力小于轮轨最大黏着力，轮速逐渐恢复、轮轨速度差逐渐减小，受到防滑阀控制信号控制，制动缸压力再次升高（防滑控制器中对 3 轴的防滑控制策略设置略有不同，导致其制动缸压力变化有所不同）。

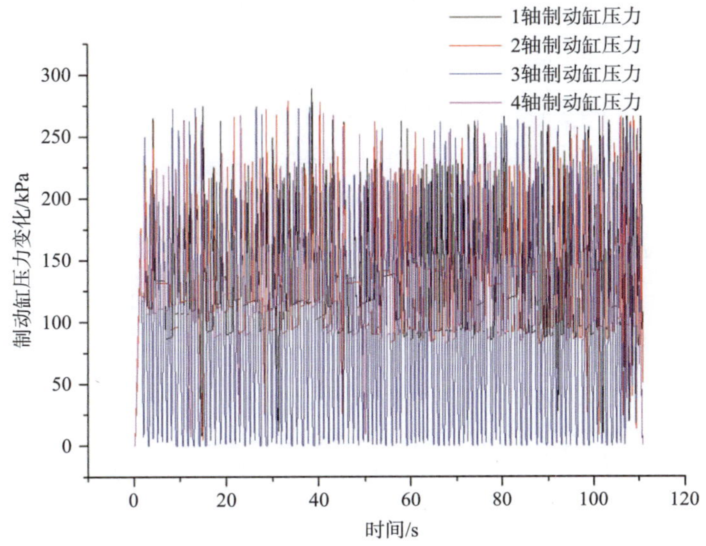

图 7-9　制动缸压力变化

各黏着条件下的制动耗风量结果见表 7-10。

表 7-10 各黏着条件下的制动耗风量

黏着条件	耗风量/L
干轨	99.36
0.05 最大黏着	1 458.7
0.06 最大黏着	1 143.8
0.07 最大黏着	1 155.4
0.08 最大黏着	1 138.1

计算得到四种轮轨黏着条件下的列车制动耗风量：

$$k_1=\frac{V_{滑}}{V_{干}}=14.68, a_2=1-\frac{k_1-1}{25-1}=0.430\ 0$$

$$k_2=\frac{V_{滑}}{V_{干}}=11.51, b_2=1-\frac{k_2-1}{25-1}=0.562\ 1$$

$$k_3=\frac{V_{滑}}{V_{干}}=11.63, c_2=1-\frac{k_3-1}{25-1}=0.557\ 1$$

$$k_4=\frac{V_{滑}}{V_{干}}=11.45, d_2=1-\frac{k_4-1}{25-1}=0.564\ 6$$

在当前制动缸体积的试验工况下，防滑控制器在四种轮轨黏着工况下的耗风量增加比指标为：$a_2=0.430\ 0$，$b_2=0.562\ 1$，$c_2=0.557\ 1$，$d_2=0.564\ 6$。在 0.06～0.08 最大黏着范围内，随轮轨黏着条件变化，耗风量增加比指标变化不大，较为稳定；当轮轨黏着条件降低至 0.05 最大黏着时，该项指标出现明显下降，表明该防滑控制器在一定范围对耗风量的控制能力较为稳定；在低至 0.05 最大黏着的苛刻轮轨黏着环境时，该方面能力明显不足，应继续开展相关试验进行进一步研究并对此项进行优化。

根据 7.3.3 中基于层次分析法对黏着条件指标权重值的确定，即：$w_1=0.043\ 2$，$w_2=0.095\ 0$，$w_3=0.303\ 4$，$w_4=0.558\ 5$。

各黏着条件下指标均未出现负值，表明该项性能表现满足标准中对于耗风量的强制性要求，则当前工况下该防滑控制器黏着系数利用率指标的综合得分为：

$$g_2=w_1a_2+w_2b_2+w_3c_2+w_4d_2=0.585\ 0$$

3. 轮对滑移做功指标仿真结果

干轨制动工况下，轮轨速度差较小，轮对滑移率值较小，轮对几乎处于纯滚动状态，滑移做功和磨耗量均较小；在滑行制动工况中，轮对滑移率急剧上升，产生大量滑移做功，发热量和轮轨磨耗量急剧上升。根据式(7-8)，在一次制动过程中轴重视为定值，记录车速、轴速数据，以防滑阀控制信号为标志筛选出各滑行阶段，通过滑行阶段内各时刻轮轨黏着力及速度差，经过积分运算，得到各滑行阶段轮对滑移做功值，进而计算得到轮对滑移做功指标。

各轮轨黏着制动工况下制动过程中的轮对滑移做功功率变化如图 7-10～图 7-13 所示(仅以 1 轴为例)。与理论分析一致,当轮对出现滑行时,轮对滑移做功功率急剧上升,经过“排气—保压—充气”的防滑控制策略的执行,轴速逐渐恢复,速度差逐渐减小,轮对滑移做功功率逐渐降低至 0 附近,随后进入下一个滑行阶段。在不同轮轨黏着水平下,其表现有所不同,体现在滑行阶段持续时间、频率和滑移功率幅值等方面,与防滑控制策略及系统特性有关。

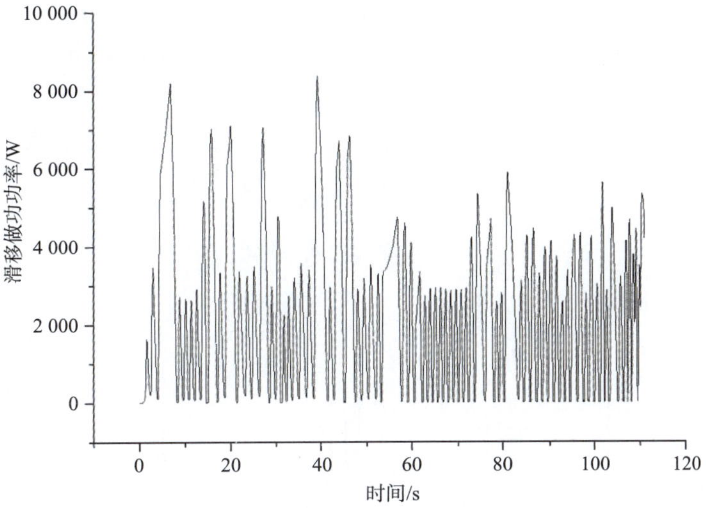

图 7-10　0.05 最大黏着轮对滑移做功功率变化

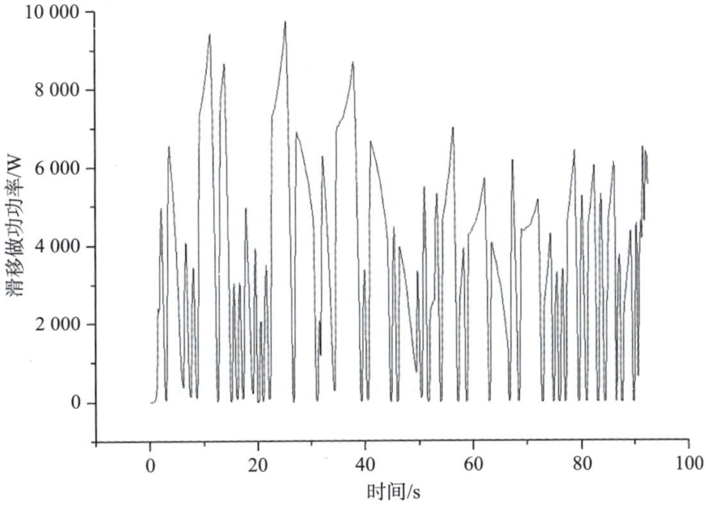

图 7-11　0.06 最大黏着轮对滑移做功功率变化

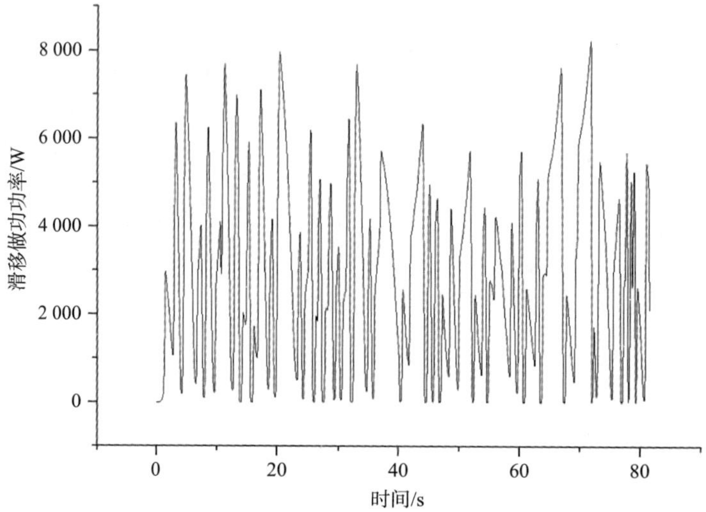

图 7-12　0.07 最大黏着轮对滑移做功功率变化

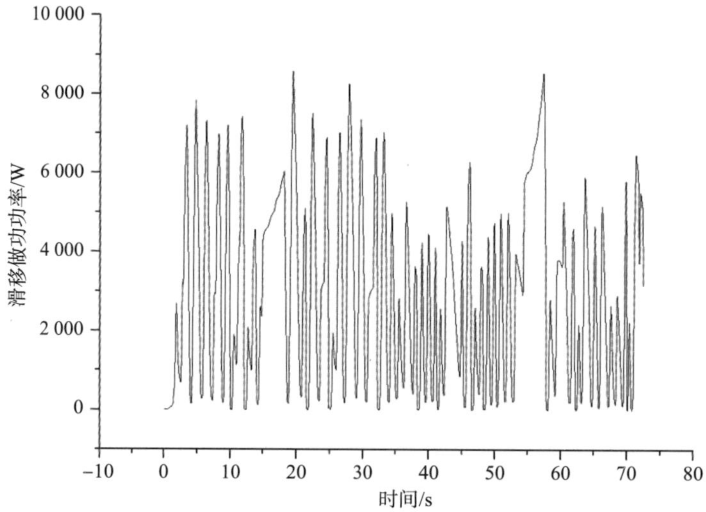

图 7-13　0.08 最大黏着轮对滑移做功功率变化

计算得到四种轮轨黏着条件下的各轴滑移做功指标：

$$W_{avg1}=\frac{\sum_{i=1}^{4}W_{avgi}}{4}=2\ 871.35\ \mathrm{J},a_3=1-\frac{W_{avg2}-0}{26\ 000-0}=0.889\ 6$$

$$W_{avg2}=\frac{\sum_{i=1}^{4}W_{avgi}}{4}=4\ 368.28\ \mathrm{J},b_3=1-\frac{W_{avg2}-0}{26\ 000-0}=0.832\ 0$$

$$W_{avg3}=\frac{\sum_{i=1}^{4}W_{avgi}}{4}=2\ 976.03\ \mathrm{J},c_3=1-\frac{W_{avg3}-0}{26\ 000-0}=0.885\ 5$$

$$W_{avg3}=\frac{\sum_{i=1}^{4}W_{avgi}}{4}=2\ 273.80\ \mathrm{J},d_3=1-\frac{W_{avg3}-0}{26\ 000-0}=0.912\ 5$$

在当前制动缸体积的试验工况下，防滑控制器在四种轮轨黏着工况下的轮对滑移做功指标为：$a_3=0.889\ 6$，$b_3=0.832\ 0$，$c_3=0.885\ 5$，$d_3=0.912\ 5$。随着轮轨黏着条件变化，该项指标相对比较稳定，但当轮轨黏着条件为 0.06 最大黏着时，该项指标出现明显下降，表明该防滑器可能在某一特定轮轨黏着水平范围内该方面能力可能不足，需进一步开展相关试验验证并对其进行优化。

根据 7.3.3 中基于层次分析法对黏着条件指标权重值的确定，即：$w_1=0.043\ 2$，$w_2=0.095\ 0$，$w_3=0.303\ 4$，$w_4=0.558\ 5$。

各黏着条件下指标均未出现负值，表明该项性能表现满足标准中对于单次滑行阶段中轮对滑移做功量的强制性要求，则当前工况下该防滑控制器黏着系数利用率指标的综合得分为：

$$g_3=w_1a_3+w_2b_3+w_3c_3+w_4d_3=0.585\ 0$$

4. 防滑阀动作次数指标仿真结果

防滑阀是防滑控制策略的执行机构，制动系统通过防滑阀的动作完成“排气—保压—充气”动作，其由保压阀 HV 和排气阀 RV 两个电磁阀组成。将制动控制单元(防滑控制器)发出的防滑阀控制指令作为其动作信号，一次制动滑行工况中保压阀和排气阀的动作情况示意如图 7-14 所示(以“0-1”表示其开关动作)。在试验过程中采集防滑阀控制信号数据，以一个上升沿(即其控制信号由 0 至 1)记为动作一次，统计在一次制动过程中各轴的保压阀和排气阀动作次数。进而计算得到轮对滑移做功指标。

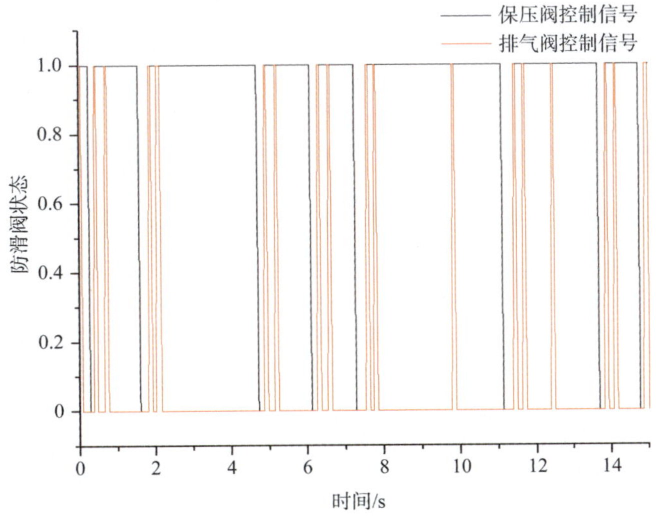

图 7-14　防滑阀动作示意

以1轴为例，0.05最大轮轨黏着条件下的防滑阀动作过程如图7-15所示。在制动过程中，防滑阀执行控制器的控制指令实现高频动作，两个阀间相互配合使系统完成“排气—保压—充气”动作，实现防滑控制功能。其动作频率和次数受防滑控制策略及轮轨黏着条件的综合影响。其余各轴及各黏着条件下的防滑阀动作过程类似。

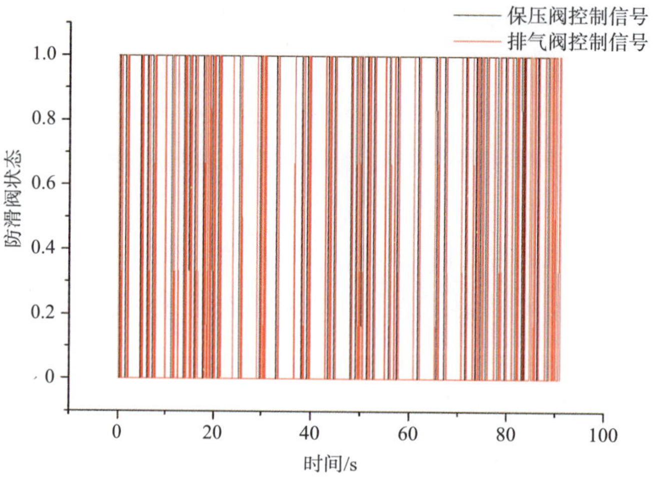

图7-15　0.05最大黏着1轴防滑阀动作过程

计算得到四种轮轨黏着条件下的各轴防滑阀动作次数指标：

$$h_{\text{avg1}}=\frac{\sum_{i=1}^{4}h_i+\sum_{j=1}^{4}r_j}{8}=129.50,a_4=1-\frac{h_{\text{avg1}}-0}{300-0}=0.5683$$

$$h_{\text{avg2}}=\frac{\sum_{i=1}^{4}h_i+\sum_{j=1}^{4}r_j}{8}=96.63,b_4=1-\frac{h_{\text{avg2}}-0}{300-0}=0.6779$$

$$h_{\text{avg3}}=\frac{\sum_{i=1}^{4}h_i+\sum_{j=1}^{4}r_j}{8}=92.13,c_4=1-\frac{h_{\text{avg3}}-0}{300-0}=0.6929$$

$$h_{\text{avg4}}=\frac{\sum_{i=1}^{4}h_i+\sum_{j=1}^{4}r_j}{8}=88.00,d_4=1-\frac{h_{\text{avg4}}-0}{300-0}=0.7067$$

在当前制动缸体积的试验工况下，防滑控制器在四种轮轨黏着工况下的防滑阀动作次数指标为：$a_4=0.5683$，$b_4=0.6779$，$c_4=0.6929$，$d_4=0.7067$。在0.06～0.08最大黏着范围内，随轮轨黏着条件变差，耗风量增加比指标略有下降；但当轮轨黏着条件降低至0.05最大黏着时，该项指标出现显著降低。表明该防滑控制器在一定范围对防滑阀动作次数的控制能力较为稳定，但在低至0.05最大黏着的苛刻轮轨黏着环境时，该方面能力明显不足，应继续开展相关试验进行进一步研究并对此项进行优化。

根据 7.3.3 中基于层次分析法对黏着条件指标权重值的确定，即：$w_1=0.0432$，$w_2=0.0950$，$w_3=0.3034$，$w_4=0.5585$。

当前工况下该防滑控制器防滑阀动作次数指标的综合得分为：

$$g_4=w_1a_4+w_2b_4+w_3c_4+w_4d_4=0.6939$$

5. 仿真结果分析

制动缸体积为 1.5 L、2.5 L 的工况下数据处理及指标计算过程与之类似。根据防滑控制系统性能评价方法各指标数据获取及计算方法，得到了不同工况各轮轨黏着水平条件下的各项性能指标，三种工况试验评价结果汇总见表 7-11。

表 7-11　评价结果汇总

试验工况		评价指标	轮轨黏着				综合得分
			0.05 最大黏着	0.06 最大黏着	0.07 最大黏着	0.08 最大黏着	
制动缸体积/L	3.5	黏着系数利用率	0.61	0.61	0.61	0.60	0.60
		耗风量增加比	0.43	0.56	0.55	0.56	0.58
		轮对滑移做功	0.88	0.83	0.88	0.91	0.89
		防滑阀动作次数	0.61	0.68	0.69	0.70	0.69
	2.5	黏着系数利用率	0.59	0.59	0.59	0.57	0.58
		耗风量增加比	0.37	0.49	0.50	0.51	0.50
		轮对滑移做功	0.89	0.89	0.92	0.91	0.91
		防滑阀动作次数	0.53	0.63	0.65	0.63	0.63
	1.5	黏着系数利用率	0.58	0.57	0.57	0.54	0.56
		耗风量增加比	0.36	0.35	0.43	0.36	0.38
		轮对滑移做功	0.91	0.94	0.93	0.96	0.95
		防滑阀动作次数	0.52	0.53	0.59	0.55	0.56

为方便进行对比分析，将各工况下的评价结果指标绘制为雷达图，如图 7-16 所示。

(1)对于黏着系数利用率指标：3.5 L 制动缸体积试验工况下的该项指标得分最高；在不同制动缸体积试验工况下，防滑控制系统在此方面性能表现相对比较稳定，随制动缸体积增加，该项指标得分有少量增加。表明制动缸体积的改变对于提高防滑控制系统黏着系数利用率即车辆对轮轨黏着的利用能力方面有一定影响，但并不显著。黏着系数利用率是防滑控制系统性能的最重要指标，防滑控制策略中各判据阈值的设定对其有着直接影响，可以尝试从防滑控制策略优化的角度开展进一步研究，改善该方面的性能。

(2)对于耗风量增加比指标：3.5 L 制动缸体积试验工况下的该项指标得分最高；在不同制动缸体积试验工况下，随制动缸体积增加，该项指标得分显著提高。表明在制动缸体积的改变对于防滑控制系统耗风量指标有显著影响。小的制动缸体积在未发送滑行的制动工况中必然有其响应迅速、压力建立时间快的优势，但在制动滑行工况中，制动缸体积并非越

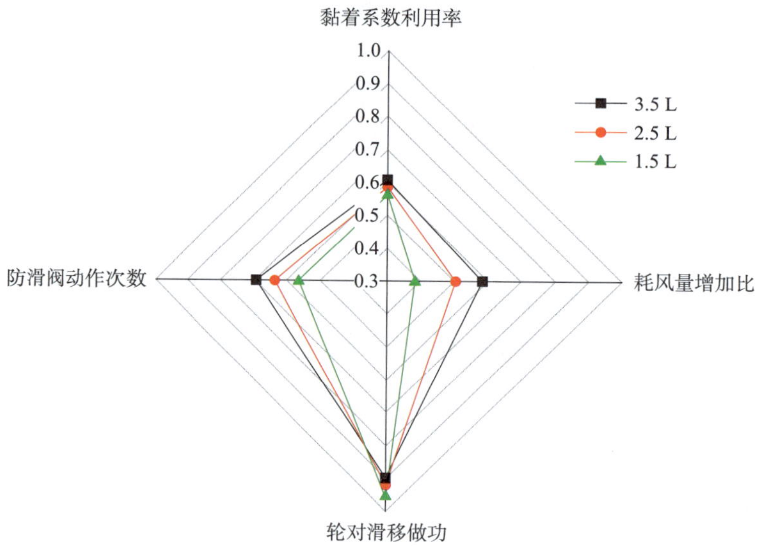

图 7-16　各工况结果对比

小越好，制动缸体积的减小反而会降低其耗风量控制能力。可能原因是过小的制动缸体积导致在防滑控制系统充、排气策略的执行过程中，制动缸压力下降过快，制动力丧失过多，进而影响其耗风量的控制能力。因此，在制动缸体积设计时，应从多个角度进行综合考虑，包括其对干轨、湿轨条件下制动性能的影响、对耗风量控制的影响、与防滑阀孔径等系统其他部件间的参数匹配等。

(3)对于轮对滑移做功指标：1.5 L 制动缸体积试验工况下的该项指标得分最高；在不同制动缸体积试验工况下，随制动缸体积增加，该项指标得分略有降低。制动缸体积的改变对于提高防滑控制系统轮对滑移做功指标方面有一定影响，但并不显著。对于同一个防滑控制器，当其充、排气控制策略不变时，制动缸体积的减小，使得当发生滑行时制动缸压力的缓解响应更快、制动力释放更快，从而使得轮对滑移处于相对较低水平。较低的轮对滑移率对于防止轮对擦伤、减少轮轨磨耗有其优势，但合理地利用轮轨黏着要求轮对滑移率需保持在一定范围内，并非越低越好。因此对于轮对滑移做功指标，应当结合其他三个指标进行综合考量。

(4)对于防滑阀动作次数指标：3.5 L 制动缸体积试验工况下的该项指标得分最高；在不同制动缸体积试验工况下，随制动缸体积增加，该项指标得分明显提高。表明在制动缸体积的改变对于防滑控制系统防滑阀动作次数指标有明显影响。对于同一个防滑控制器，当其防滑控制策略不变时，制动缸体积的减小，会造成制动缸压力上升下降过快，使得轮对在滑行和非滑行的运动状态间快速切换并触发防滑判据，进而引起防滑阀次数的增加、防滑阀寿命的降低。除制动缸体积外，防滑控制策略、制动缸体积与防滑阀孔径间的匹配关系，也都可能影响到防滑阀动作次数指标得分。

通过对各组试验结果应用防滑控制系统性能评价方法，得到了不同制动缸体积试验工况下的防滑器各项性能指标发现：评价方法能够形成对防滑器多角度多条件下的综合性能评价，能够识别出不同目标评价对象间差异性并将其反映在最终评价结果的各项性能指标中。基于防滑控制半实物仿真平台试验环境的防滑控制系统性能评价方法具备可用性和实用性。

由于半实物仿真平台较为理想化，可直接得到实际难以测量的某些变量，因此上述某些评价方法无法直接应用于实际，实车线路试验防滑控制性能评价方法与半实物仿真台架试验评价方法有所差异。

7.4　基于实车线路试验的防滑性能评价方法

实车防滑试验中，由于实际测量条件和精度有限，加之实车防滑控制系统无法满足最大黏着利用的理想条件，黏着系数利用率、耗风量增加比、轮对滑移做功、防滑阀动作次数等指标很难测得，因此半实物仿真台架试验中防滑性能指标对比评价法仅能够对制动时间和制动距离进行简单对比分析，防滑控制系统性能综合评价法无法应用于实车试验。当前实车线路试验的防滑性能评价方法中比较主流的是通过防滑效率进行评价，但列车所在轨面黏着条件下的理想停车距离无法通过直接测量获得，因此防滑效率无法通过式(7-8)直接计算得到。国内外一些制动系统生产厂家及科研工作者通过不同计算方法近似计算 s_{ideal} 和 s_{actual} 的值，形成多种防滑效率计算方法。本节将对常见的湿轨干轨法、轴速车速法、减速度线性假设法、平均减速度法、压力效率法以及减速度峰值包络线法等计算方法进行介绍。

7.4.1　湿轨干轨法

德国克诺尔集团提出了一种使用湿轨和干轨条件下试验数据比值来评估列车防滑性能的方法。

$$e_{\text{wd}}=\frac{\int_{t_1}^{t_2}a_{\text{dry}}(t)\,\mathrm{d}t}{\int_{t_1}^{t_2}a_{\text{wet}}(t)\,\mathrm{d}t}\times 100\% \tag{7-19}$$

式中　e_{wd}——湿轨干轨法计算出的列车防滑效率值，%；

$a_{\text{wet}}(t)$——湿润轨道条件下列车制动过程中随时间变化的减速度，m/s²；

$a_{\text{dry}}(t)$——干燥轨道条件下列车制动过程中随时间变化的减速度，m/s²；

t_1——滑行开始点对应时刻，s；

t_2——黏着恢复点对应时刻，s。

该方法将干轨工况作为理想条件，但由于实际低黏着工况下可利用黏着系数能够达到的最理想情况远低于干轨工况，计算出的防滑效率偏低，且实际操作无法保证湿轨和干轨测试时与外界条件完全一致，应用于实车难度较大。

7.4.2 轴速车速法

为解决上述问题并便于试验和数据分析，在借鉴防滑控制系统性能判定方式的基础上，针对不同车辆制动系统的特点，提出了利用列车防滑过程中轴速与车速数据计算防滑效率的方法。

$$e_j=\frac{\int_{t_1}^{t_2} v_{\mathrm{axle}j}(t)\,\mathrm{d}t}{\int_{t_1}^{t_2} v_{\mathrm{vehicle}}(t)\,\mathrm{d}t}\times 100\% \tag{7-20}$$

$$e_{\mathrm{speed}}=\frac{\sum_{j=1}^{m} e_j}{m} \tag{7-21}$$

式中 e_j——第 j 根轴的防滑效率值，%；

$v_{\mathrm{axle}j}(t)$——列车制动过程中第 j 根轴随时间变化的轴速，m/s；

$v_{\mathrm{vehicle}}(t)$——列车制动过程中随时间变化的车速，m/s；

e_{speed}——轴速车速法计算出的列车防滑效率值，%；

m——列车车轴数量。

该方法以列车速度曲线为基准，各轴滑行程度越大，计算出的效率值就越小，能够体现防滑控制效果，但是这种计算方法的缺陷在于当多个车轴发生滑行时，整车的减速度也会受到影响。因此，该方法计算出的防滑效率要比湿轨干轨法计算出的防滑效率略高。

7.4.3 减速度线性假设法

德国德沪地铁集团技术人员基于列车实际制动防滑过程中减速度线性变化这一假设，分别从等分时间和等分距离的角度，提出两种计算方法。

$$e_{\mathrm{line1}}=\frac{v_1-v_2}{a_0 T}\times 100\% \tag{7-22}$$

$$e_{\mathrm{line2}}=\frac{v_1^2-v_2^2}{2a_0 S}\times 100\% \tag{7-23}$$

式中 e_{line1}——等分时间方式计算出的防滑效率值，%；

e_{line2}——等分距离方式计算出的防滑效率值，%；

v_1——滑行开始点对应的列车运行速度，m/s；

v_2——黏着恢复点对应的列车运行速度，m/s；

a_0——滑行出现时的列车减速度，m/s^2；

T——列车滑行过程运行时间，s；

S——列车滑行过程中驶过的实际制动距离，m。

该方法采用列车滑行出现时的减速度近似代替当前黏着条件下理想最大减速度，但由于轮轨黏着系数随列车速度变化，因此在制动过程中理想减速度也会随时间动态变化，该方法计算出的防滑效率值较大。

7.4.4　平均减速度法

在公式(7-23)的基础上进行一些改进，采用列车整个防滑阶段 N 个减速度主峰值的平均值近似代替当前黏着条件下的理想最大减速度。

$$e_{\text{ave}}=\frac{v_1^2-v_2^2}{2S\dfrac{\sum_{i=1}^{n}a_i}{n}}\times 100\% \tag{7-24}$$

式中　e_{ave}——平均减速度法计算出的防滑效率值，%；

a_i——列车防滑阶段第 i 个减速度主峰值，m/s^2；

n——列车整个防滑阶段减速度主峰值数。

该方法需选取防滑阶段 n 个减速度主峰计算平均值，人为因素会对计算结果造成一定影响。

7.4.5　压力效率法

目前轨道交通领域暂无压力效率这一概念，但考虑到列车与民机机轮刹车在制动防滑过程中压强随时间变化曲线的相似性，可将其刹车压力效率应用于轨道交通，形成一种新的防滑效率计算方法，如图 7-17 所示。

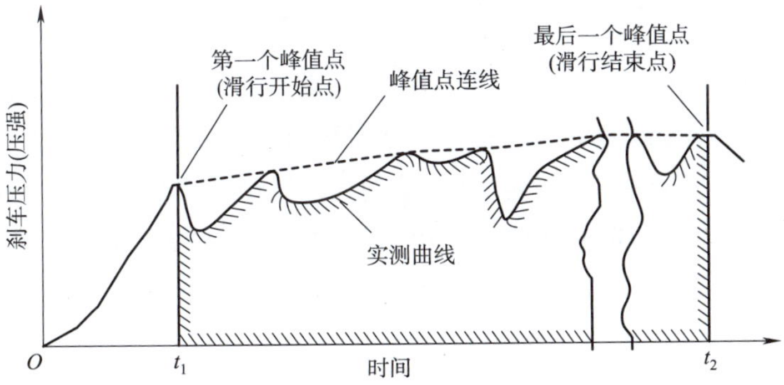

图 7-17　压力效率法示意

根据防滑过程中制动缸压强变化特性和规律，取第一个压强峰值点作为滑行开始点，最后一个峰值点作为滑行结束点，取滑行过程中压强峰值点包络线作为实际黏着条件下能够达到的理想最大压强，见式(7-25)。

$$e_p=\frac{\int_{t_1}^{t_2}p(t)\mathrm{d}t}{\int_{t_1}^{t_2}p_{\text{envelope}}(t)\mathrm{d}t}\times 100\% \tag{7-25}$$

式中　e_p——压力效率法计算出的防滑效率值，%；

$p(t)$——列车制动防滑过程中随时间变化的实际制动缸压强，Pa；

$p_{\text{envelope}}(t)$——列车制动防滑过程中随时间变化的制动缸压强曲线峰值点连成的包络线对应压强，Pa。

7.4.6　减速度峰值包络线法

采用减速度峰值包络线二次积分作为理想制动距离与防滑控制系统工作后的实际制动距离作比，提出一种减速度峰值包络线计算方法，见式(7-26)。

$$e_{\text{envelop}}=\frac{\int_{t_1}^{t_2}\left[v_0-\int_{t_1}^{\tau}a(t)\mathrm{d}t\right]\mathrm{d}\tau}{S}\times 100\% \tag{7-26}$$

式中　v_0——滑行开始点列车的瞬时速度，m/s；

$a(t)$——列车制动防滑过程中随时间变化的减速度，m/s^2；

t_1——滑行开始点对应时刻，s；

t_2——黏着恢复点对应时刻，s；

τ——时间常数，$t_1 \leqslant \tau \leqslant t_2$，s。

该方法采用的减速度峰值包络线是否为轮轨最大黏着利用点值得商榷，因此防滑效率计算原理的正确性也有待研究。

7.4.7　基于实车防滑试验的防滑评价方法验证

采用6.2中的防滑控制实车线路试验方法，分别测试不同黏着条件、不同制动级位等工况下的列车速度、减速度及各轴压强、轴速等变量随时间变化曲线，分别采用7.4.3～7.4.6中的不同防滑效率计算方法，计算不同工况下的列车防滑效率值，能够对不同工况下的列车防滑性能进行评价。本节说明基于实车防滑试验的防滑评价方法验证实际案例。

防滑线路试验工况分类及试验结果如下。

1. 120 km/h 紧急制动(表7-12～表7-14)

表7-12　黏着水平1

试验序号	制动初速度/(km/h)	目标制动初速度/(km/h)	制动距离/m	坡道/‰	修正后的制动距离/m	平均减速度/(m/s^2)	制动时间/s
1	121.38	120	571.30	4	538.64	1.03	36.52

表 7-13　黏着水平 2

试验序号	制动初速度/(km/h)	目标制动初速度/(km/h)	制动距离/m	坡道/‰	修正后的制动距离/m	平均减速度/(m/s²)	制动时间/s
1	120.40	120	706.90	4	671.28	0.82	39.34
2	121.38	120	705.37	4	659.58	0.84	42.37
3	121.13	120	699.43	4	656.85	0.84	41.73
4	121.98	120	747.05	4	690.25	0.80	43.96

表 7-14　黏着水平 3

试验序号	制动初速度/(km/h)	目标制动初速度/(km/h)	制动距离/m	坡道/‰	修正后的制动距离/m	平均减速度/(m/s²)	制动时间/s
1	119.87	120	755.99	4	721.75	0.76	45.45

2. 120 km/h 纯空气常用制动(表 7-15～表 7-17)

表 7-15　黏着水平 1

试验序号	制动初速度/(km/h)	目标制动初速度/(km/h)	制动距离/m	坡道/‰	修正后的制动距离/m	平均减速度/(m/s²)	制动时间/s
1	121.98	120	622.08	4	579.17	0.95	34.34

表 7-16　黏着水平 2

试验序号	制动初速度/(km/h)	目标制动初速度/(km/h)	制动距离/m	坡道/‰	修正后的制动距离/m	平均减速度/(m/s²)	制动时间/s
1	121.02	120	655.59	4	618.43	0.89	40.32
2	120.82	120	734.99	4	692.12	0.80	41.48
3	121.14	120	693.90	4	651.78	0.85	39.7
4	121.72	120	726.62	4	674.95	0.82	41.9
5	120.93	120	727.08	4	683.817	0.81	42.14

表 7-17　黏着水平 3

试验序号	制动初速度/(km/h)	目标制动初速度/(km/h)	制动距离/m	坡道/‰	修正后的制动距离/m	平均减速度/(m/s²)	制动时间/s
1	120.21	120	768.19	4	728.89	0.76	43.17
2	120.69	120	790.97	4	743.79	0.74	43.66
3	121.23	120	773.71	4	722.16	0.76	44.37
4	121.24	120	785.68	4	732.68	0.75	44.26
5	121.49	120	770.38	4	716.27	0.77	44.64

3. 120 km/h 纯空气 90%常用制动(表 7-18、表 7-19)

表 7-18　黏着水平 1

试验序号	制动初速度/(km/h)	目标制动初速度/(km/h)	制动距离/m	坡道/‰	修正后的制动距离/m	平均减速度/(m/s^2)	制动时间/s
1	121.23	120	779.54	4	727.35	0.76	44.12
2	121.22	120	785.94	4	733.15	0.75	44.99
3	121.84	120	768.20	4	710.43	0.78	43.43

表 7-19　黏着水平 2

试验序号	制动初速度/(km/h)	目标制动初速度/(km/h)	制动距离/m	坡道/‰	修正后的制动距离/m	平均减速度/(m/s^2)	制动时间/s
1	120.12	120	820.22	4	776.85	0.71	45.82
2	120.66	120	811.99	4	762.92	0.72	45.69

4. 120 km/h 纯空气 80%常用制动(表 7-20、表 7-21)

表 7-20　黏着水平 1

试验序号	制动初速度/(km/h)	目标制动初速度/(km/h)	制动距离/m	坡道/‰	修正后的制动距离/m	平均减速度/(m/s^2)	制动时间/s
1	122.11	120	732.89	4	676.37	0.82	41.73

表 7-21　黏着水平 2

试验序号	制动初速度/(km/h)	目标制动初速度/(km/h)	制动距离/m	坡道/‰	修正后的制动距离/m	平均减速度/(m/s^2)	制动时间/s
1	120.16	120	776.92	4	737.36	0.75	43.73
2	120.13	120	758.66	4	721.19	0.77	42
3	121.74	120	779.54	4	721.55	0.76	44.12
4	121.39	120	761.78	4	709.76	0.78	43.33
5	121.45	120	791.88	4	735.76	0.75	44.24

5. 120 km/h 电空复合最大常用制动(表 7-22、表 7-23)

表 7-22　黏着水平 1

试验序号	制动初速度/(km/h)	目标制动初速度/(km/h)	制动距离/m	坡道/‰	修正后的制动距离/m	平均减速度/(m/s^2)	制动时间/s
1	120.32	120	582.53	4	558.21	0.99	32.19

表 7-23　黏着水平 2

试验序号	制动初速度/(km/h)	目标制动初速度/(km/h)	制动距离/m	坡道/‰	修正后的制动距离/m	平均减速度/(m/s^2)	制动时间/s
1	120.36	120	746.32	4	707.42	0.78	45.5
2	120.02	120	781.60	4	743.23	0.74	45.87
3	120.91	120	725.77	4	682.85	0.81	43.49

注：同制动级位间黏着水平 1>黏着水平 2>黏着水平 3。

采用不同方法计算的防滑效率值如下（其中 e_1、e_2 为减速度线性假设 2 种方法计算出的效率值，e_3 为平均减速度法计算出的防滑效率值，e_4 为减速度峰值包络线法计算出的防滑效率值，e_p 为压力效率法计算出的防滑效率值）。

1. 120 km/h 紧急制动（表 7-24）

表 7-24　效率值 1

黏着水平	试验序号	e_1	e_2	e_3	e_4	e_p
黏着水平 1	1	85.81%	93.46%	105.30%	94.71%	89.91%
黏着水平 2	1	119.42%	112.87%	92.47%	95.56%	91.72%
黏着水平 2	2	80.53%	82.14%	98.00%	92.22%	89.54%
黏着水平 2	3	88.21%	89.17%	95.76%	91.84%	90.26%
黏着水平 2	4	144.21%	144.23%	94.61%	89.13%	88.94%
黏着水平 3	1	87.52%	87.40%	99.96%	92.77%	88.28%

2. 120 km/h 纯空气常用制动（表 7-25）

表 7-25　效率值 2

黏着水平	试验序号	e_1	e_2	e_3	e_4	e_p
黏着水平 1	1	150.48%	144.32%	95.96%	96.66%	97.69%
黏着水平 2	1	89.77%	93.50%	107.43%	98.82%	94.75%
黏着水平 2	2	80.96%	78.45%	96.56%	97.45%	89.76%
黏着水平 2	3	90.66%	85.60%	94.36%	94.65%	91.06%
黏着水平 2	4	68.98%	68.53%	95.95%	93.31%	90.69%
黏着水平 2	5	99.74%	97.90%	93.56%	90.56%	89.20%
黏着水平 3	1	113.24%	107.95%	94.97%	96.78%	91.91%
黏着水平 3	2	117.11%	109.36%	90.26%	95.81%	92.21%
黏着水平 3	3	94.43%	91.07%	99.45%	98.41%	89.74%
黏着水平 3	4	80.04%	76.30%	95.42%	95.01%	89.82%
黏着水平 3	5	95.33%	94.68%	100.25%	96.22%	89.84%

3. 120 km/h 纯空气 90%常用制动(表 7-26)

表 7-26 效率值 3

黏着水平	试验序号	e_1	e_2	e_3	e_4	e_{p2}
黏着水平 1	1	72.76%	71.63%	94.79%	93.21%	90.80%
黏着水平 1	2	112.89%	109.92%	99.36%	96.80%	89.48%
黏着水平 1	3	128.93%	125.17%	97.23%	94.82%	90.98%
黏着水平 2	1	110.74%	104.43%	94.71%	95.70%	90.26%
黏着水平 2	2	107.98%	102.90%	93.23%	93.28%	90.98%

4. 120 km/h 纯空气 80%常用制动(表 7-27)

表 7-27 效率值 4

黏着水平	试验序号	e_1	e_2	e_3	e_4	e_{p2}
黏着水平 1	1	124.86%	121.69%	98.62%	96.77%	93.78%
黏着水平 2	1	90.74%	87.18%	95.08%	96.20%	92.56%
黏着水平 2	2	107.18%	99.37%	94.55%	97.11%	95.57%
黏着水平 2	3	97.72%	95.95%	95.21%	94.82%	93.90%
黏着水平 2	4	106.96%	104.98%	98.92%	97.72%	92.29%
黏着水平 2	5	92.97%	89.21%	97.29%	96.58%	93.51%

根据试验结果可见,上述 5 种防滑效率计算方法均可应用于实车线路试验,能够对其防滑性能展开评价,采用不同防滑效率计算方法计算出的防滑效率值在不同工况均存在差异,在不同情况下各有利弊,因此需根据具体情况选用合适的评价方法。

第8章 高速列车制动防滑控制技术研究展望

高速列车主要通过轮轨间黏着作用实现列车制动，且在低黏着条件制动时易发生滑行，延长列车制动距离并使踏面擦伤，不仅会降低乘车舒适性，甚至危及行车安全，也会给转向架等部件带来附加的冲击力。滑行使得列车的实际减速度减小，制动距离增加。特别是在列车接近站点制动停车时，制动距离的延长易使头车越过停车信号标，严重影响列车的运营安全。由于轮轨黏着的复杂性和多变性，理想化的防滑保护控制需要大量的基础研究和仿真试验数据积累为基础，配合高精度传感器、高速控制器和高可靠执行器才能实现，因此防滑控制技术始终是列车制动控制的核心和难点。高速列车制动防滑控制技术的未来发展应着眼于黏着和防滑两个维度，继续深化基础理论和应用技术研究。

本章将从轮轨低黏着管理技术研究、防滑控制模式研究、防滑控制性能研究这三个方面对今后高速列车制动防滑控制技术的发展进行分析。

8.1 轮轨低黏着管理技术研究

轮轨黏着受车速、滑移率、轴重、环境条件等诸多因素影响，潮湿雨雪天气、树叶及油污等都会引起轮轨间黏着力的显著下降。英国铁路集团黏着工作组（adhesion working group，AWG）将铁路黏着水平分为4个等级，见表8-1。我国也应结合高速铁路建设运营的具体实际需要，进一步开展这方面的研究。

表8-1 黏着水平分级

黏着水平	黏着系数典型值	描　　述
高	＞0.15	清洁的湿润轨面或者干燥轨面 
中	0.09～0.15	有污染的潮湿轨面 

续上表

黏着水平	黏着系数典型值	描　　述
低	0.05～0.09	典型的秋天早晨的轨面，有露水或者比较潮湿，往往还含有夜间产生的轻微铁锈 
极低	<0.05	严重污染的轨面，通常由树叶造成，但有时也有其他污染 

随着我国高速铁路和高速列车信息化、智能化水平的提高，未来可以建立大范围的黏着管理跟踪平台。对我国高速铁路的轨面黏着条件进行实测研究，建立反映高、中、低和极低黏着条件下黏着系数的典型值或者类似干轨、湿轨黏着曲线的黏着系数—运行速度关系典型曲线。对线网内运行的大量高速列车进行利用滑行状态的动态跟踪和黏着信息的云端汇集，从运营管理的角度，及时发现滑行高发的线路段和时间段，进行大数据分析，为优化列车运行提供决策依据。

另外，随着高速列车设计运行速度的进一步提高，涡流制动和风阻制动等非黏着制动方式将成为低黏着条件下列车制动能力的有效补充，可以保障在极端恶劣黏着条件下的行车安全。

8.2　防滑控制模式研究

高速列车空气制动防滑控制的关键是通过调节制动缸压力进行制动力的控制，防止轮对擦伤的同时尽可能使制动距离最短，最终实现低黏着工况下的黏着最大利用。近年来，随着控制理论和技术的不断发展，微控制器硬件性能的不断提升，高速列车防滑控制系统可以进一步发展和应用基于复杂算法的控制技术。在列车运行过程中，运用系统辨识、参数估计、状态观测等手段对制动工况下的轮轨黏着信息进行获取，基于轮轨黏着峰值特性进行最优滑移控率识别和控制、基于黏着改善现象进行大滑移自愈增黏控制、基于列车编组进行列车级制动力动态分配控制、基于电制动与空气制动耦合机理进行电空协同控制等。同时，结合神经网络、深度学习等新理论对黏着条件和黏着特性进行精准预测研究，结合主动防滑理念对撒砂干预轨面和研磨子清扫干预踏面的作用机理、布置方式、控制策略进行增黏研究，并且推广基于列车级制动减速度闭环控制的整车制动力自适应控制等手段，开展不同控制策略的智能综合控制。

当前，我国高速列车均采用微机控制直通式电空制动系统，制动防滑过程中的制动力调节是通过防滑阀的开关实现制动缸压缩空气的充、排气来实现的，其响应速度较慢，控制精度较低，同时对压缩空气的消耗量巨大。目前高速列车所采用的防滑压力调节基本采用开环控制方式，对制动缸中的真实空气压强没有检测和反馈。近年来，电机械制动（electro-mechanical brake，EMB）技术逐渐成熟，未来很有可能会应用于高速列车。电机械制动系统采用全电驱动，不需要压缩空气作为制动力作用介质，其制动夹钳单元为电机驱动的电作动器，响应速度快，并且可做到制动缸输出力的末端检测和控制。因此，电机械制动新技术的应用可以更加精准、快速地控制列车每轴的运动状态，减少车轮抱死率，提升黏着利用率，并有助于实施大滑移动态增黏控制，最终实现列车在全工况运行条件下的制动距离可控、可重复。

电气制动和空气制动相结合的复合制动形式是目前最广泛、最高效的高速列车制动形式，但这也导致电空复合制动存在防滑控制协调的问题。这一问题需从传感器技术、防滑控制判据、防滑控制理论等多方面进行创新，从而形成适合高速列车的电空复合制动系统防滑控制模式。

从系统分析和控制理论的角度，需要对高速列车制动过程的工作原理进行深入挖掘，明确制动时主动施加的制动源力与轮轨间因此而产生的实际利用黏着力之间的关系和作用过程。基于非线性理论，建立更加完善的防滑控制模式理论框架和稳定性分析理论模型。进一步对特殊工况如弯道、坡道、横风等外部因素，控制与执行部件失效、退化等内部因素作用下的防滑控制与车辆动力学稳定性、运行舒适性的耦合作用关系深入研究。

8.3　防滑控制性能研究

当前，防滑控制系统的性能测试和算法优化主要基于大量的地面开环试验和实车线路试验，往往耗费巨大，而计算机仿真手段能够有效降低研究成本，并且具有高可控性和高一致性。对防滑控制系统的性能研究主要有仿真、试验和半实物仿真台架试验三种方式，其中半实物仿真台架试验方式是研究的热点和未来趋势。通过建立足够精确的复杂模型，采用虚实结合实时混合模拟的方式，可以实现制动防滑控制系统的虚拟开发、虚拟调优和虚拟验证。近年来国际上已经开始探索轨道车辆制动系统虚拟认证的可行性，即在实验室环境下使用本地或分布式的虚拟或真实的设备构建虚拟测试环境，对制动系统及其子系统进行充分检测和评估，这将是一个重要发展方向。比如德国制动系统供应商克诺尔与虚拟车辆研究公司合作创建了专用的仿真环境，可以模拟不同的车辆类型。欧洲 Shift2Rail 项目定义了铁路车辆制动系统虚拟验证流程并集成到欧盟铁路系统现有的轨道车辆开发流程中，为了保证虚拟环境的准确性，在这一环境开发的初期仍需要采用试验数据来校准和验证模型。

这项技术可以在制动防滑控制系统开发之前和系统开发、测试、验证、确认的全过程中得以应用。

从系统建模的角度，研究应进一步深入。列车制动系统是高度复杂的系统，对其进行建模和仿真需要用到多种工具软件，如 MATLAB/Simulink、AMESim、SIMPACK 等，通过设置合适的软件接口将多种软件联合起来进行建模和仿真。

从单车级的空气制动子系统单独仿真、电制动与空气制动协同仿真到单元级和列车级的牵引、制动、网络多系统联合仿真，选择不同的仿真层次取决于研究的具体目的，进而提出不同的接口需求。从高速列车整车性能仿真的角度，应对建模对象的范围和相互关联的接口进行规范，对仿真层次进行分级。本书重点是空气制动系统，对于电制动只进行了简单介绍，应进一步建立完整的制动过程模型并完善防滑控制过程的电空协同控制模型，建立更加精确的电制动模型、列车动力学模型，如考虑不同的电机控制策略和电机转矩特性，对车间钩缓装置引入非线性阻尼特性，在动力学模型中考虑更多的自由度等。在轮轨黏着模型方面，采用数据与机理驱动相结合的建模方法对于更加复杂的轨面条件和黏着瞬态/稳态特性进行模拟。

从系统性能评价的角度，当前列车制动防滑控制系统的国内外相关标准中虽提出了一定的功能要求和性能要求，但对防滑效率这一工程上应用较广的指标缺乏指导建议。业界对防滑性能的评价方法以及防滑效率计算方法无法形成统一标准，因此未来亟须提出一种综合、客观、精准、可操作的防滑性能评价方法，形成一套统一的防滑性能评价标准及地面试验、实车试验流程，为防滑控制性能的量化评价和迭代升级提供参考依据。

高速列车制动防滑控制技术是当前世界范围内轨道车辆装备领域的研究热点与难点，目前实车所采用的防滑器在一般情况下足以满足性能要求，但在极端条件下尚有较大进步空间。针对超低黏着条件下的轮轨黏着特性与大滑移工况下的黏着改善特殊现象进行基础性研究，进而建立起微观机理与宏观特性之间的桥梁，可以推动创新性的防滑控制模式在高速列车上应用。当前高速列车制动防滑控制系统主要采用基于规则的控制模式，将来应在轮轨黏着特性多态精确模型、全列车黏着调度与管理技术、基于人工智能深度学习的黏着特性精准预测、基于列车—线网—气象大数据的滑行风险防控预警等方面进行探索和布局，逐渐实现基础理论与先进技术在实车上的落地实践。

参考文献

[1] 王月明. 动车组制动技术[M]. 北京：中国铁道出版社，2010.

[2] 李和平，李芾. 高速列车制动系统[M]. 成都：西南交通大学出版社，2019.

[3] 胡准庆. 动车组制动系统[M]. 北京：北京交通大学出版社，2012.

[4] 陳樺. 轮轨粘着机理的研究[J]. 王成国，俞展猷，译. 国外铁道车辆，2012，49(5)：18-21.

[5] 常崇义，蔡园武，李兰，等. 高速轮轨黏着机理的研究进展及其应用[J]. 中国铁路，2017(11)：24-32.

[6] 吴兵，温泽峰，王衡禹，等. 高速轮轨水介质存在下的黏着特性数值研究[J]. 工程力学，2014，31(9)：219-224.

[7] 张卫华，黄丽湘，陈建政. 具有水介质条件下的轮轨粘着特性试验研究[J]. 铁道学报，1999(3)：29-33.

[8] 徐永波. 高速列车牵引和制动过程黏着力分析[J]. 商丘职业技术学院学报，2019，18(1)：86-92.

[9] 任尊松. 车辆动力学基础[M]. 北京：中国铁道出版社，2009.

[10] 朱虹燕. 基于最优蠕滑速度的重载列车黏着控制[D]. 南昌：华东交通大学，2022.

[11] 杨宁，蒋威，谢若冰，等. 电力机车牵引黏着控制半实物仿真研究[J]. 铁道机车车辆，2021，41(3)：9-14.

[12] 申鹏. 轮轨黏着特性试验研究[D]. 成都：西南交通大学，2012.

[13] 尧辉明. 城市轨道交通车辆制动系统[M]. 北京：中国铁道出版社，2018.

[14] BOITENX M. 滑动能对制动粘着的影响[J]. 葛培昌，译. 国外铁道车辆，1991(5)：47-53.

[15] 常崇义，陈波，蔡园武，等. 时速 400 km 轮轨制动大蠕滑黏着试验研究(一)：水介质条件下黏着特性[J]. 中国铁道科学，2022，43(2)：96-103.

[16] 李邦国，范荣巍，杨伟君，等. 高速动车组制动防滑阀建模及仿真分析[J]. 铁道机车车辆，2011，31(5)：128-131.

[17] 王佳佳. 地铁列车空转滑行问题分析[J]. 郑州铁路职业技术学院学报，2021，33(3)：11-12.

[18] 曹小龙，肖家河. 地铁列车空转滑行原因分析及应对措施研究[J]. 机电信息，2018(21)：33-34.

[19] 秦金飞. 高速列车滑行时制动力再分配策略研究[D]. 北京：北京交通大学，2013.

[20] 杨进华. 列车空转/滑行故障分析及措施探讨：以深圳地铁罗宝线一期 22 列车为例[J]. 科技风，2013(10)：46-47.

[21] 戚壮，梁钰，王晓雷，等. 应用于高速轮轨滚动接触的蠕滑理论算法对比研究[J]. 摩擦学学报，2019，39(3)：319-329.

[22] 姚建伟. 机车车辆动力学[M]. 北京：科学出版社，2014.

[23] 梁钰. 应用于高速轮轨的 Kalker 简化理论与三维滚动接触理论算法的对比研究[D]. 石家庄：石家庄铁道大学，2019.

[24] 朱文良，郑树彬，吴娜，等. 适用于制动工况下的轮轨低黏着改进模型[J]. 铁道学报，2021，43(3)：34-41.

[25] 齐欢,王小平. 系统建模与仿真[M]. 北京:清华大学出版社,2013.

[26] 恭飞,王雪婷,杜奕. 基于 AMEsim 的液压系统建模与仿真[J]. 软件 2020,41(1):42-45.

[27] 郭金中. 基于 Amesim 软件的流体传动系统联合仿真方法研究[D]. 沈阳:沈阳工业大学,2022.

[28] 陈杨. 基于 SIMPACK 的高速列车小幅蛇行运动仿真研究[D]. 成都:西南交通大学,2019.

[29] 缪炳荣,罗仁,王哲,等. SIMPACK 动力学分析高级教程(轨道车辆)[M]. 成都:西南交通大学出版社,2010.

[30] 赵文涛. 列车空气制动系统建模与制动特性研究[D]. 成都:西南交通大学,2020.

[31] 朱文良,吴萌岭,田春,等. 基于多学科协同分析的轨道车辆制动系统集成化仿真平台[J]. 交通运输工程学报,2017,17(3): 99-110.

[32] 周素霞,陶永忠,张志华,等. SIMPACK 9 实例教程(上)[M]. 北京:北京联合出版公司,2013.

[33] 中国铁路总公司. 铁路技术管理规程(高速铁路部分)[M]. 北京:中国铁道出版社,2014.

[34] 刁锋,朱文良,秦凌光,等. 基于有限状态机的轨道交通车辆防滑控制建模仿真与验证[J]. 城市轨道交通研究,2019,22(1):55-59.

[35] HAMON G,RUSHBY J. An operational semantics for stateflow[J]. International Journal on Software Tools for Technology Transfer,2007,9(5/6):447-456.

[36] 赵双,孙天健,康万新. 基于 Simulink/Stateflow 的汽车 ABS 混合建模与仿真[J]. 客车技术与研究,2006,28(2):23-25.

[37] 王吉,李建华,靳立强,等. 基于 AMESim 与 Simulink/Stateflow 的汽车 ABS 联合建模与仿真研究[J]. 汽车技术,2010(1):25-28.

[38] POLACH O. A fast wheel-rail forces calculation computer code[J]. Vehicle System Dynamics: International Journal of Vehicle Mechanics and Mobility,1999,33(Suppl):728-739.

[39] POLACH O. Creep forces in simulations of traction vehicles running on adhesion limit[J]. Wear: an International Journal on the Science and Technology of Friction, Lubrication and Wear,2005,258(7/8): 992-1000.

[40] 左建勇,王宗明,吴萌岭. 地铁列车空气制动系统仿真模型[J]. 交通运输工程学报,2013,13(2): 42-47.

[41] PUGI L, MALVEZZI M, ALLOTTA B, et al. A parametric library for the simulation of a Union Internationale des Chemins de Fer (UIC) pneumatic braking system[J]. Proceedings of the Institution of Mechanical Engineers, Part F: Journal of Rail and Rapid Transit,2004,218(2): 117-132.

[42] PIECHOWIAK T. Pneumatic train brake simulation method[J]. Vehicle System Dynamics: International Journal of Vehicle Mechanics and Mobility,2009,47(12): 1473-1492.

[43] PIECHOWIAK T. Verification of pneumatic railway brake models[J]. Vehicle System Dynamics: International Journal of Vehicle Mechanics and Mobility,2010,48(3): 283-299.

[44] KIM H Y, LEE N J, LEE D C, et al. Hardware-in-the-Loop simulation for a wheel slide protection system of a railway train[C]//19th IFAC world congress 2014: Cape Town, South Africa, August 24-29,2014,11(14):9169-9174.

[45] 饶忠. 列车制动[M]. 2 版. 北京:中国铁道出版社,2010.

[46] 邬平波,曾京. 确定车辆系统线性和非线性临界速度的新方法[J]. 铁道车辆,2000,38(5):1-4.
[47] 周军,李万新,齐政亮,等. 高速动车组制动系统防滑控制研究[J]. 铁道机车车辆,2017,37(3):4-8.
[48] 孙环阳,罗飞平,王群,等. 高速列车防滑控制策略研究[J]. 机车电传动,2017(5):35-39.
[49] 孟凡晖. 基于最优蠕滑率的列车制动防滑控制方法[D]. 南昌:华东交通大学,2020.
[50] 李培曙. 高速车辆的防滑控制与滑行检测[J]. 铁道车辆,1996,34(12):12-17.
[51] 陈哲明,曾京,罗仁. 列车空气制动防滑控制及其仿真[J]. 铁道学报,2009,31(4):25-31.
[52] 陈伟,周军,王新海,等. 和谐号动车组制动防滑控制理论和试验[J]. 铁道机车车辆,2011,31(5):32-38.
[53] 罗仁,曾京. 铁道车辆防滑控制仿真[J]. 机械工程学报,2008,44(3):29-34.
[54] 廖志坚. 基于 AMESim 的动车组制动防滑系统仿真研究[D]. 成都:西南交通大学,2012.
[55] 马天和,吴萌岭,田春. 基于黏着力观测器的列车空气制动防滑控制[J]. 同济大学学报(自然科学版),2020,48(11):1668-1675.
[56] 吴萌岭,马天和,田春,等. 列车制动技术发展趋势探讨[J]. 中国铁道科学,2019,40(1):134-144.
[57] 马天和,吴萌岭,田春. 城轨列车减速度反馈制动力闭环控制方法[J]. 仪器仪表学报,2021,42(4):197-205.
[58] 周军,曹宏发,陈伟,等. 高速列车防滑系统仿真台架试验标准和方法研究[J]. 铁道机车车辆,2013,33(2):43-50.
[59] 曹宏发,周军,陈伟,等. 基于仿真技术的防滑试验方法研究[J]. 铁道机车车辆,2015,35(3):11-16.
[60] 杨俊,刘寅虎,鲁进军. 动车组防滑系统硬件在环仿真测试研究[J]. 机车电传动,2018(5):102-107.
[61] 蒋亮. 基于半实物仿真与试验的列车防滑性能分析研究[D]. 上海:同济大学,2020.
[62] 国家铁路局. 机车车辆制动系统用防滑装置:TB/T 3009—2019[S]. 北京:中国铁道出版社有限公司,2019.
[63] 邬志伟,胡用生,沈钢,等. 城市轨道车辆牵引、制动与防滑系统的效率研究[J]. 城市轨道交通研究,1998,1(2):32-36.
[64] 秦凌光. 防滑控制半实物仿真平台设计及防滑评价方法研究[D]. 上海:同济大学,2018.
[65] 王丽. 基于 AHP 的城市旅游竞争力评价指标体系的构建及应用研究[J]. 地域研究与开发,2014,33(4):105-108.
[66] 郭强,车超,赵扬宇,等. 城市轨道交通车辆防滑性能评估标准浅析[J]. 现代城市轨道交通,2018(5):13-16.
[67] 陈伟,周军,王新海,等. 和谐号动车组制动防滑控制理论和试验[J]. 铁道机车车辆,2011,31(5):32-38.
[68] 胡泽玮. 扭矩法在刹车防滑效率试飞的工程应用[J]. 科技资讯,2021,19(9):76-78.
[69] 严子林,肖扬,陆波. 民机刹车效率计算方法研究[J]. 科技视界,2017(4):1-3.
[70] 焦宗夏,白宁,刘晓超,等. 飞机防滑刹车控制技术研究综述[J]. 航空学报,2022,43(10):442-466.
[71] 顾小山. CRH2 型动车组制动系统防滑控制的优化[J]. 铁路计算机应用,2015,24(10):41-43.
[72] 呼功崛,马永靖,王学文,等. CRH3A 型动车组自动速度控制模式下防滑控制及不旋转轴检测的研究[J]. 铁道机车车辆,2020,40(1):60-61.

[73] 祝汉燕，亢磊，李松，等. 电制动与空气摩擦制动防滑控制协同作用策略研究[J]. 铁道机车车辆，2020，40(2)：39-43.

[74] WANG B M，GAO X，SONG Y F，et al. Experimental study the electric braking anti-skid performance of electric multiple units [C]//Proceedings of the 3rd International Conference on Electrical and Information Technologies for Rail Transportation：Electrical Traction(EITRT 2017)，2017. Springer Singapore，2018：415-426.

[75] 胡汉春. 机车电传动与控制[M]. 北京：中国铁道出版社，2012.

[76] 翟耕慰，田春，马天和，等. 基于减速度包络线修正的新型防滑效率计算方法[J]. 交通运输工程学报，2024，24(2)：193-206.

[77] 吴萌岭，周嘉俊，马天和，等. 水介质下轮轨制动黏着试验研究[J]. 铁道机车车辆，2021，41(5)：139-143.

高速铁路基础研究与技术创新丛书

第一期(16 册)

(一)基础理论与基础技术系列

高速铁路散体道床宏细观力学行为　　赵春发　翟婉明　张　徐　著

ISBN 978-7-113-28857-0

高速铁路线路系统动力学　　龙许友　时　瑾　王英杰　编著

ISBN 978-7-113-28997-3

高速铁路弓网关系研究　　韩通新　著

ISBN 978-7-113-28941-6

(二)动车组系列

高速列车轻量化设计　　李　明　伊召锋　米莉艳　等编著

ISBN 978-7-113-28972-0

(三)供电系列

高速铁路受电弓　　韩通新　编著

ISBN 978-7-113-28975-1

高速铁路接触网检测技术　　韩通新　著

ISBN 978-7-113-28961-4

(四)工程设计系列

高速铁路桥梁抗震设计　　陈兴冲　张永亮　编著

ISBN 978-7-113-28964-5

高速铁路轨道工程 BIM 正向设计软件开发及实践　姚　力　刘大园　董凤翔　等编著

ISBN 978-7-113-28934-8

(五)工程施工与组织系列

高速铁路桥梁 BIM 技术研究与实践　　盛黎明　苏　伟　刘延宏　宋树峰　编著

ISBN 978-7-113-28938-6

高速铁路岩溶路基边坡变形与稳定　　白明洲　师　海　田　岗　等编著

ISBN 978-7-113-28880-8

高速铁路工程地质灾害超前预报图形判别和解译 李 忠 郝娜娜 等编著

ISBN 978-7-113-28935-5

(六)通信与列控系列

高速铁路宽带无线信道测量与建模技术 周 涛 何睿斯 艾 渤 编著

ISBN 978-7-113-28930-0

(七)测量与检测系列

(八)高铁运营与经济系列

高速铁路社会效益研究——基于时空经济分析 李红昌 夏璇璇 著

ISBN 978-7-113-28942-3

(九)现代信息技术系列

高速铁路物联网技术 史天运 孙 鹏 张惟皎 陈瑞凤 编著

ISBN 978-7-113-29029-0

(十)安全·健康·维护系列

高速铁路道砟飞溅机理及防治 高 亮 石顺伟 殷 浩 著

ISBN 978-7-113-28906-5

高速列车多目标均衡综合节能技术 张 雷 李 明 司志强 等编著

ISBN 978-7-113-28976-8

第二期(23 册)

(一)基础理论与基础技术系列

高速列车空气动力学数值模拟——基于 STAR-CCM+软件

李 明 李 田 戴志远 等编著

ISBN 978-7-113-30059-3

高速铁路沿线地面沉降研究与防治 李国和 黄大中 尚海敏 王少林 编著

ISBN 978-7-113-30176-7

高速铁路路基智能填筑技术 王同军 闫宏业 杨 斌 尧俊凯 等著

ISBN 978-7-113-30047-0

季冻区高速铁路路基服役性能与孕灾风险研究

叶阳升 蔡德钩 毕宗琦 李善珍 等著

ISBN 978-7-113-29934-7

高速铁路隧道内附属设施气动效应及安全性研究

彭立敏　杨伟超　施成华　雷明锋　著

ISBN 978-7-113-30104-0

高速铁路钢轨打磨理论与技术　王文健　郭　俊　周　坤　著

ISBN 978-7-113-30061-6

高速列车动态性能正向设计　周劲松　宫　岛　孙文静　著

ISBN 978-7-113-30050-0

高速列车自动驾驶控制理论　宿　帅　李开成　唐　涛　袁　磊　等编著

ISBN 978-7-113-30147-7

高速铁路行车调度与控制一体化　唐　涛　宿　帅　孟令云　阴佳腾　编著

ISBN 978-7-113-30112-5

高速铁路无砟轨道结构水泥基材料理论与技术

龙广成　曾晓辉　马昆林　谢友均　著

ISBN 978-7-113-30056-2

(二)动车组系列

高速列车空气动力学设计技术　丁叁叁　著

ISBN 978-7-113-30055-5

(三)供电系列

高速铁路电力牵引供电工程智能建造技术

胡志华　陈建明　奚金柱　吴命利　等编著

ISBN 978-7-113-30205-4

(四)工程设计系列

现代铁路枢纽规划设计　许佑顶　高丰农　吴学全　李传勇　等编著

ISBN 978-7-113-27468-9

高速铁路隧道底部结构动力响应特性及设计方法

彭立敏　施成华　黄　娟　丁祖德　著

ISBN 978-7-113-30133-0

(五)工程施工与组织系列

高速铁路工程勘察技术创新与实践　陈则连　著

ISBN 978-7-113-30189-7

高速铁路工程质量系统管理(第 2 版)　　卢春房　等著

ISBN 978-7-113-30108-8

高速铁路路基沉降分析与控制技术　　宋绪国　郭帅杰　编著

ISBN 978-7-113-30154-5

深埋高速铁路地下车站施工关键技术　　杨新安　马明杰　李路恒　罗　驰　编著

ISBN 978-7-113-30001-2

高速铁路施工组织创新与实践　　魏　强　编著

ISBN 978-7-113-30136-1

高速铁路路基沥青混凝土防水封闭结构　　蔡德钧　闫宏业　楼梁伟　石越峰　等著

ISBN 978-7-113-30033-3

(六)通信与列控系列

高速铁路信号系统雷电防护技术研究　　向念文　徐宗奇　阳　晋　编著

ISBN 978-7-113-30135-4

(七)测量与检测系列

(八)高铁运营与经济系列

(九)现代信息技术系列

智能高速铁路图像大数据分析技术及应用　　李　平　李　瑞　赵　冰　编著

ISBN 978-7-113-30134-7

(十)安全·健康·维护系列

高速列车横风效应及气动安全控制动力学　　毛　军　柳润东　郗艳红　著

ISBN 978-7-113-30028-9

第三期(18 册)

(一)基础理论与基础技术系列

高速铁路桥梁抗风技术　　何旭辉　邹云峰　敬海泉　等著

ISBN 978-7-113-31329-6

高速铁路智能选线理论与方法　　蒲　浩　宋陶然　李　伟　张　洪　著

ISBN 978-7-113-31670-9

(二)动车组系列

高速列车风阻制动技术　　田　春　周嘉俊　马天和　吴萌岭　编著

ISBN 978-7-113-31648-8

高速列车制动防滑控制基础理论与试验技术 田　春　朱文良　马天和　吴萌岭　编著

ISBN 978-7-113-31585-6

高速铁路轮轨廓形设计及应用 沈　钢　陈迪来　编著

ISBN 978-7-113-31307-4

高速列车辅助供电系统 张立伟　姜东杰　徐海大　编著

ISBN 978-7-113-31574-0

高速列车被动安全系统技术理论 丁叁叁　编著

ISBN 978-7-113-31996-0

(三)供电系列

高速铁路供电系统电磁暂态分析与防护 刘明光　刘　铁　编著

ISBN 978-7-113-31249-7

(四)工程设计系列

(五)工程施工与组织系列

寒区高速铁路隧道低温影响与工程对策 马志富　田四明　杨昌贤　王志杰　等编著

ISBN 978-7-113-31456-9

高速铁路路基边坡生态防护技术与实践 叶阳升　蔡德钩　魏少伟　吕　宋　著

ISBN 978-7-113-31741-6

(六)通信与列控系列

真空管磁浮高速飞行列车车地无线通信技术 刘　留　艾　渤　编著

ISBN 978-7-113-31382-1

(七)测量与检测系列

高速铁路运营监测技术 赵　斗　张冠军　王长进　梁　永　编著

ISBN 978-7-113-31182-7

高速铁路精密工程测量技术 王长进　刘　成　张冠军　石德斌　编著

ISBN 978-7-113-31519-1

铁路工程地质遥感技术创新与应用 刘桂卫　著

ISBN 978-7-113-31354-8

(八)高铁运营与经济系列

高速铁路列车开行决策理论与技术 周文梁　史　峰　徐光明　等著

ISBN 978-7-113-31563-4

(九)现代信息技术系列

高速铁路数据中心设计技术　　杨德修　樊　艳　赵　耀　崔校玉　编著

ISBN 978-7-113-31126-1

(十)安全·健康·维护系列

绿色高速铁路技术　　蒋　辉　编著

ISBN 978-7-113-31460-6

高速列车驾驶人因安全保障理论及方法　　方卫宁　唐　涛　等著

ISBN 978-7-113-31311-1